商务印书馆（上海）有限公司　出品
The Commercial Press (Shanghai) Co. Ltd.

乔治·钱纳利
（1774—1852）

——一位印度和中国沿海的艺术家

〔英〕孔佩特 著

刘 艺 译

商务印书馆
The Commercial Press
创于1897

献给哈丽

卷首画：威廉和玛丽·普林塞普夫妇肖像，乔治·钱纳利所作。油画。（见第160页和插图96）
汇丰银行藏

国家艺术基金2023年度传播交流推广资助项目

澳门特区政府文化发展基金资助

本书为"艺荟中西——海上丝绸之路视角下的19世纪澳门与

广东地区图像展"配套成果

（立项编号：2023-A-04-107-442）

作者简介

　　孔佩特博士（Dr. Patrick Conner）先后于牛津大学和苏塞克斯大学深造，并执教马尔伯勒学院，之后担任英国皇家穹顶宫和布莱顿美术馆和博物馆美术部主管。1986—2020年任伦敦马丁·格雷戈里画廊总监。孔佩特是研究与东亚相关的历史绘画的专家，目前为维多利亚和阿尔伯特博物馆研究员。

　　孔佩特博士已出版的著述包括《西方世界中的东方建筑》（*Oriental Architecture in the West*，1980年），《广州十三行——中国外销画中的外商（1700—1900）》（*The Hongs of Canton – Western Merchants in South China 1700–1900*，2009年），以及《中国贸易画：思源堂珍藏历史绘画》（*Paintings of the China Trade: the Sze Yuan Tang Collection of Historic Paintings*，2013年）。

译者简介

　　刘艺，毕业于英国苏塞克斯大学艺术史系。现工作于银川当代美术馆，致力于馆藏洋风画和早期中西文化艺术交流的梳理研究，及相关项目和学术资料的翻译。

序 言

吕 澎

　　今天，研习艺术史的年轻学子如果仅仅是限于普通教科书或者书店里流行的艺术史通俗著作的阅读，或者自以为是地认为日常见到的"经典"艺术史著作已经穷尽了艺术史的基本问题，这会暴露出在艺术史知识以及史学领域上的严重缺陷。实际上，教授艺术史的老师也许会有同样的毛病，将几十年学来的知识当作课堂上足够用的内容，由于缺乏不断的学习和研究，尤其是收集新的史料，自己拥有的知识惯性和判断也会耽误学生。

　　不知道是什么原因引起，1987年，刘海粟在《中国美术报》发表了一篇文章（尽管可能是他人代写的），告诫从事研究艺术史的人：了解中国油画史的真正源头应该追溯到一百多年前，比如一个叫"蓝阁"（林呱）的画工（难道不就是我们今天称之为的画家？）。关于这位中国画家的油画作品不是这里要陈述的重点，我想提醒的是，在19世纪上半叶，中国广东沿海地区已经出现了大量的绘画作坊，这些作坊中产生的绘画作品有不少就是我们今天所说的油画。在若干个被称之为"X呱"的画家中，刘海粟提及的那位"蓝阁"（林呱）就是其中的一位杰出者。作为一位中国画家，他的绘画所表现出来的专业性和技法上的娴熟甚至让人难以置信，显然，这让他的名字被留下来，而他油画技法的老师就是本书的主角钱纳利。

　　基于今天留下来的历史文献和作品实物，我们可以得出基本的结论：在若干从欧洲到中国来旅游画画的葡萄牙、西班牙以及法国等国的画家中，钱纳利是对中国油画最有贡献的一位。这不仅是因为他教授出像关乔昌（林呱）这样的学生，而且他在中国二十多年的生涯里，留下了大量涉及澳门和广州的地域风情绘画以及中外人物肖像。他几乎一半的成年人生是在中国度过的，他在中国去世，这就是为什么今天我们可以在澳门的墓地见到他的墓碑，也是为什么我要在墓地旁的马礼逊教堂里给澳门科技大学的学生讲述19世纪中国沿海油画史的原因。

所以，我们学习中国油画史，不仅仅是蜻蜓点水一样地了解郎世宁、王致诚、艾启蒙这样一些受到中国皇帝趣味影响的传教士的绘画，更要了解让油画普及于中国民间社会的像钱纳利这样的欧洲画家，这些欧洲画家在手法、趣味、风格甚至作画的心情上都非常不同于宫廷里的传教士。这样，我们才可能更加透彻地了解中国油画的历史，了解东西方之间文明传播的复杂方式与路径。

顺便提及一下，当你阅读了本书，了解到19世纪欧洲油画在沿海城市的传播情景后，会充分认识到：之前一些艺术史研究者使用的"外销画"这样的词汇是如何狭窄而根本不能概括19世纪中国接受外来绘画影响的情况，19世纪即便是批量生产于澳门广州的那些中国风情画，在作画态度、生产目的以及最后的结果上也不是如今大芬村那样的情形——彼时的墙纸也在贡献中国的风景而不是凡·高的复制品。可以进一步坦率地说，在上中国美术史的课程时，老师甚至根本就不能用"外销画"这样的词汇去概述那个时期的欧画东渐问题。了解钱纳利在中国的艺术经历，可以让我们认知绘画及其历史的复杂性，进而才能够让我们准确地理解中国油画的产生与发展，认识不同文明的特殊性以及变异的复杂性。本书于2024年出版，正是钱纳利诞辰250年，希望本书的出版可以有助于弥补中国近代美术史尤其是中国油画史教育上的缺陷。

2023年10月18日星期三

中译本序

〔英〕孔佩特

乔治·钱纳利在中国沿海地区度过了二十七年的时光，在此之前，他曾在英格兰、爱尔兰和印度生活和工作。大街小巷、田间地头、河滨海滩——在此期间，他痴迷、生动地描绘了自己在中国南海日日所见的周遭事物和（尤其是）百姓劳作。为纪念乔治·钱纳利诞辰250周年，在2024年出版这本细致的译作恰逢其时；在其漫长的一生中，以活泼的幽默感和非凡的才华而著称的他，已然是一位传奇人物，他理应被更广泛的读者群体所认识和重视，而现在这本译作将使之成为可能。

译者序

刘　艺

　　本书中文版的源起是在2019年，彼时吕澎老师正带领团队沟通《对望》纪录片的工作，学术顾问孔佩特老师从英国寄来的《钱纳利》一书正放在案头。因为该纪录片聚焦于早期中西文化艺术的交流碰撞，而钱纳利作为这段历程中"西画东渐"部分不可或缺的人物，自然备受重视。于是会议结束之际，吕老师拍板："就这么定了，你来译！"

　　孔佩特老师专门从事与东亚及中国贸易相关的历史绘画作品的研究，是该领域的知名学者和权威专家。而他先后深造和任职过的苏塞克斯大学和皇家穹顶宫艺术博物馆所在的布莱顿，也是我曾学习和生活过的地方，当我第一次在穹顶宫内"中国风"壁画前流连忘返，并开始对中西艺术的交汇产生兴趣时，未曾料到在未来还会有这样一段缘分。

　　本书即将付梓的2024年，也是钱纳利的250周年诞辰。钱纳利的自画像之一，即本书封面上的那一幅，已经和他的油画、水彩并素描簿一起，在我工作的银川当代美术馆珍藏了十多年。这位爱在鼻子下面涂一抹朱红的艺术家身上交织的，是艺术的光辉和人性的复杂：他娶妻生子，却又抛弃他们；他结交好友，却又屡屡背信弃义；他靠画肖像为生，却打心底更爱风景和写生；他教出了一流的中国学生，却又与其交恶……

他的故事读来让人喜怒参半，又爱又恨，而他不到30岁就离开英国，五十年后客死异乡，终其一生再未踏上故土，又令人唏嘘。

这位在19世纪的中国停留了二十七年的英国艺术家，身后留下的不仅仅是大量的绘画作品和传奇故事——他经历了对华贸易的热火朝天，也面对过鸦片危机时的剑拔弩张，钱纳利就好似一张社交之网的中心，那个时代来华的各行各业的洋人代表：传教士马礼逊、历史学家龙思泰、法国画家博尔热、英军将领律劳卑、义律……都与他产生过交集，他是中国从古代迈入近代历程中的一个特殊缩影，而他的作品——无论是形形色色的人物肖像，还是中国沿海往来的船只，亦或澳门街头的民间百态，其实都是历史的画卷——彼时风云剧变的戏剧，就在其上徐徐展开。

2024年1月

目　录

前　言

　　伴随着1801年《联合法案》的实施，赞助人逃离了都柏林，这是一位27岁的艺术家另觅前程的有力理由。竞争激烈的伦敦促使钱纳利在浪漫主义艺术运动开始之际动身前往东印度群岛。在伦敦的那几个月里，在乘船远航、再无归期之前，他是否曾瞥见过格廷（Girtin）、弗朗西亚（Francia）或特纳（Turner）的水彩画？我觉得一粒种子可能已被种下。尽管他的肖像画，以及他现存的数千幅钢笔画和棕色墨水画（具有早期杰出绘画大师的流畅和气氛），肯定了他18世纪晚期和皇家美术学院的出身，但他的风景画却并非如此。特别是他的水彩画中那种天才的感觉，有一种迷人的特质，当你想到这个人成年生活的绝大部分时间——（长达）半个世纪——都是在贸易社区度过，而与他职业的主流影响相距甚远时，你会更加惊讶。他的艺术给人一种"兴奋（buzz）之感"，鉴于他异乎寻常的生活经历，以及东印度和中国贸易的传奇性、冒险精神的背景，就更显辛酸伤感又令人激动。早就应该有针对钱纳利的权威研究了，现在，这里终于有了一本书——引用这位艺术家最喜欢的一句话（来形容）——"可以信赖"（'may be relied upon'）。

马丁·格雷戈里

Martyn Gregory

致　谢

　　钱纳利似乎没有写日记的习惯，但他确实留下了另一种令人好奇的记录：出现在他的数百幅绘画作品上，由点、短横线和曲线组成的速记注释。它们构成了一种对他的思想和关注连续不断的注解，可能包括日期、形式、颜色和肌理的注释，主题的确定以及对画面进一步完善的建议；也可能大体是指天气、他的家庭、生活或艺术。其他一些艺术家（如他同时代的詹姆斯·沃德［James Ward］）也在一定程度上使用了速记，但只有钱纳利将速记作为其艺术实践的重要元素。

　　在钱纳利死后的许多年里，他的注释仍然难以理解，就如一个已经消亡的文明的象形文字那般。然而，还有一把钥匙，那就是钱纳利是格尼速记法的忠实追随者，而格尼速记法在18世纪末和19世纪初被广泛使用（见附录二）。20世纪50年代和60年代，几位研究钱纳利速记的学者（特别是马萨诸塞州塞勒姆皮博迪博物馆［Peabody Museum, Salem］的莫伊拉·贝克［Moyra Baker］女士）在破译钱纳利的符号方面取得了一些进展。不过，多年来，正是杰弗里·邦萨尔（Geoffrey Bonsall）在香港开展的工作，使这个课题从一个或多或少带有悟性的推测，转变为一门接近科学的学科。自20世纪70年代以来，杰弗里·邦萨尔已证明自己是钱纳利速记的杰出翻译家、钱纳利研究领域的"商博良"（Champollion）[1]。本书中几乎所有的速记翻译都由他在某一时期提议或证实。

---

① 让-弗朗索瓦·商博良（Jean-François Champollion，1790—1832），法国历史学家、语言学家、埃及学家，成功破译古埃及象形文字结构及罗塞塔石碑，被称为"埃及学之父"。——本书脚注如无特殊说明，均为译者注，后同。

　　我也很幸运地获得了查阅两个涉及钱纳利的大量信件合集的权限：杰弗里·邦萨尔在香港积累的信件和笔记，它们将被存放在伦敦的印度事务部图书档案馆（India Office Library and Records, London）；以及伦道夫·瓦因（Randolph Vigne）在英国和南非收集的研究资料，其中包括W.H.威尔普利（W.H. Welply，研究钱纳利家族的一丝不苟的系谱学家）20世纪20年代以来的书信。我很感激这两个热衷于研究钱纳利的人如此慷慨地允许我"掠夺"他们海量的文件资料。

　　在许多协助这个项目的人中，我尤其要感谢马丁·格雷戈里，谢谢他的鼓励，他在钱纳利和中国贸易画相关方面那无与伦比的鉴赏能力，还有他画廊的卓越的摄影资料。没有马丁和佩内洛普·格雷戈里（Penelope Gregory）的支持与热忱，这本书将无法付梓。

　　我还要特别感谢艾伦·布拉德福德（Alan Bradford），感谢他在保护钱纳利绘画方面的特殊经验和他出色的幻灯片，以及汇丰银行的集团档案管理员玛格丽特·李（Margaret Lee）在获取照片和资料方面给予的友好协助。我还必须向许多藏家和馆长致以感激之情，他们使我能够使用他们的绘画作品及其照片：感谢佳士得拍卖行、苏富比拍卖行、托马斯·阿格纽和儿子们（Thomas Agnew & Sons）（画廊）、莱杰画廊（the Leger Galleries）、斯宾克拍卖行（Spink & Son）；特别感谢以下个人：米尔德丽德·阿彻（Mildred Archer）、罗比和梅布尔兄弟（Robbie and Mabel Brothers）、伊恩·布朗博士（Dr. Iain Brown）、奈杰尔·卡梅伦（Nigel Cameron）、弗兰克·卡斯尔（Frank Castle）、凯瑟琳·克拉克夫人（Mrs. Kathleen Clark）、布里奇特·科尔文夫人（Mrs. Bridget Colvin）、卡尔·克罗斯曼（Carl Crossman）、凯瑟琳·克鲁夫特小姐（Miss Catherine Cruft）、约翰·柯蒂斯（John Curtis）、卡米拉·戴维森（Camilla Davidson）、比尔·德拉蒙德（Bill Drummond）、哈丽雅特·德拉蒙德（Harriet Drummond）、克罗斯比·福布斯（Crosby Forbes）、布林斯利·福特爵士（Sir Brinsley Ford）、斯文·加林（Sven Gahlin）、肖恩·高尔文（Sean Galvin）、A.M.古德曼先生和夫人（Mr. and Mrs. A.M. Goodman）、艾莉森·古德温夫人（Mrs. Alison Goodwin）、查尔斯·格雷格（Charles Greig）、安东尼·格里菲思（Antony Griffiths）、西泽·吉伦-努涅斯（César Guillen-Nuñez）、安东尼和琳达·哈迪（Anthony and Linda Hardy）、斯蒂芬·黑斯廷斯爵士（Sir Stephen Hastings）、卢克·赫尔曼（Luke Herrmann）、塔姆辛·希钦斯（Tamsin Hitchens）、苏珊娜·霍（Susanna Hoe）、马尔科姆和厄休拉·霍斯曼（Malcom and Ursula Horsman）、J.P.W.A.范布拉姆·霍克杰斯特博士（Dr. J.P.W.A. van Braam Houckgeest）、拉尔夫·海德（Ralph Hyde）、伊恩·詹金斯（Ian Jenkins）、德里克和玛丽·詹宁斯（Derek and Mary Jennings）、安妮·约翰斯通夫人（Mrs. Anne Johnstone）、帕特里夏·卡滕霍恩（Patricia Kattenhorn）、查尔斯·J.凯利（Charles J. Kelly）、理查德·凯尔顿（Richard Kelton）、凯瑟克女士（Lady Keswick）、亨利·凯瑟克（Henry Keswick）、大卫和梅拉妮·兰代尔（David and Melanie Landale）、阿德里安·勒·阿里韦尔（Adrian Le Harivel）、德博拉·刘易斯（Deborah Lewis）、帕特和克莱顿·刘易斯（Pat and Clayton Lewis）、洛厄尔·利布森（Lowell Libson）、理查德·洛基特（Richard Lockett）、比巴·麦圭尔（Biba McGuir）、麦克纳布家族族长继承者（The Macnab of Macnab）、弗格斯·马地臣少校（Major Fergus Matheson）、马地臣家族的托基尔·马地臣爵士（Sir Torquil Matheson of Matheson）、绿川若热（Jorge Midorikawa）、查尔斯·莫伦博士（Dr. Charles Mollan）、已故的莫因勋爵和夫人（Lord Moyne and Lady Moyne）、理查德·奥蒙德（Richard Ormond）、艾伦·里德（Alan Reid）、迈克尔和史蒂文·里奇（Michael and Steven Rich）、R.B.理查兹先生和夫人（Mr. and Mrs. R.B. Richards）、保利娜·朗博尔德女士（Pauline Lady Rumbold）、J.W.M.圣莫瓦·希尔（J.W.M. St. Mawr Sheil）、比尔·萨金特（Bill Sargent）、肯·斯塔宾斯（Ken Stubbings）、凯伦·泰勒（Karen Taylor）、鲍比·蒂格夫人（Mrs. Bobby Teague）、彼得和南希·汤普森（Peter and Nancy Thompson）、艾德·尼·图阿玛（Íde Ní Thuama）、贾尔斯·蒂洛森（Giles Tillotson）、G.瓦伊纳准将和夫人（Brigadier and Mrs. G. Viner）、安东尼·沃森少校和夫人（Major and Mrs. Anthony Watson）、保罗·温菲斯基（Paul Winfisky）、玛丽-路易丝·温克勒夫人（Mrs. Marie-Louise Winkler），及安德鲁·怀尔德（Andrew Wyld）。

引　言

　　在英国艺术家中，乔治·钱纳利（George Chinnery）是个特例。28岁那年离开英国后，他余生的五十年都在世界的另一头度过——二十三年在印度，二十七年在中国沿海。如果他一直待在英国，或者欧洲，无疑会被卷入艺术风尚和品味的变化中去；他可能会加入这样或那样的团体，作品在职业批评家和鉴赏家面前展出；他会得到罗斯金（Ruskin）[①]的赞美或奚落，富有的商人为他提供赞助，并在自己的乡间别墅里设宴款待他；如果不是他自己，也会有他的某个追随者，就他杰出的成就发表饱含溢美之词的论述。

　　而事实上，钱纳利将大半职业生涯耗费在远东地区（大多数时候是在侨民的小社区中）的同时，他已丧失了这一切的可能性。他当然曾考虑过返回英格兰，至少也曾有过那么一次（见第106页）。但如果他在晚年返回故土，所面对的境况可能未必会让他感到称心如意。毕竟当萨克雷（Thackeray）[②]笔下的纽康姆上校（Colonel Newcome）[③]结束在印度的任期返回英国时，还有人拿他那［晒成］褐色的皮肤和不入时的宽大衣着取笑。当上校重访一处记忆中的聚会场所时，他吃惊地发现，取代常来

----

① 约翰·罗斯金（John Ruskin，1819—1900），英国作家和美术评论家。
② 威廉·梅克皮斯·萨克雷（William Makepeace Thackeray，1811—1863），英国作家，其代表作品是世界名著《名利场》。与狄更斯齐名，为维多利亚时代的代表小说家。
③ 纽康姆上校，萨克雷小说《纽康姆一家》中的角色。

往于此的谢里丹（Sheridan）①和他机智诙谐的追随者们的，竟是一个醉醺醺的满口粗俗歌曲的歌手。而缺席时间远甚上校的钱纳利，面对维多利亚时代的英国——工业支配城市，铁路贯穿乡村，恪守道德规范、重视家庭生活的皇室统治着社会——又会好到哪里去呢？钱纳利会和拉斐尔前派共创事业吗？还是和万国博览会的组织者们共创盛举？我想不会。相反地，钱纳利那在乔治三世（George Ⅲ）时期还曾高度流行的油画和水彩画风格，此时看起来就像纽康姆上校的裤子一样过时。

甚至钱纳利的个性，想来有趣，乃是根植于反复无常的18世纪90年代的伦敦和都柏林：一个充满暴力冲突、无耻大胆和愚蠢荒唐的年代。很难想象钱纳利会在故国僻静的郊区度过一段体面的退休生活。或许他的事业没有被某些优秀的维多利亚时代拥护者所记载也是合理的，同时代传记作者的缺席，使得他的言行成为谣言和秘闻的主题。在中国南海那个偏远小岛上独自生活的二十七年中，他引起了人们各种各样的猜测。而在他死后，传言更是激增，还延伸到了他的绘画上去——许多年中几乎任何18世纪或19世纪的中国主题的油画都倾向于被归为钱纳利所作，而且至今还有各种来源的绘画以"钱纳利"之名展出或编目，或更谨慎一些地被称之为"钱纳利画派"（Chinnery school）。

11　　　　如果有人能接受所有那些看似可信的书籍和期刊所发表的与钱纳利相关的内容，那么他就能顺着以下文字构建起钱纳利的事业概况：

　　　　钱纳利于1748年生于蒂珀雷里（Tipperary）②附近的一个小地主家庭。孩童时就显露出艺术天分的钱纳利，走上了与父亲完全相反的职业道路。他少小离家，因此父母将对他的喜爱转移到了他冷静理智的兄弟威廉身上。

　　　　15岁时，他独自一人生活在都柏林，师从本杰明·韦斯特（Benjamin West）③，并很快就超过了老师。随后他搬去伦敦，进入圣马丁路学院学习，尽管他把大把时间都花在了弗利特街的酒馆里。他成了乔舒亚·雷诺兹爵士（Sir Joshua

---

① 理查德·布林斯利·谢里丹（Richard Brinsley Sheridan，1751—1816），英国杰出的社会风俗喜剧作家，重要的政治家和演说家。
② 蒂珀雷里，爱尔兰地名。
③ 本杰明·韦斯特（1738—1820），曾担任英国皇家美术学院第二任院长，以历史画知名。

Reynolds）①的学生，还被富有的工业家赞助。他有位特殊的朋友——艺术家约翰·拉斐尔·史密斯（John Raphael Smith）②，但当史密斯与乔治·莫兰（George Morland）③合作时，心怀妒忌的钱纳利返回了自己的故乡爱尔兰。

　　没过多久，在他到达加尔各答后，钱纳利被指患上了无药可医的精神错乱，不得不被加以约束。他开始依靠大量的酒精，或者如另一种资料来源所言，依靠大量的鸦片。他在东方自始至终偷偷摸摸地过活，为了躲避残酷无情追赶他的妻子，从一个城市逃到另一个城市。在绝望的境地下，他不远万里逃到了暹罗。在中国沿海（1793年时他曾作为马戛尔尼勋爵［Lord Macartney］访华使团的一员到过此地），他改穿中国服饰，身边围绕着"娇小、温顺又灵巧的女人"，尽管他的放纵遭到了传教士马礼逊医生（Dr. Morrison）④的强烈谴责。

　　最终，乔治·钱纳利，这位"印象主义之父"（the father of Impressionism），在澳门自己家的阳台上平静离世，也可能是在北京死于贫困交加，那时他已经活了100岁，甚至是103岁了！¹

　　遗憾的是，以上的内容没有一条是基于事实的。

　　在过去的四分之一个世纪里，有关钱纳利的传奇已经扩展到了新的领域——历史小说。他一定是为数不多的扮演过主角的艺术家，很有可能是唯一的一个。这在三本最近的⑤小说中显而易见，其中一部还被拍成了电影。第一本是詹姆斯·克拉维尔（James Clavell）的《大班》（*Taipan*，1966年），钱纳利以好色的亚里士多德·昆斯（Aristotle Quance）的形象出现，"英国和爱尔兰的混血……东方最早的欧洲人"，与被称为"爱尔兰怪兽"的妻子分居。在书的最后一页，年老的艺术家向新大班打招呼，还想向他借钱。"女人是所有男人苦难的来源"，［作者让］他说道。"当然，"他小心地补充道，"不是所有女人。亲爱的小玛丽亚·唐（Maria Tang）不是。啊，现

---

① 乔舒亚·雷诺兹爵士（1723—1792），英国18世纪著名画家，1768年创建皇家美术学院，出任第一任院长。
② 约翰·拉斐尔·史密斯（1752—1812），英国画家。
③ 乔治·莫兰（1763—1804），英国动物、乡村风俗画家。
④ 马礼逊医生，指罗伯特·马礼逊（Robert Morrison，1782—1834），英国人，前来中国的第一位基督新教传教士。详见本书第十四章"传教士"部分。
⑤ 指本书英文原版出版时的1993年。

在，那儿有个我从未见过的性感女郎……"

　　在毛翔青（Timothy Mo）1986年的《占有岛屿》（*An Insular Possession*）一书中，钱纳利又作为奥古斯丁·奥罗克（Augustine O'Rourke）——一个体态发福、痛饮白兰地的爱尔兰人出现，有着"可怕的、不可预兆的对年轻女性肉体的渴望"。他以"肥胖的通奸红毛洋鬼子"被中国人熟知。相比之下，凯瑟琳·奥德尔（Katharine Odell）的《钱纳利在中国》（*Chinnery in China*，1971年）一书的中心人物个性更温和、更善解人意，完全规避酒精和本地女人，尽管他也确实享受和"夏洛特·温特斯"（'Charlotte Winters'）一段短暂又富于激情的风流韵事，后者显然是以日记作者哈丽特·洛（Harriet Low）[①]为原型的。

　　在这些人造传奇的背后，展现着钱纳利的艺术。如果说那些传记夸张地将其描述为一个任性不羁、蔑视常规的天才艺术家，部分原因也是由他的画作招致的。艺术作品总是被解读为艺术家的人格表现，尤其当你直面钱纳利绘画中的个人特征时，那光怪陆离的笔触、独特的风格和偶尔陷入荒唐的状态，使这种解读尤其令人无法否认。即使是美国的对华贸易商吉迪恩·奈（Gideon Nye），一个与钱纳利相识多年的人，也被误导相信钱纳利是因为参加民族主义革命活动而被驱逐的。据奈所说："钱纳利有一些天才所具有的弱点，同时又性情温和。他的想象力是如此丰富，以至于他在很多方面都有一种接近怪诞的狂热：在色彩上，他的狂热，或者说不切实际的想象，有时征服了他的手，而这于艺术而言几乎算不上是什么错误……"[2]

---

① 哈丽特·洛（1809—1877），美国人，于1829年抵达澳门并居住了四年，其间一直撰写日记。她的日记有四次被部分或全部整理出版。关于她与钱纳利的交集，详见本书第十三章"哈丽特·洛"部分。

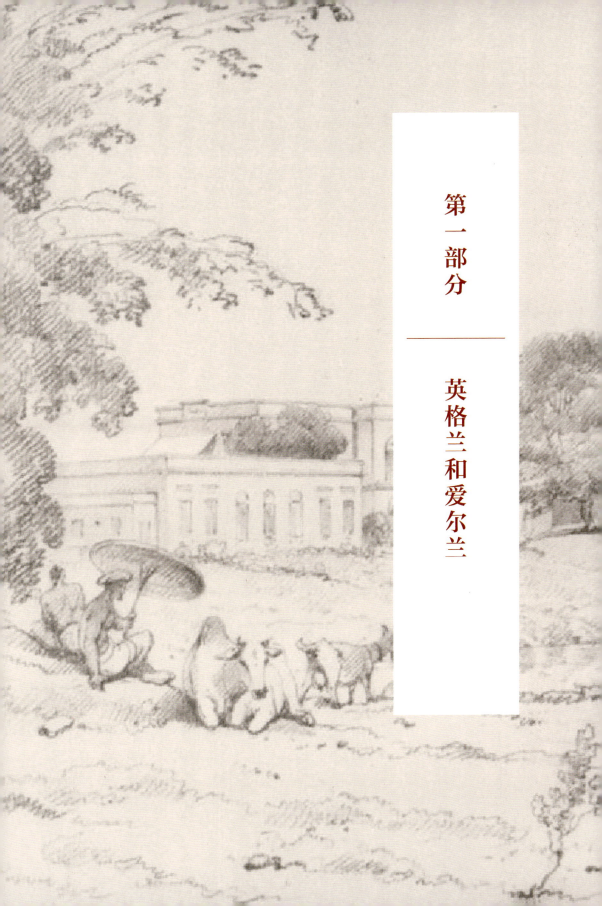

第一部分

———

英格兰和爱尔兰

第一章　书法家和盗用公款者：钱纳利家族

O：鸵鸟

那粗心的鸵鸟掉落了鸟蛋，也不在乎谁会践踏或接近她的骨肉。

引申：

铁石心肠的父母比异教徒更糟糕。

韵脚弱，含义深，这首诗约在1760年精心手写而成，很大程度上可能是那位"有能力又有经验的书法家老威廉·钱纳利（William Chinnery senior）先生"所作。[1]威廉·钱纳利对用笔非凡的掌控和精通开创了一项家族传统，并由他的孙子乔治·钱纳利在艺术领域达到巅峰。

威廉·钱纳利的父亲（也叫威廉），即使不是艺术家，也无疑是一位心灵手巧的人。1723年，他的生意在主教门大街的圣博托尔夫教区（St. Botolph's parish, Bishopsgate）被称为"皮匠"（制鞋人），1679年他曾在这里受洗。皮匠威廉的父

插图1　书法家威廉·钱纳利肖像，其子小威廉·钱纳利所作。私人收藏

亲还是叫威廉（1646—1709），显然是从出生地东英格利亚（East Anglia）来到伦敦主教门区的；钱纳利这个姓，以及变体金纳利（Gennery）和詹诺利（Jenoyre）和东英格利亚有着很强的关联，早在14世纪就被发现了，可能最初是来源于低地国家①。[2]

　　让我们回到书法家威廉·钱纳利（1708—1791）身上，我们发现他15岁时成为文具商理查德·福特（Richard Ford）的学徒，那期间他与舰队街的书商伯纳德·林托特（Bernard Lintot）同住（据推测也一同工作）。"他是同时期住在那些地方的，"一位同代人记载道，"他证明了自己在艺术书写上的天赋，正如他成了伦敦书法名师中的一员。"1762年前，上述的作者断言："钱纳利先生将全部时间用在外出教学上［即他的客户家］；他还在大法官巷环球剧场（the Globe in Chancery-lane）一带的家中教导年轻人。"[3]

　　现在，我们仍然可以从传给他后裔之一的一本装订成册的手卷中一睹威廉·钱纳利杰出的才华。手卷扉页上写着"以各种常见手写习作举例的自然笔法之范本，由威廉·钱纳利发明和写就"。这本册子包括字母表、书标、汇票和名片，以及表现为警句、箴言和诗篇的各种笔迹范式。整本册子提供了多种风格和选择，有可能是为顾客提供服务的样本。48张内页展示了威廉·钱纳利卓越精湛的技巧，不仅仅是文字书写，还有徒手绘制的椭圆形和漩涡形、花式和各式各样的装饰（插图2、3）。大部分内页标明了日期，最早的日期是在1736年，最晚的是1748年，最常出现的是1738年（正值这位创作艺术家的第三十个生日）。在一份1738年9月的卷首语中，威廉·钱纳利提到这次对"一种成熟的书法字体"的尝试，完全是"在一个商店的柜台上写就的"。[4]

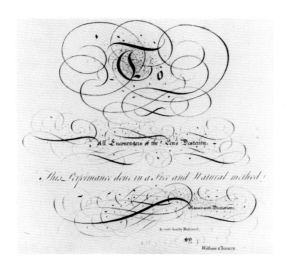

插图2　老威廉·钱纳利《完备笔法》（ 'Compleat Body of Penmanship' ）一书的题献页手写本。钢笔、墨水，1738年。私人收藏

16

———————

① 低地国家，包括荷兰、比利时和卢森堡，尤用于旧时。

AVING always had a great veneration for, and taken much Pains to acquire the Use of the PEN, I have in the following Performance attempted at a Compleat BODY of PENMANSHIP; The Task I believe will be allow'd Great, and how far I have succeeded in my endeavours throughout the Whole, must leave to the determination of Impartial JUDGES, and tho' I'm sensible it's not Exempted from many Errors, yet perhaps some of e'm will be overlook'd by the READER when he's inform'd, that the Whole was Perform'd on a flat Counter and in a Publick Shop, which I presume will be admitted as Disadvantageous to Works of this Kind that require more *Privacy*. I have follow'd no One's particular Method, but have done it agreeable to my own FANCY, and if it should in any-wise contribute to the satisfaction of Others, I will be an Addition to the pleasure which I take in the performance of it. As for the Censuring CRITICKS, I have only this Favour to ask of such, Commend it, or Come mend it.

London, September the 18. 1738.　　　　　　　　　　WILLIAM CHINNERY.

插图3　老威廉·钱纳利《完备笔法》序言手写本。钢笔、墨水，1738年。私人收藏

他主要的出版物《简明徽章设计者……》(*The Compendious Emblematist...*) 是一本杰出的书法范本，还延伸出数个版本。所有右页上都是改造的对句①，适用于字母表中一个特定的字母，比如上文引用的"O：鸵鸟"。而乔治·钱纳利在面对婚姻难题的时候可能会想起另一个对句，如下所示：

J：喋喋不休的人

喋喋不休的人因吵吵闹闹的废话而被青睐
大声说三道四的妇人却被人瞧不起

引申：
没有比已婚的悍妇更令人痛苦的事物了

所有左页上是一张与之匹配的插图，最后一页题名为"婚姻之祸"，且没有署名。没有理由认定老威廉·钱纳利（现在我们已经了解他了）从事过任何绘画类的工作。他活到了1791年12月22日，应该和他的孙子乔治相处了很久，因为那时乔治已

———————

① 对句，多指长度相等且押韵的文句。

经17岁了。弗利特街的圣布莱德教堂（St. Bride's）登记表记录了威廉·钱纳利的葬
17 礼——"一位杰出的书法大师"。[5]

书法家威廉唯一被记录在册的儿子是另一位威廉·钱纳利（约1740年1月—1803年），也就是乔治·钱纳利的父亲。至少从他职业的开端来看（也或许自始至终），他应该是追随他的父亲成了一位书法家。他可能也为《简明徽章设计者……》一书做出了很多贡献，因为有些插图印有铭文"老威廉·钱纳利"，而另一些则简单地题为"威廉·钱纳利"。而且，有两篇已发表的文章将他单独描述为一位书法教师。[6] 更多的证据在托马斯·格尼（Thomas Gurney）的速记手册《速记法》（*Brachygraphy*，1767年）中被找到，几个格尼速记的实践者证实了它的速度和实用性：名单的首位是"小威廉·钱纳利，书法家和会计师，高夫广场，因个人用途以此法记录《诗篇》和《新约》"。[7]

这个时候小威廉·钱纳利已经开始尝试绘制肖像。传至乔治·钱纳利的妹妹弗朗西丝·邓肯（Frances Duncan）后裔手中的一幅绘画（见插图1），（根据存在已久的家族传统）是一幅小威廉·钱纳利所绘的其父肖像。这可能是1764年小威廉曾于艺术家自由协会（Free Society of Artists，当时艺术家可以公开展示作品的两个主要场所之一，此时皇家艺术研究院［Royal Academy］① 还未成立）展出的《绅士的肖像》。1766年，他曾展出《一幅色粉笔肖像》，但除此之外没有更多关于乔治·钱纳利父亲绘制的图像记录了。[8]

据推测，当小威廉·钱纳利（插图4）放弃了他的艺术雄心后，转而成为一位古德洛尔（Cuddalore）② 的"马德拉斯商人"，并因此在印度聚集起了家族财富。[9] 但是这个推测并不非常肯定，因为没有找到任何关于威廉·钱纳利在印度的记录。作为一个年轻的已婚男人，他一定是待在英格兰，因为1764年至1777年中他的妻子伊丽莎白·巴塞特（Elizabeth Bassett）——一位康沃尔郡牧师的女儿——伴随着短暂而有规律的间隔，在伦敦生下了一堆孩子。如果他在1777年之后前往印度，他必须于1791年返回，因为高夫广场4号的房租被"威廉·钱纳利"支付了[10]（他的父亲在那一年去世了，所以这条记录肯定指向儿子）。然而，在1777年至1791年东印度公司的职员名

---

① 本书中多次出现Royal Academy和Royal Academy Schools，为将二者区分，前者译为"皇家艺术研究院"，成立于1768年，而后者"皇家美术学院"是其重要组成部分，始建于1769年，是英国第一所为艺术家提供专业培训的机构，即钱纳利学习之地。

② 古德洛尔，一译"库达洛尔"。印度泰米尔纳德邦东部城市，孟加拉湾的海港。

单里，并没有姓钱纳利的人。也有可能威廉·钱纳利在印度是以独立商人的身份经商，早期关于这一类欧洲人的相关记载非常粗略。

至于"古德洛尔的钱纳利工厂"，很有可能是属于威廉·钱纳利之子约翰·特里·钱纳利（John Terry Chinnery）的，后者在1793年至1799年间大部分时间都待在古德洛尔（靠近圣大卫堡），且几乎可以肯定他对那里的制造业和贸易有过兴趣。蔡斯、钱纳利和麦道维尔代理行（The agency house of Chase, Chinnery & Macdowell）在1803年至1805年的《东印度登记簿》（*East India Registers*）上被记录在案，但这

插图4 小威廉·钱纳利肖像，其子乔治·钱纳利所作。油画。英国伦敦国家肖像美术馆藏

里仍是约翰·钱纳利，不是他的父亲。他曾与两个同公司雇员，分别是托马斯·蔡斯（Thomas Chase）和约翰·麦道维尔（John Macdowell）参与这家代理行。麦道维尔和约翰·钱纳利在同一天（1792年8月1日）被委任。[11]

那么，看起来艺术家的父亲终究是没有去过印度。然而可以确定的是，根据圣博托尔夫教堂的登记簿记载，他和他的妻子伊丽莎白至少有七个孩子。乔治，生于1774年1月5日，是他们的第六个孩子。另有两个孩子似乎早早夭折了。还有上文提到的约翰·特里·钱纳利，在第四章会有更多细节讨论。另一个兄长（也是最大的一个）是威廉·巴塞特·钱纳利（William Bassett Chinnery，1766—1839）。威廉·巴塞特的职业生涯和乔治一样耀眼而又漂泊不定，也值得被小小书写一把，不仅是为了他的事业，也是为了展现那投射到他弟弟身上的艺术之光。

从相对来说比较低微的工作做起，威廉·巴塞特·钱纳利平步青云，成为财政部颇有权力的角色。他最初通过瑟洛勋爵（Lord Thurlow，1778年至1792年的大法官阁下）的影响力获得职位，威廉·巴塞特·钱纳利的父亲教导过瑟洛的女儿们艺术

18

19

插图5　年轻男子胸像，1812年作为威廉·巴塞特·钱纳利的收藏出售至大英博物馆。大英博物馆藏

书写，他把自己的儿子推荐给瑟洛勋爵做抄写员。1783年，这位年轻人在乔治·罗斯（George Rose）的手下工作，后者任财政部大臣，也是威廉·皮特（William Pitt）[1]的密友。他在财政部很快升职为首席书记员，随之而来的是若干获利颇丰的机会；到了1794年，他已担任数个皇家殖民地的代理人，包括新南威尔士和巴哈马，还被允许从他经手过的钱款总数中抽取佣金。

1790年，他和活泼聪颖的玛格丽特·特来斯利安（Margaret Tresilian）结婚。他们过着豪华的生活，获得了一套又一套位于伦敦和其他地方的房产，其中最华丽的要数位于埃塞克斯郡沃尔瑟姆斯托附近的极伟府（Gilwell Hall）。他们的晚宴和音乐会吸引了一群时髦的伙伴，包括长期挥霍无度的诗人威廉·斯宾塞（William Spencer，他是马尔堡公爵的侄子）、被称作"那个美丽的女才子"的生于爱尔兰的查利蒙特伯爵夫人（Countess of Charlemont），还有爱说长道短，也是卡罗琳王后（Queen Caroline）辩方证人的格伦博韦勋爵（Lord Glenbervie）西尔维斯特·道格拉斯（Sylvester Douglas）。格伦博韦把钱纳利家比作约翰斯通家族（the Johnstones），后者在布莱顿（Brighton）[2]待人接客非常慷慨大方，两个家族都有"地位"，他写道：

但是，说到掌握财富，据说约翰斯通是通过承包合同和玩牌获得钱财的，但

没人知道钱纳利是怎么获得金钱的，对于上流伙伴、豪宅名厨，以及奢华酒窖的野心，通过知悉谁跟谁（有社交往来），或者谁期待着跟谁产生交集，通过频繁的晚宴、音乐会和舞会，这两方面成就了这两位年轻的淑女；也都是约翰斯通小姐和钱纳利小姐所擅长的，她们巧妙地策划以掌控上流社会，或者至少让自己大出风头，几乎任何时候，她们都喜欢在最上流和时尚的各行各业，因阶层、美貌、年轻、天赋和财富而出名。但是钱纳利家举办的派对看起来更加挑剔和精致……[12]

然而无论是新贵否，威廉·巴塞特·钱纳利显然拥有特定的风格："钱纳利，尽管是个花花公子，但带有语病的法语和意大利语尚可容忍，十足的彬彬有礼，耳后别着翎笔，比起约翰斯通，（他的）语调更优美，谈话时更轻松活泼，鞠躬的动作更优雅，做起演说也更得体……"[13]

钱纳利最亲近的朋友之一詹巴蒂斯塔·维奥蒂（Giambattista Viotti），是当时一流的小提琴家，也是法国大革命的避难者。维奥蒂成为钱纳利家的常客，后者也借钱给他，作为回报，他在钱纳利家举办的音乐会上演奏，教导他们的孩子，还为他们献上自己的作曲。1824年，维奥蒂于钱纳利夫人在上伯克利街的住所中去世，把自己的斯特拉迪瓦里小提琴①留给了她。[14] 威廉·钱纳利还与皇家艺术研究院有来往。当威廉·霍奇斯（William Hodges）于1797年突然去世时，钱纳利曾帮助艺术家的遗孀和儿子寻找工作。1806年，日记作者约瑟夫·法灵顿（Joseph Farington）了解到"艺术家即使不是研究院的成员，也可获准绘制图案或塑像"，向他提供消息的人是雕塑家约翰·罗西（John Rossi），后者是从"财政部的钱纳利"那儿听说的。[15]

通过自己的社交和与政府部门的关系，威廉无疑可以助弟弟乔治一臂之力。可能正是威廉将他介绍给了第二代卡姆登伯爵（2nd Earl of Camden）、国库出纳和财政大臣，随后成为爱尔兰总督的约翰·杰弗里斯·普拉特（John Jeffreys Pratt），他任总督时判断失当的行动激发了1798年5月的起义②。乔治·钱纳利为卡姆登绘制的肖像

---

① 斯特拉迪瓦里小提琴，指斯特拉迪瓦里（迄今最伟大的意大利提琴制作家安东尼奥·斯特拉迪瓦里[Antonio Stradivari，1644—1737]）及其子制作的小提琴。

② 1798年5月的起义，指1798年5月，爱尔兰人民受法国革命影响，在T.W.托恩为首的爱尔兰人联合会领导下，在韦克斯福德、威克洛、安特里姆等地起义。因无统一计划和指挥不当，惨遭英军镇压，7万余人被处死。

插图6　玛格丽特·钱纳利夫人微型肖像，乔万尼·特罗萨雷利所作。象牙上铅笔、水彩。马丁·格雷戈里画廊藏

曾与其他爱尔兰总督的肖像一起挂在都柏林堡，但在20世纪初失踪了。另一个有可能是威廉·钱纳利熟人的是查尔斯·隆（Charles Long），后来的第一代法恩伯勒男爵（1st Baron Farnborough），18世纪90年代财政部的联合秘书。乔治·钱纳利也绘制了他的肖像，并由詹姆斯·希思（James Heath）题名刻字。[16]

钱纳利夫妇是孜孜以求的艺术品藏家和赞助人。在极伟府，他们有一批引人注目的瓷器收藏，东方运来的和欧洲制造的皆在其中，其中一些古典花瓶和雕塑后来被大英博物馆收购。1802年，当年轻的肖像画家玛丽·维热-勒布伦（Marie Vigée-Lebrun）从巴黎来到伦敦时，极伟府是她首要拜访的地点之一，在那儿她被精心制作的花卉装饰深深迷住了（她称之为"une féerie printanière"，即"春天的仙女"），10岁的卡罗琳·钱纳利（Caroline Chinnery）的钢琴演奏也使她非常愉悦。[17]这位法国艺术家绘制了玛格丽特·钱纳利（Margaret Chinnery）坐着的肖像，拿着一本《德·让利斯夫人的信》（Letters of Madame de Genlis）。[18]同一年，将要永久离开英格兰的乔治·钱纳利展出了三幅肖像（可能是微型肖像画），分别是他哥哥的孩子卡罗琳、卡罗琳的双胞胎兄弟乔治·罗伯特（George Robert），和他们的弟弟沃特（Walter）。[19]特罗萨雷利（Trossarelli）也差不多在这时为这三个孩子和他们的母亲绘制了肖像（插图6）。

乔万尼·特罗萨雷利（Giovanni Trossarelli，或称加斯佩尔［Gaspare］——关于他的名字还有些疑惑[20]）应该也与乔治·钱纳利在皇家美术学院（Royal Academy Schools）相识，在钱纳利报到的那一年早些时候我们发现一个确定的名字"加斯佩尔·特罗帕雷利"（'Gaspero Troparelli'）被登记在册。[21]由于"特罗萨雷利"这个姓没有再出现过，这肯定是因为英国人常常无法发音和拼写外国人名（差不多同时期，第三代杜塞特公爵〔3rd Duke of Dorset〕的情人吉安妮塔·巴塞利〔Giannetta Baccelli〕，被诺尔庄园的仆人们所知的名称就是"谢莉"〔Shelley〕，艺术家安东·门格斯〔Anton Mengs〕在皇家艺术研究院的画册里也以"明克斯先生"〔Mr. Minx〕出现）。特罗萨雷利在皇家艺术研究院展出了一系列肖像画，从格洛斯特的威廉王子（Prince William of Gloucester）一直到牙医普莱斯（Price）先生，还有作曲家/音乐家凯鲁比尼（Cherubini）以及维奥蒂，钱纳利也曾为后者绘制过肖像。[22]

　　1810年，威廉·巴塞特·钱纳利一家达到了名利的巅峰。他们的儿子乔治·罗伯特·钱纳利——玛丽·维热-勒布伦曾注意到他"对学习富有热情"（原文为法语"une véritable passion pour l'étude"）[23]——在这时为自己赢得了牛津大学的奖学金荣誉，作为纽迪吉特奖（Newdigate Prize for poetry）①的获得者，他在谢尔登剧场就自己情节夸张但也不失激情的诗歌《垂死的角斗士之像》（*The Statue of the Dying Gladiator*）[24]做了朗诵会。但是他父亲的奢侈挥霍是如此引人注目，以至于他的监护人乔治·罗斯这样说道："作为一名公职人员，他的廉正令人怀疑。"威廉·钱纳利曾被首相斯宾塞·珀西瓦尔（Spencer Perceval）问询，但他设法说服首相相信一切事务都符合程序。他声称自己一直过得"非常严谨节约"，而且是从"一些学校时期就结成的老关系"那里收到钱的。[25]

　　两年后，真相终于被揭开了。珀西瓦尔现在意识到威廉·钱纳利"狠狠地"欺骗了他，而且侵吞的数额远比他担心的还要更多。[26]尽管威廉·钱纳利的正当收入是每年4000英镑，但他顺利地转移了约70000英镑公款到自己的公司。理所当然地，他和其他有罪责的公职人员都被免职，但他所欠下的债务远未还清。据悉，1812年3月17日，指控他的令状下达，而此时他已经逃脱了，6月，有消息称他人在哥德堡②。极伟府及其珍宝被出售以筹资还债。威廉·钱纳利于1834年在巴黎去世，终生没有再回到英国。[27]

　　这是一桩严重的丑闻。在上议院，拜伦（Byron）在对政府的指责中提及钱纳利，在下议院，乔治·罗斯不得不为自己辩护，声明最近的十五年中他拜访威

21

----

① 纽迪吉特奖，牛津大学设立的诗歌奖。

② 哥德堡，瑞典城市名。

廉·钱纳利仅仅是因为他是他其中一个孩子的教父。斯宾塞·珀西瓦尔的难堪并未持续很久，因为那一年的5月11日他被另一个破产者刺杀了——就在下议院的门厅。约瑟夫·法灵顿从资本家约翰·朱利叶斯·安格斯坦（John Julius Angerstein）处听闻了钱纳利事件，后者的绘画收藏后来形成了国家肖像美术馆的核心。安格斯坦告诉法灵顿，威廉·钱纳利还从一些商人那儿赊取了许多商品，连账单都没有支付。[28]

对于钱纳利一家而言，接下来的生活肯定很严峻，特别是有天赋的卡罗琳在她父亲离开的三周内去世了，仅仅20岁。据说"她得了麻疹，紧跟着是初期［原文如此］肺结核，可能是上个秋天，在参加摄政王布莱顿穹顶宫那些总是玩到很晚的派对时得病的"[29]。她的兄弟乔治·罗伯特来到伦敦和母亲一起生活，他获得了一个财政部职员的工作，随后又进入外交部门，作为乔治·坎宁（George Canning）[①]的私人秘书往来欧洲大陆。他30岁出头，还未结婚时，就于马德里任职索赔专员时去世了。[30]

玛格丽特一直活到1840年，比她的丈夫和三个孩子活得都久。留给她的充足收益，可以支撑她在伯克利广场附近时髦的查尔斯街上的住所开销，另外还配有两个女仆、两个男仆。[31] 她和年轻的乔治·罗伯特看起来在伦敦上流社会仍保有一席之地。1813年7月，乔治·罗伯特和维奥蒂出现在德·斯特尔夫人（Madame de Stael，新近从法国到来，且是那一社交季的明星）举办的一次聚会名单上。[32] 剑桥公爵，国王绯闻最少的儿子，和玛格丽特以及她的家人保持着良好的友情，有一次她还希望公爵或许能帮她获得某处皇家宫殿的女侍臣职位。[33] 1818年，格伦博韦勋爵在钱纳利夫人家参加音乐会，忠诚的维奥蒂（格伦博韦曾暗示过他可能是钱纳利家孩子们的生父）仍在款待一群见多识广的贵族和外交官。[34]

或许还该为极伟府的故事添上后续。威廉·巴塞特·钱纳利垮台的一个世纪后，极伟府庄园成了童军运动[②]的总部。你可以想象，如果威廉·钱纳利还活着，《童军

---

② 童军运动，1907年7月29日，英国人罗伯特·贝登堡（Robert Baden-Powell，受封第一代贝登堡男爵，后被称为"极伟的贝登堡男爵"）发起童军运动，童军运动采用童军运动方法，此方法强调以实际的户外活动作为非正式的教育训练方式，内容包括露营、森林知识、水上活动、徒步旅行、野外旅行和运动等。另外一个可明显识别此活动的特色是童军制服，主要是为了消弭国家及社会地位之间的差异性和达到人与人之间相互平等的状态，常见的装备有领巾、军帽和可识别的主要服装。

警探》（*Scouting for Boys*）①可不会是他最喜欢的书。这所宅子曾靠大量欺诈转移来的公款维持，毫无疑问该运动的创始人对此一无所知，而选择以"极伟的贝登堡男爵"（Baron Baden-Powell of Gilwell）作为头衔被世人铭记。

乔治·钱纳利看起来并没有卷入他哥哥的事件中去，其实这时候他已经在印度十年了，鉴于他自己积欠的债务，他也无从协助他的兄长或其家庭。无论如何，他确实写信给明托勋爵（Lord Minto）（在明托从印度返回前不久他刚为其绘制了肖像），请求明托为他哥哥的事说情。然而这一请求石沉大海，因为（艺术家并不知晓）明托抵达英国后一个月就去世了，那时钱纳利甚至都还没写这封信。但是这封信确实证明了威廉的影响力范围，明确了他在明托就任孟加拉总督前就与其相熟，而且的确就是他将自己的兄弟乔治介绍给明托认识的：

> 阁下，请恕我诚心诚意地斗胆请求，请求您的仁慈和慷慨，眼下您在英国的权力将惠及吾兄，作为公职人员，我不会也不能为他辩护，我以最谦卑的礼节——匍匐在您的脚下为这个好人奉上我的恳求，他正处于风口浪尖，即使没有我的恳求，我认为他心中仍珍存着与阁下您的友谊，我十分确信皇室已对他足够仁慈，他的价值肯定可以弥补他的过错，我真诚希望通过阁下您的影响力为他照拂一二。我生就的情感使我成为他的辩护者，如果不是他将我介绍给阁下您认识，我人生的成就将蹒跚前行，谨以全部的祝福和感激之情……[35]

显然，威廉和乔治这对钱纳利兄弟有很多共同之处：富于魅力、能言善辩，还有花别人钱的本事。这一家族传统被乔治的私生子爱德华所继承，他在加尔各答因为偷窃少量生活用品而被判罪——陪审团认为导致这一盗窃行为的原因更多的是情绪激动，而不是犯罪意图（见第154页）。

弗朗西丝·钱纳利（Frances Chinnery），艺术家最小的妹妹，1796年6月登上了

---

① 《童军警探》，正式书名为《童军警探：成为良好公民的训练手册》（*Scouting for Boys: A Handbook for Instruction in Good Citizenship*），又称《童子警探》，是童军运动史上的第一本书籍，于1908年出版。该书的作者和绘图者皆为罗伯特·贝登堡，也就是童军运动创始者。

前往印度的"罗金厄姆号"（*Rockingham*）①去投靠兄长约翰。那时她18岁，她的同伴玛丽·佩顿（Mary Payton）25岁。两位女士不仅非常倒霉地在旅途中遇上了一对姐妹（姓史密斯［Smith］），后者显然比她们更加年轻活泼，还遇上了沉闷傲慢的乔治·埃勒斯中尉（Lieutenant George Elers）。在埃勒斯的回忆录中，他对她们不屑一顾：

> 佩顿小姐……非常安静稳重，晚餐时她那双明亮的黑眼睛转来转去四处瞧。她没有品位也不优雅，但并不完全庸俗，她显然不习惯与时髦的同伴为伍，这一点恰是两位史密斯小姐所具备的。至于可怜的钱纳利小姐，几乎没人想起她。可怜的人！她既无美貌也无才能，不过她和蔼可亲，不惹人厌，受到他人关照时也非常感激。[36]

虽说她们在船上的时候被人忽略不计，但无论是玛丽·佩顿还是弗朗西丝·钱纳利都没有单身太久。她们抵达印度不久后，玛丽就在1797年1月19日嫁给了约翰·钱纳利。三个月后，弗朗西丝嫁给了东印度公司的医疗人员约翰·邓肯（John Duncan）。小史密斯小姐成了阿瑟·韦尔斯利上校（Colonel Arthur Wellesley）②的情人。埃勒斯本人与韦尔斯利结交数年，后来他写给威灵顿公爵（Duke of Wellington，即后来的韦尔斯利）一封奉承的长信，提起他们之间长久的相识，请求获得他身边的一个职位。令人满意的是，公爵很快就回绝了。[37]

约翰·钱纳利于1817年去世，身后留下三女一子。他的儿子威廉·查尔斯·钱纳利（William Charles Chinnery，1805—1839），死时未婚，时任第四马德拉斯本土步兵团上尉。由于威廉·巴塞特·钱纳利和乔治·钱纳利的儿子们都在年轻时去世，且没有孩子，乔治·钱纳利不仅活过了自己的兄弟们，也活过了自己的儿子和侄子们。随着他的去世，"杰出的书法大师"老威廉·钱纳利那有进取心的男系后裔也不复存在了。

---

① 原文为"白金汉号"（*Buckingham*），经查证该信息有误，此处与作者沟通后进行修改。

② 阿瑟·韦尔斯利（1769—1852），第一代威灵顿公爵（1st Duke of Wellington），是历代威灵顿公爵中最为人熟悉的一位，人称铁公爵。拿破仑战争时期的英国陆军将领，19世纪最具影响力的军事、政治人物之一。第21位英国首相（在任时间1828年1月22日—1830年11月22日，1834年11月17日—12月9日）。

第二章 "绘画的新风格"：伦敦和皇家美术学院

对于乔治·钱纳利的童年时代，我们无从所知。他出生于1774年1月5日，受洗于2月4日，在家中七个孩子里排行第六，所有孩子都是在伦敦圣布莱德教堂受洗的，这是雷恩（Wren）①修建的所有教堂中最高的一座，建于一个世纪以前。钱纳利一家住在高夫广场那拥挤、被低调但中等富裕的家庭所忽略的小院子中，只需穿过弗利特街就能到达教堂。塞缪尔·约翰逊（Samuel Johnson）②在1748年至1759年间住在高夫广场，那里房屋税簿的记载显示有一位"威廉·钱纳利"，要么是艺术家的父亲，要么是祖父，在乔治·钱纳利整个幼年时代支付应缴款。[1]

1791年12月，老威廉·钱纳利去世了，但他得以在有生之年见到孙子以艺术家的身份进入公众视野。这一年的5月，17岁的乔治·钱纳利在萨默塞特宫（Somerset House）的皇家艺术研究院的年度展览上第一次展出作品，那显然是一幅微型画，因为展览图录将它列入"微型画及其他门类"，展出的位置是在三层的大展厅（Great Room），这幅作品被简单地描述为"肖像"，据说（或许并不可信），这幅画描绘的是他的父亲。[2] 在图录末尾的艺术家名单中，钱纳利的姓名和地址被略去了，这对默默无闻的他而言也是种合理的考量。

---

① 克里斯托弗·雷恩爵士（Sir Christopher Wren，1632—1723），英国皇家学会会长，天文学家和著名建筑师。1666年伦敦大火后的重建工程中，雷恩重建或监督了86座教堂中的51座，其中最著名的有圣保罗大教堂（St. Paul's Cathedral）等。

② 塞缪尔·约翰逊（1709—1784），英国作家、文学评论家和诗人。

插图7　一本早期钱纳利素描簿中的传统习作。钢笔、墨水。私人收藏

　　接下来一年的展览中，他展出了三幅微型肖像画，署名为：高夫广场4号，乔治·钱纳利。这三幅展出的作品分别为《一位牧师》（经辨认为J.穆尔牧师［Rev. J. Moore］），《一位绅士》（艺术家的兄长约翰），以及《一位画家》（A.J.奥利弗［A.J. Oliver］）。[3] 或许，这些作品符合了观众的口味，在展览结束后，很快，钱纳利就于1792年7月6日入学皇家美术学院。学院对于那些才能受到委员会认可的申请人是免费的。他们为学生提供临摹所有收藏的机会，可以听教授的讲座，还可以参加写生课，尽管有一条校规要求"20岁以下不允许写生女性模特，除非该学生已婚"[4]。至于钱纳利入学时的年龄，在登记簿上是19岁，但他当时实际上是18岁。可能他认为一点小小的谎言将对他要接受的艺术教育有所助益。

　　当时的学院是非正式机构，尽管在1792年时，学制设置长达七年，然而包括钱纳利在内的许多学生，都选择了较短的学制。不过，学院享有巨大的声望，而且也是诸多人功成名就的起点：威廉·布莱克（William Blake）[①]、托马斯·丹尼尔（Thomas Daniell）[②]、托马斯·罗兰森（Thomas Rowlandson）[③]，以及托马斯·劳伦斯（爵士）（[Sir] Thomas Lawrence）[④]。这些人都是钱纳利的前辈，还有J.M.W.透纳（J.M.W. Turner），比钱纳利小1岁，1789年至1793年10月间在学院学习，属于钱纳利的同辈。另一位定是在此时与钱纳利缔结友情的艺术家是阿彻·詹姆斯·奥利弗（Archer James Oliver），于1790年进入学院，他还拥有一家时髦的肖像画馆，直到19世纪20年代他的健康状况恶化后关闭。在钱纳利于1792年展出了奥利弗的肖像后，奥利弗之后也在1794年展出了一幅钱纳利的肖像。1802年，奥利弗递送了一幅名为《老W.钱纳利》的肖像，据推测应该是乔治的父亲，于翌年因肠炎去世。[5]

　　钱纳利常常被说成是皇家艺术研究院首任院长乔舒亚·雷诺兹爵士的学生。事实上，乔舒亚爵士在视力衰退多年后去世，那是发生在钱纳利获准入学前五个月的事。雷诺兹聘用过许多学生助手（特别是18世纪70年代）来绘制织物和装饰，有时候也临摹大师的作品。但是并没有记录和些微可能性表明彼时极年轻的钱纳利是他们中的一员。在雷诺兹所有的学生中，只有肖像画家詹姆斯·诺思科特（James Northcote）在后来声明自己是一位独立的艺术家。

　　即使钱纳利并没有亲耳聆听雷诺兹的讲座，他也定然见过这些讲座的印刷品，即《画论》（*Discourses on Art*），其作为一个完整的系列，于1797年出版。后来，钱纳利在加尔各答指导他的学生玛丽亚·布朗（Maria Browne）时，向她提及"乔舒亚爵士令人钦佩且永远值得赞扬的讲座"[6]，而且，他为她做的数条标注也表明，他对《画论》非常熟悉（见附录一）。查尔斯·多伊利爵士（Sir Charles D'Oyly）的滑稽剧中，对钱纳利在加尔各答画室的描述暗示了钱纳利在之后的岁月里鼓励这种认为他是雷诺兹理所当然的传人的说法：

① 威廉·布莱克（1757—1827），英国第一位重要的浪漫主义诗人、版画家，英国文学史上最重要的伟大诗人之一。
② 托马斯·丹尼尔（1749—1840），英国风景水彩画家，曾在印度生活创作七年。
③ 托马斯·罗兰森（1756—1827），英国画家、漫画家，以其反映社会和政治问题的讽刺画知名。
④ 托马斯·劳伦斯（爵士）（1769—1830），英国著名肖像画家，曾任皇家美术学院院长。

我们曾目睹乔舒亚爵士——一块宝石

甚或两块，在这间满是珠宝的储藏室里

画家跪倒在地，膜拜不已

贪婪地吞食着他的色彩和色调——

再退后一步——又向前——不情愿失去

狂热沉思的一刹那

然后幻想自己取得了他的辉煌成就

并在他们之间追溯伟大的同化

只不过，除了他①的爵士头衔，——还有他的名声[7]

　　这里的"乔舒亚爵士"更有可能指的是一幅钱纳利绘制的雷诺兹肖像，而不是雷诺兹的作品。在1876年的香港巡展中（见第262页），包括了钱纳利《一幅小尺寸的乔舒亚爵士头像习作》。[8]

　　如果钱纳利在皇家美术学院就学期间听过任何演讲的话，那应该是每年春季由詹姆斯·巴里（James Barry）所做的，他是一位出生于爱尔兰的历史画画家，彼时任绘画教授。一位同代人记载："作为一位演讲者，他的方式尴尬笨拙、冷淡，让人印象不深，但是他的主题是引人关注的，且知识翔实。"[9]由于对雷诺兹强烈的嫉妒，巴里最初把他的演讲构思为对《画论》猛烈的反击，但在他的竞争对手去世后，他放弃了这种争论，转向了传统的主题：设计、构成、明暗对比和色彩。钱纳利从巴里那儿听到的内容应该也非常有限，因为当时雷诺兹或者是其他在他之前的欧洲理论家都还没有发表更加中肯的言论。而且，如果钱纳利听过了巴里那去从事"宏大主题"绘画的训诫，他可能也会无视它们。因为众所周知，甚至是巴里本人也难以为自己宏大的历史和神话场景找到买家，更何况是才刚处于职业开端的年轻艺术家们呢？不管他们对创作历史画的渴求有多么热切，或者希望绘制风景画，为了谋生，这两样都不太可靠。只有肖像画能够提供稳定的收入。

　　到了研究院1793年展览的时候，钱纳利已经在离皮卡迪利大街不远的萨克维尔

---

① 这里的"他"均指雷诺兹爵士，意为钱纳利没有爵位，名声也远不如雷诺兹。作者认为这首诗是取笑钱纳利喜欢把自己视为雷诺兹的追随者，并几乎能与其平起平坐了。

街1号找到了新住处，他在那儿度过了
随后的两年。在展览上，他又展出了三
幅肖像画。其中一幅在画册中被描述为
《一位绅士》，而这明显是因为某种原因
造成的错误，因为画中的人物被认定为
奥利弗夫人（Mrs. Oliver）。第二幅是《一
位淑女》，即简·波特（Jane Porter，她
是艺术家罗伯特·科尔·波特爵士［Sir
Robert Ker Porter］的姐妹）的肖像，她作
为一位浪漫小说家而大获成功。第三幅
是钱纳利的自画像。1793年，还有一幅钱
纳利早期作品中有可靠日期落款并幸存
下来的画作——一位老夫人的微型肖像
画（插图8），画面处理得相当粗糙，并
署上了模仿英雄气概的"乔治乌斯·钱

插图8 一位老夫人的微型肖像。
铅笔、水彩，签名并落款于1793年1月1日。
维多利亚和阿尔伯特博物馆藏

纳利"（'Georgius Chinnery'），肖像落款为1793年1月1日，那时钱纳利都还不满19岁。

1794年是给这位年轻艺术家带来信心的一年。不仅仅是因为1月份年满20岁的他现
在可以心安理得地写生女性模特，他还向皇家艺术研究院展览提交了至少十二幅肖像
画，并在一篇发表了的评论文章中大获赞美。这些肖像画被挂在位于二楼的古典学院
（Antique Academy）[1]，而且显然不是微型画（微型画被列在另一个单元）。钱纳利的这些
画作被放在"绘画"标题之下，在这篇化名为"安东尼·帕斯昆"（'Anthony Pasquin'）
的约翰·威廉斯（John Williams）所作的直言不讳的《皇家艺术研究院当前展览的自由
评述》（A Liberal Critique on the Present Exhibition of the Royal Academy）一文中，这些画作
被重点提及。文章中对一些更有名望的艺术家的作品不屑一顾：把一幅里高（Rigaud）[2]
的作品描述为"令人费解的乱涂乱画"，还有一幅佩莱格里尼（Pellegrini）[3]的《酒神巴

① 因遵循文艺复兴时期艺术训练的传统，皇家美术学院由古典学院、石膏像学院和真人模特学院组成。
② 约翰·弗朗西斯·里高（John Francis Rigaud，1742—1810），是18世纪的历史、肖像和装饰画家。
③ 多梅尼科·佩莱格里尼（Domenico Pellegrini，1759—1840），意大利画家，多绘制肖像和神话人物。

29

插图9 伊丽莎白·斯坦利小姐。铅笔、水彩，签名
并落款于1794年。马丁·格雷戈里画廊藏

克斯的女祭司》，被形容为"只讨酒色之徒的喜欢"。而评论家转向钱纳利的作品时这样说道："钱纳利先生展出了一些肖像画，我非常喜欢，在追名逐利的崭露头角的候选人中，这位冉冉升起的艺术新星是最杰出的。他的进步之神速几乎史无前例，他对新的绘画风格已经相当适应，有几分像是科斯韦（Cosway）[①]。" [10]

这些威廉斯十分欣赏的作品，很可能是一些小型肖像画，是最近由科斯韦引领起风潮的一种体裁，通常会整体施以水彩，或者仅仅加在面部，就像钱纳利后来在印度画的那样。一个引人注目的例子就是钱纳利于这一年所作的伊丽莎白·斯坦利小姐（Lady Elizabeth Stanley）像（插图9），她是热情好客的第十二代德比伯爵（12th Earl of Derby）的次女。画中，她身边有一只斗牛犬，这让人联想到她的家族对动物的喜爱：伊丽莎白的父亲创立了英国德比锦标赛（Derby stakes）[②]，她的兄弟爱德华（Edward，后来的第十三代德比伯爵），在诺斯里府邸（Knowsley Hall）创办了著名的动物园，爱德华·利尔（Edward Lear）[③]还曾将其中的动物入画。1795年1月15日，在这幅肖像画完成后不久，伊丽莎白·斯坦利小姐嫁给了特威克纳姆和斯托克林（Twickenham and Stoke Lyne）的斯蒂芬·托马斯·科尔（Stephen Thomas Cole）；致"科尔夫人"的献词（就在这幅画的背板上），落款日期是1794年11月9日，表明这幅画有可能是作为订婚礼物送给画中人的准婆母的。

钱纳利在1795年还绘制了若干小幅全身肖像（插图10—13）：画面上描绘了身着

---

① 理查德·科斯韦（Richard Cosway, 1742—1821），摄政时代最有代表性的英国肖像画画家，尤擅微型画。
② 英国德比锦标赛，英国赛马比赛，由第十二代德比伯爵爱德华·史密斯-斯坦利创办于1779年，延续至今。
③ 爱德华·利尔（1812—1888），英国著名幽默漫画家，主要以写五行打油诗与荒诞诗（Nonsense verse）闻名。

插图10　站在基座旁的年轻女士。铅笔、
　水彩，签名并落款于1795年。大英博物馆藏

插图11　倚着高基座的年轻女士。铅笔、
　水彩，签名并落款于1795年。私人收藏

插图12　弹奏竖琴的年轻女士。铅笔、水彩，
　签名并落款于1795年。私人收藏

插图13　林地中的年轻女士。铅笔、水彩，
　签名并落款于1795年。私人收藏

彩图1　查尔斯·詹姆斯·福克斯微型肖像。
铅笔、水彩，签名并落款于1794年。私人收藏

飘逸高腰长裙的年轻女士，头发松散地垂在肩膀上，在优雅景致中的假山或基座边摆好姿势。每幅画作中，精心刻画的面部是最富细节的元素，双眼是情意绵绵的深色，嘴唇保持着礼貌得恰到好处的微笑。

　　这些画面中对于面部的处理，和钱纳利同时期所作的微型画相似（彩图1、2和插图14—16）。在不同的画面中，面部都被表现得轻柔苍白、线条单一，在下巴和眼睛周围尤为明显。在那幅令人赏心悦目的伊丽莎白·图特女士（Elizabeth, Lady Tuite，都柏林大主教查尔斯·柯布［Charles Cobbe, Archbishop of Dublin］的孙女）的肖像画中，这种线影法占据了整个面部（插图15）。在这些早期的微型画中，背景也是由相似的近乎平行的短线构成，但整体的感觉比较朴素——因为钱纳利这时还没有开始
30　尝试斑驳的、强有力的背景，像他之后在马德拉斯采用的那样。人物的头发再一次被描绘得松散，笔触结实，或蜷曲，或打卷。钱纳利为皇家骑兵炮兵（Royal Horse Artillery）一位官员（插图14），以及查尔斯·詹姆斯·福克斯（Charles James Fox）所作的微型肖像画（彩图1），署名和落款都在1794年，这两幅作品以任何标准来看，都

彩图2 戴撒粉假发的绅士微型肖像。铅笔、水彩，
签名并落款于1795年。布里格迪尔和瓦伊纳夫人藏

插图14 一位皇家骑兵炮兵的军官。铅笔、
水彩，签名并落款于1794年。私人收藏

插图15 伊丽莎白·图特女士的微型肖像。铅笔、水彩，
签名并落款于1796年。维多利亚和阿尔伯特博物馆藏

插图16 一位绅士的微型肖像。铅笔、水彩，
签名并落款于1795年。汇丰银行藏

称得上是技艺高超，与他前一年所作的《老夫人》相比，也是进益显著。在一幅作于1795年，处理手法更为得心应手的肖像画中（插图16），我们看到蓬乱的头发也成了钱纳利那材质多样的肖像画的一个特征。

1795年，他展出了两幅绅士微型肖像画，其中一幅被确认为《已故的阿什伯顿勋爵（Lord Ashburton）》。[11] 不过，这是他三年以来对研究院的最后贡献了。这时候，钱纳利已去往爱尔兰，这也是他的首次越洋旅途——这一次是一片小小的海洋，但对于一位职业生涯正处决定性阶段的年轻艺术家而言，是勇敢的一步。迄今为止，他在小范围内以技艺纯熟的绘画者为人所知，而在爱尔兰，他将要施展自己的才能，并将在更具雄心的油画领域内获得声望。

第三章　爱尔兰

乍看起来，爱尔兰对一位英国艺术家而言是一方前途无望的土地。它对雄心勃勃、想要在英格兰寻求机遇的爱尔兰画家来说已足够平凡。那些与钱纳利同时代的人，纳撒尼尔·霍恩（Nathaniel Hone）、托马斯·希基（Thomas Hickey）、詹姆斯·巴里、马丁·阿彻·施（Martin Archer Shee），以及其他许多不那么有名的画家，都离开了故土去往伦敦。伦敦为他们呈现的前景不仅仅是获得赞助，还有向公众展示作品的机会。自1780年起，都柏林就没有艺术家能够展出画作的机构了，而钱纳利刚刚抵达后不久（而且，看起来钱纳利的努力在很大程度上促成了此事），一系列面向公众的展览活动就被建立了起来。

钱纳利应该意识到，某些英国艺术家已经在都柏林功成名就了，特别是约翰·阿斯特利（John Astley），18世纪50年代活动于都柏林，据说在三年之间的收入就达到了3000英镑。然而，就像钱纳利一样，阿斯特利是一个拥有奢侈生活习惯和沉重债务的人，他是靠着与一位富有的寡妇二婚而得到经济支持的。[1] 通常都是债务问题促使英国艺术家第一次越洋来到爱尔兰。弗朗西斯·惠特利（Francis Wheatley）1779年为了躲避债主来到都柏林，并和一位同行艺术家的妻子生活在一起，还将对方充作自己的妻室。[2] 1787年，北美艺术家基尔伯特·斯图尔特（Gilbert Stuart）也把都柏林当作自己逃债的避难所，尽管他在那儿获得了巨大的成功，但是越来越多的债务迫使他不得不在四年后逃离。有可能钱纳利的爱尔兰之旅，也是起因于相似的情况而导致的困境。

当然，也有一些正面的激励。在18世纪的最后十年，都柏林的人口已经超过了英国任何一个除首都以外的城市，而且信仰新教的爱尔兰贵族及上流人士也正处于权力和自信的巅峰。亨利·格拉顿（Henry Grattan）所谓的"自由国会"（'Free Parliament'），获得了爱尔兰志愿兵运动（Irish Volunteer Movement）的支持，为爱尔兰人获得了一定程度的自治权——尽管这是一个仅仅由新教徒组成的国会，并且从根本上还是受威斯敏斯特英国国会的管制。为那些加入国会大厦的贵族和平民所建的壮丽豪宅，在学院绿地（广场）（College Green）上拔地而起。始建于1785年的爱尔兰皇家学院（Royal Irish Academy），致力于科学和文学活动。大量的图书馆被创立，剧院也不落其后，而且从1791年起，甚至连扑克玩家都配备有戴利俱乐部精美的房间，以供他们大把地输钱。用于装饰和娱乐的巨大开销，反过来为奢侈品制造商和供货商带来了财富，比如韦奇伍德（Wedgwood）①，就于1772年在学院绿地广场开设了产品陈列间。

钱纳利于1796年抵达都柏林。[3] 他在那儿有亲戚，但［血缘］不是特别近。曾有一位乔治·钱纳利大约在1620年来到爱尔兰，尽管生活上的艰难困苦使得他又回到了英格兰，但他的长子约翰作为部队军官留了下来。1660年，他获得了一所位于科克郡的房产作为奖赏。从约翰开始，家族开始枝繁叶茂。当艺术家乔治·钱纳利到达都柏林的时候，钱纳利大家族的这一支传到了布罗德里克·钱纳利（Brodrick Chinnery），他是班登（Bandon）②的下院议员，也是尊敬的已故克洛因主教乔治·钱纳利（Right Reverend George Chinnery, Bishop of Cloyne）的侄子。在都柏林，布罗德里克拥有一所位于蒙特乔伊广场的宅子。有人认为，艺术家专程来到爱尔兰，就是为了给布罗德里克画像，但是为一位远房堂亲画像的可能性，听起来对这次旅程的动机而言完全不够充分。

结果证明，无论如何，乔治·钱纳利正好见证了他这位堂亲社会地位的崛起。1799年8月29日这一天，布罗德里克获封从男爵爵位——钱纳利家族的首个头衔，如果不算上那位主教的话。他的爵位是爱尔兰国会议员接受的诸多利诱之一——以换

---

① 韦奇伍德，世界上最精致的瓷器品牌之一。创始于18世纪，流传至今并享有国际声誉。

② 班登，爱尔兰科克郡城镇。

插图17　玛丽安娜·钱纳利（原姓瓦因），艺术家之妻。
由詹姆斯·希思基于钱纳利原作雕刻。大英博物馆藏

取他们投票支持《合并法案》①。如此一来，他就成了布罗德里克·钱纳利爵士，并且还被确保在威斯敏斯特下议院获得一席之位。乔治·钱纳利为布罗德里克爵士绘制了两幅肖像（其中一幅是微型画）⁴，就像是要专门记录这一值得纪念的晋升。当第一代从男爵在1808年去世后，他的儿子继承了爵位，即第二代布罗德里克爵士，但是在1867年，第三代从男爵尼古拉斯·钱纳利牧师（Rev. Sir Nicholas Chinnery）和他的妻子在一次铁路事故中遇难后，这一头衔就再无合法继承人了。⁵

　　乔治·钱纳利并未寄宿在蒙特乔伊广场的亲戚家，而是住在珠宝商詹姆斯·瓦 33
因（James Vigne）和他的妻子伊丽莎白（Elizabeth，原姓尤斯塔斯［Eustace］）的房子里，这所房子颇时髦地置于学院绿地27号。瓦因家有英国亲戚，也是制表商和珠宝

────────────

① 《合并法案》（Acts of Union），是1800年在大不列颠议会和爱尔兰议会并行的法案，旨在将两国联合，创建大不列颠的爱尔兰联合王国，并在当年通过后，于次年生效。

商，还有可能在英格兰与钱纳利相识。[6]都柏林的詹姆斯·瓦因在伦敦的斯特兰大街上有位表亲，也叫作詹姆斯。后者的儿子，亨利·乔治·瓦因（Henry George Vigne），于1782年11月8日进入皇家美术学院。他于1785年及1787年在皇家艺术研究院展出两幅微型画，但在1787年这一年，年仅22岁的他就早逝了。

都柏林的詹姆斯·瓦因有三个儿子、两个女儿。次女玛丽安娜（Marianne，插图17）后来嫁给了这位房客。乔治·钱纳利和玛丽安娜·瓦因的婚礼于1799年4月19日举办，很快他们就有了两个孩子，玛蒂尔达（Matilda，生于1800年10月）和约翰·尤斯塔斯（John Eustace，生于1801年9月）。相传，"婚姻的结果不是和谐的那一个"[7]，而且毫无疑问，这是短暂的一个，因为就在他们的第二个孩子出生后不久，或者甚至是在出生之前，乔治就向玛丽安娜告别了。

另一方面，在职业领域内，钱纳利在都柏林很快就成名了。皇家都柏林学会（The Royal Dublin Society）设有一座绘画学校（大概相当于伦敦的皇家美术学院），这所学校在钱纳利到达的那一年刚刚搬迁到了普尔拜格街的新址。在都柏林工作的艺术家们受到邀请，选举一个"理事"委员会，其中的每一位当选者将负责一次为期四周的写生课。钱纳利成了九位当选者中的一员，其他人包括风景画家威廉·阿什福德（William Ashford）和肖像画家威廉·卡明（William Cuming）。[8]

到了1800年，一个爱尔兰艺术家的协会成立了，钱纳利出任干事。协会再次引入了公共展览，并将其作为年度活动，尽管协会成员有分有合，这些展览还是成了一项都柏林社交生活中的常规活动。从前，皇家都柏林学会通过给予绘画各领域表现突出者以额外补贴（金钱奖励）来鼓励艺术家。现在，无论结果如何，钱纳利在一封信中提议，皇家都柏林学会应当从年度展览上购买那些被评定为杰出的绘画作品，以取代提供奖金。这些作品将保持展出以使年轻的学生们受益。这个提议被采纳了，而且令钱纳利高兴的是，他本人的一幅油画《专注》（'Attention'，见后文插图22）在第一年就被选中，皇家都柏林学会用62英镑11先令3便士买下了这幅画。[9]

钱纳利在爱尔兰的成功，可以由他在那儿绘制的一长串肖像画的清单来判定，这份清单上包括了许多这一爱尔兰历史上重要时期的领导人物。[10]虽然钱纳利并没有与所有他为之画像的男士和女士见面，因为他也有可能被要求复制别的艺术家绘制的肖像画（通常是采用不同的材质和尺寸），但是都柏林的社交圈非常紧密，一位艺术家只要曾有一次获得入场券，遇到预期中的潜在顾客这种事可能很快就会发生。

或许都柏林文学艺术圈里的首要人物要数第一代查利蒙特伯爵（1st Earl of Charlemont）詹姆斯·考尔菲尔德（James Caulfeild）了，1799年在他去世后不久，钱纳利为他的儿子绘制的肖像曾被复制。[11]他宽敞的都柏林宅邸（现在是市立现代艺术美术馆）收藏着游学旅行（Grand Tour）①中从埃及到黎凡特的成果。他是爱尔兰皇家学院的首任院长，而尤为重要的是，他还作为爱尔兰志愿军的总司令，因对抗法军入侵的威胁而被人铭记，并成为爱尔兰独立运动中一股强大的政治力量。钱纳利有可能面见过这位"志愿伯爵"（Volunteer Earl），这可能是因为后者的儿媳安妮（Anne），即查利蒙特夫人，她之后成了艺术家兄长威廉·钱纳利豪宅的座上宾。[12]

钱纳利的另一个绘画对象与查利蒙特紧密相关：第一代普伦基特男爵（1st Baron Plunket）威廉·科宁厄姆·普伦基特（William Conyngham Plunket），领导了反对爱尔兰被合并入英格兰的运动。作为议员，他代表伯爵家族所在的查利蒙特区，于1798年进入爱尔兰国会，之后他又成为爱尔兰财政大臣，还是天主教解放的颇具影响力的拥护者。

钱纳利描绘过的其他显要人物，获得名声的方式又截然不同。地狱烈焰俱乐部的托马斯·"花花公子"·惠利（Thomas 'Buck' Whaley，猎杀［天主教］教士的"教堂焚毁者"惠利［priest-hunting 'Burn Chapel' Whaley］之子）在学院绿地花了大把时间，有时是在国会大厦，但更多时候是在戴利俱乐部。1788年至1789年，为了赢得15000镑赌注，他不远旅行到了耶路撒冷。然而，他下赌注并不总是这么成功，最终他的赌债迫使他不得不离开前往马恩岛，随身带着钱纳利绘制的他本人和妻子的全身肖像。[13]钱纳利可能还画过惠利那肆无忌惮的同伴约翰·斯科特（John Scott），即第一代克朗梅尔伯爵（1st Earl of Clonmel），以"铜脸杰克"（copper-faced Jack）知名，因为"他那从不脸红的厚颜无耻，加上他有几分古铜色的面容"。[14]作为新闻界自由权的冷酷无情的敌人，克朗梅尔与约翰·马吉（John Magee）结下深仇大恨，后者是《都柏林晚邮报》（Dublin Evening Post）的经营者。为了报仇，马吉②组织了一场"伟

35

---

① 游学旅行，或大旅行，指旧时英美富家子弟在欧洲大陆主要城市的观光旅行，是其教育的一部分。

② 原文为"克朗梅尔"（Clonmel），经查证该信息有误，此处与作者沟通后进行修改。

大的奥林匹克猎猪会"（grand Olympic pig hunt），就在伯爵那精心培育的花园旁边。猪身上被擦满肥皂，猎手们狂饮威士忌。混战的结果是，克朗梅尔的花园全毁了，愤怒的伯爵被从他自己的庄园赶了出去。

　　爱尔兰艺术家协会的第一场展览，于1800年6月在都柏林女爵大道32号的艾伦之屋举办。钱纳利提交了十二幅绘画。其中一件是一幅大尺寸、充满雄心壮志的《撒旦来到光明的边界》，这是《失乐园》中的一个场景，撒旦于"晨光熹微"时在混沌之边界出现。这是钱纳利唯一展出过的主题性绘画，而这幅画作的遗失也令人倍感遗憾，因为画家定是描绘出了一幅壮观的恶魔撒旦的形象。《批评评论》（*Critical Review*）在就本次展览发表的文章中提及这幅作品时，将它称之为"第一次思考，来自一个勇敢无畏、精力充沛的大脑"，对于特定主题的一次大胆的尝试，而这样的东西唯有拉斐尔或米开朗琪罗能够胜任。换言之，这是一次失败，但仍然可敬，因为"一位年轻画家的热忱思想，无法打破肖像画的局限性"。[15]

　　钱纳利的其他十一幅作品并未做出超出范围的冒险，它们都是肖像画，其中有八幅油画，三幅色粉笔画。[16]在油画肖像中有一幅是托马斯·惠利（见第34页），位于麦田之中的人物与真人一般大小，此外还有几只狗和一位仆人"正递上运动员的口哨"。这件作品被认为是"以一种非凡的程度和最高的形式展示了天才的力量"。与之成对的画作《尊敬的安妮·惠利》（Hon. Anne Whaley）已经流露出了钱纳利对亮红色的喜爱：她位于果园中，"揽着玫瑰和百合花，而且……为了向她的美丽表示敬意，色彩如火焰燃烧般的深红和橘黄的罂粟花弯下了它们骄傲的头颅"。还有一幅托马斯·惠利的姐妹克莱尔伯爵夫人（Countess of Clare）的半身像，她的丈夫约翰·菲茨吉本（John Fitzgibbon，克莱尔勋爵[Lord Clare]）曾是爱尔兰大法官阁下（Lord Chancellor of Ireland），是都柏林最有权力的政客。据《批评评论》报道，尽管这是一幅优雅的画作，但"它似乎就像是第一次或第二次摆姿势时所作的"[17]。钱纳利肖像画中完整性的缺乏，是针对他作品的评论中再三被提及的。

　　在这场展览中，钱纳利为之绘制肖像的人物还包括一位普莱斯小姐（Miss Price）、女爵大道的斯塔福德先生（Mr. Standford），以及珠宝商瓦因先生，即钱纳利的岳父。后者是一幅真人大小的半身像，被描绘为手拿一封信，一脸"节日般的神色……就如我们可能期待从一位刚刚收到了好消息，或是有笔财富入账的人脸上看

到的那样"。这是一幅能够"挑战任何
一位英国学院画家作品"[18] 的绘画，确
实，《批评评论》向读者表示，毫无疑
问，钱纳利在所有参展艺术家中是非常
突出的。

插图18　瓦兰西将军。油画。爱尔兰皇家学院藏

　　他在这场展览中展出的作品，至
少有两幅肖像画留存下来了。其中一
幅，由爱尔兰皇家学院从艺术家本人那
里获得，是一幅非凡的瓦兰西将军（the
extraordinary General Vallancey）的肖像
（插图18）。尽管这幅画面世的时候，他
已走过人生的第八十个年头，瓦兰西在
都柏林依然是一位精力充沛、有影响力
的大人物。作为一位受过训练的工程
师，他曾有功于设计利菲河女王大桥（Queen's Bridge over the Liffey）；1798年，在一
次法国入侵事件中，他为都柏林的防御工事起草方案。他结过三次婚，参与了皇家都
柏林学会的许多活动，并就爱尔兰的考古学和语言学出版了数本热情洋溢但无确实根
据的书籍，从而为他获得了名不副实的古文物研究者的声誉。"将军的精力就像一头
公牛，雄心就如李奥纳多·达·芬奇（Leonardo da Vinci），而天赋却平平无奇。"[19] 钱
纳利笔下的他是一位健壮的男人，带着（好像）不耐烦的神情，着黄铜纽扣袖子的胳
膊搭在一本厚厚的书上休息，以此表示他生命中关于军队和文学的两个部分。

　　另一幅幸存的肖像《瓦因小姐》，现在收藏于爱尔兰国家美术馆（National Gallery
of Ireland）（插图19）。这是一幅艺术家妻子玛丽安娜的肖像，他们于作画时间的前一
年成婚，她的婚戒在画面上惹人注目。她衣服和头巾上大片的浅色，几乎占据了画
面近一半的空间，与玛丽安娜手中的书和嘴唇上鲜艳的红色形成了对比。不加调色的
红色笔触还隐藏在她的鼻子和耳朵下——钱纳利在他的许多肖像画中都采用了这种手
法，曾有一次让模特生了很大的气（见第122页）。这是一幅非正式的家庭肖像，画中
的玛丽安娜沉浸在书中，似乎没有觉察到艺术家的存在。

插图19 《瓦因小姐》（玛丽安娜·钱纳利）。油画。爱尔兰国家美术馆藏

彩图3 玛丽安娜·钱纳利。铅笔、水彩，签名并落款于1800。汇丰银行藏

　　还有一幅相关的绘画，落款为1800年（彩图3），描绘了同一位模特，身着非常相似的衣服，同样的覆盖在前额上的深色头发，将她的双眼笼罩在阴影之中。这两幅玛丽安娜的肖像展现出了钱纳利艺术手法上的不同方向。在这幅画上，她的姿势更为依照惯例，眼睛看向艺术家，与当时的正式肖像画传统保持一致，她位于一根柱子的柱基处。面部被精巧地施以水彩，在这儿我们可以看到作为微型画画家的一丝不苟的技巧，与他在自己油画作品中那种大范围的处理和漫不经心的构图有所不同。

　　钱纳利所作的玛丽安娜的祖母——尤斯塔斯夫人的肖像（插图20），肯定也是绘制于这一时期；如同在玛丽安娜的油画肖像中所做的那样，以概括的风格处理衣料，面部的轮廓线有一定程度的模糊。尤斯塔斯夫人的神情有些严厉，甚至是不满，作为这位年轻艺术家妻子的祖母，可能这也是相称的。她的网眼蕾丝女帽，像是雷诺兹一些肖像画里年轻女孩儿们戴的那种便帽，被艺术家用混合颜料的有棱角的笔触勾勒得轮廓分明，而她戴着手套的手比素描多不了几笔，就好像钱纳利对诸如此类的装饰毫无耐心。[20]

　　更费力耗时的是科宁厄姆夫人（Mrs. Conyngham）的肖像，画中人坐在一架钢琴

插图20　艺术家妻子的祖母尤斯塔斯夫人画像。　　　　　插图21　科宁厄姆夫人。油画。
　　　　油画。爱尔兰国家美术馆藏　　　　　　　　　　　　　　爱尔兰国家美术馆藏

或大键琴前，肘旁放着乐谱，身边还有一把"七弦吉他"（lyre guitar）（插图21）。这是一种异国情调的混合式乐器，在19世纪初曾短暂地流行过一阵子。这件被钱纳利特别加以描绘的模特是一把"阿波罗七弦琴"（Apollo lyre），恰如其分地以遮住了调音弦轴的风格化的太阳神来命名。[21] 再一次，对于下颌轮廓以及帐幔褶皱的缺乏自信，暗示了这位艺术家还未能完全掌握自己的技艺。因为科宁厄姆夫人1801年去往印度，她的肖像肯定是1807年至1808年之间，钱纳利在加尔各答期间的几个月内绘制的，而且是在画中人1808年9月去世之前。

　　她原名夏洛特·格里尔（Charlotte Greer），第六代从男爵约翰·哈德利·多伊利（Sir John Hadley D'Oyly）的外甥女。约翰爵士1785年携妻从印度归来，彼时他新组建家庭又财产可观。他好交际，是乔治三世的朋友，以及沃伦·黑斯廷斯（Warren Hastings）①忠实的拥护者。他在爱尔兰度过了1800年至1803年的时光，还在都柏林附

38

————————
① 沃伦·黑斯廷斯（1732—1818），英国殖民官员。首任驻印度孟加拉总督（1774—1785）。

近拥有一家啤酒厂。他很可能是在这儿认识了钱纳利，甚至有可能鼓励他前往印度；约翰爵士本人于1804年携全家再次前往印度。随后的一年，钱纳利绘制了多伊利家族成员的若干幅肖像画。

据大家所说，夏洛特是一位多才多艺、颇具魅力的女性。日记作者威廉·希基（William Hickey）1780年给她的母亲寄送了一份包裹，并将她母亲描述为"一位极好的妇人，有三个漂亮的女儿"[22]，她们分别是哈丽雅特（Harriet）、夏洛特和玛丽安（Marian）。相比之下，她们的父亲，来自凯黑文的威廉·格里尔（William Greer）是"一个令人憎恶的酒鬼"，他曾是"拿骚号"（*Nassau*）的大副，希基最近正是搭这艘船从印度回国。根据希基的记载，威廉·格里尔旅程中的绝大部分时间都待在自己的机舱里，酩酊大醉、骂骂咧咧，要不然就是跟二副约翰·帕斯卡尔·拉金斯（John Pascal Larkins）争吵不休，而钱纳利之后也为后者的儿子画过肖像。[23]

关于一些夏洛特在印度的生活，曾被一位年轻的中尉约翰·佩斯特（John Pester）在日记中记录了下来，他曾在1801年与夏洛特同行前往印度。到达印度后不久，夏洛特就嫁给了罗伯特·科宁厄姆（Robert Conyngham），后者已经在孟加拉做了十年公务员。佩斯特常与科宁厄姆一家待在迈恩布里（Mynpoorie）①，在早午餐享用羊排配霍克酒和水，还一起骑阿拉伯马。佩斯特好像对夏洛特印象非常深刻，称她为印度最优秀的三位女性之一，而且很欣赏她那在钱纳利的肖像画中也表现过的音乐才能。他还故作勇敢地谈论道："她演奏钢琴时的和弦，与那些我们曾短暂期待获得乐趣的战场上的音乐非常不同。"四年后，夏洛特在加尔各答去世，不过，佩斯特从马拉塔战争（Maratha Wars）中幸存了下来，并以陆军中校的军衔退伍回到了英国。[24]

1801年，艺术家协会的展览在国会大厦举办，钱纳利又提供了十一幅作品。尽管这些作品并不能全部加以识别，但一本保存在爱尔兰皇家学院的日记手稿包含了一些关于该展览的有启发性的评论。作者姓甚名谁未知，通过他的日记，我们唯一能捕捉到的信息是他曾是一位商人，有苏格兰亲戚，有时会在早餐前演奏长笛。

我们第一次读到钱纳利时，与日记作者本人的肖像有关，这幅肖像于1801年由年轻的微型画家亨利·基尔霍夫（Henry Kirchhoffer）创作：6月16日，经决定，背景将

---

① 迈恩布里，印度北方邦城市名。

要"临摹一幅钱纳利的作品，从科学的角度讲，我外套的蓝色是冷色调的，所以靠在深红色的窗帘附近，它是可以变暖的"[25]。尽管结果是窗帘被换成了多云的天空，但我们可以推断钱纳利的作品被视作某种范本，而且在7月6日，这位佚名的作者记载了他对展览的印象（三周前他已经参观过），很明确的一点是，钱纳利被认为是才华引人注目、有独创性的艺术家，但对细节有着令人懊恼的轻视：

> 乔治·钱纳利——十一幅作品——我认为比去年的那些作品完成度更高，但是还有很大的进步空间。这位画家的方式具有一种特质，那就是使别人无论在哪儿都能一眼认出他的作品——这些作品有一种强烈的有独创性的天赋的表达，大胆自信，但总是明显地未能全部完成，或者说完成度尽可能少——就好像他希望用一种不常见的方式描绘所有事物，当然了，也要吸引人们的注意力，否则人们将会转向完成度更高的作品——汉密尔顿（Hamilton）的铅笔画就绝非平平无奇之作，但是我认为，如果钱纳利的构图完成时能辅以重要的细节，将会创造出极好的绘画。[26]

这本日记记录了这次展览上钱纳利的一些绘画。有一幅《皇家剧院的库克先生》半身肖像，可能是托马斯·库克（Thomas Cooke），都柏林剧院管弦乐团的首席（"神情喜悦——右胳膊向前挥——一幅出色的肖像画，但是处理得粗糙"）；一幅基拉尼（Killarney）①的格伦那乡间别墅（Glenna Cottage）油画风景（"如果不是和其他优秀画家一起展出的话，还算画得不错"）；一幅描绘基拉尼日落的水彩画（"或许很真实，但是深红、黑色、紫色和黄色的平行线条在纸上显得俗丽"）；另一幅是德莫特城堡（Casle Dermot）的一座教堂废墟（"风景不错，但建筑上如此多明亮的白色和绿色，就像是从别的什么东西上剪下来，然后粘到现有的场景上似的"）。钱纳利的画作中也纳入了风景，在作者看来，"是为了展示他多才多艺的天资"，尽管肖像画才是"他浑然天成的才能"。[27]

这本日记并未详细说明肖像画，但还有两幅可以识别：《普伦基特主教》（'Counsellor

---

① 基拉尼，爱尔兰西南部凯里郡的中型城市。

插图22 《专注》，艺术家的妻姐玛丽亚·瓦因小姐画像。油画。皇家都柏林学会藏

Plunket'），未来的爱尔兰大主教（见第34页），以及休·道格拉斯·汉密尔顿（Hugh Douglas Hamilton），爱尔兰肖像画家中亲切和蔼的知名前辈。[28] 一位评论家声称后者为钱纳利在英国画家群体中赢得了一席之地。[29]

　　然而，还有一幅画从钱纳利的作品中脱颖而出，题名为《专注》，这是另一位瓦因小姐——玛丽亚·瓦因小姐（Maria Vigne）的肖像，现在已经是钱纳利的妻姐了（插图22）。这是一幅全身像，她以罗姆尼式姿势（Romneyish pose）斜倚着，周围环绕着满满当当的靠垫，与尖头拖鞋和异域色彩的纺织品一起烘托出某种东方闺房的氛围。同1800年所作的那幅《瓦因小姐》（插图19）一样，画中人正全神贯注地读一本书——或许是《一千零一夜》。一位女性斜躺在沙发上这样的主题，本身有一点不太雅观；展览的观众们有可能想起威廉·考珀（William Cowper）最近的诗作《考验》，在他的首本书中，沙发是作为城市中奇计妙想和纵情遂欲的象征出现的，而原本发明它事实上是为了"……让身体虚弱的人休息，让伸展的四肢得到柔软的倚靠"。不管怎样，这本佚名的日记以一种更正式的角度解读了这幅油画：

《专注》——在这幅画中，最令人费解的我行我素的做派，和五花八门的布料，就像圣诞节装饰上杂七杂八的字体，被组装在一起以彰显艺术家的权力——主题是一位女性人物，与其说坐，倒不如说是躺在沙发上，头朝着下方的书本微伸，端庄的面部被熟练地以透视法缩短，但阴影部分的蓝色调太深了，并且胳膊部分粗糙得就像建筑壁画一样——长袍缠绕在随意交叉的双腿上，她正被一本有趣的小说吸引，可能已经深受影响，能够丰富色彩的东西一样也没少——黄色的鞋子——紫色的袍子——貂皮——种类和材质各式各样的平纹棉布——深红色的镀金木雕沙发——以白蓝间色和黄色极好地描绘出来的白色皮草——一条平纹细布的刺绣披肩意料之中地惹人注目——但是另一部分的棉布织物被描绘得极为生硬——褶皱像极了冰的裂纹——就好像一个雕刻工在画面上最大限度地发挥了技艺。

展览的图录在这幅作品旁收录了一首八行诗，开头这样写道："心灵为一些幻想的故事所陶醉，注意力被魔力所引导……"

《专注》的戏剧性可能部分源自亨利·富塞利（Henry Fuseli），他可能是18世纪90年代在伦敦活动的艺术家中最有影响力的人物。钱纳利想必非常倾慕不同寻常、见多识广的富塞利，后者曾在罗马、威尼斯、柏林和巴黎生活过，他还在那儿认识了让-雅克·卢梭（Jean-Jacques Rousseau）。富塞利对源自弥尔顿《失乐园》的主题的热忱，影响了一代艺术家，包括巴里、罗姆尼（Romney）①、弗拉克斯曼（Flaxman）和布莱克。1797年，甚至年轻的托马斯·劳伦斯也绘制了一幅127英尺大的油画《撒旦召集他的军团》，三年后，钱纳利也展出了他的《撒旦来到光明的边界》。

当然，钱纳利的肖像画与富塞利笔下肌肉发达、饱受痛苦和狂喜折磨的英雄人物相去甚远。尽管如此，歌德（Goethe）对富塞利（Fuseli）"风格主义"[30]的描述还是可以用在钱纳利的许多油画作品上。在他所画的人物身上，我们不断地发现刻意为之的解剖学上的变形、夸张的光影效果，以及少量强烈的色彩，这些奇技妙想的展现，也是一种个人的符号，在表现艺术家本人的性格上，不亚于对被画对象的表现。

---

① 乔治·罗姆尼（George Romney，1734—1802），著名的英国肖像画家。

当《专注》在国会大厦向公众展示时，这位佚名的参观者听到了一些引起额外兴
42　奋的流言蜚语，并津津有味地倾诉给了他的日记：

> 虽然很讨人喜欢，但这幅画像与去年展出的瓦因小姐的画像很相似——在展
> 览的公共讨论场所上消磨时间的人们偶尔也会闲谈几句——这位画中的女士好像
> 是（和艺术家）生活在同一屋檐下的，而且极妙地蓄意生出微妙的情欲来。这位
> 倾心不已的艺术家是在为爱情作画。[31]

想必这些"消磨时间的人们"并不知晓有两位瓦因小姐，而其中的另一位已经嫁
给了钱纳利。（如果，换句话说，他们是对的，钱纳利确实对他的妻姐玛丽亚存有激
情，这种情况可能是他从都柏林仓促离开的原因之一，但这仅仅是种猜测。）

三个月后的1801年10月15日，日记作者参加了一场舞会，在那儿他遇到了"瓦因
先生们，用行话说，来自学院绿地的珠宝商和第一流的花花公子"。他注意到：

> 瓦因小姐，也就是钱纳利先生的画作《专注》的主角。她有着神采奕奕的
> 面庞、乌黑的眼睛，虽没有十足优雅，但并不矫揉造作、孤陋寡闻，就我从一场
> 舞会间歇的促膝谈心中所知——一篇关于苏格兰和爱尔兰音乐的优点，以及不同
> 国家之间舞蹈的长处的论文……[32]

没有提及钱纳利夫人，毫无疑问她与两个年幼的孩子玛蒂尔达（时年1岁）和约
翰·尤斯塔斯（仅1个月大）待在家里，而且对好交际的乔治·钱纳利也是只字未提。
或许那时他已经离开了爱尔兰？

无论如何，他离开的原因可能并不完全来自家庭。最离奇的推测是他受到了"爱
德华·菲茨杰拉德勋爵（Lord Edward Fitzgerald）的叛乱运动的连累，但被允许可以去
往印度和中国生活"[33]。很难想象钱纳利在共和党事业中充当"匕首和斗篷"（cloak-
and-dagger）①式的积极分子。此外，那次失败的运动发生在1798年（而且受人喜爱的

---

① 匕首和斗篷，意指神秘兮兮、从事间谍活动的。

英雄人物菲茨杰拉德在被逮捕的过程中受了致命伤），而此后钱纳利还在爱尔兰多待了三年。

　　无论如何，民族主义者起义的失败可能间接地促成了钱纳利的离开。未遂政变（受到法国革命军的支持，尽管不足够有力）失败的余波之中，伦敦的英政府得以废除了爱尔兰国会。威廉·皮特承诺稳定、繁荣，并（在一开始）解放天主教，作为对爱尔兰和英国"联合"的回报。那些一开始强烈反对的爱尔兰贵族和国会议员被巨大的贿赂说服了。从1801年1月1日起，爱尔兰人民只在英国议会中有代表。

　　这对都柏林上流社会的影响是相当大的。位于学院绿地的旧国会大厦曾是都柏林许多重要人物聚集的场所，现在成了爱尔兰银行的总部。少数前议员在威斯敏斯特找到了工作，而其他人则退休去了乡下，他们城里的大房子被出租。皇家都柏林学会的会员人数锐减。一幅当代漫画描绘了都柏林的舞厅，里面只有老人和闲人。据估计，旧议会的82位贵族每年在都柏林花费63.2万英镑[34]；而现在，随着富人的离去，数以百计的装饰工和奢侈品供应商的前途也随之黯淡，其中包括学院绿地的珠宝商瓦因。对艺术家来说也是如此，尽管爱尔兰艺术家协会仍在举办各种活动，但是都柏林曾经辉煌的前景现在看来定是一片渺茫。

　　钱纳利对都柏林艺术事业的贡献并未被忽视。在1801年的展览之后，他被授予一个留存至今的银质调色板。[35]铭文上写着："为了表彰他在爱尔兰推动美术的努力，此调色板被赠予乔治·钱纳利先生。都柏林艺术家协会，1801年7月27日。"

　　这种荣誉是有先例的——马丁·阿彻·施曾在1789年获得皇家都柏林学会颁发的银质调色板——但这确实是一种罕见的荣誉。可能钱纳利要离开爱尔兰的事情已经众所周知。没有任何迹象表明，本地的爱尔兰艺术家们对这位来自伦敦的精力充沛的年轻人的闯入感到不满。其中一位画家威廉·卡明画了一幅近似钱纳利风格的肖像画，以此表达对他的赞美。[36]另外，基拉尼的约翰·科默福德（John Comerford），据说他在访问爱尔兰南部时遇到了钱纳利，并受到其鼓励来到都柏林，1802年他住在学院绿地的瓦因家里。[37]可能是珠宝商和他的妻子在女婿新近离开后，转而将房间租给了科默福德。

　　28岁时，钱纳利已经在数种风格和媒介上取得了一定程度的成功。他是一位颇有造诣的微型画画家，用钢笔和水彩在象牙或卡片上作画，他频繁地描绘迷人田园

43

44

彩图4　抱鼓的小男孩。
铅笔、水彩，签名并落款于1797年。
私人收藏

插图23　立在花瓮旁的年轻女士。铅笔、水彩，
签名并落款于1801年，并题有"（于）都柏林"。
银川当代美术馆藏

风光中可爱的儿童和年轻的女子（彩图4和插图23）。他还开始用水彩画地志画，虽
然流传下来的很少；他在1801年绘制的海滩场景（插图24），是一次罗兰森风格的不
成功的尝试，几乎没有显示未来天才的迹象。看起来更有前途的是插图25，一幅色
粉笔肖像画，作于1800年8月25日，背面铭刻有钱纳利特有的说明："避免受潮和日
晒。"人们认为他用水粉或水粉与粉彩的混合物，创作了一系列生动的女性肖像，这
些作品在第一次世界大战前不久出现在艺术市场上；尽管某些作品上面写着华丽的
"G.钱纳利"（G. Ginnery），但这些作品是否出自他手就值得怀疑了。[38] 在他的油画作
品中，最重要的是，他发展了一种明确而有力的方法，并为自己肖像画家的职业生
涯奠定了基础。

插图24　海堤旁的人群。钢笔、墨水和水彩，签名并落款于1801年。维多利亚和阿尔伯特博物馆藏

　　像许多当代艺术家一样，钱纳利也尝试着成为一名图书插画家。他为亨利·菲尔丁（Henry Fielding）的《阿米莉亚》（Amelia）所画的场景图可以追溯到他1802年前往印度之前，而那时在印度根本没有出版的希望。这些素描插图风格随意、棱角分明，人物摆着有点僵硬的姿势，背景是印象派风格，这种背景也可以在钱纳利早年马德拉斯的素描中看到。他在《阿米莉亚》卷一中的监狱场景（插图26）描绘了一个年轻女人，她因偷了一块面包以供养垂死的父亲而被判有罪，与此同时，被不公正监禁的布思上尉（Captain Booth，阿米莉亚的丈夫）以怜悯和愤怒的眼光注视着他们。在插图27中，布思穿着他的军官制服，骑马去直布罗陀加入军团；他停下来回头看了看那所房子，就在那儿，他离开了怀孕的妻子——这是一个钱纳利可能会产生些许共鸣的场景。

　　钱纳利的插图从未付梓，事实上，他为《阿米莉亚》所作的草图都没有成为完成的绘画，以供雕刻师使用。在这一时期，插图作品的出版商要求在小尺幅内绘制复

插图25　着黑披肩的女士肖像。色粉笔。肖恩·高尔文先生藏

插图26　菲尔丁《阿米莉亚》插图：监狱场景。铅笔、水彩。耶鲁大学英国艺术中心（Yale Center for British Art），保罗·梅隆（Paul Mellon）藏品

插图27　菲尔丁《阿米莉亚》插图：布思上尉骑马而去加入他的军团。铅笔、水彩。私人收藏

杂叙事场景的详细图画，就如迈克尔·"安杰洛"·鲁克（Michael 'Angelo' Rooker）所作，于1783年由卡德尔（Cadell）出版的《阿米莉亚》（以及菲尔丁的其他作品）的卷首画所示的那样。[39]钱纳利的才能尚在别处。

　　在他回到英格兰，等待前往印度的航程之间的几个月中，钱纳利住在布鲁克街20号，离格罗夫纳广场不远。这里，至少是他向皇家艺术研究院1802年的展览提交一幅他哥哥威廉的三个孩子肖像时提供的地址。[40]威廉亲自写了一封阿谀奉承的信给展览作品悬挂委员会（exhibition's Hanging Committee）的一位成员，最近①刚刚曝光。威廉·钱纳利在家族荣光的驱使下，或是出于一种想要尽可能施加自己影响力的冲动，厚颜无耻地试图说服委员会支持他弟弟所作的肖像画：

①　指本书英文原版出版的1993年。

我亲爱的先生：

据我所知，您是皇家艺术研究院理事会中，指挥即将到来的展览上绘画摆放位置的三位成员之一，因此，我冒昧地向您表达这个急切的愿望，那就是我弟弟为我的三个孩子画的一幅画，这是他从爱尔兰返回后唯一有空完成的作品，因此，如果把它放在一个不好的位置，对他的职业发展是非常不利的，特别是这是一幅大画，我希望您会认为这幅作品配得上一个好位置——因此，如果您能像他的朋友那般，恰当地把这件作品安排好，使这幅画因您杰出的判断力而处于与之相应的位置上，这对他的影响可能是最有益的，他和我都会蒙受您的恩情。我向您保证——事实上，这件作品对他而言非常重要，所以我才不得不焦急地向您提及此事，我将大胆信任您的友情，及在此事上善意的决定，且，您会原谅我给您带来的麻烦。

无比诚挚的

Wm.钱纳利

财政部办公室

1802年4月10日[41]

1802年5月，当他的绘画同时在皇家艺术研究院和都柏林展出时[42]，钱纳利收到了前往印度的许可（如下一章节所述）。6月2日，另一位艺术家亨利·索尔特（Henry Salt）动身前往印度，他过去一直担任肖像画家约翰·霍普纳（John Hoppner）的助手，现在正享受着瓦伦西亚勋爵（Lord Valentia）的秘书兼绘图员的舒适职位。最后，在6月11日，钱纳利本人，可能在没那么舒适的情况下，搭上了驶向东方的"极伟号"（Gilwell）。[43] 这艘船与他那富有兄长的乡间别墅同名，这在他看来一定是个好兆头。

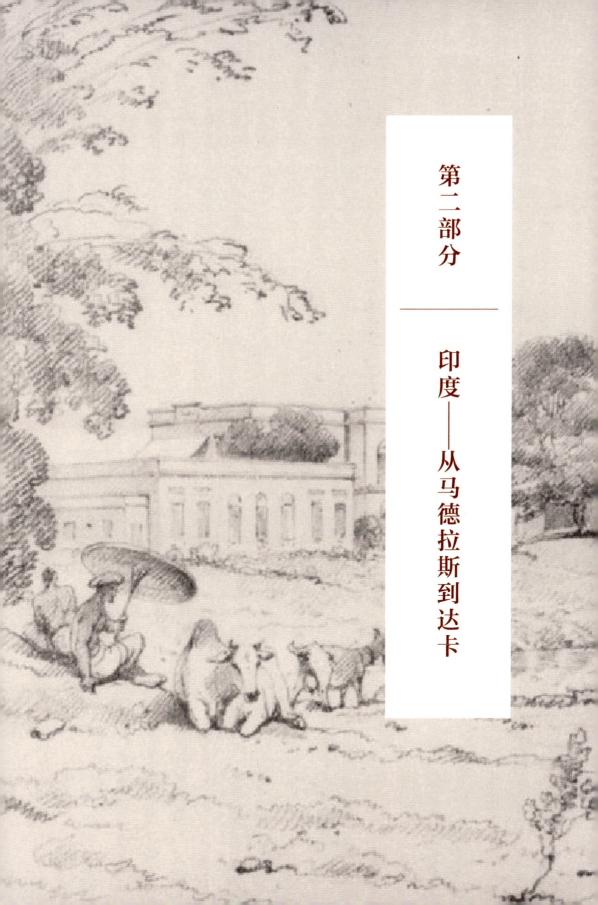

第二部分

————

印度——从马德拉斯到达卡

第四章　马德拉斯

对于这位有事业心的艺术家而言，印度提供的回报是丰厚的——比都柏林要丰厚，甚至可能比伦敦还要丰厚——但相应的风险也很大。最重要的是，疾病对欧洲人是持续不断的威胁。与钱纳利在诸多方面有联系的普林塞普（Prinsep）家族，就是一个典型的例子。在印度工作的普林塞普七兄弟中，有四人早早身故，其中三人是在印度，第四人在他回国后不久就去世了。与此同时，萨克雷六兄弟来到了印度，他们都在这里去世，身亡时平均年龄为31岁。[1]

钱纳利自己患过许多疾病，但事实证明，他在东方的五十年远远超出了他本人或任何人的预期。总之，在印度的英国艺术家寿命都很长。（相比之下，牧师则是一个脆弱的群体；正如詹姆斯·普林塞普［James Prinsep］注意到的："在牧师的生活中，或者至少在圣公会中，有某种东西妨碍了他们在这种气候中立足。"[2]）

从财务状况的角度来看，先于钱纳利来到印度的艺术家们都取得了不同程度的成功。先驱者蒂利·凯特尔（Tilly Kettle，1769年至1776年在印度工作）和乔治·威利森（George Willison，1774年至1780年在印度）都富裕地回到了英国。约翰·佐法尼（Johann Zoffany）在印度的六年（1783年至1789年）也被证明获利颇丰。而另一方面，托马斯·希基（尽管他在印度很久）、奥扎厄斯·汉弗莱（Ozias Humphry）和A.W.德维斯（A.W. Devis）在印度都没有大发横财；尽管德维斯很时髦，很有魅力，但他带着新婚妻子回到英国时，还是身无分文。[3]

更糟糕的是约翰·阿利凡德（John Alefounder）的情况，他以不正当的方式航行到印度，并于1785年到达，既没有引荐，也没有任何出色的能力。正如一本那时期的旅游指南所解释的："没有什么比一个纯粹的冒险家到达印度时所处的车站更凄凉的了。口袋里有了钱，他或许确实能活下去；但是，如果没有朋友把他介绍到社交圈里去，他可能多年都不为人所知。"[4] 这正是阿利凡德的命运，而对于一位艺术家来说，"为人所知"是至关重要的。他不止一次想上吊自杀，但都被及时救下。最终，在1794年的圣诞节，这位可怜的艺术家在加尔各答用袖珍折刀自杀了。[5]

钱纳利显然没有被这样的故事，也没有被不适宜的气候和中断的家庭生活的前景所阻止，但仍然有官方的障碍。东印度公司对前往印度的人员严格控制：在印度的每一个欧洲居民都必须持有该公司颁发的许可证，这种许可证可以被取消，而且一开始就不容易获得。那些乘东印度商船出海的人，一般不是在军队里服役，就是东印度公司的公务员。如果是后者，他们常常不得不为他们的旅程支付昂贵的费用，期望在到达时得到更大的回报。而以任何其他身份前往，如"自由商人"或"画家"，需要获得公司董事们的特殊许可。如果申请人能提出有力的理由和有影响力的赞助者，他（或她，通常非常少见）可能会获准旅行；之后，他还不得不亲自与船长讨价还价。

董事法庭倾向于认为英属印度只能供养数量有限的艺术家，这相当合理。1784年9月，约翰·斯马特（John Smart）和奥扎厄斯·汉弗莱获准以画家身份前往印度，与此同时，董事法庭决定在那一季不再允许其他艺术家同往。[6] 1802年，当钱纳利申请去印度时，情况是有利的：已经在印度有从业经验的两位最富才华的欧洲艺术家——约翰·佐法尼和A.W.德维斯，都回到了英国。尽管佐法尼在1798年3月2日获准再次前往印度，但他还是被说服在英国度过了晚年岁月。[7] 约翰·斯马特，这位能力最强的旅印微型画画家，也已于1795年返乡。钱纳利的主要竞争对手包括马德拉斯的托马斯·希基和加尔各答的罗伯特·霍姆（Robert Home），但他们现在都上了年纪。

在前往印度的航程之中，时间上与钱纳利最接近的前任之一是微型画画家爱德华·纳什（Edward Nash），他于1801年1月9日离开朴茨茅斯前往孟买，在那里一直待到1810年返回英国。对于欧洲人来说，孟买有着极不健康之地的名声，当时这座城市还没有像马德拉斯和加尔各答那样吸引富有的英国人。詹姆斯·威尔士（James Wales）是为数不多的几位曾试图在这里工作的英国艺术家之一，他为附近的洞穴寺庙画了一系列珍贵的画作，但在1795年死于高烧，原因是他在洞穴里吸入了腐败的空气。尽管钱纳利在许多方面都喜欢冒险，但没有证据表明他曾经到过孟买。

1802年5月12日，东印度公司董事法庭的19位成员考虑了乔治·钱纳利的申请书，他请求"准许前往马德拉斯，继续他的职业，即一位肖像画家"。法庭的会议记录中包含了一段简短的记载："有人提议'依从钱纳利先生的申请'。这个讨论中的动议被提交到法院，结果被否定了。"[8]

他们没有给出拒绝的理由。一周后，法庭又收到了来自钱纳利的另一封信，要求重新考虑他的申请。他请求前往马德拉斯"继续他的画家职业，他再次向法院保证，这是他想去印度的唯一动机"[9]。在这件事的幕后定是施展了一些手段，因为这次法庭准许钱纳利前往，并明确表示他的工作是"画家"。也许董事们怀疑他是在以艺术家这一职业为借口，加入他哥哥约翰的商业机构。[10]

钱纳利的两份申请都没有提到他的妻子。原则上来说，携带受抚养者并非不可能，因为四年前托马斯·希基乘船去马德拉斯时，就带着他的两个女儿。[11] 但大多数航行到印度的男人是未婚的，在少数情况下，已婚男人的旅程中，其惯例是他们的妻子和孩子随后才会跟来，还有很少的一些家眷不得不等待十六年之久，这就是玛丽安娜·钱纳利的命运。在印度，一位英国妻子被视为代价高昂的奢侈：

> 离了足够体面的生活环境，没有哪位女士能在这儿安定下来，而这一切需要不少于500英镑……情况就是，家用、衣服、住宿都要增加，尤其是要有一辆马车，没有马车就没有舒适可言。如果要接纳一位欧洲女士来到家里，五个人中有四个都完全力所不逮。[12]

因此，欧洲妇女在印度是比较少的，1810年在孟加拉和它的附属地只有不到250名，而与此同时有大约4000名"体面的欧洲男人，包括军官"[13]。直到19世纪40年代，经过埃及的"陆路路线"使印度之旅更具诱人的前景，大批年轻女性才从英国去往印度寻找丈夫。当钱纳利来到印度时，一位年轻的旅居者更有可能与一个或多个印度女伴住在一起，而不是与一位英国妻子。他画的许多人物都是在印英国人群体中的重要人物，他们都有混血的孩子；甚至1835年成为总督的查尔斯·梅特卡夫爵士（Sir Charles Metcalfe），也与一位印度配偶生活了很多年，还生育了三个儿子。钱纳利自己和一个身份不明的印度情妇也有两个私生子（见第153—154页）。

即使对一个单身汉来说，生活费用也是很高的。一个不服务于东印度公司的人在加尔各答安居，最低费用估计需要600英镑，包括租金、家具、仆人、马匹和餐费。在马德拉斯，开销要低得多，但仍然令人望而生畏。由于人生地不熟，新来的人不得不从头开始布置自己的房子，而在这种竞争激烈的社会氛围中，许多人觉得有必要豪掷千金。威廉·希基说，他的房子装修得很漂亮，"花费超过12000卢比，包括金银餐具"[14]（当时8到10卢比相当于1英镑）。另外，这种对室内陈设的需求也会对艺术家有利，因为一幅恰到好处的画作可以给加尔各答某人的餐厅带来声望，而那正是人们所强烈期待的。

对于任何一位在印度的英国艺术家来说，社会地位都是特别重要的问题。作为一名艺术家，钱纳利应属于一个地位不甚明确的小群体，这些专业人士的身份既不属于军队，也不属于东印度公司的民事部门，又不属于独立的商人团体。钱纳利在印度的岁月里，英国人社会分层愈加明显，对印度人也日益排斥。除了少数异乎寻常的例外，在印度的英国人对印度的文化越来越不感兴趣，同时刻意地颂扬他们自己的文化；玛丽亚·格雷厄姆（Maria Graham）夫人在1810年注意到："每个英国人似乎都以自己是肆无忌惮的约翰牛（John Bull）①而自豪。"[15]

这对所有的军官来说倒是真的，他们倾向于培养一种酗酒成性、民族主义的庸俗的精神特质，并认为自己比平民百姓优越。另一方面，正如一位心怀不满的退伍军人所写的那样："在工作中，平民比起军官更具一些不可否认的优势。他们平均晚来（印度）三年，更多地融入女性社群，即使失业，他们也有能力养活自己。"[16]这两个阵营之间的相互反感被多才多艺的钱币学家、语言学家、音乐家、建筑师和化学家詹姆斯·普林塞普在信件中表达得清清楚楚。尽管待人友善，普林塞普却不愿与一位军官同住在贝拿勒斯（Benares）②，"因为那儿从来不缺懒洋洋地躺着的客人"。后来在勒克瑙（Lucknow）③，他记载了一个年轻军官对普林塞普担任编辑的《亚洲日报》（Asiatic Journal）的反应："撇着嘴唇，翻着书页，他把那本黄色的小册子猛摔到房间的另一头，并简单地批评道：'胡——胡扯。'"[17]

---

① 约翰牛，指英格兰或典型的英格兰人。

② 贝拿勒斯，印度东北部城市瓦拉纳西（Varanasi）的旧称。

③ 勒克瑙，印度北部城市。

因此，意料之中地，钱纳利的同伴是公务员、医生、律师和建筑师，他们维护着英属印度存在的欧洲文化，并支持音乐会、戏剧活动和素描俱乐部。查尔斯·多伊利爵士（见第六章）和普林塞普家族的成员也随之而来。不过，钱纳利是个特别善于交际的人，这无疑对他的肖像业务大有裨益，正如托马斯·希基和A.W.德维斯在印度的事业得益于他们和蔼的性情与受人欢迎的名声一样。钱纳利似乎像与平民相处一样，轻易就和士兵们混在一处，可能跟他们的妻子还更处得来。他形容皇家炮兵部队布朗少校（Browne）的妻子玛丽亚·布朗夫人举办的聚会为"毫无例外是我参加过的最愉快的聚会"[18]。总体来说，他的男性肖像作品反映了不同阶层的在印英侨的生活：早期在马德拉斯绘有中层公务员和年轻军官，在孟加拉增加了更富有的商人、法官、传教士、将军和总督。

前往马德拉斯的航行

钱纳利的印度之旅漫长而乏味。对于如此遥远的航行来说，他所乘坐的"极伟号"即使在当时，也只算是一艘危机四伏的小船。这艘船重400吨，吃水17英尺，携带8门9磅炮和2门12磅炮。[19]"极伟号"是1800年在印度为洛可公司（Law & Co.）建造的，也许是利用最近的一条禁令——英国不再禁止印度建造的船只在英国港口进行贸易。这艘船被划为"加班船"[20]——也就是体型较小的"东印度号"，载运的人员比常规船只少，发给军官的"特级物资"也少；因此，"加班船"作为货运船更有利可图。

然而，从乘客的角度来看，不尽人意的地方就太多了。因为他们中的许多人都把枪放在甲板下面，而在公海上船只不得不关上射击孔，这就使得他们毫无防御能力。据当时的人观察，其中有些"船的形状与其说是船，不如说是箱子，并且扣押一切他们携带的物品"[21]。在希恩（Sheen）船长指挥下的"极伟号"，着实航行得很慢。这一年他们出发得太晚了，无法避开对航行不利的印度洋东北季风，船在海上待了六个半月，包括在马德拉群岛所做的停留；而那一年早些时候，人们还预期这趟航程是四个月。1802年12月21日，钱纳利终于到达了马德拉斯，同行的只有另外两名乘客，分别是威廉·霍尔（William Hall）和M.斯科特·穆尔（M. Scott Moore）。他们终于在1802年12月21日登陆。[22]

55

在马德拉斯登陆，是对印度的一种粗陋的初体验。由于这座城市没有深水港，乘客被小船带到岸边，然后坐在椅子上被抬着或由船夫背着到陆地上。钱纳利为这种叫masula①的平底木质敞开艇画了数幅习作，这些小艇由芒果树木板与椰子纤维缝在一起制成（插图28和29）。正如他在描绘这种事物的版画上的文本中所记录的，他观察道："从表面上看，任何一种别的船在水上都要更安全些；相反，任何其他种类的船都不敢在汹涌的浪涛中冒险。"在他的画中，长长的桨是舵手在船尾握着的舵："他在波涛汹涌的大海中保持平衡的灵敏程度是非常惊人的。"[23]

尽管旅行者们记述了"可怕的冲浪"，但由于船只的灵活性和船夫的技术，乘坐masula船登陆并不像看起来那么危险，由于拯救了身处危险之中的欧洲人，船夫们还获得了额外的奖励。但在年底的西部季风季节就无法获得安全保障；如果圣乔治堡旗杆上的旗帜降下，就像钱纳利乘坐"极伟号"到达时那样，这是向靠近的船只发出信号，如果他们让乘客或货物上岸，将自负风险。[24]

在钱纳利绘制的马德拉斯激浪场景中，那窄窄的筏子叫作双体船（catamarans），之所以这么命名，是因为它是由两根（有时是三根或四根）原木绑在一起的。在他的油画（插图29）中，它们被赋予了最重要的位置，当船夫驱使双体船迎着海浪下水时，海滩和浪花戏剧性的曲线更突出了它们向上弯曲的线条。双体船特别适合暴风雨天气。按照惯例，他们会跟着masula船走，以防发生意外；要么就是在即使对masula船来说也风浪过大的条件下驾驭浪潮。驾驶它们的船夫戴着用蜡布折成的圆锥形的帽子，试图以此向挡路的船只传递信息。当几艘双体船绑在一起时，它们可以把沉重的货物，比如锚或大炮运到岸上。

钱纳利的圣乔治堡蚀刻版画（插图30）呈现了这位终于到达陆地的乘客所看到的场景。一辆有罩盖的牛车正等着把他送到住处。这住处要么是在堡垒内——一支6万人的获胜军队的总部，自1799年5月4日击败蒂普·苏丹（Tipu Sultan）②以来，就统治着印度南部的大部区域；要么是在黑镇（后于20世纪改名为乔治城），就位于堡垒以北，是许多英国和葡萄牙商人的住所，尽管其名声是一处爬满了蚊子、老鼠、蟑螂、

①　文中出现的印度词汇及其释义，请参见"术语表"。
②　蒂普·苏丹（1750—1799），海德尔·阿里（Hyder Ali）之子，迈索尔的军事首领，在其父去世后成为实际统治者，继续领导抗英斗争，于第四次英国-迈索尔战争中阵亡。

插图28　马德拉斯的masula船和双体船。钢笔水墨画。印度事务部图书馆藏

插图29　马德拉斯激浪中的masula船和双体船。油画。私人收藏

插图30　马德拉斯圣乔治堡。蚀刻版画，1806年。私人收藏

蝎子，以及"它们最令人作呕的伙伴臭虫"的所在[25]；要不然就是在堡垒更远处，沿着山路到库姆河（Cooum River）的另一边，在宽敞的"花园客栈"其中一座里居住。在那里，更有钱的英国人可以生活在比拥挤的堡垒内低几度的温度中。乔治·钱纳利自己或许可以住得相当舒适，因为他有一个巨大的优势，那就是他的哥哥约翰·特里·钱纳利，已经稳稳地安住在马德拉斯的在印英国人社区。

约翰·特里·钱纳利

约翰·特里·钱纳利比乔治大4岁，1792年8月1日被任命为东印度公司的公务员，时年22岁。[26] 他的任命可能要归功于他哥哥威廉的强大关系；这类职位依赖于赞助人的支持，而且受到热烈追捧，因为这些职位不仅提供给受聘者薪水，而且（实际上）还特许他们中饱私囊。

约翰·钱纳利的职业生涯很典型。他的第一份工作有一个有趣的头衔："保密、政治和军事部部长助理"（"保密委员会"主要负责影响航运安全的情报）。1793年，他沿海岸南下搬到古德洛尔，担任特派代表的助理，之后在1796年，担任副商务代表。1800年，他以科伦坡（Colombo）①收税员的身份出现在《马德拉斯年鉴》（*Madras Almanac*）上；最后在1812年，他被记录为阿尔果德（Arcot）②北部区域的商务特派代表。作为商务特派代表，他被允许以自己的名义进行交易；此外，他还被允许从他为公司提供的投资中提成，因此，商务特派代表的薪酬被设定在一个较低的水平（1805年为每月500卢比）。[27] 这必然带来可观回报，但也伴随着风险，因为他的收入在很大程度上取决于他用公司的钱所做投资的成败。

多年来，包括他的兄弟乔治和他在一起的时期，约翰·钱纳利都被列为"未受雇用"，而无论如何这也不代表失败。除了公司给所有不担任特定职务的公务员的少量津贴外，这意味着他可以专心于自己的商业利益。在1803年的《东印度登记簿》中，约翰·钱纳利的身份是马德拉斯银行的董事，也是蔡斯、钱纳利和麦道维尔代理行的合伙人。约翰·麦道维尔和约翰·钱纳利是同一天被公司任命的，但事实上，1802—1806年间，麦道维尔都是在英国的家中，留约翰·钱纳利和托马斯·蔡斯（比其他两位合伙人资历长十二年）继续在印度开展公司的业务。[28]

约翰·钱纳利还被列为男庇护所的财务主管，这是一个更具社会意义而非经济意义的职位；类似地，他的妻子和马德拉斯几位显要人物的妻子都是女庇护所的董事。[29] 这些慈善学校的大多数学生都是英国父亲和印度母亲的孩子。无论是军人还是文职人员，东印度公司职员娶妻时，女性庇护所的毕业生备受欢迎；这种婚姻的子女被认为拥有75%的欧洲血统，因此有资格在东印度公司任职。[30]

在1806年的登记簿上，约翰·钱纳利的代理行不复存在，但此时他已是新马德拉斯保险公司的秘书，而前一年这个职位是由托马斯·蔡斯担任的。钱纳利、蔡斯等人的名字在《东印度登记簿》和《马德拉斯年鉴》后几卷所列的职位和委员会中一再出现，而且不断改组；所有这些公务员都从尽可能多的不同来源中填满了自己的腰包。托马斯·蔡斯在政府任职时，有一段时间每年能挣550英镑，而此外，做银行家和商人每年还能再挣4000英镑。[31] 他的兴趣之一是做船东；约翰·钱纳利很可能参与在内

①　科伦坡，斯里兰卡首都和主要港口。
②　阿尔果德，位于印度南部泰米尔纳德邦。

的"蔡斯公司"（Chase & Co.），在19世纪初就拥有好几艘船。

　　1805年，也是马德拉斯商船被记录在《东印度登记簿》上的第一年，蔡斯公司被登记为四艘船的所有者："韦尔斯利侯爵号"（*Marquess of Wellesley*）、双桅商船（Snow）"哈灵顿号"（*Harington*）、"玛蒂尔达号"（*Matilda*）和"极伟号"。约翰·钱纳利很可能参与了这些以马德拉斯为基地的船只的融资，并有可能代表他富有的兄长威廉进行投资。不可能仅仅是因为巧合，玛蒂尔达刚好是约翰·钱纳利长女（她生于1797年，2岁时被送回英国）的名字，而极伟是威廉的乡间别墅的名字。作为"极伟号"的部分所有人，约翰·钱纳利本应为他的弟弟乔治乘坐该船前往印度提供便利。哈灵顿是马德拉斯的一位资深商人威廉·哈灵顿（William Harington）的名字，他可能也参与了这个公司。韦尔斯利侯爵是忠诚地根据总督的名字（他于1799年受封侯爵）命名的，1805年3月，约翰·钱纳利夫人和艺术家的四个侄女、侄子正是乘这艘船返回了英国。[32]

　　怡和洋行档案中的一封信件显示，"韦尔斯利侯爵号"还代表约翰·钱纳利，为他的兄弟托运了一单特别贵重的物品：五箱画框。这些东西是在1804年12月25日从广州发出的，由船长希恩在前一季下的订单。这张账单金额为1693西班牙元（约合340英镑），借记在"蔡斯、钱纳利和麦道维尔先生"名下。[33] 在广东，雕刻的相框，以及绘画和许多其他工艺品，都被巧妙地塑造成符合西方品味的样式；约翰·钱纳利的订单表明，他弟弟在印度绘制的许多画作都被装裱在中国的画框里。

58

马德拉斯名流

　　显然，约翰·钱纳利在向潜在客户介绍他的弟弟乔治方面处于有利地位。1803年"乔治·钱纳利，肖像画家"的名字首次出现在年度手抄清单上，这是一份马德拉斯的非公职欧洲居民清单。[34] 而在大量印刷，通常是一年或两年过期的《东印度登记簿》上，他是在1804年被首次登记在簿，说明内容为"未受雇用"，但事实上，他已经接受了一些不错的肖像画委托，其中一些就来自他哥哥的同事（或同事的妻子）。

　　其中一位是罗伯特·舍尔森（Robert Sherson），他在"圣乔治堡机构契约公务员"名单上比约翰·钱纳利资浅三级；当乔治·钱纳利到达时，舍尔森是政府海关的代理收税员，并在1807年成为联合检验官。[35] 钱纳利在1803年画了一幅又大又漂亮

插图31　舍尔森夫人微型肖像。
象牙上铅笔、水彩，签名并落款于1803年。维多利亚和阿尔伯特博物馆藏

的[36]微型肖像画，画的是穿着高腰低领口裙子的舍尔森夫人（插图31）；蓝色和灰色的色调构成斑驳的背景图案，虽然抽象，但让人联想到疾风骤雨的天空。类似的斑驳背景也出现在科斯韦的一些作品中，钱纳利作于同一年的另一幅微型画作品中也能看到，画中描绘了两个女孩站在一尊大瓮旁（彩图5）。艺术家在作品背面的签名下说明："需避免潮湿和日光保存。"

在钱纳利的马德拉斯画像中，有很大一部分是微型画，由于便携，这种样式对于旅居国外的人来说，有很大的吸引力。一幅微型画不需要报关的烦琐和费用就可以送回家，还可以在极端气候下保存（如果遵从艺术家的指示）。而且确实，相隔万里的亲人和恋人可以将画拥入怀抱；用查尔斯·多伊利爵士的话来说，他们可能会"……将冰凉的象牙紧按在心脏的位置，然后将他们失去的亲人的影像搂在怀中"。[37]

钱纳利也开始发挥他作为油画画家的才能。彩图6是一幅油画群像的水彩习作，创

59

彩图5　饰瓮旁的两个女孩。水彩。这幅画的象牙
　　　油画版本（汇丰银行藏）上由钱纳利落款
　　　"1803"年。马丁·格雷戈里画廊藏

彩图6　群像习作。水彩。私人收藏

作于钱纳利在马德拉斯的最初几年（一幅与之相关的素描落款日期为1804年12月27日），
但没有完成后的画作的记录。两幅幸存下来的早期油画是休·洛德（Hugh Lord）夫妇
的四分之三身像。威尔士出生的休·洛德于1796年进入东印度公司工作，比约翰·特
里·钱纳利晚了四年，按照惯例接受民事和司法任命，于1802年1月被任命为安汶岛
（Amboyna）的商业特派代表。在钱纳利的每一幅洛德夫妇的肖像中，都有一位被照亮
的人物与昏暗的背景形成对比，而落日的余晖又缓和了背景的这种昏暗。休·洛德高
扬起手臂站立着[38]；露西·洛德（Lucy Lord）（彩图9）的眼睛上遮蔽着浓重的阴影，
她如看戏般专注地凝视着观众，就像富塞利或罗姆尼所呈现的一位神奇的女英雄。洛
德夫人的肖像尤其表现出托马斯·劳伦斯爵士早期作品的影响，他是钱纳利学生时代
冉冉升起的新星，1790年至19世纪早期绘制了许多男性和女性的肖像，画中人物那张大
的眼睛、严肃的嘴唇和挑战般的直率的注视，似正对观看者说话。[39]

　　相比之下，1803年创作的查尔斯·梅·勒欣顿（Charles May Lushington）的画像

插图32　查尔斯·勒欣顿。铅笔、水彩，签名并落款于1803年。私人收藏

（插图32）是一幅经过深思熟虑的铅笔画。这幅画像，以及钱纳利在印度期间创作的
许多其他肖像画都是效仿了比钱纳利年长6岁的伦敦艺术家亨利·埃德里奇（Henry
Edridge）[1]的风格。在埃德里奇的铅笔肖像中，只有面部施以水彩，有时是面部和手
部，人物其余的身体部分和周围的环境都用铅笔细致地勾勒出轮廓和阴影。在查尔
斯·勒欣顿的肖像中，头部同样是用钱纳利的微型画技巧上色的，而其余部分则是以
不同密度的平行线的铅笔调子组合来表现。画面中的主人公来自一个显赫的印度英侨
家族：一位勒欣顿从"黑洞事件"（'Black Hole'）[2]中幸存，另一位（查尔斯的父亲）
曾是东印度公司的主席，第三位（查尔斯的兄弟）成为马德拉斯总督。像大多数早
期在马德拉斯被钱纳利绘制肖像的人一样，查尔斯·勒欣顿是一个刚从英国来的年轻

① 亨利·埃德里奇（1769—1821），英国微型画、肖像和风景画画家。
② "黑洞事件"，指印度加尔各答黑洞事件。加尔各答黑洞是座用来监禁英国俘虏的场所，1756年6月20日，监禁
于此的英国俘虏120余人均窒息身亡，引起了国际争论。该事件并无确凿史证，至今英、印学者仍说法不一。

彩图7　《阿姆斯特朗上校》微型肖像。　　　彩图8　陆军中校威廉·奥姆斯比。
铅笔、水彩，签名并落款于1803年。私人收藏　　水彩。马尔科姆和厄休拉·霍斯曼藏

人；他一直在司法部门工作，1827年于孟加拉退休，最后在布莱顿去世。

　　马德拉斯是一个驻军镇，钱纳利为那儿的数位军官都画过肖像。他1803年的一幅微型肖像画中描绘了一位庄严的军人，这幅画被称为《阿姆斯特朗上校》（'Colonel［原文如此］Armstrong'，彩图7）[40]，但钱纳利生活在马德拉斯的岁月里，似乎没有人符合这一描述。或许这幅微型肖像画的是1804年时任总督军事秘书的查尔斯·阿姆斯特朗（Charles Armstrong）少校。1806年7月10日，不幸的阿姆斯特朗少校乘坐轿子经过韦洛尔（Vellore）①，而就在这一天，城里爆发了一场严重的兵变②。该事件导致阿姆斯特朗死亡，总督威廉·本廷克勋爵（Lord William Bentinck）也被罢免。

　　另一幅钱纳利的马德拉斯时期水彩肖像画是陆军中校威廉·奥姆斯比（William

　────────────

①　韦洛尔，印度泰米尔纳德邦城市。
②　1806年7月10日晚上，驻扎在韦洛尔堡的三个马德拉斯团的士兵叛变，杀死了129名英国军官和士兵。由军事和政治不满引起的起义在数小时内被一支包括忠诚的马德拉斯骑兵在内的部队镇压。

Ormsby）的肖像（彩图8），钱纳利到达马德拉斯时，他还是一名候补军官。奥姆斯比一直在东印度公司的军队服役，并成为警司（相当于少校）。在这张画中，他被描绘成一个穿着便服的年轻人。钱纳利对领结和背心的处理与他后来的许多油画肖像相似；但是他并没有加入少量红蓝色，后来的他对这两种颜色可以说是运用自如。

爱德华·珀柳（Edward Pellew）是访问过马德拉斯的最著名的海军军官之一，他是第一代埃克斯茅斯子爵（1st Viscount Exmouth），作为一位能鼓舞人心且善良仁慈的长官，他非常出名。1804年4月，他被任命为海军少将和东印度群岛总司令，在那里，他的举措之一就是安排加尔各答的商船组

插图33 弗利特伍德·珀柳中尉。
铅笔、水彩。格林尼治国家海事博物馆（National Maritime Museum, Greenwich）藏

成船队航行，以减少在法军手中的损失。钱纳利可能画过爱德华·珀柳的肖像[41]，无疑还画过他的次子弗利特伍德（Fleetwood）（插图33），1805年至1812年期间，弗利特伍德在他父亲的手下为东印度公司驻地工作。小珀柳被描绘成在巴达维亚（Batavia）[①]作战的17岁少年，正在1806年的一次船袭中鞭策他的部下（由一个神色紧张的水兵所代表）。多年以后，弗利特伍德·珀柳将作为东印度群岛和中国驻地总司令回到东方。然而，在拒绝让部下在香港上岸休假后，他被召回了。

理查德·霍尔·科尔（Richard Hall Kerr）在自己的领域也非常活跃，他在马德拉斯开始了职业生涯，在黑镇为"优等欧洲人和欧亚混血人"开办了一所学校。后来，他成了一名牧师，当时牧师只能被东印度公司勉强接受（多年来，根据法律，董事们

---

① 巴达维亚，印尼首都和最大商港雅加达的旧名。

插图34　理查德·霍尔·科尔牧师。
由威廉·斯凯尔顿（William Skelton）基于钱纳利
原作雕刻。大英博物馆藏

不得不为每艘500吨及以上的船只配备一名牧师；因此他们确保建造499吨的船，以规避牧师的费用）。[42] 然而，作为男庇护所的监管人，科尔在那里安装了一台印刷机，因而使自己对公司颇为有用。[43]

　　受到英国福音派运动[①]的鼓舞，科尔推动更多的牧师前往印度，以支持"土著济贫院"和免费学校，印度人可以在那里学习基督教原则和"英国美德"。[44] 他还负责建造了黑镇的第一座教堂。他招致了一些反对意见，特别是与同为牧师的查尔斯·鲍尔（Charles Ball）发生了争吵，抱怨鲍尔对他"粗暴无礼"。但科尔有总督的大力支持，于是鲍尔被派去了特里奇诺波利（Trichinopoly）[②]。

　　1808年，科尔因"身心衰竭"而去世；第二年，他的雕版肖像以钱纳利的原作（插图34）为基础印发。他在马德拉斯的成功，标志着对印度宗教和文化生活相对宽容与不干涉主义态度的结束，以及一种新的将基督教精神强加于印度人的热忱。19世纪初，印度西南部只有五位牧师；而1819年达到了二十三位。[45]

柯克帕特里克家的孩子们

　　钱纳利早期留下的为数不多的全身肖像之一，也是他整个职业生涯中最令人难忘的一幅，是柯克帕特里克家孩子们的异国情调肖像（彩图12）。乍一看，这些孩子似

---

①　英国福音派运动，为振兴基督徒对宗教的虔诚性和宗教热忱而发起的自下而上的宗教复兴运动。

②　特里奇诺波利，印度南部城市蒂鲁吉拉伯利的旧称，属泰米尔纳德邦。

彩图9　露西·洛德夫人（原姓加哈根［Gahagan］）。油画。马丁·格雷戈里画廊藏

彩图10　马德拉斯附近的荒废的寺庙。
铅笔、钢笔、墨水和水彩，签名并落款于1806年。私人收藏

彩图11　玛玛拉普拉姆海边的寺庙。
铅笔、钢笔、墨水和水彩，及干擦法。马尔科姆和厄休拉·霍斯曼藏

乎是为了参加化装舞会而着奇装异服的英国孩子，但装饰着黄金流苏的印度长袍有着更重要的意义。

[画上的]男孩和他的妹妹是威廉与凯瑟琳·奥罗拉（William and Katherine Aurora），是詹姆斯·阿喀琉斯·柯克帕特里克（James Achilles Kirkpatrick）上校和他的印度-波斯妻子的孩子。柯克帕特里克是个非凡的人。在担任海得拉巴的尼扎姆（the Nizam of Hyderabad）①的翻译后，他在1797年继承兄长继续做海得拉巴法庭的特派代表。他和尼扎姆建立了亲密的关系，后者正式收他为养子；他还娶了尼扎姆首席大臣米尔·阿拉姆（Mir Alam）14岁的侄孙女科海尔伦尼莎（Khairunnissa）为妻。1801年，一位到访宫廷的英国人这样描述他：

> 柯克帕特里克少校非常英俊……他蓄着长髭，头发剪得很短，手指用指甲花染了色。在其他方面，他像一个英国人。（在宫廷中）他威风凛凛地出现。他的仪仗有几头大象，一顶礼仪隆重的轿子，数匹头马，若干旗帜，以及饰有流苏的长杆，等等，还有两队步兵和一队骑兵护送……柯克帕特里克少校举止像个本地人，非常得体有礼。[46]

他变得极为富有，并拥有一座为他而建的帕拉第奥风格②的宫殿般的住宅，里面还单独为他妻子和其闺房（zenana）建造了不同的房间。由于他妻子并不进入主宅，他还为她在"贵夫人花园"竖立了一个大型的建筑模型。

柯克帕特里克的行为使他在英国人中间招致了敌人，他们指控他受贿和公然放弃宗教信仰，但他证明自己极具价值，因此无法被定罪。他和米尔·阿拉姆一起说服尼扎姆从效忠法国转而效忠英国：在一场兵不血刃的政变中，14000名受过法军训练的印度兵投降，法国介入印度南部的最后一个据点被消灭。

詹姆斯·柯克帕特里克和科海尔伦尼莎有两个孩子，较小的是凯瑟琳·奥罗拉，通常被称为凯蒂，据我们所知生于1802年。钱纳利可能是在1805年画的这幅画像，因

---

① 海得拉巴的尼扎姆，尼扎姆是18世纪至1950年间海得拉巴的君主称号。

② 帕拉第奥风格，一种欧洲建筑的风格，建筑师安德烈亚·帕拉第奥（Andrea Palladio，1508—1580）为此风格的代表人物，帕拉第奥式建筑主要根据古罗马及希腊传统建筑的对称思想和价值而设计。

彩图12　威廉和凯瑟琳·柯克帕特里克。油画，约1805年。汇丰银行藏

为在那一年的9月10日，这两个孩子离开了马德拉斯前往英国。（当时，父母把孩子送回英国接受教育是很普遍的做法，因为孩子在英国更有可能活到成年；钱纳利的侄子和三个侄女六个月前才被送回家。）如常常发生的那样，威廉和凯蒂再也没有见到他们的父母。他们的父亲在他们乘坐的"霍克斯伯里号"（*Hawkesbury*）起航后一个月就去世了。巧合的是，和乔治·钱纳利的妹妹弗朗西丝乘同一艘船来到印度的乔治·埃勒斯，这次也乘了那艘载着柯克帕特里克的孩子们的船返回英国。埃勒斯用一种居高临下的态度描述了他们：

> 有一位尤尔夫人（Ure），是海得拉巴的尤尔医生的妻子，她负责照看两个三四岁的健康孩子，他们是柯克帕特里克上校和海得拉巴的一位公主的孩子，据说他们已经结婚了。在给每个孩子10000英镑之前，公主殿下是不会与他们分开的。他们是一个男孩和一个女孩，有一个忠实的老黑人照顾他们，他很喜欢他们，服侍着他们……在英国登陆时，我有幸照管这支黑白相间的队伍。[47]

当"霍克斯伯里号"抵达朴茨茅斯时，埃勒斯的才能被证明有些用处。他得知尤尔夫人的行李里有大量珠宝和精美的披肩，大概是柯克帕特里克家的孩子们的。为了不让海关检查这些箱子，埃勒斯用二十几尼①的大额贿赂（尤尔夫人给他的）向一名海关官员行贿，后者不出所料把装满珍宝的箱子原封不动地递给了他。[48]

凯蒂·柯克帕特里克在英国长大，并因为与托马斯·卡莱尔（Thomas Carlyle）②交往而成名。她第一次见到卡莱尔是在1824年，彼时，这位局促、年轻的文学天才刚从爱丁堡来到伦敦。他被这位"肤色奇异的年轻女士迷住了，她有一双柔和的棕色眼睛和一头浓密的金红色头发，模样真是非常标致，她面带微笑，和蔼可亲，尽管有几分异国情调的华丽……"[49]金红色的头发，或许还有奇异的肤色，都可见于那幅肖像画。之后，他又见到了她，就在她堂亲位于射手山（Shooters' Hill）乡间住宅的花园里的玫瑰丛中——这一场景促成了"布鲁敏"，即"玫瑰女神"这个角色的构建，在卡莱尔令人

①　几尼（Guinea），一种英国金币的名称，铸造于1663年至1813年；这种金币原来由几内亚（Guinea）出产的黄金铸造，故名。
②　托马斯·卡莱尔（1795—1881），苏格兰哲学家、评论家、讽刺作家、历史学家。

费解的《拼凑的裁缝》（*Sartor Resartus*）一书中：布鲁敏是"五光十色、明亮照人的奥若拉，是东方最美丽的光明使者"[50]。卡莱尔护送凯蒂和她已婚的堂亲一起去了巴黎，虽然他已经和简·韦尔什（Jane Welsh）有了婚约，也将要与之结婚，但他仍然喜欢和凯蒂在一起，还拿凯蒂继承的50000英镑财产取笑简。可是凯蒂没什么可能跟他结婚，取而代之的是，她嫁给了第七轻骑兵团的詹姆斯·温斯洛-菲利普斯（James Winsloe-Phillips）上尉。卡莱尔后来在回忆录中对她不屑一顾，或许还带着一丝嫉妒的怨恨：

> 和蔼可亲，深情款款，举止优雅，可以称得上有吸引力（于"漂亮"而言不够苗条，就"美丽"而论不够高挑）；说话的声音有一种低沉、慵懒的悦耳之感；温和沉静、赏心悦目、喜爱香水，种种。简而言之，二分之一的穆斯林贵妇，半东方（血统的）英国女人的有趣典型。她现在还住在埃克塞特附近（某位无所事事的前印度兵上尉所获的嘉奖），生了许多孩子，她对照顾他们倾注了极大的热情。[51]

与此同时，那幅画像也来到了英国。在詹姆斯·柯克帕特里克死后，他的前副手亨利·罗素（Henry Russell）很快就成了驻海得拉巴的特派代表，他安排将这幅画寄给科海尔伦尼莎，而此时她已经搬到了默苏利珀德姆（Masulipatam）①。不知为何，这幅画后来成了罗素的私人财产，并挂在他退休后所住的伯克郡斯沃洛菲尔德（Swallowfield, the Berkshire）的宅子的墙上。1846年，婚后随夫姓的凯蒂·菲利普斯（Kitty Phillips）拜访了斯沃洛菲尔德。当凯蒂认出这是她和哥哥（死于1828年）的肖像时，她"泪如雨下"。年迈的亨利·罗素爵士为之动容，不顾家人的反对，在遗嘱中把这幅画像留给了凯蒂。就这样，它被传给了凯蒂和她的后代，直到20世纪50年代又回到了东方。[52]

当凯蒂在斯沃洛菲尔德看到这幅画时，她也注意到"[画中的]楼梯是她在印度那美丽的家的入口处"[53]。如果凯蒂对这个最后的细节记忆正确的话（罗素夫人也准确地述说了这一细节），那就表明钱纳利为画这幅肖像曾北上海得拉巴。可是凯蒂从3岁

---

① 默苏利珀德姆，印度东海岸盂加拉湾沿岸港口。

插图35　马德拉斯的宴会厅和政府大厦。铅笔，落款于1806年10月21日。私人收藏

以后就再也没有到过印度，画面上带有花纹的地毯也并不能表明那就是住宅的入口。所以，更有可能的是，在孩子们登船前几周，钱纳利在马德拉斯为他们绘制了肖像。

"古希腊式"城市

1781年，当艺术家威廉·霍奇斯来到马德拉斯时，这个地方使他想起了"亚历山大时代的希腊城市"[54]。他指的当然是马德拉斯的一小部分地区，英国人在那里修建了古典风格的建筑。等到1802年钱纳利来到马德拉斯时，那种古典的印象定是更令人吃惊了，因为在过去两年，受总督，第二代克莱夫勋爵（2nd Lord Clive）的委托，配有柱子、山形墙和雕带的雄伟壮丽的政府楼群拔地而起，马德拉斯也因而被装饰一新。东印度公司的董事们不赞成总督这花销高昂的展示，并将他召回，但是这些新建筑和它们的帝国象征仍然被保留下来以示世人。

钱纳利1806年的画作（插图35）展示了新的宴会厅，在他到来的两个月前，这

66

插图36　从井中汲水的妇女。
蚀刻版画，1806年。私人收藏

个宴会厅刚刚以一场盛大的舞会宣告揭幕。南北两边的山墙上装饰着纪念英国在普拉西（Plassey）和塞林加帕坦（Seringapatam）战役胜利的胜利纪念柱；而到了20世纪，这些将被印度共和国的盾徽取代。宴会厅内有一系列的总司令和总督的画像，包括艾尔·库特（Eyre Coote）、康沃利斯（Cornwallis）和韦尔斯利。这些肖像大部分是钱纳利搬到加尔各答后，由托马斯·希基重新绘制的，其象征意义一如外面的战利品。一旦钱纳利在印度站稳脚跟，他就能从这种对英国统治象征物的持续需求中获益。

如果马德拉斯的公共建筑在形式上是古典的，那么在钱纳利看来，一些当地居民也是如此。本文附图有一幅他的蚀刻版画，画的是三个女人从井中取水（插图36），钱纳利提到"他们这儿的人通常都身形优美……他们衣着朴素，而这种穿着风格，使他们的外观与古代人物非常相似……"在钱纳利这一时期的绘画中出现的印度男性人物也有古希腊英雄的气质。他画的masula船夫筋骨发达、肌肉强壮（插图28—30），他们的一些姿势可能来自皇家艺术研究院的石膏模型。然而，他笔下的部分轿夫显然不是古典风格的，因为他们强壮四肢的长度被夸大了；但并不是变成了漫画，而是具有一种端庄感和独特性，这在当时其他描绘印度人的西方绘画中是很少看到的。

毗邻新古典主义建筑圣乔治堡的，是于1680年落成的著名的圣玛丽教堂（Church of St. Mary's），它也是东方最早的英国圣公会教堂（插图37）。教堂建在堡垒内部，从一开始就是一座军人教堂。它的设计者大概是一位炮手长，墙壁和屋顶由实心砌体

构成，以抵御轰炸和同样具有破坏性
的白蚁。在与法国和海德尔·阿里
（Hyder Ali）[①]的战争中，圣玛丽教堂
曾多次被用来储存水和谷物。尖塔的
作用是放哨，直到被法国人的炮火摧
毁，尖顶和塔楼才被拆除。到了18世
纪90年代，有人提议建造一个新的尖
塔，同时也可以当作灯塔使用，但
这个计划因违反宗教信仰而被驳回
了。1795年，教堂接受了一座带凹槽
的方尖碑形状的尖塔，从钱纳利的素
描中可以窥其面貌。[55]

67

插图37　马德拉斯的圣玛丽教堂。
铅笔、钢笔、墨水和水彩。私人收藏

　　从钱纳利在马德拉斯的绘画和
素描中可以清楚地看出，他的绘画
技艺还没有定型。在这一时期，他
的许多绘画都是以一种简略的、有棱角的风格完成，而不久之后他就放弃了这种方
式（彩图10、11，插图38、39和40）。在这些快速水彩画中，他使用了一类图形代码：
深色墨水或水彩画的小点被用来表示建筑物的孔隙（彩图10）或远处人群的头部（插
图40），而有时这些小点则根本不代表任何东西。细小的水平线可以象征瓦片或砖结
构，而树木则是用湿笔刷概括地皴擦而成。当所要描绘的人脸非常小时，艺术家有时
会用一个尖角表示鼻子或下巴，一条短直角线表示眼睛和眉毛，还有一两个圆点表示
其他面部特征。印度人的脸通常加以微微下垂的小胡子来表现，并加上两三个扁平重
叠的椭圆形表示头巾。当加入水彩颜料时，两个种族的区别就更加明显了——欧洲人
的脸是粉红色和白色，印度人的脸是浅棕色。

70

　　钱纳利用他的简写风格勾画了城市及其周边的印度教和伊斯兰教建筑，描绘了

---

① 海德尔·阿里（1722—1782），印度南部迈索尔的穆斯林统治者。与英国作战数年后，临终时承认无法打
　 败英国人，嘱咐其子蒂普·苏丹与英国人讲和。

插图38　马德拉斯街景。铅笔、钢笔、墨水和水彩，及干擦法。私人收藏

插图39　马德拉斯的寺庙和蓄水池（可能是麦拉坡的卡帕里斯瓦拉庙［Kapaleshvara Temple］）。
铅笔、钢笔和墨水。私人收藏

插图40　马德拉斯的东印度公司"城镇寺庙"。铅笔、钢笔、墨水和水彩。私人收藏

西边纪念提鲁瓦鲁瓦的达罗毗荼庙塔（the Dravidian gopurams of Tiruvarur），和南边玛玛拉普拉姆（the temples of Mahabalipuram）的寺庙（彩图11）。插图40描绘的是《可敬的东印度公司宝塔入口，黑镇》（1805年），在这幅画中，成群的印度人与半英里外人烟稀少、古典明净的圣乔治堡形成鲜明对比（插图30）。这里描绘的建筑是所谓的"印度教徒宝塔"或"城镇寺庙"，这是一个印度教寺庙，由东印度公司管理，由向欧洲人和亚美尼亚人以外的所有人征收的进出口税来支持。

轿　子

与此同时，钱纳利正在尝试更流畅和更训练有素的风格，之后他将在孟加拉和中国发展这种风格。这一过程在他的轿夫绘画中得到了展现（插图41和42以及彩图13）。在1805年9月5日的速写（插图41）中，轿夫是象征性的人物，矮胖而且比例失衡，只是用来说明懒洋洋倚靠着的英国人被运载的方式。在描绘休息中的轿夫的钢笔素描（插图42）中，人物背部和腿部目的明确的线条给构图带来了活力和戏

插图41　轿夫素描。钢笔水墨画，题有"马德拉斯，1805年9月5日"。私人收藏

剧性的元素。而在1806年完成的水彩画（彩图13）中，艺术家充满自信地画出有力、连续的曲线，也许没有将轿夫转变成个性鲜明的个体，但无疑是转变成了充满尊严和潜能的矫健形象。

　　轿子（Palanquin，或palankeen，或palki，当时还有十几种不同的拼写方式），很早就被欧洲人在印度使用。它最初的样子比一张挂在竹竿上的吊床好不到哪儿去，更广为人知的叫法是dhooly或doolie（印度轿子）。印度轿子还被广泛用作担架，运送在战斗中受伤的士兵；一位过于热心的国会议员误解了来自印度的一份报告，据说他传播了一个故事，说在一次交战后，那些无助的伤员被"从山上冲下来的凶猛的印度轿子扫荡一空"。[56]

　　自这种基础的造型开始，轿子发展出了各式各样的形状、尺寸和华丽的程度。它可能是长方形的，也可能是六角形的，有窗户、窗帘或滑动门；木制的部分要么是素面的，要么有复杂的雕刻；轿子内部布置着各种各样的陈设，无不奢华精巧。轿子理所当然是地位的象征，因而也备受争议。在17世纪早期，葡萄牙政府颁布了一项规定（尽管被广泛忽视了），禁止果阿的葡萄牙男性居民乘坐轿子出行，"很明显，这种行为太有失男子汉气概"；人们还尝试阻止葡萄牙妇女乘坐封闭的轿子，因为人们认为轿子会助长私情。1758年，东印度公司的董事们下令，"任何文员（初级公务员）都不得在任职期间持有轿子、马匹或轻便马车，违者将被立即开除"，他们的反对理由据说是这些东西"为文员们提供了闲逛的机会"。[57]

74

　　然而，当钱纳利到达印度时，轿子被欧洲人视为日常生活中必不可少的一部分。他们中的许多人在信中抱怨轿子的不舒服，又封闭又颠簸；当多伊利笔下的人物汤姆·劳乘坐轿子旅行时，他设法从轿子底部掉落下去。[58] 但是，不管坐轿子出行有什么缺点，没有轿子外出要更糟糕。当里士满·萨克雷（Richmond Thackeray）早于钱纳利三年到达马德拉斯时，他沮丧地发现自己不得不在阳光下冒险，因为军队占领了这一区域，所有的轿子和轿夫都随士兵走了。[59]

　　在这个时期的加尔各答，轿子是社交礼仪（de rigueur）的一种必需品。

插图42　素描簿中的休息的轿夫。钢笔、墨水。利兹的坦普尔·纽塞姆藏

　　你必须把这当作一个普遍而永恒的事实，那就是，绅士从来不在加尔各答步行，甚至连普通欧洲士兵的妻子［原文如此］有时也会乘坐雇来的轿子……出现在伦敦桥上的大象，都不会比大白天在加尔各答走路的绅士更令人惊讶。[60]

　　到现在为止，dhooly 已经过时了，尽管它"在不太富裕的阶层中仍然很普遍，特别是用于妇女出行"[61]。它被 mahannah 或 meeana 所取代，后者在钱纳利的水彩画（彩图13）中有所描绘。mahannah 长宽约6×2½英尺[①]，所以旅客可以舒服地躺在铺着印花棉布的靠垫上。钱纳利所画的 mahannah 把所有的窗户和门都关上了，并且由四条短腿来支撑。这样一个巨大的箱子再加上它的乘坐者，重量太重，因而轿夫不能承受在城外长途旅行。因此还可以选择 bochah，它比 mahannah 更轻更偏立式。妇女总是笔直地

---

① 约合183×76厘米。

彩图13　轿夫。钢笔、墨水和水彩，签名并落款于1806年。马尔科姆和厄休拉·霍斯曼藏

坐在这种"椅轿"上，斜靠在上面被认为是不得体的。一位绅士可能会采取倚靠和坐直两种方式。威廉·希基离开印度时，他的财物拍卖会上拍卖的物品包括"一把格调出众、做工优良的极优雅的椅子"和"一顶几乎全新的时兴mehanna"。[62]

　　一顶轿子的花费可以高达500卢比，但"一顶非常好的轿子花费150到200卢比可能可以得到。有时这些轿子为出行还会配备架子等物，以及放置酒水等用品的位置"[63]。相比之下，轿夫的费用很低廉，每个人每月能得到3到5卢比，费用高低是根据轿夫的种姓来调整的。一顶轿子至少需要四个轿夫，有时需要六个或八个，此外，*jemadar*①或主要仆从可能会走在轿子旁边，*soontahburdars*手持象征性的权杖走在轿子前或旁边，或者可能是一个*chobdar*手持权杖。[64] 通常轿夫都戴着相配的头巾和腰带，但钱纳利所画的轿夫身上却没有这种制服。在他绘制的场景中，浅蓝色的头巾也许标志着*jemadar*的身份，他拿着一根手杖，身体向后靠，两肘撑在轿子顶上（彩图13）。

①　jemadar，监督一队仆从的人。

在钱纳利离开加尔各答前往中国沿海后不久，轿子开始被马拉轿（*palkee-garry* 或palanquin carriage）取代，这种轿子由小马沿着特定路线拉载。之后在19世纪50年代，马拉轿开始被铁路所取代。到了19世纪80年代，轿子已"很少使用，只在偏僻的地方出现"[65]。

平　房

钱纳利在马德拉斯绘制的地志画中，有两幅水彩画格外有趣（彩图14和15）。它们展示了一种在当时仍很新奇的风俗：平房（bungalow），尽管它已经远远超出了英属印度的范围。它的名字起源于*bangla*或*banggalo*，一种孟加拉乡村小屋，钱纳利之后在印度的那些年，在许多场景都描绘过。*bangla*是一种单层、单间的建筑，建在不太深的地基上，墙壁由竹子和抹着牛粪、黏土的席子制成。在某些情况下，金字塔形的屋顶延伸到墙外，提供一个阴凉的"游廊"（veranda）——另一个从印度传入英语的专有名词。[66]

然而，即使在它的早期表现中，英印式平房也与它的孟加拉原型有着显著的不同。它很可能是用晒干的砖块建成的（*cutcha*），有窗户和门。帆布屋顶经常取代茅草屋顶，而平房很可能坐落在一个所有便利设施都近在咫尺的欧洲营地。平房内部可能没有任何房门，只有印花棉布做的帷幔（*purdahs*）。通常两到三间平房会作为一组使用；一位与钱纳利同时代的人有两间相邻的平房，一间用来睡觉和穿戴打扮，另一间用来起居和用餐。[67]

钱纳利的这两幅水彩画都落款于1805年，但它们描绘了形式相当不同的平房，一种是周末休息的地方，另一种是正式的住宅。前者（彩图14）有条纹帆布的金字塔形屋顶，在设计上更接近*bangla*。窗户和入口用tatties来遮挡阳光，这是用一种叫作*cuss*（或*khuss*）的香根草的根做成的席子，仆人会不断地把它打湿，这样水分蒸发就可以使室内降温；在孟加拉的村庄，这种草被广泛用作覆盖屋顶的茅草。此外，左边的窗户安装了一个*jhaump*，一种沉重的木制百叶窗，由一根柱子撑开。这个词来源于孟加拉语的*jhanp*，指一种用稻草和竹子编织的挡在茅屋门上的栅栏。在平房的左侧，可以看到一个从墙壁延伸到最近一排树木的简陋游廊。

彩图14　恩诺尔的平房。铅笔、钢笔、墨水和水彩，签名并落款于1805年。私人收藏

彩图15　马德拉斯的乌鸦林。铅笔、钢笔、墨水和水彩，签名并落款于1805年。私人收藏

这座平房位于马德拉斯以北十几英里处的渔村恩诺尔（Ennore），那里曾是英国 76
人在殖民地的周末度假胜地。沿着这片狭长的土地，在海和湖或滞水之间建起了几座
平房，一条运河将恩诺尔和马德拉斯直接连接起来。1810年，玛丽亚·格雷厄姆到访
恩诺尔时发现：

> 一个小咸水湖，有许多美味的鱼和上好的牡蛎。这些景点吸引了一群绅士
> 前来，通过集体募集在湖边建造了一座房子，那儿每周都会举办聚会：吃鱼、打
> 牌，驾驶两艘游船在湖上游玩，因为海浪汹涌，这是马德拉斯附近任何地方都无
> 法享受的娱乐。[68]

也许正是在这样的平房里，钱纳利才有了"他对博物学的第一次体验"。后来，
当他回忆起他到达马德拉斯后不久的一顿晚餐时，还激起了听众的一阵战栗。当时他
和朋友们正在"一间平房的宽阔的大厅里"享受美食，谁也没有注意到一条蛇从游廊
滑了进来，缠住了他的脚踝。但这只爬行动物似乎不是艺术家的对手：

> 他示意大家不要说话，然后用仅比呼吸大一丁点儿的声音吩咐仆人，给他
> 拿一碗牛奶和一根手杖。他的举止和神色都很镇定，小心翼翼地把牛奶碗放在离
> 他椅子不远的地上，同时轻轻地用手杖靠近椅子，这时他仍然握着柄。牛奶的 78
> 气味吸引了蛇，它立刻从艺术家的脚踝舒展开去，爬到手杖上。转瞬之间，正当
> 蛇享受着意料之外的美味时，钱纳利从椅子上一跃而起，跳到了那只碗和那位不
> 速之客的头上，一眨眼就把它和它的晚餐都干掉了。[69]

彩图15中所示的马德拉斯建筑物更为壮观，无疑是用pukka（上等的）烧砖和灰
泥建成的。它有一个屋顶平台、一个立有圆柱的入口、欧洲殖民风格的木制百叶窗，
还有一个名字——乌鸦林（Crow's Tope）。它矗立在自己的院子里；画面左边可见的
是仆人的住处，右边是附属的平房。在台阶下等待的轿夫表明了居住者的身份。这座
平房和恩诺尔平房都是赫伯特·康普顿爵士（Sir Herbert Compton）的财产，他在职业
生涯的早期就从军队转到了文职部门。康普顿以普通士兵的身份进入东印度公司的军

队，随后成为军官，他花钱从军队中退出，在马德拉斯当了一名见习律师。在英国短暂工作一段时间后，他在东印度公司的法律服务部门逐步晋升，成为加尔各答的法律总顾问，最后成为孟买最高法院的首席法官。钱纳利一定是在马德拉斯就认识了康普顿，随后又与其在加尔各答相交，因为在1816年，这位艺术家画了康普顿位于加尔各答有钱人住的花园河段（Garden Reach）的豪宅（插图65）。

　　尽管（或者可能是因为）远离其孟加拉的起源，第二种类型的平房，带有阶梯式屋顶和古典风格的影子，在印度被作为标准形式的英国官员居所，就比如康普顿。到19世纪后期，平房的定义与其说是根据它的设计或建造，不如说是根据它在印度英侨社会中的角色——也就是说，它是为绅士（*sahib*①）在自己的土地上建造的坚固的房子。在1891年，我们可以说"小屋（cottage）是指位于郊区乡下的小房子，但平房是指小型的乡间别墅"。[70]

　　此时，地志画和油画是否会成为钱纳利职业生涯的主要元素还不确定。他一定很清楚托马斯和威廉·丹尼尔（Thomas and William Daniell）所树立的令人生畏的典范。他们在1794年回到英国，带着大量精确的图纸——都是在长达七年、遍及印度的旅行中积累起来的。依托这些图纸创作出了被称为"东方风景"（Oriental Scenery）的精细图版。这一项目在艺术和商业上都取得了巨大的成功——正如J.M.W.特纳所描述的那样，它是"一场才智和非凡娱乐的盛宴"，"把景致带到了我们的壁炉边，那一切太遥远而无法到达，太奇特而无法想象"。[71] 但这一百四十四幅东方风景不仅是丹尼尔叔侄精疲力竭的旅行的产物，也是长达七年辛勤工作的成果。在这七年里，威廉·丹尼尔经常从早上6点工作到午夜。[72]

　　尽管钱纳利有时工作很辛苦，但他一定已经意识到，自己没有从事这种事业的禀性。不管怎么说，他确实承担制作了一系列带有说明文字的蚀刻版画，并美其名曰《印度杂志与欧洲杂录》（'The Indian Magazine and European Miscellany'）。1806年11月26日，据宣布"乔治·钱纳利先生作为该作品的联合所有人，将每月提供一幅蚀刻画。第一期将展示从海滩观赏马德拉斯的景色；之后的每一份出版物都将包含一幅自然景观，或描绘当地人特征和职业的说明性的插图"[73]。

───────────────

① 　sahib，（印度旧时对欧洲男子的尊称）先生，老爷，绅士，阁下，大人。

插图43　马德拉斯库姆河边的骆驼。铅笔。海伦·布劳顿夫人（Lady Helen Broughton）藏

　　这个系列从1807年2月到10月共出版了九期，包括四幅地志景观图和五幅人物习作（见插图30和36）。但是，钱纳利在系列中途就离开了马德拉斯：6月，他乘船前往加尔各答，去寻找更赚钱的工作。据推测，他留下了四幅版画，并在他缺席的时候出版，以满足订阅者或支付印刷厂的账单。这些蚀刻版画保存下来的很少。虽然画得粗略，但它们清楚地显示了钱纳利的天赋所在。即使在"马德拉斯景观"中，吸引力仍来自成组的人物、船只和与之伴随的事物，而不是建筑物，尽管后者是这些图版名义上的主题。他为这些蚀刻画预备的图纸描绘了一群以不同姿势和形态出现的运水者、轿夫或船夫，在他们的旁边用"+"或"×"符号来表示形象的来源可靠与否。[74] 来自这一时期的一幅迷人的素描（插图43）描画了骆驼和赶驼人正在库姆河岸的营地休息，宴会厅和政府大楼在河的远端依稀可见。

马德拉斯的万神殿

　　马德拉斯只有一个社交聚会的地方：礼堂，也被称为万神殿（Pantheon）。1802年，克莱夫勋爵被召回英国前不久，在这里举行了晚宴和舞会。1805年，这里举行了一场公众娱乐活动，以纪念阿瑟·韦尔斯利爵士。到1810年，万神殿包含了"一座舞厅，一间非常漂亮的剧院，以及棋牌室和数个游廊"，这里也被用作共济会集会地。[75] 理查德·科尔曾是科罗曼德尔海岸马德拉斯和韦洛尔六个分会的"地方大教士"（'Provincial Grand Chaplan'）① 76，钱纳利自己可能就是在这里成了共济会会员（见第132页）。

在钱纳利的时代，万神殿似乎是由一个财团所有并管理的。77 1821年，这座建筑被卖给了一个亚美尼亚商人，转让所有权的人中包括几个曾被钱纳利画过像的人：辩护律师赫伯特·康普顿，海军军官托马斯·霍西森（Thomas Hoseason）78，骑兵军官瓦伦丁·布莱克（Valentine Blacker）（插图67），他后来成为圣乔治堡的军需处长，再后来又成为印度的总监督官，另外还有商人托马斯·帕里（Thomas Parry）（见第81—82页）。

钱纳利很可能是通过他们与万神殿的联系而认识这些人的，因为他经常被要求为那里举行的活动提供装饰。他肯定参与了一场"娱乐"活动，庆祝梅尔维尔第一代子爵亨利·邓达斯（Henry Dundas, 1st Viscount Melville）无罪释放。在伦敦，邓达斯因担任海军财政大臣期间挪用公款而被弹劾。邓达斯是一个好斗的苏格兰人，工作努力，对盟友忠诚——尤其是对他的密友威廉·皮特。他是马德拉斯在印英国人社区的英雄，原因有二。首先，他担任管理委员会主席的职位，管理委员会成立于1784年，负责监督东印度公司董事们的活动；这使他实际上成为英属印度的统治者，尽管他从未访问过东方。尽管邓达斯多次与东印度公司内部的各种势力集团发生冲突（尤其是航运利益），但正是邓达斯在1793年4月23日的一次著名演讲中，说服议会将东印度公司的垄断地位再延长十年。其次，邓达斯是1794年至1801年关键时期的战争部长。尽管议会的其他人建议谨慎行事，但他鼓励韦尔斯利继续对蒂普主动出击，这最终为马德拉斯管辖区域内的英国军队和贸易站带来了安全。邓达斯还因在埃及击败拿破仑而受到赞誉，从而为英国人"保卫了印度"。79

1806年夏初，邓达斯遭到弹劾。他很幸运地被无罪释放，因为在他控制下的钱肯定被滥用了，而且对一些指控的判决很勉强。邓达斯复职枢密院，但不再担任公职。在他被无罪释放七个月后的1807年1月22日，英国人在马德拉斯的万神殿举行了庆祝活动。钱纳利设计了一个巨大的半透明画（transparency）②，表现正义向不列颠揭开真

---

① 在共济会中，"教士"是主持祈祷的要员。他可能是基督教的神职人员，或伊斯兰教的伊玛目，或犹太教的拉比。因此，这里是指一个区域所有共济会分会的高级教士。

② 半透明画，指画在大片亚麻布、丝绸或纸上（可能是多片拼接而成）的绘画。它们并不是完全透明的，但是够薄，使强光可以从背面通过，从而在正面创造出戏剧性的光和色彩效果。

插图44　1807年为致敬亨利·邓达斯所作的蚀刻版画的原画。
钢笔水墨画。马丁·格雷戈里画廊藏

相。[80] 他还制作了一幅蚀刻版画，本书的插图44就是原画。这幅蚀刻画向邓达斯所采取的一项广受欢迎且毫无争议的措施致敬："在与法国和西班牙的战争中，为英国海员的寡妇和孤儿提供帮助，这场战争在特拉法加战役中达到高潮。"一位参议院的人物站在海边，把分别象征安全的钥匙和富裕的丰饶角赐给身着托加袍的寡妇们。

安全和富裕似乎是钱纳利自己在马德拉斯四年半的时间里缺乏的东西。他绝不是无所事事，但为印度王子或英国总督和指挥官画像而获得丰厚佣金的，却不是钱纳利，而是他的竞争对手托马斯·希基和罗伯特·霍姆。如果他曾希望给家里的妻子和孩子寄一笔丰厚的生活费，他似乎要失望了，因为1807年，著名商人托马斯·帕里和他的一些朋友，把100英镑寄给了伦敦的玛丽安娜·钱纳利——"这笔钱虽然不多，但能在你像现在这样遭受困苦的时刻提供一些帮助"[81]。

托马斯·帕里以多种方式参与了钱纳利家族的生活。18世纪90年代早期，他是"蔡斯和休厄尔"（Chase & Sewell）的合伙人，他离开公司后，在银行业、一般贸易

82

和船东领域建立了自己的业务。1800年，他被总督克莱夫勋爵命令回国，可能是因为他一直在为卡纳蒂克（Carnatic）①的纳瓦布（Nawab）②奥姆达图-乌尔-乌马拉（Umdatu-ul-Umara）筹集新的贷款，尽管纳瓦布已经欠下东印度公司沉重的债务。然而，帕里没有遵守命令，总督回到了英国，而帕里的财富则继续赚了又赔。他是"韦尔斯利侯爵号"的共有人，就是钱纳利的嫂子在1805年回英国时乘坐的那一艘（见第57页）；第二年，这艘船被大火烧毁，同时烧毁的还有一艘未投保的谷物船。1806年和1807年是马德拉斯统治时期的饥荒年，许多代理行破产，尤其是蔡斯公司，破产的数额达到400万卢比；帕里被任命为清算人。约翰·钱纳利无疑受到了影响，乔治·钱纳利也间接受到了影响。因为这种联系，钱纳利为帕里画了一幅画像，还向他租了一所房子，每月付50卢比。帕里继续支援玛丽安娜·钱纳利，在1808年给她寄去了32英镑，在遗嘱中也提到了她。[82]

正式接见

另有一条大道向着钱纳利敞开。在他到达马德拉斯之前的几年里，发生了一系列不同寻常的军事和外交事件，因为东印度公司通过征服和结盟迅速成为印度东南部的统治者。这些事件很适合用"历史画"来纪念（当时在英国学术界颇受推崇的一种类型），而这里所言的"历史"是最近才出现的。托马斯·希基很清楚这个机会，他计划绘制一系列雄心勃勃的画作来纪念第三次迈索尔战争（the Third Mysore War），从"突袭塞林加帕坦的缺口"开始，到"将王公送上迈索尔宝座（Musnud）"为高潮。在1799年至1801年之间，希基用粉笔画出了主要参与者的初步画像，但这个系列从未实现——这肯定超出了他的能力。[83]

其他艺术家接受了挑战。1805年，托马斯·丹尼尔在皇家艺术研究院展出了一幅精心绘制的宫廷durbar（接见）场景，它是根据詹姆斯·威尔士的素描创作的。画中，浦那的英国特派代表正与马拉塔人（Marathas）的佩什瓦缔结条约。[84] 在1795年的皇

---

① 卡纳蒂克地区（Carnatic region）是印度东南科罗曼德尔海岸（Coromandel Coast）及其内陆地区的统称，也是欧洲人最早踏足的印度土地之一，正因为此，欧洲人在这里的竞争最为激烈。

② 纳瓦布，印度莫卧儿帝国时代的省级地方行政长官。

家艺术研究院展览上，本杰明·韦斯特曾展出过一幅画，这幅画肯定会引起钱纳利的注意，在画中，第一代克莱夫勋爵"接受迪瓦尼①的授予"——实际上，是从国王沙阿·阿拉姆（Shah Alam）那里挪用了孟加拉的财政收入。韦斯特描绘了一幅庄严而具有象征意义的场面，表明东西方统治者之间明显的和解，尽管一位评论家观察到这幅画背景中的穆斯林圆顶与圣保罗教堂的圆顶极为相似。[85]

钱纳利到达马德拉斯时，已经来不及见证第三次迈索尔战争激动人心的事件。在这场战争中，艺术家罗伯特·霍姆陪同了康沃利斯勋爵（Lord Cornwallis）的胜利之军。也许钱纳利的好战仅限于国内局势，因此并没有对错过这场战役感到非常失望。然而，在1805年2月，他确实有机会为著名的"durbar"画了一幅速写，题写在他画上（彩图16）的日期"2月18日"证实他是目击者。在这一天，新任总司令、将军约翰·克拉多克爵士（General Sir John Cradock）正式向纳瓦布阿齐姆-乌德-道拉（Azim-ud-Daula）递交了一封乔治三世写给纳瓦布的信，祝贺他登上 *Musnud*——象征主权的宝座。这封信由列队中的一头大象送到皇宫，路线由英国驻防部队的士兵护卫。当所有的当事人都集合在一起时，这封信在"例行的开炮仪式后宣读。仪式结束后，众人坐下来享用早餐……"[86] 作为一项外交活动，仪式有点虚假。由于东印度公司的军队控制了卡纳蒂克，阿齐姆-乌德-道拉只有在接受英国的条件后才被允许保住位置；他被免除了前任所欠下的债务，作为回报，他把卡纳蒂克五分之四的税收以及政府的一切权力交给了东印度公司。

不过，这一场合确实让几位著名人士偶然聚到了一起。和本杰明·韦斯特的绘画一样，纳瓦布本人坐在皇室接见大厅华盖下的长沙发上。向纳瓦布伸出双臂的人是阿瑟·韦尔斯利爵士，他在返回英国的路上经过马德拉斯，而之后在英国作为威灵顿公爵，他将发挥他的军事天才对抗法国。站在他身后的是马德拉斯总督威廉·卡文迪什·本廷克勋爵（Lord William Cavendish Bentinck），他后来是一位勇敢的改革者，也是第一位"印度总督"。坐在本廷克后面的是约翰·克拉多克爵士，他以一种预示般的沮丧之态坐在那里，韦洛尔的兵变很快就结束了他的总司令任期，这次兵变使他颜

① 迪瓦尼（diwani），征收土地收入的权利，即从皇帝沙阿·阿拉姆二世手中为东印度公司收取孟加拉税收和海关收入的权利。这证实了英国在该地区的军事优势，并给了该公司在印度的政治股份。

彩图16　阿齐姆–乌德–道拉的接见。钢笔、墨水和水彩，落款于1805年2月18日。私人收藏

面扫地地被遣送回国。两位站立着的人物中间坐的是戴着眼镜的海军上将彼得・雷尼尔（Peter Rainier），他即将卸任东印度驻地的总司令。作为多次战役的老手，雷尼尔从缴获的船只战利品中获得了巨大的财富；经过一番深思熟虑，他在遗嘱中将十分之一的财产留给了英国，以减轻国家债务。

钱纳利也许希望他可以把这一场景描绘成为宏大的场面，以便送回皇家艺术研究院，但这从未实现。

第五章　罗素的委托

　　1807年，钱纳利在印度获得了巨大的机遇。虽然他在马德拉斯很活跃，但并没有得到任何重要的委托，他也应该很清楚，英印社会的焦点已经从马德拉斯转移到了加尔各答。加尔各答是首都一级的大都市，而按照这个标准，其他所有印度城市都被视为省级城市。当钱纳利还在马德拉斯的时候，如有需求，他至多被视为几个仅有的艺术家之一。而甫一进入竞争环境激烈、注重时尚的加尔各答，他很快就被公认为印度杰出的艺术家。

　　1807年6月20日，钱纳利应"特殊召唤"的要求，乘坐"伦敦城号"（*City of London*）[1]，离开马德拉斯前往加尔各答，为刚刚被任命为孟加拉最高法院首席法官的亨利·罗素爵士画像。这幅画是应"殖民地几位重要原住民的要求……它可以在市政厅展出，市政厅在当时是一座富丽堂皇的建筑，相当前卫"[2]。选择钱纳利作为画家无疑是罗素的决定——可能是因为他继承了钱纳利为柯克帕特里克的孩子们画的肖像，这幅画在他们的父亲去世后才归他所有（见第63页）。无论如何，罗素把钱纳利作为他的私人客人，允许他使用两间宽敞的公寓，并成为其餐桌上的常客。由于钱纳利7月到达时，法庭正在休庭，他把这幅画搬到了审判室。在这里，罗素的代理人、日记作者威廉·希基经常陪伴他，他的回忆录对这次委托做了详细的描述："我通常每天花两三个小时观察他的进展。"[3]

　　这幅真人大小的正式肖像画（112×74英寸①）对钱纳利来说一定是个巨大的挑战，因为他更习惯于画2英寸高的画。正如威廉·希基所证实的那样，每一天从日出（工作）到日落，这项任务占据了钱纳利近三个月的时间。由于希基对这个项目非常感兴趣，艺术家也请他坐下来并为他画像，完成后交给了亨利·罗素爵士。遗憾的是，这幅希基的画像，最后被记载是挂在法院的亨利爵士的餐厅里，而现在已经找不到了。[4]

　　1807年11月5日，钱纳利在《加尔各答政府公报》（*Calcutta Government Gazette*）上刊登广告，提议出版一幅罗素肖像的版画。"加尔各答坦克广场的钱纳利先生家可以接受捐款，11月1日以后可以在那里看到这幅画；或者在印度斯坦银行。"[5]威廉·希基帮助筹集了雕版的捐款，每份捐款价值3莫赫（约合5英镑）。由于雕刻和印刷在印度不可行，钱纳利制作了一个较小的复制品，原本希基应将其带回伦敦雕刻。然而，第二幅画作未能如期完成——钱纳利的客户常常面对这种难题——因为艺术家饱受使视力衰弱的炎症的折磨，他将自己关在一个黑暗的房间里，"他的精神如此沮丧，他也不承认亨利·罗素爵士或任何朋友，无论是谁"，希基写道，"我离开他时，他处于一种抑郁的状态"。[6]

　　这幅肖像在法庭上向公众展示，大获成功。其中一位赞美它的人是波斯大使，按照礼仪规则，他必须对首席大法官进行正式访问。这一次，希基和钱纳利都陪着罗素。希基声称钱纳利是一位"波斯学者"，尽管他和有成就的语言学家罗素不是同一级别的人。"这幅画为钱纳利先生的艺术家声誉赢得了无限的赞美，只要画布上还有一丝痕迹，他就一定能证明自己的天才。"[7]正如希基在这些文字中暗示的那样，画的表面状况确实恶化了，而今天，这幅作品最终由塞缪尔·雷诺兹（Samuel Reynolds）在伦敦完成，并得以在雕刻版本（插图45）中得到最好的欣赏。[8]

　　在这幅画中，钱纳利模仿了佐法尼为孟加拉前首席大法官以利亚·英庇爵士（Sir Elijah Impey）所作的画像，而罗素（像英庇一样）配备着法官的盛装——长长的假发和袍子、法律书籍、权杖和宝剑。[9]但与佐法尼戏剧化的摇摆的形象不同的是，钱纳利塑造了罗素坐在他的司法宝座上，恰如其分地岿然不动。在他旁边是附

---

① 约合284×188厘米。

插图45 尊敬的大法官亨利·罗素爵士。由S.W.雷诺兹以钱纳利原作为基础雕刻。大英博物馆藏

在官方文书上的英国大御印。权杖上方是一组寓言人物，代表蒙着眼睛的正义保护着无辜——他们是两个赤裸的孩子。（托马斯·希基在他为迈索尔年轻的王公［Raja］的首席部长普尼亚［Purniya］绘制的肖像中加入了一个手持天平的代表正义的小塑像[10]；钱纳利随后在他的几幅正式肖像画中使用了这样有寓意的形象。）在它们下面，权力束棒（fasces）和市民花环交织在一起，象征着加尔各答人民对罗素的崇高敬意。

　　虽然这样的赞美似乎是谄媚的官员们的标准致敬方式，但在这种情况下，它代表了一种真正的尊重。与他的前任不同，罗素赢得了印度人和相当一部分英国人的尊敬。特别是在肖像画完成后不久发生的一个案件，被认为是为印度人和欧洲人建立了一个平等公正的新标准。约翰·格兰特（John Grant），一名年轻的东印度公司候补军官，被判犯有蓄意纵火焚烧当地人小屋罪。罗素判了他死刑，他认为"当地人有权保护他们的习俗、财产和生命；只要他们从我们这里享受到这样的特权，他们就会回报给我们他们的爱和忠诚"[11]。

　　希基对罗素的前任首席大法官约翰·安斯特拉瑟爵士（Sir John Anstruther）没有那么尊重，日记的作者认为安斯特拉瑟爵士"几乎总是受到一些利益相关或不光彩的动机的影响"。安斯特拉瑟在动身去英国之前，曾暗示他会喜欢有人为自己作画，但这一暗示并未得到回应。在几次尝试之后，他向大陪审团发表了一篇"有史以来最令人厌恶的演讲之一"。结果，大陪审团主席提议请安斯特拉瑟坐下来，并让人给他画像，但二十三名陪审员中只有六人同意签字。最终得到的画像，至少在希基看来，是完全合适的："霍姆先生绘制的一幅他穿着猩红色长袍的全身画像，五个星期后就挂在了法庭上。哦，几个月后，当钱纳利的亨利·罗素爵士的画像被放在它旁边时，（显得）它被涂抹得多么糟糕啊！"[12]

　　尽管威廉·希基比钱纳利大25岁，但两人在某种程度上志趣相投，都有自负和夸大其词的倾向，因而希基毫无疑问合乎情理地声称"钱纳利先生很高兴对我表现出一种非常奉承的偏爱"。他的回忆录对这位艺术家进行了富有启发性的评价，这清楚地表明，即使在30岁出头的时候，钱纳利也遭受着情绪波动和抑郁发作的折磨：

　　　　钱纳利先生，像许多其他有非凡才能的人一样，是极其古怪和异乎寻常的，以至于有时让我认为他精神错乱了。他的健康状况肯定不好，他有强烈的疑病症倾向，这常常使他变得荒唐可笑，然而，尽管他的精神和身体都有缺陷，个人的虚荣心却以各种方式表现出来。不受情绪低落影响时，他是一个开朗、愉快的伙伴，但如果疑病症发作，他就会极度忧郁和沮丧。[13]

然而，有可能希基的判断受到了他回到英国后听到的一个故事的影响，这个故事的效果是"我离开加尔各答后不久，钱纳利先生就被认定为精神错乱了，从那以后一直受到限制，现在被宣布为确诊的、无法治愈的疯子"[14]。现在看来，这不仅仅是一种夸张，而且是一种错误的认定。因为很明显，乔治·钱纳利离开马德拉斯后，他留下来的哥哥就严重丧失了行动能力。到1815年，约翰·钱纳利被关在马德拉斯的精神病院，几乎没有康复的希望。他的妻子玛丽代表她自己和四个年幼的孩子向公民基金（Civil Fund）申请救济。由于她的丈夫还活着，严格来说她是没有资格的，但公民基金的受托人同意支持玛丽和她的家庭，并建议这一原则应该"被整个服务机构采纳"。精神病医院的主治医生证实："钱纳利先生的左半身完全丧失活动能力，判断力和记忆力也严重受损，连自己的近亲都认不出来了——他处于最可悲的昏睡状态。"[15]

约翰·钱纳利又活了两年。与此同时，乔治·钱纳利在加尔各答和达卡继续他的职业生涯，取得了越来越多的成功。当他完成了将要雕刻的罗素画像的版本后，他把它连同希基委托的其他几幅画像一起寄给了人在英国的希基。这批货物所附的信件证实了这位艺术家的理智（虽然不是他的疑病症）是完好无损的。他试图确保这些绘画在航行中不会受到损害：

　　亲爱的先生，

　　　　我本来很乐意把你的画好好地卷好并包装妥当，然后寄给你的，但是这幅将要雕刻的小画［原文如此］真的占据了我的每分每秒。实际上上周我已经因为剧烈咳嗽和面部疼痛而感到严重不适，就好像健康女神对我有一些怨恨似的，通过拔牙，没多久我就摆脱了严重的牙痛，但我的右眼实际上是受到伤风感冒的影响，到了这样的程度，如果不是船只航行的前夕，我就会完全躺在床上。照目前的情况来看，我不确定我是否不得不这样做，这给我带来了极大的不便和损失。

　　　　你会发现保温的布料和马口铁罐是有效的安全措施。这些画被卷在一个中空的圆柱体上，在每幅画之间放一块绿色的丝绸，以防止它们相互粘在一起。当你把它们展开时，要小心地把它们放在火上加温。在卷画的过程中，它们每一个都经过一定程度的加热，以变得适度柔韧。当你存放时，最需要关注的是最后一卷的那张画，因为这张画的卷轴可能是最大的，当然也可以最大程度减少被摩擦或因其他方式损坏的概率。这一切花费不少。丝绸花了我38个半卢比，马口铁盒花了我16卢比，总共54个半卢比。

我亲爱的先生
您忠诚的仆人
乔治·钱纳利
1808年2月6日[16]

令希基极为恼怒的是，钱纳利煞费苦心的措施都白费了，因为当铁箱子到达英国时，海关官员把它砸开，从滚筒上撕下画布，并为进口"外国画"向他征收40英镑的关税——这是一笔重税，根据是一项旨在勉励英国艺术家的旧议会法案。

第六章　达卡和多伊利家族

1808年7月，钱纳利搬到了达卡（原文为Dacca，今天写作Dhaka，位于孟加拉国），距加尔各答180英里。这一行动很难从纯粹的经济角度来解释，因为加尔各答为他提供了更多的赞助机会，尤其是在罗素的委托获得成功之后。也许他是希望恢复健康，达卡的气候被认为是印度最温和的之一。但更强烈的动机可能是与查尔斯·多伊利合作的前景，后者在1808年2月被任命为该地的收税员。

查尔斯·多伊利比钱纳利小7岁，他是孟加拉最早的绘画艺术业余从业者。他出生在加尔各答，但在英国接受

插图46　第六代从男爵约翰·哈德利·多伊利爵士微型肖像。铅笔、水彩。私人收藏

教育，15岁时回到印度，供职于东印度公司。达到法定年龄后，他与表妹玛丽安·格里尔（Marian Greer）结婚。我们已经知道，在爱尔兰时，钱纳利可能认识他的父亲约翰·哈德利·多伊利爵士（插图46）；在来达卡之前，他确实画过查尔斯的表亲和妻姐夏洛特·科宁厄姆的肖像（见第37—38页和插图21）。钱纳利和查尔斯·多伊利的

关系一定是在加尔各答开始的，那是在1807年至1808年的冬天。

　　毫无疑问，多伊利向钱纳利提出了建议，正如他后来在自己的著作《达卡古代史》（*Antiquities of Dacca*）中提出的那样，"古代的达卡大都市，位于恒河之岸，（曾）是印度非常有吸引力的一部分，丹尼尔先生们（Messrs. DANIELL）却没有来访，据信，也没有任何欧洲的艺术家"[1]。这种说法并不完全准确，因为弗朗西斯科·雷纳尔迪（Francesco Renaldi）曾在1789年去过达卡，罗伯特·霍姆也曾在1799年夏天到访。[2] 但这两个人都没有试图描绘这个地方的建筑，而钱纳利显然对这件事很心动。

　　作为在英国"如画"运动（'Picturesque' movement）[①]鼎盛时期成长的艺术家（钱纳利和多伊利都是如此），达卡提供了丰富的建筑题材。许多最气势宏伟的建筑可以追溯到17世纪，当时这座被贾汉吉尔皇帝（Emperor Jahangir）指定为孟加拉首都的城市正处于最繁荣的时期。20世纪后期，达卡也成为英国棉纺贸易的中心。尽管在钱纳利时代，旧的英国工厂还存在，但那里已经没有生意可做了。棉布工业曾经是达卡经济的重要组成部分，但在19世纪早期，由于欧洲的竞争而几乎消失。为上一代商人建造的大量欧式房屋，租金很低——每月60到135卢比[3]——而前莫卧儿统治者的壮丽宫殿建筑却已成为古雅的废墟。1824年，主教雷金纳德·希伯（Reginald Heber）乘船来到这座城市，"废墟的庄严……大片黑暗的城堡和塔楼，现在长满了常春藤和桂树"。[4] 他生动地描述了这个城市：

> 达卡三分之二的大片地区都是废墟，有些相当荒凉，丛林遍布，另一些则被穆斯林酋长所占据……三十万居民如蝙蝠般栖息在这些老旧的建筑里，或在荒凉的花园中建起他们的小屋，他们中的四分之三仍是伊斯兰教徒，此外这儿还能发现少量的英国人、亚美尼亚人和希腊的基督徒，全部加起来不超过六十或八十人，他们更多是与当地人混居，与英属印度的大部分地区相比，不太倾向于形成排外的社群。[5]

　　达卡的欧洲人口确实很少。除了一个营的军队和少数的公司公务员，当钱纳利

---

① "如画"运动，源于18世纪英国的一种绘画的美学观念，进而演化为一种造园的方法。

到达时，这个城市只有十二个欧洲人被记录在案：五个商人（三个英国人，一个法国人，一个丹麦人），一个爱尔兰店主，一个汉诺威的钟表匠，一个达卡工厂的领航员，一个临时访客，两个雇员，还有一个从欧洲步兵团退伍后"失业"的人。[6]

钱纳利在1808年7月到达达卡[7]，住在查尔斯和玛丽安·多伊利的家里。多伊利家没有孩子，在给家族密友沃伦·黑斯廷斯的信中，查尔斯写到"我们再次承受了痛苦的损失"[8]，这可能是指一个婴儿的夭折。对多伊利家而言，那是悲惨的几年。1807年，与玛丽安的大姐哈丽特结婚的弗雷德里克·阿诺特（Frederick Arnott），鲁莽地推搡了一个靛蓝种植者，结果在继而发生的争斗中被打死了。[9]第二年9月，她的二姐夏洛特去世了；1809年2月，失去亲人的哈丽特在加尔各答返回英国的途中，船突然遇上了风暴，全员遇难。[10]多伊利在写给沃伦·黑斯廷斯的信中说，他投身于艺术"也许超出了业余爱好者应有的程度——但它却产生了良好的效果，让我从思绪和写出一连串忧郁的东西中解脱出来……"[11]钱纳利的陪伴和建议不仅分散了他的悲伤，还鼓励多伊利改进他早期的绘画作品，其中一些他已经寄回给英国的沃伦·黑斯廷斯，以求他指正：

> 我当时当然对它们（我的画）的完成感到满意，但由于最近从一位名叫钱纳利的才能出众的艺术家那里得到了一些有用的指导，我在更多的材料和艺术的一般原则方面取得了进步，我由此领会到，亮面与暗部和色彩一样，都有根本上的分层，我从前有多么喜欢它们，现在就有多么深陷其中——不过，你对这观点表示满意已经让我很满足了——将来某个时候，上帝保佑，让我能为你提供一册达卡的城市遗存（画作），我向你保证，它们的辉煌和优雅值得鉴赏——我想，它们对艺术家的吸引力，即使不比大多数英国遗迹更强烈，也不会亚于它们。几 91 个月前，钱纳利来达卡拜访我，并得以搜罗了50多处遗迹的景观——所有的图画都是如此美丽，以至于我不知道应该选择哪一张。
>
> 我画这些画意在将来为自己提供绘画的素材——我将请求他允许我挑选一套来为你完成——我提到这一点是因为他的意图——把这些画公之于世——如果他的经济条件允许的话，当然，任何对这些画的预期都可能不利于他的计划——不过，对我力所能及的小小恩惠，他欣然接受，而且非常感激，所以无论我提出什

么要求，他都会乐意答应。尤其是他知道这是给你的。他是乔舒亚爵士狂热的热爱者，从第一次进入艺术领域开始，他就以乔舒亚为榜样，并在很大程度上习得了他的风格——特别是在色彩的力量和对他所构思的肖像人物的细致关注方面，以及对于心灵的表达是引起观众注意的首要之处这一点上。[12]

　　多伊利提及的一些钱纳利的作品保存了下来：铅笔绘制的达卡清真寺和城门的详细地志画（插图47和48），路边或水边有一小群人。[13]指南针的方位是用铅笔在角落里画一个小圆圈或地球仪来表示的，这是他在马德拉斯开始使用的一种构图。浓密的蔓生植物悬在废弃的圆顶和尖塔上，树枝从破碎的砖石缝隙中伸出来：这构成了艺术家的特色——这是当时英国理论家非常欣赏的一种组合，他们所追求的是"大自然的妙笔神工对艺术式样的影响，是宏伟壮丽之事物所具有的一切高雅情趣都无法比拟的"。[14]

　　然而，钱纳利计划的出版并没有实现，在1814年至1827年间，当名为《达卡古

插图47　"通往小库特拉（small Cuttra）的南门，以及位于四方形建筑内部的清真寺，达卡，1808年10月26日。"铅笔。私人收藏

插图48　"布里甘加河（Buragunga）岸上的清真寺和库特拉，达卡，1808年10月31日。"
铅笔。私人收藏

迹》（ *Antiquities of Dacca* ）的四套丛书最终在英国出版时，所有的地志版画都是以查
尔斯·多伊利爵士的绘画为基础的。正如《募股章程》所承诺的，这些雕刻的图画和
历史文本，附有自钱纳利绘画选取的小插图，但只有三幅。第一幅是《达卡的一座
古代清真寺和现代居所》，旨在对比"用伊斯兰的重要表现贫穷，以建筑的优雅呈现
质朴"。第二幅是对达卡的衰落更直截了当的评论，表现了（根据多伊利文本）一座
现代村舍，属于"一个贫穷的穆斯林织工，用竹子、泥浆和席子构成，屋顶覆盖着茅
草：他的雨伞和一些家用烹饪器具放在地上，右边的角落有架只剩部分的老旧织布
机"。第三幅画是《通往汤吉（Tungy）》，画中有一头背上挂着死老虎的大象。[15]

　　虽然这些小插图是为一个特定的出版物而创作的，但它们为钱纳利在孟加拉所作
的大部分的风景画和其他绘画定下了基调。在早期的达卡绘图之后，他尝试少量模仿
托马斯和威廉·丹尼尔精确的地形绘图技巧；就像除了钱纳利以外的艺术家们描绘加
尔各答庄严的建筑那样，多伊利负责对达卡的莫卧儿王朝建筑进行或多或少的有条理

93

插图49　年轻的查尔斯·多伊利爵士。
铅笔、水彩。私人收藏

插图50　查尔斯·多伊利爵士的第一任妻子玛丽安·
多伊利（原姓格里尔）。铅笔、水彩。私人收藏

的记录。似乎在达卡，钱纳利决定集中精力在他的"已完成的"作品上，在怡人的孟加拉农村的乡村生活场景中（见第九章），以有限的表现元素——茅草覆盖的房屋、破败不堪的穹顶和尖塔、家牛和山羊，以及某些特定的人物，以各种图案和组合的形式展开以达到绘画的效果。

正如多伊利在信中所暗示的那样，尽管这里的欧洲人口不多，但达卡也有绘制肖像的机会。钱纳利为年轻的查尔斯·多伊利（插图49）和他的第一任妻子玛丽安（插图50）所画的肖像可能就是在这一时期创作的。[16] 玛丽安死于1814年。他还描绘了乔治·克里滕登（George Cruttenden），在1809年8月5日辞职以投身商业之前，克里滕登是达卡临时营的指挥官。[17] 其他在达卡无论是这时还是之后，由钱纳利为他们画过肖像的人，有达卡市级法院的法官希尔曼·伯德（Shearman Bird）（插图51）[18]；1809年担任达卡省级上诉法院第三任法官（见第105页）的詹姆斯·鲁斯文·埃尔芬斯通（James Ruthven Elphinstone）；查尔斯·罗伯特·林赛（Charles Robert

Lindsay），他在1810年至1811年担任达卡商业特派代表助理，之后成为二十四帕尔加纳区（24 Parganas）[①]食盐代理的助理——代理本人就是查尔斯的父亲约翰·哈德利·多伊利爵士。

埃尔芬斯通和林赛都是贵族的小儿子，也是东印度公司董事的侄子。他们的影响力或许与钱纳利后来接到埃尔芬斯通的姐夫约翰·亚当爵士（Sir John Adam）的肖像画委托不无关系。当钱纳利的女儿玛蒂尔达申请去印度与父亲团聚时，林赛的叔叔休（Hugh）是批准她申请的委员会成员。[19] 在英属印度，人际关系和人脉在职位任命与晋升

插图51　法官希尔曼·伯德。
铅笔、水彩，签名并落款于1817年。斯宾克拍卖行藏

中仍然具有压倒一切的重要性。查尔斯·多伊利曾向沃伦·黑斯廷斯抱怨说："利害关系比什么都重要，什么好职业都由LM（指明托勋爵）的朋友挑。"[20] 多伊利立刻承认，他自己也从这套庇护系统中获益，但他的评论也不失公正，并可能已把它扩展到肖像画领域。在这里，委托在很大程度上也取决于关系和个人推荐。不过，从这个时候起，这套制度开始对钱纳利有利。

钱纳利似乎也受到了印度地方统治者的委托，因为当希伯主教访问达卡的纳瓦布沙姆斯-乌德-道拉（Shams-ud-Daulah）时，他注意到（在韦尔斯利、惠灵顿和黑斯廷斯勋爵的版画中），"钱纳利为纳瓦布本人和已故的纳瓦布（现任纳瓦布的兄弟）画了两幅非常好的肖像"[21]。钱纳利精心绘制了一个身份不明的印度人的头像（插

94

_____

① 二十四帕尔加纳区，印度西孟加拉邦以前的一个区域。这个名字来源于1757年由米尔·贾法割让给东印度公司的加尔各答地主领地所包含的县或区的数量。

插图52　一位印度人的肖像。
铅笔、水彩。私人收藏

插图53　一位络腮胡印度人的肖像。
铅笔、水彩。私人收藏

图52），精致的头巾表明他是一个有地位的人，这幅画源自多伊利的收藏，可能就是他在达卡时收藏的。这幅画，还有他画的一位蓄着大胡子的穆斯林画像（插图53），可信的钱纳利的印度人肖像是如此之少，令人遗憾。

　　钱纳利在达卡居住了大约三年，经常去附近的村庄和城镇短途旅行。这个时期他的一幅微型画题写到"库米拉——蒂普拉/孟加拉/1809年11月"[22]（库米拉镇位于达卡以南50英里处）。另一幅微型画，落款为1811年5月，画的是托马斯·科尔克拉夫·沃森（Thomas Colclough Watson）（彩图17），他当时在迪纳普尔（Dinapore，巴特那［Patna］[①]附近）担任他叔叔塞缪尔·沃森（Samuel Watson）少将的副官。后来，他作为托马斯·斯坦福德·拉弗尔斯（Thomas Stamford Raffles）的临时副官去了爪哇，可能也是通过家族关系——他是拉弗尔斯妻子的表亲。1834年，沃森以陆军中校的身份去世。这幅画和钱纳利的任何一幅微型画一样，完成度非常高，没有显示出任何视力衰退的迹象，据说正是视力衰退迫使钱纳利放弃了这种尺寸的绘画。[23]

　　1812年5月1日，多伊利出任加尔各答政府海关和市镇税副收税员。此时，钱纳利

---

① 巴特那，印度东北部城市。

也回到了加尔各答。1817年，在第一任妻子玛丽安去世三年后，多伊利与伊丽莎白·简·罗斯（Elizabeth Jane Ross）（插图54）结婚，她与他有着共同的艺术爱好。钱纳利至少为多伊利和他的第二任妻子画了两幅肖像：一幅画是这对夫妇做范戴克装束的油画（插图55），绘于1819年（根据画作背面的题词）；另一幅是希尔曼·伯德家族传承下来的微型画（彩图18）。

　　1818年，多伊利成为收税员，父亲去世后，他继承了男爵爵位。多伊利家在加尔各答的宅子成了英国社会许多业余艺术家的聚会场所。其中一位是威廉·普林塞普（William Prinsep），他后来回忆道："所有爱好画笔的人都在查尔斯·多伊利爵士那热情友好的家中度过了许多快乐的时

彩图17　托马斯·科尔克拉夫·沃森中尉的微型肖像。象牙上水彩和不透明（水粉画）颜料，签名并落款于1811年5月。马丁·格雷戈里画廊藏

光。多伊利爵士是一位杰出的艺术家，钱纳利是他备受欢迎的常客。"[24]

　　在钱纳利写给玛丽亚·布朗的信中，有迹象表明他仍然把多伊利视为最亲密的朋友。1814年8月，他在给她的信中写道："整个星期我都病得很重。""周五我以为我要死了，周日我给多伊利提示，要小心找回我的草图！！！"1817年11月，他借口工作太忙，不愿去看望她："我没有时间了，甚至连去看一看并和多伊利共进早餐的时间都没有，他是这个世界上我最不愿意忽视的人……"[25]

　　钱纳利和多伊利在1821年分道扬镳，钱纳利去了塞兰坡（Serampore）①（见第157页），而多伊利搬到了巴特那。到了1826年，多伊利在巴特那郊区班基普尔

---

① 塞兰坡，印度西孟加拉邦的一座城市。

插图54　查尔斯·多伊利爵士的第二任妻子伊丽
莎白·简·多伊利（原姓罗斯）。铅笔、水彩。
私人收藏

插图55　做范戴克装束的查尔斯·多伊利爵士
和夫人。油画。私人收藏①

（Bankipur）建了一个平版印刷厂，他和家人就住在这个地方。这个"比哈尔业余平
版印刷厂"（'Behar Amateur Lithographic Press'）制作了几个系列的石印风景画和肖像
作品，这些作品都是根据钱纳利、查尔斯和伊丽莎白·多伊利以及巴特那艺术家杰拉
姆·达斯（Jairam Das）的绘画创作的。杰拉姆协助多伊利经营印刷厂，多伊利鼓励
杰拉姆·达斯绘制西方风格的作品。一些石版画是钱纳利作品的直接版本，而其他的
有所改编（"源自钱纳利的创作"），还有一些题为"草图由钱纳利绘制"，意味着一
位业余艺术家补充了色调。26

　　多伊利绘制的冬夏两季班基普尔客厅的水彩画，清晰地再现了他们的艺术之家
（插图56和57）。在每幅画中（落款为1824年），查尔斯爵士都忙于他的绘图本和水
烟，而他的妻子伊丽莎白则坐在竖琴前。（正如威廉·普林塞普对多伊利的评价："他

96

---

① 18世纪中期见证了所谓的"范戴克"（Vandyke）装束的流行：女性在衬衫外面穿宽松的连衣裙，上面系
　着丝带和玫瑰花结；男士着素色缎面套装，有蕾丝领子和袖口。

的画室一直是个吸引人的地方，他的
铅笔就像他的蛇形水烟一样，总是握
在手里。"²⁷）其他家庭成员包括查尔
斯的弟弟约翰·哈德利·多伊利（John
Hadley D'Oyly），照片中他站在最右边
的台球桌旁（插图56）。

据他们的妹妹斯诺夫人（Mrs. Snow）
的一个后裔说，这些挂在墙上的画
在1907年还可以辨认出是属于多伊利家
族的藏品。²⁸ 其中一些毫无疑问是钱纳
利画的，也许有人还能认出他画的黑
斯廷斯勋爵的画像，这幅画倾斜悬挂
着，从插图56中壁炉左边的门道内可以
看到。

彩图18　查尔斯·多伊利爵士和夫人微型肖像。
象牙上水彩和不透明（水粉画）颜料。汇丰银行藏

多伊利的两幅室内场景代表了他理想中的有教养的家庭生活，他和妻子被绘画、
音乐、家人、朋友和狗狗们环绕着。然而，钱纳利不太可能是众多乘船沿着恒河前往
班基普尔拜访多伊利夫妇的访客之一；此时，这位艺术家远在350英里之外的加尔各
答，为偿还债务而苦苦挣扎着。

在多伊利参与的众多出版物中，最令人难忘的是一首传奇或流浪冒险的长诗《狮
鹫汤姆·劳》（*Tom Raw, the Griffin*，1828年），这首诗温和而有力地讽刺了印度英侨的
生活方式。书中的主人公是一个年轻的"狮鹫"，也就是初到印度的人，他被介绍到
加尔各答的各种英国机构。书中的一个主要情节是汤姆对钱纳利工作室的访问。多伊
利绘制的这一事件的插图现存两个版本：一幅是水彩画（彩图19），出版物中并未使
用；另一幅是已出版的飞尘蚀刻版画《汤姆·劳坐着让人画像》（插图58）。那幅水彩
画表现了诗歌中第八节的一个场景（见附录三），画面中，汤姆的朋友兰迪第一次把
他介绍给"这片土地上最富才能的画家，/那温暖而柔和的眼神让人亲近，/大拇指
握着调色盘，手中挥舞着画笔，/说道：先生们——悉听尊便?"汤姆第一次画像的日
期已经确定，在印刷的版本中，他正是在约定的那一天出现（诗歌第二十二节），佩

98

插图56　查尔斯·多伊利爵士，多伊利家在巴特那宅邸的冬季房间。钢笔、墨水、水彩和不透明
（水粉画）颜料，签名并落款于1824年9月11日。耶鲁大学英国艺术中心，保罗·梅隆藏品

插图57　查尔斯·多伊利爵士，多伊利家在巴特那宅邸的夏季房间。
水彩，签名并落款于1824年9月11日。耶鲁大学英国艺术中心，保罗·梅隆藏品

彩图19　查尔斯·多伊利爵士,《汤姆·劳被介绍给钱纳利》。
水彩。汇丰银行藏

插图58　《汤姆·劳坐着让人画像》。基于查尔斯·多伊利爵士原作的蚀刻和飞尘蚀刻版画。
大英图书馆藏

戴着"刚刚擦洗抛光过的银质肩章"，他被安顿在（诗歌第二十二节）"架高的台子上……，/被唤起兴致勃勃的表情和微笑"，与此同时，画家"挥毫着他的炭笔尖"。

在版画版本中，这位艺术家的穿着也更加正式，戴着帽子，穿着外套，但没有别着水彩画中的梳子（出现在至少两幅钱纳利的自画像中）；"半圆形的玳瑁/像戴安娜的新月一样，别在他的头发上/与之相反的是……"（诗歌第十六节）版画中还包含了工作室墙上可供挑选的绘画。水彩画中又出现了黑斯廷斯勋爵的肖像（左上方，明显有着又浓又黑的眉毛），但在版画中被省略了，也许是因为（出现）在一位公务员的版画作品中不够庄重；在一封写给同名总督沃伦·黑斯廷斯的私人信件中，多伊利抱怨黑斯廷斯勋爵夫妇"过于拘礼和庄严，因为没有任何方式可以达到亲密的关系"[29]。版画作品的右侧巧妙地增加了一幅法官的全身肖像，他抬着眉毛俯视着现场，似乎不赞同画家的演技和画中人的虚荣心。

第三部分 —— 加尔各答

第七章　加尔各答的肖像画

从经济角度来看，钱纳利在加尔各答所画的肖像画代表了他一生作品的顶峰。而从艺术角度，他们没有把他列为欧洲一流的肖像艺术家；无论是钱纳利还是他在英国的同时代的人，都不能被认为是雷诺兹、庚斯博罗（Gainsborough）和劳伦斯的合格接班人。但钱纳利的加尔各答肖像画有着特殊的吸引力，这是因为它们的创作地点和环境——这里是英国新统一的"印度帝国"的首都，这里充满了勇于冒险、贪得无厌、偶尔乐善好施的人，他们选择加入印度外来统治者的狭小社会群体。

在18世纪的大部分时间里，肖像画在印度都为豪富之人（无论是印度人还是英国人）所专属。1795年，罗伯特·霍姆在加尔各答定居下来，他在那里忙着为韦尔斯利夫妇和明托勋爵画正式肖像，也忙着为东印度公司的军官画半身像。总的来说，霍姆的作品是有能力的，但算不上卓越，但他稳定的生产力和合适的价格使肖像画比以前更广泛地进入特权阶层。在加尔各答工作了十年之后，他的委托来得更慢了，也许是因为钱纳利和托马斯·希基带来的竞争。1814年，62岁的时候，霍姆离开加尔各答，接受了一份稳定的工作——为奥德（Oudh）①的纳瓦布担任宫廷画家。此时，钱纳利已经取代霍姆成为加尔各答有钱人最爱光顾的肖像画家，但霍姆的离去巩固了这位年轻画家的地位。

钱纳利在1812年至1825年间的肖像画不仅描绘了当时的杰出人物，还描绘了各种

---

① 奥德，印度北部一地区。

各样的中层公务员和职业人士及其妻子与家人。认为钱纳利的肖像作为一个整体，代表了加尔各答社会的典型是荒谬的；在任何一个社会中，都很少有艺术家能做到这一点。但总的来说，这些肖像画确实展现了一些英属印度首都普遍存在的特殊状况和做派。

首先，显而易见的是，钱纳利画中的大多数人都是欧洲人，实际上也就是英国人。部分原因可能是他画的当地印度人肖像都留在了印度[1]，并且它们没有通过西方的拍卖、画廊和展览关系网进行宣传；而且因为钱纳利没能（或不愿意）像他的几位前人那样，获得印度王公的宫廷画家职位。然而，这也是一个时代的标志，钱纳利画的主要是英国人，而且他们在每一个细节上都做英国人的打扮——不像他们在东方的父辈和祖辈，他们有时会让自己或家人穿着东方服装被绘制肖像，以纪念他们的开拓事业，并且，这也可能是对他们所移居的文化的一种亲近之感。

詹姆斯·阿喀琉斯·柯克帕特里克上校是最后一个这样做的人。1805年，他委托钱纳利为他的两个欧亚混血的孩子绘制了一幅引人注目的印度服装肖像（彩图12）。在那个时候，仍然可以这样说，柯克帕特里克少校"举止像个本地人，非常得体"（见第62页），但对于大多数与钱纳利同时代的加尔各答英国人来说，他们中的一个人表现得像本地人——或者用更常用的表达方式，已然"入乡随俗"——简而言之就是种侮辱。钱纳利这代人越来越关注消除任何在服饰、礼仪或文化追寻上"本土化"的迹象。如果他们选择穿着正式的欧洲服装以外的服装被绘制肖像，也只不过是用来代替同样属于欧洲特色的化装舞会服装（彩图55）。在某些情况下，钱纳利所绘肖像的外景是由远处的两棵棕榈树确定的，或者（在他的肖像画中）是由挂在墙上的一幅裱框了的描绘被画像者在加尔各答的欧式豪宅的绘画来确定；然而，在大多数情况下，这些被画像的人被呈现时，都被传统的乔治王朝肖像风格的道具所环绕着——鼓胀飘动的窗帘和古典样式的栏杆，背景是浪漫地打着旋的云朵，以及树木繁茂的景观，既可以代表伯克郡，也可以象征孟加拉。

基于同样的原则，在钱纳利的全部作品（oeuvre）中，没有一幅画描绘一个欧洲人与他的印度妻子或情人在一起。这表明了一种态度的改变，而不是社会实践的根本改变；在钱纳利时代，许多杰出的男人都有一个印度妻子，或者（更常见的）一个印度情妇，但是这样的安排现在引起了足够多的反对，以至于不能在肖像上公开承认——著名的例子正如弗朗西斯科·雷纳尔迪在1786年描绘少校（后来的将军）威廉·帕尔默（William Palmer）和他的*bibi*、他们的孩子以及孩子的奶妈（*ayahs*）的肖像画所做的那样。[2] 钱纳利确实用铅笔画了詹姆斯·鲁斯文·埃尔芬斯通的私生女儿们，她们是由"泽布尼莎（Zebunissa）所生，或者更常被称为印度比比（Bunnoo Beebee）"，但他还单独绘制了埃尔芬斯通本人的肖像。[3] 毫无疑问，钱纳利还为印度情人们和她们的欧亚混血子女画过类似的肖像，但后来这些肖像被心怀不满的孙辈们丢弃了。

在钱纳利的前一代，印度人与欧洲人一起被描绘在群像中是常见的做法。印度人几乎总是处于从属地位，以*bibis*，*munshis*或*syces*，乐师或舞者，印度兵、人质或被征服的敌人的形象出现。在某些场景中，欧洲人被描绘为身处纳瓦布的宫廷中，角色在某种程度上是颠倒的；也许只有在《莫当特上校的公鸡比赛》（'Colonel Mordaunt's Cock Match'）中，印度人和欧洲人才能平等地出现。[4] 但在钱纳利的大多数肖像画中，并没有那种将画中欧洲人与印度环境，或与他们密切相关的印度人联系起来的想法。偶尔，一位印度（或中国）的女仆会出现在钱纳利描绘的家庭成员肖像中（彩图93、94），但除了与众不同的画风，这位艺术家在加尔各答的大多数肖像画都没有显示出它们其实来自印度的痕迹。

钱纳利于1812年初从达卡回到了加尔各答。城市档案中欧洲居民的手抄名单记载，1812年，他住在"费尔利·弗格森（Fairlie Fergusson）先生公司的东头"，这是旧议会大厦街的一处代理行。[5] 显然，在达卡期间，他的声誉并没有受到损害，因为他很快就接到两个颇有威望的肖像委托，一个是英国驻印度军队总司令乔治·纽金特爵士（Sir George Nugent），另一个是总督明托勋爵。钱纳利可能是在爱尔兰遇到的纽金特，后者1798年至1801年在那里担任副官长。但在印度，这一提议是由纽金特夫人发起的。"[我]看到了钱纳利的画，"她在日记中写道，"画像极为出色——说服了乔治爵士答应为我而画像。"如她所写，绘制画像是从1812年6月1日早上7点开始的。[6]

次年，纽金特被摄政王（Prince Regent）的朋友莫伊拉勋爵（Lord Moira）取代，他认为这不公平。莫伊拉勋爵后来成为黑斯廷斯侯爵（Marquess of Hastings）。黑斯廷斯勋爵被同时任命为总司令和总督，钱纳利不出所料地为他绘制了肖像；但艺术家还是与其第二要职的前任明托勋爵建立了更密切、更富有成果的关系。

第一代明托伯爵吉尔伯特·埃利奥特（Gilbert Elliot），是一位富有教养且多才多艺的人。在枫丹白露上学时，年轻的米拉博（Mirabeau）①是他的朋友，哲学家大卫·休谟（David Hume）是他的监护人。作为一名辩护律师，他与埃德蒙·伯克（Edmund Burke）一起准备了针对沃伦·黑斯廷斯和以利亚·英庇爵士的案件。作为一名外交官，他积极参与反法战争，并在科西嘉岛（Corsica）②作为盎格鲁–科西嘉王国（Anglo-Corsican Kingdom）短暂存在时管理科西嘉。在被任命到印度之前，他是一位受人尊敬的资产管理人，也是伦敦和爱丁堡皇家学会的成员。在印度，他为改善东印度公司的财务状况做了很多工作；在他任期内进行的军事行动并不都是成功的，但他因征服了爪哇岛（以前是荷兰的殖民地）而赢得了特别的荣誉，并亲随远征队出征。这一成就在钱纳利的几幅明托肖像画中被加以颂扬。

从钱纳利写给明托勋爵的信中——虽然需要将这位艺术家谄媚的华丽辞令纳入考虑——我们可以看出，钱纳利与明托以及埃利奥特家族的其他成员关系良好，他向他们致以"最尊敬和最深情的问候"，同时也向明托转达了他的朋友查尔斯·多伊利和詹姆斯·阿特金森（James Atkinson）的问候。7另一位同时代的人这样描述明托："无论何时何地，只要有需要，就会有很多坚定的友谊"，"妙语连珠，让在一起的每个人相当愉悦"。8可以想象，他发现钱纳利是一个有趣的伙伴。

在职业层面上，明托的赞助为钱纳利带来了收入和声誉，正如他在信中详细致谢的那样。此外，明托还为钱纳利的未来提供了前景。1814年2月21日，明托从开普敦写信给钱纳利，表示想与钱纳利在英国相见，这使钱纳利得到暗示——明托可能会帮助他回到那里：

> 如果我有足够的资金（我只有6000镑出头，足以让我在英国定居和支付旅费。可能会增加1500或2000英镑），我应该毫不犹豫地和我的同胞们进入名单，和我那些意料之中变老了的昔日助手一起画画，我很高兴地提到从前的时代，那时他们的期望还在萌芽之中，而我自己的荣誉也尚未确定。9

---

① 米拉博（1749—1791），法国政治家，曾任法国国民议会议长。
② 科西嘉岛，位于地中海，是法国26个大区之一。

　　明托勋爵从未收到过这封信，他在登陆英国一个月后就去世了。不过，他可能已经收到了玛丽安娜·钱纳利的一封信，表达了"我最衷心的感激之情"，因为她从她的丈夫那里听到了明托和其家人对他的慷慨。[10]

　　钱纳利至少为总督画了四幅肖像。他为明托勋爵本人画了一幅站立的全身肖像，穿着贵族礼服和及膝短裤，身后是伯爵的冠冕（插图59）。他的左手放在爪哇岛的地图上，上方的寓言人物（雕塑）代表着他在军事和文化方面的成就；地上还摆放着题有"波旁"（'Bourbon'）和"毛里求斯"（'Mauritius'）字样的地图。这幅肖像画传给了第四代伯爵，他在他的曾祖父之后一个世纪成为印度总督；但第四代伯爵误以为这幅画不

插图59　第一代明托伯爵吉尔伯特·埃利奥特。油画。苏格兰国家美术馆藏

是钱纳利的真迹，而是复制品，将其赠予了明托宅邸附近的霍伊克（Hawick）市政厅。[11] 1815年，查尔斯·特纳（Charles Turner）用网线铜板雕刻法雕刻了这幅肖像，据说他"极大地改进了人物形象"[12]。

　　另一幅肖像画从加尔各答寄到巴达维亚，于1813年7月18日到达。这幅肖像后来被赠给了拉弗尔斯，他曾受到明托的赏识和提拔，此画现在仍为他的后代所拥有。[13] 拉弗尔斯还曾和明托一起在马六甲（Malacca），明托在1811年前往爪哇岛的途中访问了马六甲。1814年，第三幅肖像被送到马六甲，以人道主义的名义纪念明托。马六甲海滨出现在伯爵站立的形象后面，而基座上的浮雕代表着在马六甲监狱中发现的各种刑具被公开焚烧。[14]

　　第四幅画像是由巴达维亚的荷兰居民委托制作的，现收藏于阿姆斯特丹的荷兰国家艺术博物馆（Rijksmuseum in Amsterdam）。钱纳利嘱托著名的荷兰行政官雅各

布·安德里斯·范布拉姆（Jacob Andries van Braam）照应这幅画并转交至巴达维亚，但是，正如钱纳利的委托中经常出现的情况那样——完成时间拖延了：

> 如您所知，我的生意颇为兴旺，最近我承受的压力又很大，因此，对这项工作最后的处理是有心无力——
>
> 我的计划是在您走之前做这件事，但在包装之前，必须给这幅画一定的时间让它干燥，因为在它干燥之前，如果任何灰尘或污垢沾到这幅画上，都将对它造成严重的损害，而且如果作品发生任何意外，都会令我极为烦恼，因为我的作品在我的职业生涯中赢得了如此多的声誉，并受到了如此多的赞扬。[15]

109　　或许可以预见的是，这幅画错失了良机。范布拉姆去往巴达维亚时没能带着画像，还被迫推迟了他为画像揭幕准备的演讲。钱纳利不得不以更低声下气的语气写信给范布拉姆，提议在一艘"亚历山大先生的船"下一趟航行时将这幅画运走，并请求范布拉姆向"委托人和拉弗尔斯先生"说明情况……"它将被精心包装，不会沾上湿气。即使不能放进货舱，而是放在甲板上，也不用担心。但如果能放进货舱，那就更好了。"[16]

　　终于，在罗伯逊医生（Dr. Robertson）的保管下，这幅肖像画于1814年4月送到了。范布拉姆也得以发表他的演讲，至于那幅肖像画——（描绘了）伯爵身着长袍坐在那里，旁边是来自巴达维亚的荷兰人在发表忠诚的演说——受到了热烈的称赞。[17]

　　在描绘了首席大法官、总司令和总督之后，钱纳利现在能够承接来自各行各业有社会抱负的人的委托。在这一时期，他的一些最成功的肖像描绘了处于事业开端的年轻人，正如钱纳利所描绘的那样，他们表现出一种近乎傲慢的自信。插图60、61和彩图20、21的四名年轻男子站着时臀部轻摆，重心更多地放在右腿上。他们的手臂漫不经心地展开，下巴抬起，或者至少被紧实的衣领和领巾支撑着。没有迹象表明钱纳利的家庭和夫妇绘画中出现过家具，但是，从人物的个人配饰——礼帽、手套、腰上的印章，以及他们的姿势，可以看出他们是有地位、有声望的绅士。正如钱纳利对他的学生布朗夫人所说的那样，肖像中的"表情"更多地体现在"肩膀和手上，而不是脸上"。[18]

插图60　威廉·朗博尔德爵士。
油画。私人收藏，借展于剑桥菲兹威廉博物馆
（Fitzwilliam Museum, Cambridge）

插图61　托马斯·胡克·皮尔森。
油画。私人收藏

彩图20　穿毛边披风的绅士。油画。私人收藏

彩图21　佩里家族的一员。油画。私人收藏

110　　　　其中两位年轻人（插图61和彩图21）都一脸稚气，他们让人想起了罗伯特·"公牛"·史密斯（Robert 'Bobus' Smith）给明托勋爵的忠告："你应该总是设法让一些刚从英国来的年轻气盛的人坐在你旁边，蚊子肯定会去找他的。"[19]托马斯·胡克·皮尔森（Thomas Hooke Pearson）的举止似乎预示着他将以鲁莽冒险的行为著称（插图61）。当钱纳利绘制他的肖像时，他还不到18岁，刚从伊顿公学回到出生地加尔各答，他的父亲曾是东印度公司的法律顾问。1825年3月，在钱纳利离开印度的四个月前，托马斯·皮尔森参加了骑兵队，并以他的勇气和骑术而闻名。他骑着他的纯种马，牙咬利剑，在马哈拉吉浦尔战役（the battle of Maharajpore）中冲向锡克教军队。他曾在阿美士德勋爵（Lord Amherst）出使旁遮普的统治者兰吉特·辛格（Ranjeet Singh）的任务中担任副官，皮尔森"骑上并控制了一匹几乎是野马的马，这匹马以前从未让骑手停留在它的背上，这让锡克教徒们既惊讶又高兴"[20]。之后，辛格赠他一把镶金的剑。出人意料的是，托马斯·皮尔森活到了暮年，他以将军军衔退休，开始饲养赛马。

111　　　　尽管是在不同的领域，更引人注目的是威廉·朗博尔德爵士（Sir William Rumbold）的职业生涯，钱纳利为他所作的肖像，是艺术家描绘过的最优雅的小型全身像之一（插图60）。朗博尔德因与查尔斯·梅特卡夫爵士（后来的男爵）长期不和而被人牢记，梅特卡夫当时是海得拉巴的特派代表。争议的起因是海得拉巴的尼扎姆欠了威廉·帕尔默（William Palmer）的银行大量债务，而朗博尔德是帕尔默银行的合伙人；随着尼扎姆继续以高利率借贷，银行家对尼扎姆的影响力也在增强，变得比英国政府更为重要（在梅特卡夫看来）。

　　　　这场争议的背后是个性的差异。梅特卡夫是一位勤勤恳恳的公务员，不太喜欢印度英侨的社交生活；当他在1820年成为海得拉巴的特派代表时，曾表达过希望白蚁毁掉台球桌，因为他觉得台球桌已经把官邸变成了酒馆。相比之下，威廉·朗博尔德爵士的宅邸则是上流社会的中心，以其奢侈的款待、优美的音乐和漂亮的女人而闻名。此外，朗博尔德的社会关系也相当优越，他是马德拉斯前总督的孙子，也是明托勋爵的继任者，总督黑斯廷斯勋爵的被监护人的丈夫。让梅特卡夫大为不满的，是当朗博尔德和帕尔默乘坐轿子出行时，收到的致敬比他这个特派代表本人还要多。

插图62　查尔斯·梅特卡夫爵士。
油画。伦敦国家肖像美术馆藏

插图63　乔治·西登斯。
油画。私人收藏

钱纳利所绘的朗博尔德和梅特卡夫的画像在某种程度上反映了他们不同的性情。梅特卡夫的肖像[21] 是对一位冷静、得体、微胖的男子的合格而老套的头肩习作（插图62），而朗博尔德的肖像上则切换为一个派头十足、几乎趾高气扬的人物，他高高地站在一个俯瞰着政府大楼和东南大门的装饰性的阳台上。作为印度著名的肖像画家，钱纳利没有与哪个特定的派系有联系，他为争议（这场争议在印度和英国激起盛怒，最终通过折中的办法解决）双方的人物都画了肖像。其中包括黑斯廷斯勋爵，他在很大程度上支持朗博尔德；另一方是孟加拉公务员威廉·特兰特（William Trant）的妻子和女儿。[22] 特兰特接替里士满·萨克雷成为二十四帕尔加纳区的收税员，他善辩地为他的老朋友查尔斯·梅特卡夫的清廉品格作证，他们从小就因在伊顿公学同舍而相识。[23]

众所周知，人们很容易根据已知或相信的被画像的人物性格来判断一幅肖像。因此，乔治·西登斯（George Siddons）的神情（插图63），本来可以被看作一种友好的

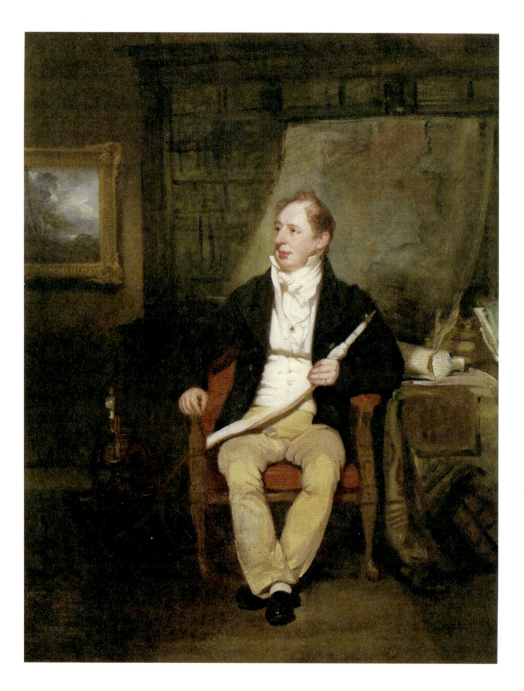

彩图22　乔治·西登斯拿着水烟的肖像。油画。汇丰银行藏

坦率，但鉴于在当时对这个人的描述是"一个
空洞的花花公子和十足的傲慢小子"[24]，（那神
情）似乎就成了目空一切的。这位被画像的人
是女演员莎拉·西登斯（Sarah Siddons）的儿
子，也是约翰·菲利普·肯布尔（John Philip
Kemble）的侄子，而钱纳利在伦敦为后者画过
肖像。1818年，他被派往加尔各答，担任政府
海关和城镇税收税员的第一副手。当时的收税
员是查尔斯·多伊利爵士，他一定很重视西登
斯与艺术有关的联系。除了这幅画像，钱纳利
还画了一幅西登斯和他的妻子及两个女儿的画
像[25]，以及一幅未完成的西登斯在他的书房里
手握蛇形水烟的画像（彩图22及细节）。

彩图22的细节

司法肖像

尽管钱纳利在加尔各答的顾客代表了各行各业，但法官和辩护律师可能是最
大的职业群体。其中最著名的有接替亨利·罗素爵士担任孟加拉首席大法官的爱德
华·海德·伊斯特爵士（Sir Edward Hyde East），钱纳利绘制了他穿着法官长袍的肖
像[26]，还有1816年至1818年担任法律顾问的罗伯特·卡特拉尔·弗格森（Robert Cutlar
Fergusson）[27]，以及1824年成为法律顾问的约翰·皮尔森（John Pearson）。皮尔森被
一位来访的法国人描述为"充满活力，快乐，像我们一样自由，在英语中意为激进"
（'plein d'esprit et de gaieté, et liberal comme nous, ce qui veut dire radical en anglais'）。[28] 在
钱纳利绘制的肖像（插图64）中，皮尔森的智慧和标新立异在放松的姿势与啼笑皆
非的表情中得到了表达。他的一个同事是爱尔兰人詹姆斯·霍格（James Hogg），他
在1822年被任命为最高法院注册官和行政总长官，并于十年后回到英国享受他的财富
和从男爵爵位。詹姆斯爵士是加尔各答出庭律师中唯一一位成为东印度公司董事长的
成员，继他之后，霍格家族在律师行业领域人才辈出。[29]

插图64　法律顾问约翰·皮尔森。
油画。汇丰银行藏

另一位钱纳利所熟知的辩护律师是赫伯特·康普顿爵士，他的马德拉斯平房是由这位艺术家在1805年绘制的（见第78页和彩图15）。康普顿于1815年6月在加尔各答的最高法院登记，在随后一个月的婚礼上，钱纳利是在登记簿上签名的四个见证人之一。[30] 第二年4月，钱纳利画了一幅康普顿在花园河段的豪宅（插图65），12月，他又被发现"在去康普顿家的路上"。[31] 康普顿似乎特别渴望记录他的各种住宅，因为1819年，詹姆斯·弗雷泽（James Fraser）也在"康普顿先生家"，忙于"绘制他的花园别墅"。[32]

钱纳利在加尔各答晚期的主要司法肖像委托无疑是弗朗西斯·沃克曼·麦克诺滕爵士（Sir Francis Workman Macnaghten）的画像，他是1816年至1825年的最高法院的普通法官。麦克诺滕年轻时与威廉·希基是好朋友。1796年，当麦克诺滕被任命为加尔各答的高级治安官时，他任命希基为副手。在日记作者[①]的记忆中，麦克诺滕是个热心肠但脾气暴躁的人。有一次，他被持续的牙痛激怒了，试图用切肉刀把那颗有问题的牙齿砍下来，结果给他的下巴造成了严重而长期的伤害，一度有三个外科医生同时焦急地前来为他治疗。他康复了，但这段经历"在他的脖子外面留下了一道巨大的伤疤"[33]。在钱纳利所绘的朴素的肖像中，伤疤被胡须所掩盖，在他的铅笔习作中也同样如此（插图66）。

115　　　　这幅肖像是在1822年11月委托制作的，差不多是在麦克诺滕大胆尝试自我手术三十年后。[34] 法官正在参与政府对钱纳利的朋友兼债权人詹姆斯·西尔克·白金汉

---

① 指希基。

插图65　赫伯特·康普顿爵士的别墅霍尔韦尔宅邸（Holwell Place）。
铅笔，落款于1816年4月21日。私人收藏

（James Silk Buckingham）提出的各种法律诉讼。麦克诺滕对白金汉的案子表示同情，但这不足以让这位特立独行的主编免于被驱逐出境。[35]

　　麦克诺滕的画像很大（88×60英寸[①]），它可能是钱纳利在加尔各答完成的最后一幅大型作品。这个委托占据了他一年多的时间——虽然不是连续性的。1824年1月26日，《加尔各答政府公报》终于报道说："弗朗西斯·麦克诺滕爵士的画像刚刚完成，并与他的前任们的画像一同陈列在法院大楼里。"和罗素的肖像一样，钱纳利在背景中引入了正义女神和其他象征性的形象。《公报》认为画像的头部非常肖似，"敏锐而智慧"，而且画面处理和色彩都十分娴熟。"这也许是我们所看到的钱纳利先生的才华最好的样本之一了，这种才华无疑会被公认为罕见和极妙的。"然而，也有人反对。这件黑色丝绸礼服与"远处暖色调、闪着光但又足够柔和的画面"并没有形成充分的对比。此外，由

———————————
① 约合223.5×152厘米。

插图66　弗朗西斯·麦克诺滕爵士的铅笔习作。
汇丰银行藏

插图67　瓦伦丁·布莱克中校。铅笔、水彩，
签名并落款于1819年。斯宾克拍卖行藏

于专注于头部，艺术家忽略了"（画面）下方的细节"——这是对钱纳利作品的常见批评。1824年2月，萨维尼亚克（Savignhac）单独雕刻了（画像的）头部，并在加尔各答出版。[36]

　　在钱纳利的加尔各答时期绘画中，平民百姓占据了绝大多数，但他继续用油画或严格控制的绘画[①]来描绘军官。瓦伦丁·布莱克上校（插图67，并参见第79—80页）和第八轻型龙骑兵团（Light Dragoons）的威廉·洛克（William Locker）上尉（彩图23）都因艺术家对他们的军帽、剑鞘和带流苏的马靴的细致描绘而显得庄严高贵。这些军人的装备在帕特里克·萨维奇（Patrick Savage）少校（后来成为中校）的半身肖像（彩图24）中有所缺少，而作为替代，艺术家绘制了一个背景——傍晚的阳光从旋转的雷雨云中浮现，仿佛暗示着在战火和硝烟中赢得的光荣胜利。

118

———————————

① 指仔细、精确、不超出界限的绘画。——作者

彩图23　威廉·洛克。
铅笔、水彩。汇丰银行藏

彩图24　帕特里克·萨维奇。
油画。汇丰银行藏

加尔各答社会的顶尖人物是第二代莫伊拉伯爵弗朗西斯·罗顿–黑斯廷斯（Francis Rawdon-Hastings），从1813年至1823年，他同时担任着行政部门和军队的领导者。为了表彰他的军队在尼泊尔战争中的成功，他被封为黑斯廷斯侯爵。作为一名年轻的国会议员时，他曾谴责驻印英国政府"建立在不公正的基础上，而且最初是通过武力确立起来的"[37]。但这并没有阻止他在掌权后，通过对抗廓尔喀人（Gurkhas）、平达里人（Pindaris）和马拉塔人的战役，以武力将大英帝国扩张到印度全境，甚至北至与中国接壤的边界。作为一个参加过美法战争的老兵，他是一名冷酷而高效的士兵，同时也是一位不择手段的政客。这些特质在钱纳利为黑斯廷斯所作的画像中并不明显，因为当时黑斯廷斯已经60多岁了。钱纳利把他塑造成一位德高望重的长者，下颌下垂，和蔼可亲，甚至有些田园风情——与三十年前乔舒亚·雷诺兹爵士所塑造的那个风度翩翩的年轻人相去甚远。[38]

黑斯廷斯勋爵身着袜带长袍的小型全身画像（彩图25）是钱纳利为总督画的几

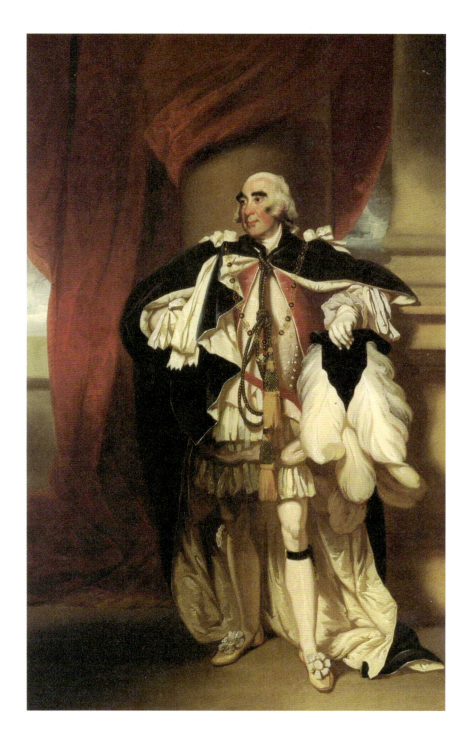

彩图25　着袜带长袍的黑斯廷斯侯爵。油画。汇丰银行藏

插图68 黑斯廷斯勋爵的素描骑马像。钢笔、墨水（铅笔起稿）。斯文·加林先生藏

幅肖像之一。还有一幅黑斯廷斯身穿军装的大半身坐像，1823年时放置在达姆达姆（Dum Dum）①的孟加拉炮兵食堂（Bengal Artillery Mess Room）里，并于那时被雕刻出版；后来，它被悬挂在德里的总督官邸。[39] 另一幅身着袜带长袍的全身像，额外添加了"共济会的徽章"（'the emblems of masonry'），是由毛里求斯共济会分会委托绘制的，因为黑斯廷斯（当时的莫伊拉勋爵）在那里任共济会重要成员时，曾为新建的大教堂奠基。1816年6月，这幅肖像还在创作中，据说"已经非常逼真，令人印象深刻"[40]。

　　钱纳利为黑斯廷斯勋爵绘制的最庄严的一幅肖像画，是1822年12月为纪念即将离任的总督而受命创作的一幅骑马像。为执行这一委托，人们共为钱纳利筹集了16000卢比。他的钢笔素描（插图68）描绘了黑斯廷斯的军人风格，他骑着一匹精神昂然的战马，在一座山头上指挥着山下的战斗。[41] 但相应的油画并没有随之产生。当钱纳利在1825年7月航行到中国时，表面上这是为了他的健康着想而采取的临时措

───────────

① 达姆达姆，印度西孟加拉邦的一个自治市，在19世纪该地为英国皇家炮兵军械库。

施，但他仍然有可能返回去完成他的委托。然而，1827年7月，在加尔各答市政厅举行的一次会议上，人们发现画家已经离开印度两年了，画像仍不见踪影。结果是，"钱纳利先生没有履行他应尽的职责，这位受托人彻头彻尾地离开了"[42]。

尽管如此，钱纳利与黑斯廷斯勋爵的关系还是富有成果的。黑斯廷斯抵达后不久，这位艺术家写信给明托勋爵，说他曾在政府大楼用餐，并收到了"许多其他类型的聚会的邀请……对我的作品，阁下本人、劳登（Loudoune［原文如此］）夫人和家人赞不绝口，我相信他们从北边的省份回来后，会有一个相当重要的委托给我……"[43]

此外，钱纳利似乎还请求黑斯廷斯，看能否为他的儿子约翰·尤斯塔斯·钱纳利在孟加拉军队中谋到一个职位；黑斯廷斯答应让这个男孩在第47团任职。约翰·尤斯塔斯及时向伦敦的董事法庭提出申请，说他父亲通过总督为他谋取了这个职位。法院里包括尼尔·埃德蒙斯通（Neil Edmonstone）和其他几个认识钱纳利的人在内同意，一旦皇家骑兵卫队（Horse Guards）宣布任命得到确认，他的儿子就应该前往印度。但当约翰·尤斯塔斯·钱纳利向卫队询问时，却被告知已经有人填补了这个空缺。他再次向法院提出申请，请求允许他去孟加拉，"以和他的父亲住在一起为目的"。但这个申请被拒绝了。[44] 尽管如此，约翰·尤斯塔斯还是想办法到了印度，并在那里与父亲团聚，之后他就因热病而去世了（见第152页）。

黑斯廷斯勋爵最终于1823年1月返回英国，由于卷入帕尔默和朗博尔德向海得拉巴的尼扎姆提供贷款的案件，他被迫辞职。代替他的委员会资深成员约翰·亚当被任命为代理总督。当年晚些时候，当新任总督阿美士德勋爵抵达加尔各答时，亚当让位了，他的肖像将由钱纳利绘制，筹款也已募集。捐款人中包括许多钱纳利的老朋友和客户——弗格森、拉金斯、勒欣顿和帕尔默（每人捐献200卢比），两位普洛登（Plowdens）（150和160卢比），C.R.林赛（100卢比）和三位普林塞普（50、100和150卢比）。到1824年1月，人们已承诺捐出16000卢比，与钱纳利为黑斯廷斯画的那幅倒霉的骑马像筹得的金额相同。[45]

旧事重演，钱纳利再一次没能完成委托。这在一定程度上是因为亚当不得不早早地离开印度，踏上前往英国的漫长旅途，以期恢复健康；此外，由于钱纳利已经借钱来完成这幅画（见第155页），他可能并不急于完成这项任务。之后的事大家都知道了，亚当死在了航行途中，而钱纳利避债逃到了中国。但这一次，肖像画项目并没有被放弃。

插图69 弗朗西丝·普洛登（原姓厄斯金）。
铅笔、水彩。私人收藏

插图70 装饰花盆习作。
钢笔、墨水（铅笔起稿）。私人收藏

钱纳利做准备用的素描被送回英国，托马斯·劳伦斯爵士在那里完成了这幅肖像——尽管钱纳利画中壮观的场面并未出现。1828年6月，劳伦斯的画被带到了加尔各答。[46]

女性肖像

一位将军的女儿给印度的英国女伴写信道："大多数不幸的女性的命运几乎是全然的**无聊**（*ennui*）。"[47] 而在钱纳利的女性肖像（插图69和彩图26—31）中，几乎没有任何内容与这一观点相矛盾。他的女性被画像者有时会摆出和男性被画像者一样正式的姿势，站在覆盖着布帘的柱子或栏杆的旁边，但在很多情况下，她们的旁边会放一条披肩或一顶系带帽子，还有一个花瓶或一束花。钱纳利的小型道具习作（彩图32和插图70）自由而优雅，不免令人遗憾他很少沉湎于这种装饰性的绘画本身。

他的女性肖像最能反映出他受到的托马斯·劳伦斯爵士的影响。钱纳利在伦敦求学期间，托马斯·劳伦斯爵士已经被认为是上流社会肖像画的主要代表人物。从早期的作品开始，钱纳利就表现出对半透明效果和花边装饰的喜爱，比如披肩、帽子、颈

121

彩图26　达席尔瓦（Da Silva）夫人。油画。私人收藏

彩图27　穿黑裙子的女人。油画。斯宾克拍卖行藏

彩图28　简·皮尔森夫人。油画。汇丰银行藏

彩图29　玛格丽特·厄斯金。油画。汇丰银行藏

彩图30 穿黑裙的女人。
油画。汇丰银行藏

彩图31 穿深蓝色裙子的女人。
油画。凯尔顿基金会藏

圈和袖子。典型的是玛格丽特·厄斯金（Margaret Erskine）的肖像（彩图29）。半透明的袖子是用接近白色的油彩来表现的，用纯白色厚涂法的坚实笔触画出蜷曲的边缘，一如劳伦斯在18世纪90年代的肖像画式样。

　　钱纳利在给玛丽亚·布朗的辅导信中表达了他对这种效果的关心。"保持白色帷帐的干净——丝带看起来有点儿轻柔——应该尽量拉紧……皱褶极其出色……"[48] 或者，"在细布上用点装饰时，千万不要在斑点下画阴影，让光自去点缀……"[49] 一般来说，钱纳利的女性肖像比男性肖像更依赖于配饰（除了正式的全身肖像），对他来说，这是一个原则问题：

　　　　特别是对男性半身像来说，必须有大量的技巧，它的成功必须依靠真正的砖石和砂浆，可以说，没有多余的装饰——而女性，各种类型的装饰性织物能够，也的确在协助我们——花边、薄纱披肩流行起来，以致改变了姿势，如果没有它们，这幅画就会大不相同。[50]

彩图32　置于风景前的花瓶。水彩。私人收藏

钱纳利在他的女性主题绘画中，对头部和头发的处理在之后数年变得更为矫揉造作，比如前额被抬高，头发被紧紧地绾在头顶，却让头部的两侧盘绕着浓密的卷发。这种效果有时会让现代人感到困惑，但它又是一个审美准则问题："……你可能会通过把前额稍微提高一些来改善它，这向来是好看的——低额头可不漂亮……"[51]

在手指之间的阴影处，以及在指尖附近（较浅的阴影处）自由地使用红色，是钱纳利的男性和女性肖像与劳伦斯早期作品的另一个共同之处。"红色的手指尖（尤其是漂亮的女士的）非常美丽。"[52]钱纳利也和劳伦斯一样，喜欢在鼻子下面的阴影中加入强烈的红色元素。1789年，劳伦斯为夏洛特王后画的坐像在皇家艺术研究院展出时，人们注意到"王后陛下的鼻子确实因为吸鼻烟而感到疼痛"[53]。同样的反对意见也出现在钱纳利的一幅肖像画上，画的是皇家工兵部队（Royal Engineers）的赫伯特少校（Major Herbert）。赫伯特收到这幅画后不久，就把它退给了他，并附了一张纸条说："他根本不知道自己的鼻子下面长着这样一个息肉。"威廉·普林塞普是在钱纳利不在的情况下收到这幅画的（见第161页），他承认"钱纳利的阴影有点过于粗暴，在这里毫无疑问，鼻子下的印度红（Indian red）阴影太过强烈"。因此，普林塞普把那令人不适的阴影涂掉了，赫伯特少校很满意，尽管当钱纳利听说普林塞普竟敢碰他的作品时，他不出意料地"几乎要发疯了"[54]。

家庭群像

鉴于在一个英印家庭中，如果父母都活到中年就算是幸运了，钱纳利的群像使人联想到的理想家庭幸福状态往往是短暂的。分别出现在插图71和72上的詹姆斯·斯图

插图71　詹姆斯·斯图尔特医生和夫人夏洛特。油画。私人收藏

插图72　里士满和安妮·萨克雷，及儿子威廉·梅克皮斯·萨克雷。铅笔、水彩，签名并落款于1814年。普勒斯顿哈里斯艺术画廊藏

尔特（James Stewart）和里士满·萨克雷，都是东印度公司的初级职员，他们一路工作直到结婚，却在30岁出头的时候，成了热病和气候的受害者。在获得东印度公司的任命前，15岁的斯图尔特在一艘东印度公司商船上当外科医生的助手，开始了他的职业生涯，并为奥德的纳瓦布服务了一段时间。1820年9月，他在坎普尔与夏洛特·弗雷泽（Charlotte Fraser）结婚，当时他已晋升为外科助理医生。钱纳利的画像可能是在斯图尔特夫妇短暂的婚姻生活开始后不久画的。[55]

里士满·萨克雷也是一样，他很快变得富有，却也很快就死了。他来自一个著名的英印家族[56]，被描绘为坐在一张优雅的扶手椅上，周围环绕着财富、智慧和家庭幸福的象征——以他妻儿的形式。他在乔林基（Chowringhee）[①]有一座很好的宅子，同时在加尔各答和各省担任了一系列的司法与行政职位，最终担任加尔各答南部二十四帕尔加纳区的收税员。作为孟加拉地区的收税员，他肩负着各种棘手的责任，包括

————————

① 乔林基，位于加尔各答中心的一个社区。

"道路、轮渡、桥梁、洪水、监狱、精神病患者、儿童土地所有者、国家养老金领取者和监护者、教育、传染病、诊疗所、杀死蛇和老虎的报酬……"[57]

　　1809年至1810年的冬天，里士满·萨克雷遇见了刚从英国来的17岁的安妮·比彻（Anne Becher）。她自己就来自一个牢固的英印家族：她在印度期间，有十二名比彻家的人在印度供职。里士满"骑着白马向她求爱"[58]，1810年10月，他们结婚了。安妮·萨克雷被认为具有才智、品味和虔诚等一切美德；据说，她们姑嫂二人是如此美丽和高贵，以至于"当她们离开房间时，在场的每位绅士都立刻站起来，搀扶她们到门口"[59]。即使到了老年，她也有"精致的深色眉毛"[60]，这在钱纳利的肖像中也非常显眼。事实上，心不在焉的注视，不修边幅的长卷发，腿长得出奇——钱纳利以他最不切实际的方式描绘了她。

　　然而，萨克雷一家并未像钱纳利的画像所示的那样幸福地定居下来。安妮曾经爱过的亨利·卡迈克尔-史密斯上尉（Captain Henry Carmichael-Smyth），人们认为他已经去世了，1812年他在加尔各答再次出现，令里士满倍感崩溃；1816年里士满死后（经过一段适当时间的哀悼），安妮和卡迈克尔-史密斯结婚了。家庭群像中同样失踪的还有夏洛特，里士满的印度或欧亚混血情妇；还有萨拉（Sarah），这段婚外情的女儿，画像绘制时她大概10岁。就像钱纳利的儿子爱德华和亨利，以及他同时代的许多非婚生子女（约翰·埃利奥特［John Elliot］，里士满的密友和妹夫，有八个孩子），萨拉将被迫与一群不稳定但又明显区别于印度人和欧洲人的人一起生活并成婚，而这些人的存在在当时的书信和画像中很少被承认。1820年，萨拉嫁给了一个非婚生的混血男子；1841年她去世后，最终被认定为"已故的里士满·萨克雷唯一的女儿"，刻着这句话的墓碑被放在公园街墓地她父亲的墓碑旁边。[61]

　　全家福上那个睁大眼睛的孩子就是后来的小说家威廉·梅克皮斯·萨克雷，他于1811年7月18日出生在加尔各答。萨克雷后来在他的小说《纽科姆一家》中提到钱纳利，以此来回敬。纽科姆上校从印度服役归来，深情地谈起他的儿子画的一幅肖像，他的儿子是一名艺术学生，上校认为他是一个无与伦比的天才："啊，这个捣蛋鬼，先生，把我，他自己的父亲画下来了；我已经把这幅画送给了霍布斯少校，他是我们团的司令。先生，钱纳利本人也不能比这画得更惟妙惟肖了。"[62]

　　威廉·梅克皮斯·萨克雷的父亲去世时，他才4岁。两年后，他被送到英国接受

教育。成年的他可能对钱纳利没有多少记忆；他只能依稀记得自己的父亲，是一个
"个子很高，从浴缸里起身"的人。[63]尽管如此，我们还是很容易想象钱纳利可能对
萨克雷的艺术倾向产生了某种影响。6岁的萨克雷一到英国，就画了一幅他家在加尔
各答的房子的画，画中"没忘了加上从窗外往里看的猴子，和站在上面拧干毛巾的黑
皮肤的贝蒂"[64]。萨克雷后来成为一名熟练的画家和漫画家，他曾在伦敦和巴黎学习
绘画，希望成为一名职业画家。当潘登尼斯少校（Major Pendennis）发现纽科姆上校
打算把儿子培养成画家时，萨克雷无疑也体会过少校的那种反应："一位艺术家！我
的天呐，在我那个年代，人们宁愿让自己的儿子去当美发师或糕点师呢！上帝啊！"[65]

印度继续影响着萨克雷在英国的生活，因为1833年，他失去了从他父亲那里继承
来的可观财产中的大部分。这笔钱很可能投资于帕尔默公司或某家在19世纪30年代早
期破产的印度代理行。在《名利场》（Vanity Fair）中，萨克雷有些苦涩地写道："福格
尔、费克和克拉斯曼的豪宅"，因"100万而难以为继，还使一半的印度民众陷入了痛
苦和毁灭"。[66]

同雷诺兹和他的许多同时代人一样，钱纳利也很愿意重复创作，他的两幅多伊
利家庭肖像画（彩图18）、斯图尔特一家（插图71）和拉金斯一家（彩图33）都遵循
相同的模式，且变化很少。约翰·帕斯卡尔·拉金斯出身于一个著名的英印家庭，他
是沃伦·黑斯廷斯的坚定支持者。他的祖父、父亲和叔叔都是船长、船主，还有一个
叔叔曾是东印度公司的总会计师。1819年，他被任命为关税、盐和鸦片董事会的初级
成员，四年后成为高级成员。1813年，他娶了玛丽·罗伯逊（Mary Robertson，即彩
图33中的女士），她是W.E.格拉德斯通（W.E. Gladstone）①的表妹。钱纳利还在1814年
为这对夫妇画了肖像，在1819年和1822年为他们的儿子们画了肖像。[67]1823年，拉金
斯任一个委员会的主席，负责组织募捐以供钱纳利为约翰·亚当爵士绘制肖像，这个
委员会完全是由钱纳利的朋友或老顾客组成的。[68]

钱纳利以画萨克雷一家的方式画了许多群像，用精细的水彩笔刷绘制人物的头、
颈和裸露的四肢。实际上，这些都是微型肖像画，（人物）置身于铅笔细致勾勒出轮

124

125

126

---

① W.E.格拉德斯通（William Ewart Gladstone，1809—1898），英国政治家，自由党领袖，曾作为自由党人四次出任
英国首相。

彩图33　约翰·帕斯卡尔和玛丽·拉金斯。油画。汇丰银行藏

廓的桌子和软长椅中。插图73和74描绘了尼尔·本杰明·埃德蒙斯通（Neil Benjamin Edmonstone）的孩子，他是印度最高委员会的成员，也是印度最有权势的人物之一。很明显，较大程度的不拘礼节对女孩而言，是可以接受的，而对于男孩，尽管是画中年龄最小的孩子，也被赋予了最成人化和独立的站姿。钱纳利的儿童肖像往往有一种特殊的魅力，但当他搬到中国沿海地区后，就很少有机会实践这种题材，因为在那里几乎找不到西方儿童。在加尔各答，孩子们被送回英国接受教育之前，描绘他们的童年（肖像）很常见也很有必要；而他们的父母和画像，都被留了下来。

　　一个有趣的例子是科明（Comyn）家孩子的三人像（彩图34）。三个人物组成了金字塔的形状，正如钱纳利对玛丽亚·布朗所建议的那样，"（人的）眼睛总是满意

插图73　夏洛特和亨丽埃塔·埃德蒙斯通。　　　插图74　尼尔和苏珊娜·埃德蒙斯通。
铅笔、水彩。银川当代美术馆藏　　　　　　铅笔、水彩。银川当代美术馆藏

（于看到）并几乎是在寻找（金字塔形）"[69]——在多伊利为钱纳利画室画的漫画中，三个孩子在一起的绘画也是如此（彩图19）。科明家孩子的肖像是在1815年至1816年绘制的，当时托马斯·鲍威尔·科明上尉（Captain Thomas Powell Comyn）在尼泊尔战争中与廓尔喀人作战后返回加尔各答。1805年，他娶了孟加拉军队军官的私生女简·德库西（Jane de Courcy）为妻。她当时至多15岁[70]，对于一个女孩来说，在英国人占主导地位的印度社会，这个年龄结婚并不罕见。（看看插图75中钱纳利画的一群不明身份的人，很容易想象，一旦音乐停止，懒洋洋倚靠在钢琴上的军官就会立正并向十几岁的钢琴演奏者求婚。）

　　几乎可以肯定，简·德库西是欧亚混血儿，但她的三个孩子身上却不被允许出现印度血统的痕迹。钱纳利在印度的前辈们对混血儿的描绘中，也隐约可见类似欧洲人的苍白肤色。潜藏在这种惯例背后的种族冲动，在赖德·哈格德（Rider Haggard）的《艾伦·夸特梅因》（Allan Quartermain）的最后一段得到了文学上的表达。在文中，非洲女王尼莱普塔（Nylepha）和英国人亨利·柯蒂斯爵士（Sir Henry Curtis）的孩子

彩图34　托马斯·鲍威尔·科明上尉的孩子们。油画。汇丰银行藏

插图75　一间加尔各答客厅中的家庭群像素描。钢笔、墨水（铅笔起稿）。私人收藏

出生了；对亨利爵士来说幸运的是，这个孩子——他立志要把他培养成一个英国绅士——拥有"一个端正的、卷发蓝眼睛的英国婴儿"的样貌。[71]

　　哈丽雅特·佩吉特夫人（Lady Harriet Paget）和她五个较大的孩子的群像（彩图35），在佩吉特将军的信件中得到了充分的记录。这些都说明了在一个疾病和兵役不断威胁着家庭的时代与地方，一幅家庭肖像的重要性。这幅画是为爱德华·佩吉特爵士（Sir Edward Paget）画的，他是一位以惊人的速度晋升为军官的士兵：16岁服役，29岁成为少将，46岁被任命为印度总司令。此时，他已在四大洲作战，在亚历山大港颈部中弹，在科伦纳（Corunna）[①]与穆尔（Moore）[②]一道撤退。然而，这位身经百战的老兵，曾在1824年无情地对付过巴拉格布尔（Barrackpore）的兵变[③]者，据说他

127

————————
① 科伦纳，葡萄牙地名，科伦纳之战是1809年半岛战争期间英军与法军之间的一次战斗。
② 约翰·穆尔（John Moore，1761—1809），英国将军，英国轻步兵战术之父，参加过美国独立战争、科西嘉战争等著名战争，在科伦纳之战中阵亡。
③ 指1824年巴拉格布尔兵变（Barrackpore mutiny of 1824），印度士兵因供应不足等原因反抗英军官，事件的最后，约180名印度兵和一些旁观百姓死于炮轰和攻击。部分兵变者被绞死，部分被判长期劳役。议会批评东印度公司在处理该事件时过于强硬。

特别喜爱自己的孩子。有一次，在一次洗礼仪式上，他开玩笑地把最小的儿子抛了起来，但他因热情而错误地判断了轨迹，把儿子扔到了自己身后，（还好）孩子被一个侍女熟练地接住了。[72]

1815年，佩吉特将军娶了达特茅斯伯爵（Earl of Dartmouth）的女儿哈丽雅特·莱格（Harriet Legge）为妻。到1822年，她已经生了五个孩子（后来又生了三个），并即将和他们一起返回英国。因此，钱纳利画了这家人——没有佩吉特本人——作为一个持久的提醒，让将军想起他不在身边的家人。在佩吉特写给身处英国的哈丽雅特的信中，他透露出急于获得这件关于她和孩子们的纪念物：

1823年2月8日：关于我们的熟人钱纳利，我还没有音信，但我想我是不会有耐心等这么久而不去搜寻他的。

2月11日：我已请汉密尔顿先生为我做了一个镀金的黄铜小画框，用来装裱你的小像，等钱纳利完成我心爱的画像时，我就请他给这幅微型画添上帷幔。

2月15日：我终于收到了钱纳利的消息，他主动提出下星期三把我心爱的家庭群像带来。我相信他会信守诺言，而且我相当有信心他会做到。等他来了，你就会了解到更多。

2月19日：5点了，但我的画却没到！哦！呸，亲爱的钱纳利先生！

2月20日：昨天我乘马车回来的时候，发现钱纳利先生正在挂我心爱的宝贝们的画像。画像非常完美，极为可爱，对我来说，这是一种无以言表的慰藉和满足。说实在的，他把他那有趣的话题都讲得恰到好处，他能如约完成，我说不出有多高兴。[73]

两年后，当佩吉特准备返回英国时，多伊利夫人把丈夫的一些画寄给他，让佩吉特带回去。"如果钱纳利把他的一些作品加到这个小小的收藏中，我也不会感到奇怪，"他在给哈丽雅特的信中写道，"尽管他是个如此不可靠的人，以至于我对他的承诺并不依赖。他喜欢风景画胜过肖像画一千倍，除非他找到一个像（告诉卡罗琳）我这样值得崇敬的题材来画。那他就会大受启发了。"[74]

这封信写完两个月后，钱纳利坐船去了中国，留下了许多不满的顾客。其中一个可能是佩吉特的侄女路易莎·斯图尔特女士（Lady Louisa Stuart），1823年与威廉·邓库姆（William Duncombe）结婚后，钱纳利画过她。这幅画描绘的是邓库姆夫人骑在马背上的样子，虽然摆好架势好像要转移到画布上，但迄今为止也没有发现油画版本。[75]但哈丽雅特·佩吉特比大多数人都幸运。在某个时候，她设法弄到了一本画册，里面有五十幅钱纳利的钢笔画；这本画册里有她的签名和藏书标签，现在存放在伦敦的印度事务部图书档案馆（India Office Library and Records in London）。[76]

插图76　桑顿家的两个孩子。油画。私人收藏

佩吉特家庭群像是钱纳利完成程度最高的作品之一。画面的主题，是孩子们聚在一起环绕攀附着他们的母亲，令人联想到雷诺兹为科伯恩夫人（Lady Cockburn）和她的三个女儿绘制的肖像画。[77]但这幅小尺寸的绘画（宽2英尺[①]）因为画中六个人物的排列，以及对纽扣、装饰品和流苏的近距离观察而显得亲密感更强。在这一幅以及钱纳利其他的儿童群像画（插图73、74、76和彩图34、35）中，画中的人物被认定为孩子，不仅仅是因为他们的身形和衣着，也因为他们的姿势。一方面，他们可以斜躺、蜷腿，以一定程度的亲密拥抱对方，这是成年人不允许做的，甚至是已婚夫妇也不行。另一方面，他们的面部表情是复杂而成熟的——平静、好奇、被微微逗乐。在每一幅画中，至少有一个孩子直视着艺术家/观众，也至少有一个孩子不这样做，仿佛观者得到了礼貌的致意，但并不值得整个群体的关注。

---

① 约合61厘米。

彩图35　哈丽雅特·佩吉特夫人和她的五个较大的孩子。油画。汇丰银行藏

第八章　共济会和戏剧

即使在印度的英国小型殖民地中，戏剧演出也是侨民社会生活的焦点；许多在家里很少看戏的人现在都成了常客或参与者，仿佛致力于点亮英国文化这盏忽隐忽现的烛光。1824年，詹姆斯·普林塞普在贝拿勒斯写信给他的妹妹埃米莉（Emily）说："在这儿的社交生活中，每个人都被期望参与到组织筹备的任何一个如此那般的娱乐活动中去——普林塞普家的人在四五场化装舞会上的引人注目程度并不是独一无二的——所有人都在那儿，大家都一样，一个劲儿地埋头玩乐……"[1]

詹姆斯和他的兄弟威廉·普林塞普，以演员和室内装潢师的身份参与了在加尔各答市政厅和位于乔林基——加尔各答最受有钱人青睐的地区——的剧院举行的盛会。[2] 在重大活动中，专业的艺术家们有义务提供服务，不仅要为舞台布景提供设计，还要为大型背光"半透明画"做设计，这种设计在伦敦非常流行，特别是自从心灵手巧的菲利普·德·卢泰尔堡（Philippe de Loutherbourg）对其进行改造之后；在印度，它们也成为许多娱乐和庆祝活动的特色。当钱纳利在马德拉斯时，他的竞争对手罗伯特·霍姆正在为巴拉格布尔的剧院提供设计。巴拉格布尔距离加尔各答15英里，孟加拉总督在那里有一处避暑别墅。[3]

没有证据表明钱纳利曾在伦敦或都柏林的舞台上工作过，尽管对于艺术家来说，作为公共或私人剧院的场景设计师的季节性工作很常见，尤其是在他们职业生涯的早期阶段。不过，他曾为英国两位著名演员兼导演画过肖像，考文特花园剧院（Covent Garden Theatre）的威廉·托马斯·刘易斯（William Thomas Lewis）和德鲁里巷（Drury

Lane）的约翰·菲利普·肯布尔⁴，如果有必要的话，倒算是有用的资格证明。

　　钱纳利为马德拉斯万神殿的装饰已经非常著名（见第80页）。然而，最盛大的戏剧活动发生在加尔各答，尽管在1808年，这座城市还并没有真正的剧院。1808年，作家大楼后面的旧剧院被买下并扩建，形成了"新中国市场"（New China Bazar）。131　1813年，新剧院在乔林基街开业。⁵市政厅经常用于娱乐活动，在特殊的节日里，整个城市都会亮起彩灯。其中之一就是1815年12月8日举行的滑铁卢战役胜利纪念活动。11月30日，《加尔各答政府公报》预告了这一盛事：

　　　　一幅壮观的半透明画正在为下个月八号做准备，表现了不朽的威灵顿骑在马背上，作品将被悬挂在政府大楼的北门。半透明画来自钱纳利先生的设计，将以这位杰出艺术家的所有品味和天赋来完成。⁶

　　同一个庆祝活动中还包括钱纳利一个学生的作品，在用灯饰或半透明画装饰的几所私宅中，有一所是特雷弗·普洛登（Trevor Plowden）的作品（彩图36），位于花园河段。据说，普洛登本人"极具品味"地描绘了一幅半透明画：威灵顿与布吕歇尔（Blücher）①在滑铁卢的会面。⁷

　　另有一种不同类型的戏剧，但同样涉及了钱纳利，由孟加拉共济会成员上演。共济会的新成员对其非常重视。威廉·希基在亭可马里（Trincomalee）看到法国人对兄弟会的高度评价后，成为一名共济会会员，并任"亚洲雄鹿分会"（Asiatic Bucks Lodge）的领袖。⁸在18世纪晚期的战争中，无论是在欧洲还是在印度，在许多情况下，对国家的忠诚都被兄弟会的关系所取代。马德拉斯的地方总会大师马修·霍恩准将（Brigadier 132　Matthew Horne），在被法国俘虏时，体验到了不同国家的共济会之间的纽带，他受到了同样是共济会成员的俘虏们的慷慨对待。另一个杰出的共济会成员是将军戴维·贝尔德爵士（General Sir David Baird），他在塞林加帕坦和其他地方创下英勇事迹后成为一位很受欢迎的英雄。贝尔德也曾是战俘，先是在法国人手下，后来又在蒂普·苏丹手下，

① 格布哈德·莱贝雷希特·冯·布吕歇尔（Gebhard Leberecht von Blücher，1742—1819），普鲁士元帅，身经数次重大战役，有"前进元帅"之称。

而蒂普似乎也是共济会会员。但无论是贝尔德还是其他囚犯都没有从蒂普那里得到过帮助，这导致共济会后来怀疑蒂普是否真的加入过。[9]

此时，乔治三世的七个儿子中至少有六个是共济会会员，包括威尔士亲王（the Prince of Wales），他于1792年被任命为英格兰共济会地方总会大师。在共济会的等级制度中，亲王的直接下级是他的密友第二代莫伊拉伯爵，后来的黑斯廷斯侯爵。当莫伊拉被任命为印度总督后，他在伦敦参加了一个告别晚宴，有500名共济会会员参与，其中有六位皇室公爵。1813年10月4日，他到达加尔各答，在那里接管了代理印度总会大师的角色。12月11日，他参加了另一个共济会晚

彩图36　特雷弗·普洛登。油画。私人收藏

宴：政府大楼内，由120名代表加尔各答联合分会的共济会成员为他举行了荣誉宴会。

这次宴会一个不同寻常的特点是，出席宴会会员的名字被列在了下一期的《印度公报》（India Gazette）上。[10]在孟加拉最古老、最负盛名的"东方之星"（Star in the East）分会名单上名列前茅的，是乔治·钱纳利的名字。分会司书（Secretary）是他的密友兼赞助人查尔斯·多伊利爵士。分会成员的名单上还包括查尔斯·罗伯特·林赛（分会司事）、乔治·克里滕登、罗伯特·卡特拉尔·弗格森和约翰·帕斯卡尔·拉金斯。这些人，连同莫伊拉勋爵，毫无疑问还有加尔各答的其他会员，都曾让钱纳利为他们画像。在某些情况下，钱纳利作为一名会员的身份会给他带来直接的好处——特别是在他的委托中，有一幅身穿共济会长袍的莫伊拉勋爵的全身像，是为毛里求斯分会绘制的。[11]更多的时候，共济会的关系网，以及它对共济会会员忠诚的牢固传统，对钱纳利来说一定大有裨益：既可以作为引荐的来源，也许还可以当作为一位荣誉公民的肖像筹款的手段。

　　林赛和拉金斯都成了英印共济会的领军人物。1818年1月17日，林赛被任命为孟加拉地方总会大师，但在次年被调离加尔各答时辞职了。他的继任者是拉金斯，为了纪念他，迪纳普尔建立了一个"拉金斯"分会。[12] 在印度南部的资深共济会会员（在他搬到加尔各答之前）是赫伯特·康普顿，科罗曼德尔海岸（Coast of Coromandel）的地方总会大师[13]，钱纳利曾描绘过他在马德拉斯和加尔各答的宅邸（彩图14、15和插图65）；他的地方大教士是理查德·霍尔·科尔（插图34）。[14]

　　其他的共济会会员都是钱纳利的赞助人或伙伴，包括尼尔·埃德蒙斯通、威廉·朗博尔德爵士、雅各布·安德里斯·范布拉姆和罗伯特·罗洛·吉莱斯皮将军（General Robert Rollo Gillespie），他们都是莫伊拉伯爵抵达印度后不久在加尔各答成立的莫伊拉分会的成员。吉莱斯皮是东印度群岛和西印度群岛的运动健将和战斗英雄，他的潇洒事迹在整个大英帝国都是众所周知的。在太子港（Port au Prince），他游上岸躲避敌人的炮火，不料竟被法国官员抓获并判处死刑。电光火石间，吉莱斯皮"注意到了那位官员身上的某种共济会标志"。他做出了与之相称的共济会会员的回应，因此，他的俘获者取消了处决，为吉莱斯皮和他的同伴准备了一顿丰盛的餐食，并派仪仗队把他们送回了自己的中队。

　　通过这一壮举和其他功绩，吉莱斯皮晋升为少将。最后，在廓尔喀战争中，他领导了一场敌众我寡的进攻，最终和多名下属一起阵亡。不久后，共济会的兄弟们在他的家乡唐郡（County Down）①建立了"吉莱斯皮纪念碑"来纪念他，伴随着揭幕仪式的是爱尔兰有史以来最大的共济会集会。[15] 吉莱斯皮的遗体被保存在酒精中，（钱纳利所绘的）他的肖像出现在通俗历史书本上，以激励英国的小学生。[16]

　　奠基通常以共济会的仪式为标志，这也恰如其分。当加尔各答新海关大楼即将开工时，"东方之星"分会向省总分会递交了一份由其会友多伊利（他也是海关收税员）提出的申请，要求以共济会礼节奠基。1819年2月12日，一组共济会仪式的所需之物如期备妥，其中刻有铭文的盘子、金色的木槌、圆规、矩尺、水平尺和铅锤被高举至基石，其上又从银杯里倒出酒、油和谷粒。[17] 同样地，"印度协会"（'Hindoo College'）的奠基石是由拉金斯兄弟在1824年2月25日奠基的，乔治·钱纳利以一幅画纪念了这一事件。[18]

———————
① 唐郡，爱尔兰阿尔斯特省的一个郡。

　　莫伊拉伯爵（黑斯廷斯勋爵）担任总督期间，共济会在加尔各答蓬勃发展着。1822年12月27日，在市政厅举行的另一场共济会宴会标志着他将离开加尔各答。共济会成员们穿着长袍，在"演奏着《入门学徒之曲》的乐队"的带领下，从大教堂走向市政厅。可以想象，"游行队伍的两侧，都是成群结队的当地人和欧洲人，急于一睹神秘之子的风采"。主持宴会的是拉金斯兄弟，他现在已经晋升为地方副总会大师了。他的椅子后面是"一幅巨大的半透明画，由三位女性人物象征了信仰、希望和仁爱，设计得古典雅致，制作得精神饱满，几乎和真人一样大"。在这些人物之上，一个小天使举起一卷卷轴，一端写着"黑斯廷斯⋯⋯另一端写着令人悲伤的词语——再见"。[19]

　　这个设计很可能源自钱纳利兄弟；当然，他还负责了一个类似的设计，于三天后在市政厅的一次盛大舞会上展出。为了纪念黑斯廷斯勋爵夫妇，人们又举行了一次娱乐活动，但这一次在场的最高权力者，是即将上任的总督约翰·亚当。《印度公报》宣称："我们相信，这一次装饰的程度比以往任何场合都要隆重。"

　　　　大楼梯的栏杆上挂着五颜六色的旗帜，楼梯平台北侧是一幅巨大的半透明　　134
　　画，象征着印度的现状：从战争的灾难和残忍强盗的掠夺中解放，上面还摆放了
　　一个花环，将黑斯廷斯那辉煌的名字围在其中。[20]

　　钱纳利为这种半透明画所作的设计中有两件留存了下来：一幅钢笔素描初稿（插图77，在普林塞普的一本家庭相册中），和一幅更完善的水彩画（彩图37）。在这两个版本中，忠诚的印度人都向总督致以敬意，而和平与繁荣——就如之前在钱纳利纪念亨利·邓达斯的画作（插图44）上看到的那样——以站姿出现。水彩画上添加了一些戏剧性的润色，比如围绕着"黑斯廷斯"的花环，以及各种各样的战争武器，特别是被铐住的"强盗"手里拿着的沾满鲜血的匕首，他抬头怒视总督的名字，仿佛决心要进行个人复仇。

　　正如多伊利在他的诗歌《狮鹫汤姆·劳》中所表现的那样，钱纳利本身的夸张个性很容易成为讽刺的对象。在钱纳利离开加尔各答十一年后，市政厅里确实应该举行一场滑稽表演来歌颂他，这是再合适不过的了。组织者是威廉和詹姆斯·普林塞普、帕克·普洛登和詹姆斯·扬（James Young），而普洛登夫人出演女主角。剧中的高潮一幕是

插图77　纪念黑斯廷斯勋爵的"半透明画"设计，1819年。　　　　彩图37　纪念黑斯廷斯勋爵的"半透明画"设计。
　　　　钢笔、墨水（铅笔起稿）。斯文·加林先生藏　　　　　　　　　　铅笔、墨水和水彩。印度事务部图书馆藏

在北京宫廷，皇帝收到了由格雷勋爵（Lord Grey）传达的英国国王的信息。格雷勋爵拒绝磕头（kowtow，这在英中关系中一直是一个颇具争议的问题），作为报复，皇帝下令将一幅国王的画像带进来，并把它上下颠倒——指的是广州最近发生的事件。在这个时候：

　　……宫廷画家钱纳利（当时身在中国）被命令把（画像）鼻子涂成红色，他拒绝这样做，因为这违背了他的艺术原则或宗教信仰。他和大使被下令立即处决。一个将被剖腹分尸（Drawn and quartered），另一个将被吊死（hung）。画家暗示二者可以在研究院里同时完成。[21][①]

---

① 原文的"Drawn and quartered"和"hung"，合并在一起指的是几个世纪前欧洲处决罪犯的一种恶毒的方式，"hung, drawn and quartered"，即"吊剖分"，又称"英式车裂"。而"drawing"亦有"绘画"的含义，"quartering"可以指将构图分为四个部分，都可以表示在绘画学院里教授的方法，"hung"可以指"挂画"——同样可以发生在绘画学院。因此这三个词在这里都有双关含义。

第九章　孟加拉的乡村生活

当钱纳利的名字出现在印度的欧洲居民名单上时，通常会加上"肖像画家"的说明。肖像画是他的生计，他几乎不可能靠画风景画谋生，除非他已经准备好从事一项重大冒险——出版地志画。然而，钱纳利更喜欢风景画而不是肖像画，据说是"几乎可以肯定"（见第129页）；一旦肖像画为他赢得了稳定的收入，他就能满足自己的喜好了。

无论是油画还是水彩画，钱纳利的风景画在概念上与之前托马斯和威廉·丹尼尔的画有很大的不同。丹尼尔叔侄此行的目的是为了寻找印度风景和建筑的壮观与独特之处——连绵不绝的景色、奔腾的瀑布、北方宏伟的伊斯兰纪念碑，以及南方高耸的庙塔（gopurams）和岩石雕刻的寺庙群。另一方面，钱纳利的风景通常只包含一两幢小建筑及其周围的环境；它们的尺寸也很小——大部分都比丹尼尔的《东方风景》（Oriental Scenery）的铜版画还要小，更不用说那些用作展览的画作了。钱纳利描绘幽静、轻松的乡村景色的作品有一种与众不同的风格，在某些情况下更类似于庚斯博罗和莫兰在英格兰画的描绘乡村小屋和林中空地的所谓的"幻想画"（'fancy pictures'）。

然而，这些钱纳利的画几乎没有与英国传统的"幻想画"相联系的多愁善感。没有樵夫的女儿优雅地披着一条破旧的披肩，取而代之的是一个正在取水或烧火的孟加拉村民。钱纳利经常使用的一个人物是看守人（chowkidar）或村庄巡夜人（插图78、79和彩图38），负责看守房屋和作物。他或站或坐在他的thannah旁——"thannah"这个词最初指的是一个全副武装的堡垒，但在钱纳利的时代，它指的是一

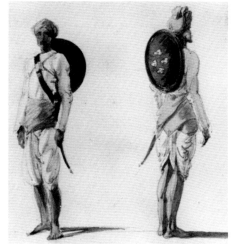

插图78　一位坐着的看守人和他的狗。
钢笔、墨水。印度事务部图书馆藏

插图79　看守人习作两幅。
铅笔、水彩。私人收藏

个岗亭，或者在乡村里指一个小茅屋。看守人是通过他的盾牌来识别的，他把盾牌背在背上或挂在他的 *thannah* 上。

在这些场景中，钱纳利所描绘的民居，或称为 *banglas*，是用竹制框架糊上泥浆围起来的，只有一个门和一个小窗户，或者压根儿没有。屋顶由茅草组成，不规则地排列在竹子编织的格子上；由于没有烟囱，烟气可以从没有遮蔽的地方逸出。茅草屋顶延伸到墙外，以便将季风带来的雨水倾泻出去，通常在外部边缘以柱子支撑，这就创造了一个在欧洲式平房（European bungalows）中得以再现的特色：使用更耐久的材料来建造游廊。

在钱纳利的绘画和素描中，孟加拉乡村生活必不可少的家具和用具散落四周：*chattars*（大伞）、炊具、*charpoys*（睡床）、长烟斗和 *jhaumps*（用作门或百叶窗的一种栏架）。在1814年12月的一封信中，他建议他的学生玛丽亚·布朗绘制诸如"Chatees［或写作 chatties，一种圆形陶罐］，篮子，kedgeree［一种贮水器］和铜锅，水烟筒（Hubble Bubbles），一块布料，等等"之类的东西的习作。[1] 在钱纳利的村庄场景中经常会有一把 *chattar* 插在墙上的孔里，还有一幅画上写着"别忘了把 *chattar* 插在竹子上"。[2] 画面前景中可能会有一对公牛，它们光滑的皮肤、结实的身躯与小屋

彩图38　一个看守人站在他的茅屋旁。油画。马丁·格雷戈里画廊藏

摇摇欲坠的外观形成了对比（彩图39、40和41）。

　　另外，钱纳利还描绘了残砖乱石中杂草丛生的纪念碑废墟——这对英国艺术家来说也是一个流行的主题；但是，当他的英国同行们在寻找破旧的寺院或城堡破败的残垣时，钱纳利却对着坟墓和小型清真寺的遗迹作画，这些遗迹常常散落着*guldasta*的碎片，或者整个圆顶完好无损地躺在地上。在钱纳利的英国学生时代，如画运动最为激烈，而这位艺术家从未失去对各式各样质地和不规则轮廓的喜爱。彩图42是一幅尤其"如画"的作品，画中植物与破碎的砖石夹杂在一起，一个屋顶蓬乱的披屋与圆滑的墓顶并置着，而一辆牛车和一丛炊火为前景增添了勃勃生机。

　　火在钱纳利的许多村庄场景中都有出现，在这些场景中，火扮演了两种绘画性的角色。这给了他运用亮红色的机会，而他在肖像画中也发现了这种色彩的不可抗拒性。此外，他还可以从火堆这里引出一股卷曲的蓝灰色烟雾，以平衡画面的阴影区域，烟雾随着上升逐渐变得稀薄并弥漫开来。在其他情况下，烟是由*nargila*（水烟筒）

彩图39　有牛的孟加拉村庄景色。油画。私人收藏

彩图40　有浣衣人物的孟加拉乡村景色。铅笔、水彩。私人收藏

彩图41　杂草丛生的陵墓旁的一驾牛车。铅笔、钢笔、墨水和水彩。私人收藏

彩图42　陵墓和披屋民居。油画。私人收藏

提供的，或者（在他的澳门绘画中）来自铁匠的便携式火炉，在所有的情况下，使用
烟雾的效果都是为了缓解构图的阴暗角落。在他的绘画中，他会用速记提醒自己在后
期添加烟雾："在中间的某个地方有烟雾会极妙"，或者在另一幅绘画中，"暗面的空
气中有烟雾将会很美"。[3]

　　像他那个时代的其他艺术家一样，钱纳利喜欢傍晚或黄昏阳光的效果；在他的许
多作品中，前景的一部分出现在阴影中，以强调黄色的阳光，这些阳光从侧面照在建
筑物或中距离的其他重要事物上。然而，不那么因循守旧的是，他的孟加拉水彩画有
时会把整个前景（甚至可能是全部事物，包括人物和动物）置于深深的阴影之中——
通常只有在白天最后一缕阳光的照耀下，才能看到一根树枝、一块巨石或一缕水波
（彩图43、44）。在他的《论述》（见附录一）中，钱纳利强调了"一般阴影"的重要
性（即从画面本身之外的物体投射出的阴影），他建议这样的阴影应该在构图中占据
出人意料的高比例：

彩图43　黄昏时刻杂草丛生的陵墓。钢笔、墨水和水彩。私人收藏

138

彩图44　有废墟的孟加拉风景。钢笔、墨水和水彩。私人收藏

　　在风景画中，一般阴影是原始的和伟大的效果手段——它全然控制着画面的表现，在想到别的办法之前，一般阴影必须是理想的——在实践中，一般阴影在极大程度上应该占据整个画面的四分之三或三分之二——只有四分之一的光可能太少了；但一个非常惊人的画面效果，不能完整保留超过三分之一的光……[4]

　　钱纳利的速记现在已经成为他绘画中一种显眼的补充。尽管在马德拉斯和达卡他就已经开始做速记，但在孟加拉，他开始更加自由地使用这种符号，因此它经常是复杂信息的载体，而且这种备忘录（*aides-mémoire*）有各种不同的种类。

　　有时速记只是表示颜色或质地，如"砖和灰浆""棕色布料""开阔的风景""淤泥"或"岩石"（爱德华·利尔在他的画中添加了类似的注释，但是以他独特的普通书写，"［例如］rox①"）。或者，它可以识别出尺度或制图的错误——"人物尺寸太小""罐子不应该碰到竿子"；或者，它可以指出这幅画的一些特点，而这些特点在他观察到的场景中是不存在的——"加上了坟墓""对D（esigh，设计）的一些琐碎的添加""把本土人物变成了一个英国人"；或者它可能会建议改进——"应该有一种动物正在吃食"。

　　有时，这些信息与将来的油画版本没有任何关系，而只是记录了钱纳利过去的思考和备忘录，就好像他的速记代替了日记。"需要询问这个人的情况"，他在一个人物旁边写道。在一幅画中，一个印度女人携着水罐往下走，我们读到，"这个人物的素描完全没有阐明她的意图。而这原本是迄今为止我所见过的最美丽、最优雅、最巧妙的事物"。落款为1816年10月的一幅无头牛的画上（写道）："这是一种形状很美的动物。可惜它动了。"[5]

　　如果说钱纳利的孟加拉油画是概况性的场景，是将几幅画中的元素结合在一起，形成令人满意的构图，那么这些画本身就是通过对大自然的近距离观察得到的。艺术家对准确性和真实性的关注，在他对特定人物或物体的重复中是显而易见的——这些人物或物体通过姿势或视角的细微变化来绘制和重画——他的速记也同样如此。对于被他视为不满意的绘画，会用一个小的对角线叉"×"标记（有时还会附加注释，以确定不足之处），并与"正确的"绘画进行比较，他在这些画上标了一个正十字"+"（见插图80）。当他要用墨水描画铅笔轮廓时，他把"正确的（绘画）"和"错误的（绘画）"一并处理，这样就能把谬误保留下来以便将来参考。

　　钱纳利孟加拉时期的绘画技法是可靠、连贯的；他在马德拉斯那种断断续续的素描风格，现在基本上已被流畅的曲线线条所取代。在某些情况下，贺加斯（Hogarth）②倡导的"蛇形线"已有控制整个构图的危险，在插图78中，从看守人的拖鞋延伸到他浓密的胡子——这使人想起钱纳利的格言："应该避免直线和凹面。"[6]他以从事日常活动的印度人为对象绘制了大量习作：在胡格利河（Hooghly）③洗澡的男人和女人（插图80），妇女们肩上扛着孩子，头上顶着水罐，男人们扛着挂有水袋或

---

① 爱德华·利尔用rox替代rocks（岩石），以及其他诸如此类的发音相似的词汇来替换原本的词。
② 威廉·贺加斯（William Hogarth，1697—1764），英国油画家、版画家、艺术理论家。
③ 胡格利河，印度恒河的支流，缓缓流过加尔各答，最后在孟加拉出海。

细颈瓶的竹竿，女人坐在纺车旁，男人蹲在炖锅旁或吸着水烟（插图81）。这些积累起来的绘画形成了一批参考素材，可供他用来完成油画或水彩画。

　　还有一种选择，是将这些画做成展示册，被称为"素描簿"（'sketch-books'）。在这些画册的最前面，钱纳利会在合适的岩石或墙壁上题上一个小装饰和标题：典型的标题有《1822年孟加拉村舍的风景》或《残片。诗歌和绘画。1823》[7]，而插图82上题有《风景画教学》。没有证据表明钱纳利打算以雕版的形式出版这些册子；相反，它们可能是由赞助人委托创作，或者是供朋友和业余艺术家借用或租用的。一本以前属于哈丽雅特·佩吉特夫人的钱纳利画册，里面有五十幅关于印度人和孟加拉居民的画，其中第一幅是题为《孟加拉的风景，1825年》的

145

插图8（"1825"肯定指的是成册的日期，而不是绘制的日期，因为册子中的一些画落款是1821年的）。

插图80　浅水中的人物习作册页。
铅笔，落款于1813年4月18日。印度事务部图书馆藏

　　动物在钱纳利描绘的孟加拉乡村生活中扮演着重要的角色。他从各个角度描绘了阉牛，以及它们经常装载着的大水袋被装满和清空的过程中涉及的各种操作（插图83）。山羊是他尤为喜爱的主题，他在一幅乳房圆胀、胖乎乎的母山羊的素描上的速记中观察到："这是动物优美形态的完美实例。"如果有任何情感出现在钱纳利的乡村场景绘画中，那就是通过动物这个媒介——奶牛和它们的小牛，或者一只小山羊用鼻子蹭着它的母亲（彩图45）。他画了无数关于狗的习作，包括他自己的狗（插图84）；另一幅画着这只小动物的画上写着"我可怜的小爆竹，死于1808年6月25日。

147

插图81　孟加拉的基本建筑物及人物习作。

钢笔、墨水。题有速记"人物尺寸正确"（在建筑旁）及"水烟筒不够垂直。
它应该更直立，以便将嘴套贴近烟枪"（在人物旁）。

斯宾克拍卖行藏

他是我所见过的最贴心的狗——我真
正的朋友"⁹。钱纳利肖像中出现的
许多狗，尤其是插图164中正在表演
的梗犬，表明了他对这些动物持续的
关爱。在孟加拉和澳门，他画了猫、
鸡、马、驴、鹿和猪的素描，偶尔他
也画水牛、鹦鹉、火鸡和大象（插
图85、86、87）。

　　胡格利河上往返的各种印度船
只给钱纳利提供了更多的题材（插
图88、89和彩图46），尽管他发现孟
加拉的船只不如澳门的舢板、中国式
帆船和眷船那么引人入胜。河上的一
种较大的船叫作*putelee*，在插图88上
可以看到它的正面，它的舵手操纵着
船尾那支巨大的长桨。*putelee*是辎重
船，有一个长长的*choppar*，就是茅草
顶，此外上面还有一个竹制的平台。
这种设计无疑很奇特——钱纳利在另
一幅画的速记笔记中提到，"光透过
*choppar*上的竹制地板漏了出来"——
同时这种船也不稳定，会导致"经常
性的死亡……和巨大的时间损失"。¹⁰

　　钱纳利也画了*pulwar*和*dengee*，
这是两种带有狭窄、可拆卸的遮棚的
小渡船。这样的小帆船出现在钱纳利
的一些孟加拉水彩画的背景中，它们
的帆形成了一个高大的倒三角的独特

插图82　《风景画教学》封面页。铅笔。私人收藏

插图83　赶着阉牛的村民。钢笔、墨水和水彩，
题有（不是钱纳利所写）"来自当地的印度服装。
钱纳利"。印度事务部图书馆藏

插图84　艺术家的狗，小爆竹。私人收藏

插图85　水牛和其他动物习作，源自落款1821年的素描簿。
印度事务部图书馆藏

插图86　雄火鸡习作。
钢笔、墨水（铅笔起稿）。私人收藏

插图87　大象习作。
钢笔、墨水。A.费尔巴恩斯先生藏

彩图45　一处风景中的山羊插图。
钢笔、墨水和水彩。私人收藏

插图88　putelee习作。铅笔、钢笔、墨水
和水彩，落款于1813年9月26日。
印度事务部图书馆藏

插图89　胡格利河上的船只习作。
钢笔、墨水，落款于1821年8月30日，并以速记法题有"chattar画得太长"。印度事务部图书馆藏

彩图46　河面风光。水彩。汇丰银行藏

形状。当你近距离观察时，会发现这些船帆是拼缝起来的，这是许多次临时（*ad hoc*）修理的结果，船只对这种修理的需求非常频繁，因为帆是由黄麻纤维或"粗麻布"（gunny）制成的，是一种更适合于编织麻袋的易损材料。

第十章　儿子和对手

　　到了1817年，在英属印度不断扩张的领土上，钱纳利已被确立为最重要的艺术家，拥有广泛而具影响力的朋友和熟人圈。在他的英国家人缺席的情况下，他实际上是一个单身汉——也就是说，他不受要求已婚夫妇举行盛大宴请的社会习俗的约束。[1] 但就在这一年，不到三个月的时间里，两个人来到了加尔各答——一个是一位艺术家，另一个是他的女儿——预示着他的社交和职业平衡受到了危及。

　　第一位于1817年4月4日到达，是比钱纳利年轻6岁的艺术家威廉·哈弗尔（William Havell）。哈弗尔的名声比他本人更早抵达，钱纳利意识到一个艺术家同行会打击到他的地位和收入，便做好了斗争的准备。哈弗尔在伦敦以水彩画闻名，在1805年至1809年间，他可能是在新成立的水彩画画家协会（Society of Painters in Watercolours）展出画作的最令人印象深刻的风景画家。和钱纳利一样，他也没有低估自己的能力。1808年，收藏家兼鉴赏家乔治·博蒙特爵士（Sir George Beaumont）写信给威廉·华兹华斯（William Wordsworth）[①]，推荐哈弗尔的作品，但又补充说："如果你能让他多一点谦逊，将对他大有裨益，并有助于他的进步。"[2] 1815年《观察家》（Examiner）称哈弗尔是"一个无可挑剔的天才……注定要成为风景名家之一"[3]。

　　这时候，哈弗尔被任命为前往北京的英国使团的绘图员。1816年2月，英国使团在阿美士德勋爵的带领下离开了英国。事实证明，阿美士德是一个无能的外交官，这

---

① 威廉·华兹华斯（1770—1850），英国著名诗人。

趟旅程一无所获。更令人耻辱的是，使团的"阿尔切斯特号"船（*Alceste*）于回程途中在爪哇海失事，使团的所有财物全部丢失。哈弗尔之前已经和"阿尔切斯特号"上的军官们有过争执，现在他利用这个机会和使团分道扬镳，接受了去槟城和加尔各答的安排。迪纳普尔富有的约翰·哈弗尔（John Havell）可能是他的亲戚，不管怎么说，他到达加尔各答时，已经有了"良好的推荐"[4]和相当大的名声。业余艺术家詹姆斯·弗雷泽师从威廉·哈弗尔，他在加尔各答写道："我认为哈弗尔是英国最好的水彩画家。"[5]

钱纳利对哈弗尔到来的消息的反应综合了兴奋、担忧和挑衅，并对新来者叫嚣宣战：

149

　　关于H先生，他还没有到这儿——我相信他还没有下船——并不让我惧怕——你不知道如果有必要的话，我将打一场多么艰难的仗——在你所见过的任何悲剧里，在王者们面前吹响的任何号角，对于这位艺术英雄的到来，都只是一个孩子的摇铃——我要告诉你一个你能听到过的最有趣的故事——关于我对他的态度，我不止一次听到别人是怎么说的，而且我已经给出了我应该提供的意见——如果他是一个聪明人，我真的很高兴见到他——的确很高兴，因为（人们）总是试图与健全的男性能力做斗争——只有冒牌货和半瓶子晃荡才令人讨厌——

　　但我对自己的力量有相当准确的认识，把我拉下马是一件不容易完成的事，尽管放心吧——我不会对第三个人说这么多，不要把它当作我的意见——我不会在全世界面前显得傲慢自大——我的感觉是对的，这就足够了——如果我对经济状况不那么烦恼，我会做得更多，我会更好地展示我的才华——现在我被束缚了——但愿上帝保佑，到时候一切都会好起来的——有激励人才这样的事情，也有其他的事情，如果这个年轻人与我接触，以便有机会带走一张我的绘画，我会非常高兴的——因为新奇的事物当然会让我有一点点痛苦；但当这一切结束时，你会发现，如果我的艺术（上帝知道我没有别的东西可以依靠！）是我拥有像你这样的朋友，以及其他许多东西的手段，我要证明自己值得被人关注和出类拔萃，这是我最大的骄傲……[6]

到头来，哈弗尔却没有参加钱纳利所预料的竞争。在他到达加尔各答不久后写的一封信中，说他已经有了全职工作，主要是画小型水彩肖像，希望"回来时能不再囊

插图90　威廉·哈弗尔，马德拉斯的劳斯·彼得肖像。铅笔、水彩，签名并落款于1819年。私人收藏

插图91　威廉·哈弗尔，一位女士的坐像。油画。私人收藏

中羞涩"。但他对印度的生活开销感到沮丧——他同时代的理查德和塞缪尔·雷德格雷夫（Richard and Samuel Redgrave）是这样记述的。[7]也许是被钱纳利在加尔各答的主导地位威慑住了，哈弗尔没有在那里待太久。他订了一张1819年2月去英国的船票，却去了马德拉斯；他游历了锡兰、加尔各答、海得拉巴和孟买，在油画和水彩画上都有创作。令人惊讶的是，哈弗尔在东方的作品在今天几乎无法追溯；插图90、91和92属于这一时期的一小批画作，可以肯定是他的作品。1826年1月14日，在钱纳利前往澳门几个月后，他于霍乱暴发后离开印度前往英国，当时他设法攒下了一小笔钱。[8]

在威廉·哈弗尔到来不久之后，钱纳利迎来了女儿玛蒂尔达，她是第一个到印度与他团聚的英国（或爱尔兰）家庭成员。1817年1月7日，她获得了董事法庭的许可，前往加尔各答看望父亲。不久之后，她乘"密涅瓦号"（Minerva）从马德拉斯出发；1817年7月18日，她与六位绅士旅客一起抵达加尔各答。[9]那时她17岁。1818年10月22日，她应该和父亲在一起，当时钱纳利在一幅山羊的绘画上用速记法写道："玛蒂尔达今天19岁。"[10]

150　　于是，钱纳利又开始了他抛在身后的都柏林的家庭生活。经过这么长时间的分离，与一个古怪的中年男人建立亲密关系，对玛蒂尔达而言并不容易，而（据多伊利观察）这个男人还经常"脾气暴躁"。[11] 1818年至1819年间，詹姆斯·弗雷泽经常在钱纳利家吃饭，他表示钱纳利家的家庭生活经常是暴风骤雨：

　　　　那天晚上在钱纳利家过得很愉快，可是总有一种担心，怕他突然脾气发作。虽然这使大家都心烦意乱，但他那可怜的女儿将是第一个受折磨的。这个姑娘确实有足够的勇气去承受，有时她也会以牙还牙。[12]

插图92　威廉·哈弗尔，瀑布景象，槟城，威尔士王子岛。油画，签名并落款于1818年。私人收藏

1819年9月27日，玛蒂尔达在圣约翰大教堂与孟加拉公务员詹姆斯·考利·布朗（James Cowley Brown）结婚，从父亲那里获得了独立。随后，布朗一家搬到贝拿勒斯（瓦拉纳西）居住，詹姆斯在那里被任命为市法院治安法官助理。在结婚登记簿上签名的三位见证人是乔治·钱纳利、查尔斯·多伊利爵士和约翰·哈德利·多伊利，他是查尔斯的弟弟，后来接替他成为第八代从男爵。据记载，钱纳利也是小多伊利婚礼的见证人，比玛蒂尔达的婚礼早了九个月。[13]

　　玛蒂尔达婚约的第四位签名人是詹姆斯·西尔克·白金汉，这个人值得我们稍稍离题一下，因为这个有进取心和独立思想的人应该是钱纳利家族的朋友。他9岁就出海了，21岁就成为一艘西印度公司商船的船长。在中东广泛游历之后，白金汉于1815年抵达孟买，他受命为埃及帕夏[①]穆罕默德·阿里（Mohammed Ali, Pasha

---

① 帕夏，旧时奥斯曼帝国和近代埃及王朝的大行政区地方官或其他高官，放在名字后作为职位使用。

of Egypt）购买船只。由于他没有向东印度公司申请进入印度的许可，东印度公司将他驱逐出境。他再次来到印度后，创办了《加尔各答日报》(*Calcutta Journal*)，这是一份成功的出版物，经常批判东印度公司的统治，而这使他在1823年4月再次被驱逐。回到英国后，他成了一名议会议员，为禁酒和军队中废除鞭刑而奔走，并最终为《加尔各答日报》被关闭而从东印度公司那里赢得了赔偿。在很多方面，白金汉都是一个走在时代前列的人，尽管与当局的冲突给他带来了一系列的经济损失。在他第二次被驱逐出印度前不久，他借钱给当时身在塞兰坡的钱纳利，造成了另一个损失（见第161页）。[14]

玛蒂尔达的母亲玛丽安娜也要参加婚礼，因为1818年8月，她也到达加尔各答与钱纳利会合。她已经有十七年没有见到她的丈夫了。后来，钱纳利将自己塑造成一个被一位不讨喜、不宽容的妻子无情纠缠的男人。但这只是一种夸张的描述，还有其他情况需要考虑。当时的习俗是丈夫会长时间不与妻子孩子生活在一起，尤其是当他们的健康开始受到印度气候的不良影响时。就钱纳利一家而言，玛丽安娜一直待在英国，直到两个孩子都能生活自理，然后三个人各自前往加尔各答。

1818年3月3日，董事法庭下令"允许玛丽·安·钱纳利夫人带着女儿去加尔各答找她丈夫"——这显然是一个误会，因为这时玛蒂尔达已经在印度了。十天后情况澄清，法院允许玛丽安娜"乘坐'亨利·波尔谢号'(*Henry Porcher*)前往孟加拉，带一名欧洲女仆，名为安妮·卡瓦纳(Anne Cavanagh)，为她返回英国提供安全保障，要么由该船返回，要么由抵达后的第一艘船返回，公司无须为此承担任何费用"[15]。因此，玛丽安娜就这样颇有气派地出去旅行了。这安排是她丈夫迟来的慷慨姿态吗？大概不是，因为钱纳利已经负债累累，正如他在3月早些时候对玛丽亚·布朗所说的那样，"戴着镣铐"[16]。他连妻子的旅费都付不起，更不用说雇女仆了。

另一个有可能的赞助人是托马斯·帕里，钱纳利在马德拉斯的赞助人和房东。他和玛丽安娜的关系仍然有点神秘。他们的友谊是远距离发展起来的。帕里从1788年起就在印度，从未回过英国，所以他在1807年10月寄给玛丽安娜钱时，不可能认识她本人（见第81页）。1808年10月，当他又给她寄钱时，刚好收到她寄来的第一次汇款的感谢信（通过海运邮件）。帕里安排玛丽安娜去见他的妻子玛丽和他们的孩子，他们正在返回英国的途中："我知道，你见到他们会很高兴的。"[17]也许玛丽安娜照看过他

151

152

们。事实证明，玛丽·帕里与丈夫分开的时间就像玛丽安娜与乔治的一样长。

如果托马斯·帕里和玛丽安娜·钱纳利曾经见过面，那一定是在1818年玛丽安娜航行到印度之后。帕里现在已经是个有钱人了，完全有能力支付两位旅客去印度的旅费。在1823年的遗嘱中，帕里提到了"我尊敬、优秀的好朋友，钱纳利夫人"，而且还把他的孙女艾玛·路易丝·吉布森（Emma Louise Gibson）托付给玛丽安娜，并留下了相应的供给。[18] 接下来是1824年，帕里去世了，玛丽安娜想必把艾玛·路易丝·吉布森带回了自己家。

这时，玛丽安娜的丈夫又和她分开了。乔治和玛丽安娜曾一起住在加尔各答，这可以从钱纳利在1820年8月17日写给玛丽亚·布朗的一封信中看出（"钱纳利夫人要我感谢您……"）。[19] 但在玛丽安娜到达印度的三年内，这位艺术家就不得不搬到塞兰坡，以躲避他的债主。玛丽安娜没有跟着他到那里去。1822年春天，他们的儿子约翰·尤斯塔斯·钱纳利来到加尔各答时，她正住在上游的丘普拉（Chuprah）。他几乎记不起他的父亲了，二十年前当他还是个婴儿的时候，父亲就把他留在了爱尔兰。因为他的父亲住在加尔各答附近，约翰·钱纳利首先去看望他。随后发生的事在《加尔各答政府公报》中有生动的描述：

> ……在和他那慈祥而欣喜的父亲一起度过了几天难以言喻的幸福生活之后，他登上了前往丘普拉的船，带着喜悦的期盼，去探访一位同样慈祥而又充满期待的母亲和他多年未见的姐妹……
>
> 6月3日，他在逆流而上的途中在伯汉波雷（Berhampore）病倒了。在经历了七天的病痛之后，全能的上帝结束了他的尘世生涯，他曾顽强地去克服这场疾病。这位早早成为恶劣气候牺牲品的年轻人，其前途无量的才能和渊博的学识，曾使人们对他未来的幸福和卓越充满了乐观的希望……

正如《公报》所总结的那样，约翰的早逝使他的父母"在一个致命的时刻，从人类快乐的顶峰跌入了人类痛苦的深渊"[20]。他们在伯汉波雷的居民墓地里竖起了一座纪念碑：为了纪念挚爱的儿子，约翰·尤斯塔斯·钱纳利，逝于1822年6月10日，享年20岁零10个月。[21]

　　钱纳利还有两个儿子，尽管玛丽安娜不是他们的母亲。爱德华·钱纳利和亨利·钱纳利的出生，和其他许多私生子的出生一样，都没有记录在当时的教堂登记簿上。但由于他们死亡时的年龄被描述得异常精确，可以推断他们都出生于1813年，因此他们很可能是双胞胎。[22] 1820年3月19日，他们都在加尔各答接受了洗礼，那时他们已经6岁了。[23] 洗礼是在钱纳利的妻子玛丽安娜到达印度后不久举行的，或许就是应她的要求而进行的。

　　按照在印英国人的标准，爱德华和亨利·钱纳利的生活并不容易。可以肯定的是，他们的母亲不是欧洲人，因为在名录中，他们的名字被记录在"东印度人"（也被称为欧亚人）下，而不是"欧洲居民"。[24] 作为欧亚混血儿，根据1791年的一项指令，他们被排除在东印度公司的高级公务员、武装部队的军官级别之外，而且实际上也和军队所有战斗岗位无缘。这一政策是以一个微妙的观念为依据的，即欧亚混血儿（通常是印度母亲和英国或葡萄牙父亲的孩子）在社会或宗教问题上都会受到印度人的鄙视。

　　当东印度公司章程于1833年被更新时，议会规定，不得以肤色、宗教、出生地或血统为由在就业方面进行歧视。然而，只有少数社会关系优越的欧亚混血儿，比如查尔斯·梅特卡夫爵士的儿子，晋升到了普通职员或低级军官以上。英国社会中仍有一种对欧亚混血儿的强烈偏见，人们常说欧亚混血儿既不具有两种种族的优点，又兼有两种种族的缺点。"印英人不都是一群身型孱弱、面色蜡黄、不甚健康，而且身材矮小的穷人吗？"1853年，艾伦伯勒勋爵（Lord Ellenborough）在议会委员会上问到。[25] 随着时间的推移，英国人的种族偏见表现得更为明显，在许多情况下也更为露骨了。

　　钱纳利的两个私生子中，亨利至少比他同时代的大多数欧亚混血儿幸运。他成为尼扎姆胡马雍·杰（Humayun Jah）的副官，1836年3月，他乘坐"罗巴茨号"（Robarts）被派往英国，出使威廉四世。在亨利·钱纳利负责准备的许多礼物中，有"一把镶嵌着极具品味的珠宝的华丽金色椅子"，还有一幅"由哈钦森先生绘制的"尼扎姆的画像。[26] 看起来，亨利·钱纳利圆满地履行了他的职责：

　　　　据我们所知，在代表殿下呈送礼物的仪式上，钱纳利先生在温莎受到了国王和王后陛下仁慈的接见，国王和蔼地表示了喜悦，为表谢意，赐给他一块贵重的金表和表链，铭刻有"国王陛下威廉四世赠予亨利·钱纳利阁下"。[27]

154   有人认为亨利·钱纳利是一位艺术家，负责复制古代大师的作品，以及被描述为"钱纳利所作"的风景画，尽管它们显然不是乔治的作品。[28] 但是没有证据可以证明这一点，而且亨利不可能从他的父亲那里得到太多的指导，因为钱纳利在他的儿子们8岁的时候受困于塞兰坡，又在他们12岁的时候彻底离开了印度。1835年，亨利·钱纳利被任命为"警官助理"，当时他（和他的兄弟爱德华一样）住在政府广场11号。1839年4月，他是民事审计办公处的一名职员，住在克林根巷。同年6月12日，破产债务人法庭宣布亨利·钱纳利被免除债务。[29] 到1841年9月去世时，他是南克林根的一名文书。[30]

        爱德华·钱纳利的一生鲜为人知。1835年，他担任"A.赖特律师的助理"。[31] 1836年7月29日，他在加尔各答与玛丽亚·伊丽莎白·默里（Maria Elizabeth Murray）结婚，据许可证上描述，新娘是"未到法定年龄"。[32] 一年后，他因盗窃罪受审。1837年6月28日，"一个苦力卡杜尔"正在从一家商店给他的雇主亨德森夫人带回一些蜡烛和茶，这时他被坐在轿子里的爱德华·钱纳利拦住了。如他在法庭上所承认的，爱德华·钱纳利拿走了那些杂货，以亨德森上尉（Captain Henderson）的姓名首字母缩写签了一张收据，然后把茶叶卖给了另一个店主，把蜡烛给了他的母亲（这是据他自己所称，他的母亲否认收到过茶叶）。在那位店主的店员认出他后，治安官佩里逮捕了他，这个店员之前曾在中国集市的英瑟昌德葡萄酒商店里见过他。

        爱德华·钱纳利在法庭上承认有罪，但陪审团在确认判决时，"建议法庭宽恕他，因为他还年轻，而且他们认为，他做那件事时给人的印象是在闹着玩，而不是在偷窃"。法官的判决按照当时的标准来说很轻：三个月的单独监禁，这样爱德华·钱纳利就不会受到"监狱里普通重罪犯的传染"[33]。这段经历既不能改善他的健康状况，也不能改善他的职业前景。在被定罪后四年，爱德华·钱纳利以"失业"状态去世。[34]

        至此，乔治·钱纳利的三个儿子就这样早逝了，而且没有留下后代。不过，家族里的女性却被证明更强壮。1865年12月23日，艺术家的妻子玛丽安娜在布莱顿的夏洛特街13号去世，享年89岁。由于这个地址的户主被列为"布朗夫人"，老年的玛丽安娜很可能是由她的女儿玛蒂尔达·布朗照顾的，玛蒂尔达自己于1879年1月28日在布莱顿去世。[35] 玛蒂尔达至少生了五个女儿和两个儿子，他们都结婚了，她是这位艺术家的许多直系后代的源头，而他们都没有冠钱纳利这个姓氏。

第十一章　逃　债

　　肖像画生意给钱纳利带来了大部分收入，这可能是一个有利可图的进项。按照惯例，艺术家们会设定一个收费标准，然后根据肖像画的尺寸和类型向客户收取费用。印度一流的艺术家，比如罗伯特·霍姆或亚瑟·威廉·德维斯的一贯收费标准从200英镑一幅大型全身像到40或50英镑一幅头像不等，四分之三像、半身像和胸像的收费则居于这中间。以英国的标准来看，这已经是很高的价格，相当于乔舒亚·雷诺兹爵士在他声名鼎盛时期的要价。在印度，无论来自欧洲还是印度的富有客户，都有望从他们那里获得更高昂的报酬；而另一方面，在供大于求的情况下，艺术家们不得不降低收费标准，以吸引新客户——1809年，霍姆就把他的收费降低了百分之二十。[1]

　　钱纳利没有留下任何收费或被画像者的清单，他的收费也只是在个别情况下被记录下来。根据画布背面的题词，他的小（18×15英寸[①]）四分之三多伊利的假面舞服像（插图55）获得了100英镑[2]，1830年，一幅船长肖像（可能是头像）的价格为200西班牙元（40英镑）。[3] 1848年，他的一本素描簿收取150元[②]（30英镑）。[4] 然而，额外的委托带来了额外的费用。钱纳利为约翰·亚当爵士所画的肖像的订金接近16000卢比（合1600英镑），而他为黑斯廷斯勋爵所画的骑马肖像也有同样数额的订金（见

---

① 约合45.72×38.1厘米。

② 此处及后文中提到的"元"，如无特别注明，均指当时中国沿海地区的通用货币西班牙银元。

第118页）。这样的收费与1793年A.W.德维斯为康沃利斯创作的肖像画收取的22000卢比，以及佐法尼为沃伦·黑斯廷斯创作的包含约90个人物的名画《公鸡皮特》（*Cock Pitt*）收取的15000卢比相当。[5]

钱纳利在加尔各答的收入估计为每月5000卢比（500英镑），或者，另一种估算是每年近50000卢比（5000英镑）。[6]这个数字非常可观，是印度中层公务员的两倍。但在英属印度，事业成功和高额收入不一定就能带来稳定的兴旺；通常情况相反，就像A.W.德维斯的情况一样，他的肖像画在马德拉斯和加尔各答很受欢迎，但他还是身无分文地回到了英格兰的债务人监狱。钱纳利的情况也好不到哪里去。1814年，他已债务缠身，还以每月1000卢比的利率偿还借贷[7]，他余生一直处于这种状态，充其量只是短暂缓解。

那么，这些债务是如何产生的呢？部分原因可能在于加尔各答高昂的生活成本，多伊利观察到，这位艺术家寓所的家庭账单"永远来个不停"[8]。这座城市的房价是出了名的昂贵："那一定是一栋非常狭小、简陋的房子，在加尔各答，每月租金200卢比，相当于每年300英镑。"据计算，以这笔钱，整个家庭可以在不列颠群岛的任何地方"舒适而文雅"地生活。[9]没有记录显示钱纳利从印度寄回了多少钱给他的妻子和孩子，或供养他在加尔各答的印度情妇和两个儿子。他是个有名的老饕，经常抽水烟，但（似乎）不酗酒，只在午餐时喝"熟透的淡色麦酒"（见附录三，第十七节）；他对玛丽亚·布朗抱怨说："周六的一次发病，仅仅一杯香槟就要了我半条命，引起了我所经历过的所有强烈的疼痛（real pain）……我宣布我将保持安静，哪儿也不去，喝喝茶，私下做个傻瓜。"[10]

疾病持续加剧着他的经济问题，尽管通常很难区分是身体症状还是钱纳利对它们的戏剧化表现。（他）早上7点半给布朗夫人写信——"晚上写东西会损害我的眼睛，我害怕这样做"——他声称："8点钟，我必须到画架前，尽管我现在和之前都很不舒服，几乎连铅笔杆的两头都分辨不清……"[11]又或者：

> 我已经卧床四天了，此刻依然如此，左腿长了30个疖子，它们带来的折磨已经超出我的承受范围，精神上的痛苦使我必须要暂停我的业务！然而，明天无论健康与否，我都必须努力下楼到我的画室去。[12]

在他搬去中国后，他的健康状况似乎有所改善，可能是因为他彻底戒酒了。有权威人士声称，在中国海岸的那些年里，他完全不喝酒。[13] 1839年，一群美国游客来到他在澳门的画室，发现他很快活："……'我一生从未生过病……我们的艺术对我们而言确实是好肉和美酒，总之就是灵丹和妙药。'"[14]

钱纳利在加尔各答的日常开支一定相当大。在19世纪早期的伦敦，全身像尺寸的画布价格是1几尼，而某些颜料的价格非常昂贵：洋红高达每盎司2英镑，深蓝高达5英镑。[15] 1804年，托马斯·劳伦斯仅在八个月内就为松节油欠下了14英镑的账单。[16] 此外，钱纳利的大部分画具都是从英国进口的——他的颜料来自伦敦老牌颜料商詹姆斯·纽曼（James Newman）[17]——因此，虽然他能够以比伦敦更便宜的价格从广州买到极好的画框，但成本却增加了（见第58页）。

然而，这些支出并不能完全解释钱纳利长期负债的原因。可以说，身负债务的状况是英属印度的一种地方性"传染病"。独立欧洲商人习惯于面对接二连三且不可预测地遭遇成功和失败，因为他们的财富在很大程度上取决于他们无法控制的事情——海上风暴、收成多寡，或者债务人的偿付能力。就连为统治者和政府提供资金的巨擘帕尔默家族，也在1830年破产，连带拖垮了许多较小的银行和公司。对于东印度公司的员工来说，他们有更高程度的安全感，但他们中的许多人高估了自己的前景，通过大量举债来确立自己的地位，并在此后多年背负着沉重的债务。

其中一个就是钱纳利的密友查尔斯·多伊利，他只能以诸如"年轻——懒散——查看我的账户是一种无法克服的厌恶"为由来为自己辩解。[18] 在达卡，多伊利能够靠收税员工作收入的一半生活，虽然比他自己估计的要少，但仍有24000卢比。他的父亲写信给他们在英国的朋友沃伦·黑斯廷斯，让他放心："达卡是个生活成本较低的地方，加尔各答那些商店的诱惑力已经消失了，而且他（查尔斯）已经因以前的轻率行为遭受了严重的痛苦，所以我认为他将来会坚持他的打算，把一半收入用来逐步清偿债务。"[19] 作为多伊利在达卡的留宿客人，钱纳利可能已经决定采取类似的节约措施，但回到加尔各答后，他又陷入了自己的"鲁莽"之中。

如果说，钱纳利持久的抵押贷款生活方式有经济和社会因素的话，我们也应该考虑这种情况的心理因素。作为一类特定人群，殖民地的侨民曾被比作深海鱼类，它们的体质可以承受高压，以适应在海底附近正常生存——但当它们浮出水面时，就会肿胀变形。不仅仅是新环境导致了殖民地居民——就像深海鱼类一样——表现出极端和异常的方式，也是他或她的本质（也许是天生的）属性造成了对不同寻常的压力易受影响的特性。根据这个论点，某些类型的人格会被殖民生活的前景所吸引，而一旦达成了这一点，他们就会采取与殖民角色中的前辈相同的过度行为模式。[20]钱纳利或许就是一个恰当的例子——一个有铺张浪费和喜出风头倾向的人（如果我们可以从他生活奢靡、引人注目、欺诈成性的哥哥威廉的经历来判断的话），发现了殖民地是一个可以最大程度自由放纵这些个性的地方。

1805年，东印度公司一位年轻的法国裔职员的一篇日记中，也出现了类似的对"殖民人格"的分析。在撰写这篇貌似极其有理的文章时，作者可能想到了钱纳利：

> 一个在印度的英国人是骄傲和顽强的，他觉得自己是被征服民族中的征服者，并以某种程度的优越感鄙视所有低于他的人。懒惰，一种因气候而生的疾病，以其迟缓的作用影响着他，对"现在"来说，"未来"是次要的。他的大多数行为通常都带有一种漠不关心、无精打采、漫不经心的态度，能稳稳过了今天，他就不会想到明天。他野心勃勃，挥霍无度，盘算财富尚算合理；他想要什么，他就能得到什么，因为当"欲望"说"是"的时候，"谨慎"很少敢说"不"。[21]

1821年，钱纳利的经济状况变得非常不稳定，他从加尔各答搬到了河流上游15英里处的塞兰坡镇。由于塞兰坡是丹麦人的聚居地，不受英国民法管辖，因此成为许多正直公民愤怒和沮丧的根源：

> 由于与加尔各答极其接近，塞兰坡使司法程序陷入了尴尬境地。这是帝国首都所有欺诈性破产头子出没的地方。少数不幸而可敬的人在这里找到了避难所，使所有正直的人都感到满意；但是，对于这样一个人，人们会为他能逃脱法律的制裁感到高兴，而对于那千百个完全应该戴上木枷的无赖来说，他们却嘲笑那些被他们无休无止的寻欢作乐所毁掉的人的痛苦。[22]

不管钱纳利被认为是一个无赖还是一个不幸的人，毫无疑问，是债务促使他搬到了塞兰坡。钱纳利到后不久，他和其他人得以逃避债主的法律漏洞就被堵住了：根据1828年7月19日议会通过的一项法案，逃亡到外国定居的行为可以被视为破产，逃亡者的财产可以分配给他的债权人。[23] 但那时，钱纳利已经找到了另一个避难所。

除了破产者和赌徒，丹麦殖民地也是传教士的天堂，他们多年来被禁止在东印度公司的领土上活动。在这里，浸信会传教士约书亚·马什曼（Joshua Marshman）建立了塞兰坡学院（Serampore College），还创办了第一份印度语言的报纸。作为一名杰出的语言学家，他出版了《圣经》的中文版和孔子作品的英文版，并将许多作品翻译成印度的语言。有几位当时的人提到了钱纳利所绘的一幅马什曼的肖像，很容易将它们与彩图47联系起来：传教士的身影后面是他的一位中国助手引人注目的面孔，他在黑暗中面无表情地凝视着，就像雷诺兹著名的历史画中被囚禁的乌哥利诺伯爵（Count Ugolino）。但是从风格上来看，不能将其归于钱纳利所作。

在塞兰坡，钱纳利也认识了约书亚同样才华横溢、精力充沛的儿子约翰·克拉克·马什曼（John Clark Marshman），他在晚年谈到了钱纳利未能完成他的肖像画的原因："在对画中人物面容的精湛表现感到满意之后，他转向了一个新的主题。因此，当他离开加尔各答时，二十多幅未完成的画像被拿去拍卖。"[24] 160

据威廉·普林塞普说，1821年6月，"我们有趣而富有教益的朋友，画家乔治·钱纳利，由于债主施加的沉重压力而陷入困境，他逃到丹麦的殖民地寻求保护，并在塞兰坡定居"[25]。这个日期是可靠的，因为普林塞普就是债主之一；还有，钱纳利的一些素描上，用他的速记法写下"塞兰坡"，并落款1821年，以及其他表明他在1813年已经到访过这个地方的绘画（插图93、94和95）。

钱纳利时代的塞兰坡被希伯主教描述为"一个漂亮的地方，保持着美好的整洁，比加尔各答或其任何邻近的营地看起来更像一个欧洲城镇"。不过，主教还注意到，自从英国停止每年向丹麦提供200箱鸦片以来，丹麦政府已无力负担这个地方的开支，也没有采取什么措施来援助最近水灾的受难者。[26] 对于这个虽小但国际化的西方社区来说，住宿比加尔各答便宜得多。钱纳利在这里待了三年半。

他背井离乡的生涯并不妨碍他画肖像画，只要想画像的人能找到他。其中有威廉和玛丽·普林塞普夫妇，他们在巴拉格布尔的平房度假，紧靠塞兰坡河对岸。每天威廉和他年轻的妻子都会摆渡穿过胡格利河，让钱纳利画像，因为他正在创作的画后

彩图47　约书亚·马什曼和中国助手之一的肖像，钱纳利同时代未具名作者所作。油画。汇丰银行藏

插图93　塞兰坡乡村景色。铅笔，落款于1813年5月26日。印度事务部图书馆藏

插图94　塞兰坡的胡格利河畔。以速记法题有"塞兰坡"，并落款1821年9月。私人收藏

插图95　塞兰坡的一处旧围墙和小平房。
钢笔、墨水（铅笔起稿），以速记法题有"塞兰坡"，并落款1821年6月16日。印度事务部图书馆藏

来被普林塞普描述为"那幅漂亮的油画肖像，是我们两人唯一的共同画像"[27]。这幅肖像画（卷首画）由威廉的妹妹埃米莉的家族留传下来，是钱纳利对欧洲人在印度家庭生活的最幸福的写照之一。不同寻常的是，画中丈夫坐着，而妻子站着，举着丈夫刚刚完成的一幅水彩画。钱纳利为这幅肖像所画的铅笔素描（插图96）在普林塞普的一本家庭相册中保存了下来。[28]在素描版本中，玛丽·普林塞普被要求用右手拿着这张纸，结果威廉就被留在那里盯着纸的背面。在最终的版本中，玛丽被安置在离她丈夫更近的地方，他们两个得以一起端详那幅水彩画。

　　这幅画像让钱纳利得以脱离塞兰坡。看到这位流浪在外的著名艺术家，这对年轻夫妇产生了同情，威廉·普林塞普无疑代表了许多人的心声，他写道："在加尔各答，我们都为失去他的相伴和他的画笔而感到遗憾。"他向钱纳利要了一份债主名单，钱纳利给了他一份债务清单，总额约为20000卢比。在约翰·帕尔默、詹姆斯·西尔克·白金汉、詹姆斯·扬上校[29]和普林塞普本人的带头下，艺术家的朋友组成了一个有影响力的团体，说服其他人一起把这笔钱预付给钱纳利，这样他就能再次被安置在

插图96　威廉和玛丽·普林塞普肖像的预备画。铅笔。斯文·加林先生藏

他的加尔各答画室里。作为贷款的担保，这群人"对他手里有订单的公开绘画采用了正式留置权"——其中一张是黑斯廷斯勋爵骑马的肖像；由于单这一幅绘画的委托就值16000卢比，放贷者一定认为他们的投资是安全的。

钱纳利不出所料地回到了加尔各答，普林塞普写道："他在那里受到热烈欢迎，重新投入了积极的工作。"但令他的救助者失望的是，这位艺术家忽略了原本可以偿还贷款的委托作品，转而接受可以带来现款的新订单：

　　我和他的通信往来极为令人烦恼，原来他把债务低估了10000卢比，我敦促他说，虽然遗憾但也很必要的是，他应该每天花至少一半的时间完成那些作品，以偿还他的恩人。他常常用这样的话来回应我："把拜伦勋爵锁在岩石上，他能写出他自由精神所要求的诗歌吗？把我的画笔逼得够呛，你认为你能得到一幅值得一看的画吗？"这个善变的家伙从来没有碰过它们中的任何一幅，当他跑到中国时，我们发现自己这群输家损失了30000多卢比！公开的绘画大部分根本就没有画过。[30]

　　显然，钱纳利现在不仅耗尽了朋友们的钱，也耗尽了他们的善意。普林塞普发现了这位艺术家留给他的信息，允许他出售"几幅未完成的肖像，他的健康状况使他不可能再做更多了"。普林塞普还设法弄到了一些钱纳利留给一个叫勒依莫克先生（Monsieur L'Emerque）的人的素描簿。[31] 但这些补偿微不足道。钱纳利本人也无计可施，他于1825年7月13日在加尔各答登上东印度公司的"海斯号"（Hythe），驶向了澳门，把他的妻子和债主都留在了印度。

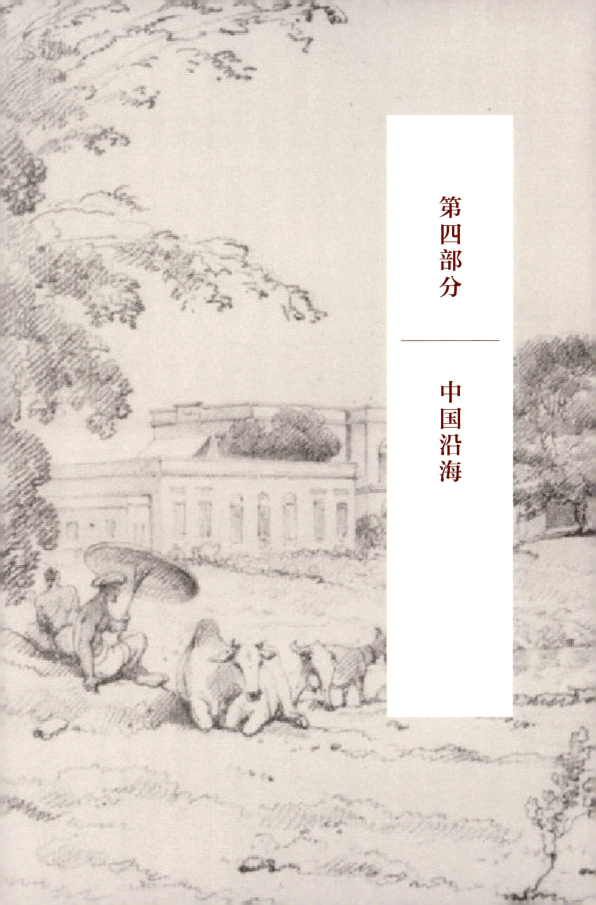

第四部分

——

中国沿海

第十二章　广州和中国人

当钱纳利于1825年7月驶出胡格利河时，不论是他自己，还是他在加尔各答的朋友和同伴，都没有想到他不会回来了。他们一定以为，在社交活动中缺席一两年之后，他会以魅力、威吓或哄骗的方式重新具备偿付能力，并回到他所喜爱的上流社会。很明显，他让人们知道他这次航行是为了健康（甚至可能有些是真的），一年后，加尔各答媒体报道称："钱纳利先生的朋友们会很高兴听到他的健康在中国之旅中恢复了。"但同一家报纸暗示他离开加尔各答是出于经济动机："我们希望不久后情况就能允许他回到加尔各答。"[1]

由约翰·彼得·威尔逊（John Peter Wilson）船长保管的"海斯号"航海日志详细记载了船员和航行的情况。大副是罗伯特·林赛，后来成为东印度公司定期航线的负责人，他年轻时的肖像就是由钱纳利绘制的。[2]艺术家在航行中有一个印度仆人陪伴；其他乘客包括三位军官，其中两位各自带着妻子和一个仆人。这艘船载着两支印度兵分队和他们的军官前往槟城。

"海斯号"8月16日停靠在槟城近岸锚地，并在那里停留了九天。军队和他们的行李均已登陆，甲板被擦洗后，船上装上了物资、淡水以及"槟榔和胡椒"。钱纳利可能在槟城画过一些素描，但如果他真的画了，这些素描显然也已经散佚了。威尔逊船长的航海日志记录了频繁的降雨，这可能是阻止钱纳利上岸的原因。[3]

1825年9月29日，离开槟城五周后，钱纳利和他的仆人离开"海斯号"，抵达澳门，也就是钱纳利将要生活的地方，他在那里度过了生命中剩下的二十七年，其间他

插图97　一位广州的西方商人。
铅笔、水彩，签名并落款于1839年。爱尔兰国家美术馆藏

曾多次前往广州和香港短暂停留。

　　钱纳利并没有立即在澳门定居下来，而是在澳门和广州分别度过了他在中国沿海地区的最初几年。广州（当时称Canton）是中西贸易的支点。在鸦片战争迫使中国政府向西方"开放"其他港口之前，广州是中国唯一允许外国人进行贸易的城市。西方贸易国家被分配了一小片临河地带，并建立了他们的"洋行"（'Hongs'）或"商馆"（'Factories'），宽敞的西式建筑，通常带有柱子和游廊，里面是办公室、仓库和住所。贸易在中国政府严格监管的条件下开展，而且只在冬季进行。春天，那些没有带着货物返航的商人不得不在护航下撤退到南边80英里处的澳门。如果在东方有家庭或孩子，他们将全年居住在澳门，因为西方妇女不允许出现在广州。

　　在广州，西方人的活动被限制在十三行的范围内，他们会过河行至河南（Honam）[①]，

————————
① 本书正文和插图中出现的"河南"，均指珠江以南的地区。

插图98　广州的荷兰愚蠢炮台（海珠炮台）。
铅笔、钢笔、墨水和水彩。私人收藏

插图99　广州的红炮台，远景是西方商馆区。
铅笔、钢笔、墨水和水彩。香港艺术馆藏

到西边的花地花园（Fa-ti gardens），以及黄埔（当时称Whampoa）的深水停泊处。偶尔，西方人也会冒险进入中国的北方城市，但没有证据表明钱纳利曾经这样做过。钱纳利眼中的广州，主要的地标是中国的河上堡垒，特别是在河的北侧靠近十三行，名称令人费解的荷兰愚蠢炮台（Dutch Folly Fort［海珠炮台］）（插图98），以及在河南一侧的红炮台（插图99）；英国行和荷兰行的柱廊带有山墙（插图99、100和彩图48），是商行建筑中最壮观的；位于这块特殊经营区域东端，以及西端附近有宝塔屋顶的商行，属于广州的行商章官（Chung Qua）（插图100和101）。

167

　　章官行别具特色的屋顶是在1822年11月一场大火后进行全面重建时竖立起来的。1827年7月9日，钱纳利详细绘制了这座屋顶（插图101）（19世纪30年代中期，章官破产自杀后，该屋顶被拆除）。这幅画有大量的速记注释，包括"极明亮的绿色琉璃""白色多于黑色""类似龙的头部"和"四面共有15个花盆"。章官商行出现在彩图49的左侧，这是一幅纯灰色画法（*grisaille*）[①]的船货抵押贷款广场（Respondentia Square）的油画习作，写生的位置在英国行附近。即使是在这种地志画主题中，钱纳利的兴趣似乎也在于经常光顾广场的中国街头小贩群体；画面右边是一个流动剃头匠，

① 　纯灰色画法，用灰色模拟浮雕画法作的画（或彩色玻璃）。

插图100　从西南看向广州西方商馆区。铅笔，落款
于1826年7月7日。维多利亚和阿尔伯特博物馆藏

169

插图101　章官行宝塔屋顶习作。钢笔、墨水（铅笔
起稿），落款于1827年9月7日。以速记法从左至右、
按顺时针方向题写了："浅绿，深绿；黑色和一点儿
白加绿，极明亮的绿色琉璃，这一侧更浅一点，白
和红；深色边缘，白色多于黑色；[护墙下]类似龙
的头部；浅棕色；[右上角]四面共有15个花盆。"
香港艺术馆藏

也是钱纳利在许多其他绘画和油画中
描绘过的人物（插图109、110和111）。

　　钱纳利注有日期的绘画显示了
他的行踪。他的第一个秋天（1825年）
是在澳门度过的，但在1826年、1827年、
1828年、1829年和1832年的夏末和秋
天，他显然是在广州。很明显，他
1832年在广州进行了长时间的停留，
因为他的一些关于广州的绘画，标明
了日期是在那一年的4月中旬到12月
底。在后来的几年里，他似乎主要待
在澳门。根据通常可靠的威廉·亨
特（William Hunter）的说法，在早期
居住广州期间，钱纳利曾住在隶属于
奥地利的贸易总部帝国行（Imperial
Hong）。[4]

　　尽管钱纳利是中国沿海西方小社
区中唯一的职业艺术家，但他面临着
一种在印度从未遇到过的竞争。这是
一个欣欣向荣的广州艺术家群体，他
们"以西方的方式"——通常包括中
国和欧洲传统的结合——为西方市场
工作。这些艺术家创作了地志风景
画，表现了广州的商行，澳门、黄埔
的锚地和珠江上的其他地点；他们还
绘制肖像，茶叶、瓷器和其他商品生产的图解，并重新诠释了西方版画。起初，这些
"外销艺术家"（export artists），正如他们今天有时被描述的那样，用中国传统的水性
颜料作画；但是到了18世纪的最后几年，他们开始采用新颖的油画技法。

彩图48　广州的西方商馆，可见美国、英国和荷兰的旗帜。
钢笔、墨水和水彩。私人收藏

彩图49　广州的西方商馆。纯灰色画法油画习作。私人收藏

　　与钱纳利同时代的广东外销艺术家中，最著名的是关乔昌，西方人称之为林呱（Lamqua）。许多访客前往他在广州同文街的工作室，在那儿，他和一大批助手一起工作，效仿钱纳利的风格，却以比钱纳利更低的价格出售画作。林呱是否曾是钱纳利的正式学生，在本书第十七章中有讨论，但毫无疑问，到1827年底，这两位艺术家已经保持着密切的联系。当年12月12日，钱纳利从广州写信给同样居住在广州的费城商人约翰·拉蒂默（John Latimer）：

　　　亲爱的先生，

　　　　请以B.C.威尔科克斯（B.C. Wilcocks）阁下的名义付款给林呱先生，微型画所用的200支毛笔和6张象牙片，由他为萨利先生和特罗特先生带到美国，共计56西班牙元（SP. Dollars），非常感谢。

　　　　　　　　　　　　　　　　　　　　　　　　　　　你忠实的

　　　　　　　　　　　　　　　　　　　　　　　　　　　乔·钱纳利[5]

170　　　这里提到的艺术家是历史画家托马斯·萨利（Thomas Sully）和曾是萨利学生的微型画家本杰明·特罗特（Benjamin Trott）。同样是在1827年12月12日，钱纳利给拉蒂默写了一封信，信中明确指出，这些画笔（价值4西班牙元）是给萨利的，象牙片（每张1西班牙元）是给特罗特的。在同一封信中，钱纳利责备拉蒂默道："我今天早上7点去拜访你，但你（这个懒骨头）还在床上……"[6]

　　林呱后来因复制钱纳利的原创作品而声名鹊起。钱纳利的被画像者之一，波士顿的罗伯特·贝内特·福布斯（Robert Bennet Forbes），撰写了一篇半开玩笑的《肖像史》，好似是从肖像的角度写的："1832年冬天，为了要寄给我在美国的朋友一幅半身肖像画，我在广州痛苦地经历了坐着给乔治·钱纳利画像……"在描述了这位艺术家和他的习惯之后，"……我发现自己出现在一张大约10乘15英寸的画布上"。然后，"我的船长要一幅我的画像的复制品给广州的朋友，于是'我'被转移到了林呱的作坊，在那里……滞留几天后，我的肖像画被依葫芦画瓢地仿制了一幅，并寄给了我的船长"。[7]然而，林呱可以做的不仅仅是"依葫芦画瓢"。他和其他广州的外销艺术家——他们的画通常没有签名，不容易辨认——都是熟练的从业人员，他们的画并不总是明

插图102　停在黄埔的一艘中式帆船。油画。R.J.F.布拉泽夫妇藏

显次于钱纳利的。他们对这位英国艺术家构成了巨大的威胁，而对钱纳利在中国沿海的作品的研究，仍然受到因被林呱和他的广东同行复制而导致的归属问题的困扰。

黄　埔

在广州以南10英里的珠江之上是黄埔，这是远洋的东印度商船结束航程的深水停泊地。在这里，他们的货物由中国海关仔细检查，然后转移到在黄埔和广州之间往来的小船上。停泊地提供了一个艺术性的布景："世界上任何地方都看不到比东印度公司在黄埔集结的舰队更好的景象，他们的进港货物已经卸下，每艘船都井然有序地等待着装运茶叶……一切事物都彰显着制度、纪律，还有武力。"[8]

托马斯和威廉·丹尼尔（1785年和1793年来到过这里）、威廉·哈金斯（William Huggins，1813年来过这里），以及几代广东外销艺术家都描绘了黄埔这种壮观的船只聚集景象。然而，这似乎并不吸引钱纳利。他在中国沿海生活了二十七年，似乎只来过一次，而且是在他到达不久之后。他的一系列黄埔素描，来自一本硬背装订的小

彩图50　薄雾清晨中的中式帆船和舢板。P.J.汤普森夫妇藏

彩图51　日落时分的一艘中式帆船。马丁·格雷戈里画廊藏

彩图52　驶离中国海岸的帆船和舢板。钢笔、墨水和水彩。马尔科姆和厄休拉·霍斯曼藏

小浅黄色素描簿上画的系列画，描绘了黄埔岛上大大小小的宝塔，时间跨度从1827年至1830年。[9]然而，在钱纳利的某些画作中，山丘上矗立的高大宝塔仅仅作为背景出现，比如插图102，这是一幅关于中国式帆船和舢板的油画习作，画面右边是中国海关。

　　钱纳利没有画东印度商船，而是描绘了一系列朴素而看似简单的场景，在晨雾或平静的夕阳中，中式帆船驶离中国海岸（彩图50、51和52）。吉迪恩·奈是钱纳利作品的早期收藏家，他赞美这些以各种材质绘成的图画，表现出"停泊着的中式帆船和阳光下微微泛起的涟漪……"；特别是在一幅油画中，风恬浪静中有一艘中式帆船，"空气和海面闪耀着白色的光芒……真是艺术的典范"。[10]

171

浩官和茂官

　　对中国沿海的一代西方商人来说，中国同行中最知名的是伍秉鉴，他的商行名叫作"浩官"（Howqua或Houqua，有时也叫浩官二世，让人困惑）。[11]从1801年至1826年，浩官被推举为联合公行（Co-Hong）总商，这是一个批发商人的组织，西方人与之进行交易事务；虽然他在1826年辞去了职务，但他的财富和资历使他仍然被视为行商的领袖与代表人物。

1809年，一艘塞勒姆商船的船长注意到浩官"……很富有，运送的都是好货，在所有的交易中都很公正，总之，他是一位品德高尚、诚实正直的人——在商行之中，他的生意比任何人都多……"在页边空白处，船长补充道："浩官更讨人喜欢，且可以哄劝。"[12] 在与浩官有过接触的人所记录的许多称赞中，这非常典型，尤其是与他有密切交易的美国人帕金斯、库欣（Cashing）、罗素（Russell）和福布斯兄弟。他的影响力如此之大，以至于在19世纪30年代后期，随着鸦片危机的加深，他威胁要退出与之的生意，从而迫使美国旗昌洋行（Russell & Co.）放弃了他们的鸦片贸易。[13]

浩官自己也在国外做贸易，他从旗昌洋行租船把茶叶运到欧洲。他在茶叶种植园、水稻种植、房地产和银行业都有股份；当约翰·默里·福布斯（John Murray Forbes）从中国海岸回国时，浩官给了他一大笔钱，请他代其投资北美股票。[14] 他当时是中国（也可能是世界上）最富有的商人，1834年时估计拥有2600万西班牙元的财富。他大举放贷，1813年向东印度公司预付了25万两白银（合86000英镑）。六年后，费城商人本杰明·丘·威尔科克斯（Benjamin Chew Wilcocks）损失惨重，浩官借钱给他继续经营；后来，当威尔科克斯似乎无法偿还他时，浩官撕毁了欠票，使威尔科克斯摆脱了债务，并能够回到美国。[15]

然而，并不是所有人都赞美浩官。怡和洋行（Jardine and Matheson）通常与茂官和其他行商贸易往来，他们怀疑浩官的影响力以及他与美国商人的密切关系。鉴于19世纪30年代，浩官对美国的鸦片交易起到了抑制作用，而威廉·渣甸（William Jardine）则受到茂官的建议，认为中国政府会从冲突中退缩，并将鸦片合法化——这一错误判断鼓励了渣甸采取挑衅性策略。[16]

大多数的行商都有品级，是通过他们官帽顶珠的颜色来区别的。因此，在钱纳利为浩官和茂官画的肖像中，暗蓝色顶珠标志着他们是四品文官。品级也由绣在官服上的鸟的种类来区别；但即使这些元素是可以辨认的，钱纳利和他的中国仿效者画的官服补子也没有表现出一致性，因此不能被认为是准确的。这些官阶由朝廷授予，以作为捐纳钱财（可能是自愿的，也可能是强制性的）的回报，并带有一定程度的特权：有品级者免于肉刑和拷打。最近对中国史料的研究显示，卢文锦（Lu Yuankin，茂官）因其对黄河堤防的捐款而获得了四品头衔，他还因陪同皇帝进行狩猎演习时击中目标而赢得了一

插图103　浩官肖像。
钢笔、墨水。以速记法题写"［18］27年12月26日，广州"。私人收藏

根花翎。然而，这些荣誉被剥夺了，因为人们发现茂官贿赂当地官员，在乡贤祠——一种荣誉之地立碑以纪念他已故的父亲，而他出身低微的父亲并没有这个资格。[17]

　　行商的地位是显赫的，但也往往伴随着不利因素，因而很少有行商自愿担任；大多数是被广州的海关官员（Hoppo，高级财政官员）强迫的，海关官员能够剥削他们，并阻止他们辞职。浩官在多次申请并支付了一大笔钱后，才最终从公行辞职。对所有行商，尤其是他们中最富有的那些而言，破产都是一个持续存在的威胁，因为他们每个人都对西方商人是否行为端正、支付关税负有责任，鸦片危机期间，他们面临着来自中国朝廷与日俱增的施压。1839年，浩官和茂官被迫项上戴着铁链示众，并被剥夺了品级顶珠，以劝使西方人交出他们的鸦片库存。1841年，英国军队威胁如果不支付600万银元的赎金，就进攻广州，当时，行商们为此筹集了200万银元，其中110万是浩官代表他和他的家族缴纳的。[18]

　　茂官（卢文锦）是浩官的对照。他身材高大健壮，而伍氏家族以画家、诗人，以及文学出版物的赞助人而闻名，茂官在人们的记忆中则和蔼可亲，是一位精通美食的老饕。[19] 他的父亲，也被称为茂官，也曾是一位行商，尽管出身卑微，但在19世纪的头十年，他被认为是行商中最富有的人。从他的父亲1812年去世到1835年，茂官被官方命为继浩官之后的第二位总商。但他的道路没有他的竞争对手顺利。在1822年的广州大火中，茂官损失了价值35万两白银（合12万英镑）的财产，几乎是浩官的两倍；不计后果的借贷和父亲入祀不成的难堪插曲加剧了这一挫折，意味着他的财务状况常常岌岌可危。[20]

彩图53　浩官肖像。油画。汇丰银行藏

这种对比也反映在钱纳利为两位行商绘制的肖像上（彩图53和彩图54）。两位人物周围都环绕着中国的地位象征——一顶官帽、精美的瓷器和家具、一个痰盂和一盏悬挂的灯笼，此外还不协调地加上了欧洲传统的实心柱子。然而，浩官肖像的远处，可以看到盆栽植物和灌木（暗指他著名的花园），而茂官的肖像则配上了一个更普通的金鱼缸作为饰物。这两幅肖像更显著的不同在于画中人的姿势。身材魁梧的茂官以放松、几乎是四肢伸展的姿势向后倾，而浩官则笔直地坐着，他的"容貌和神情都表明他巨大财富的积累无不伴随着相等的焦虑"[21]。他紧闭的嘴唇和瘦削的脸颊，以及手腕和手指富于表现力的角度，让我们想起了某些世纪末（*fin de siècle*）的唯美主义者，一位做中式装扮的马克斯·比尔博姆（Max Beerbohm）①或孟德斯鸠伯爵（Comte de Montesquiou）②。这种强烈的表达在这幅肖像的

---

① 马克斯·比尔博姆（1872—1956），英国散文家、讽刺作家和漫画家。他的数张肖像画和照片中的坐姿都与彩图53中的浩官非常相似。

② 指罗伯特·德·孟德斯鸠（Robert de Montesquiou，1855—1921），法国唯美主义者、象征主义诗人、画家、艺术品藏家。

彩图54　茂官肖像。油画。汇丰银行藏　　　　　　　　　茂官肖像的细节

后续版本和仿制品中被稀释了，后来的浩官以一种依照常套的友善形象出现。

　　浩官这幅肖像画的姿势和灯光都与中国传统的肖像画概念完全不同。浩官的姿势和钱纳利自己在他最著名的自画像（彩图102）中采用的姿势一样：一条腿架在另一条腿上，几乎与头部成直角，使四分之三的侧脸朝向观众。值得注意的是，在钱纳利的中国效仿者所画的版本中，人物虽然仍然可能是架腿而坐的，但姿势更接近中国祖先像的正面形式。这些后来的版本减少或放弃了钱纳利绘画中令人印象深刻的明暗对比。他的作品至少有四分之三的部分处于阴影中（钱纳利在他践行的《论述》中建议了这一比例，见附录一），而浩官的面部和上半身则戏剧性地被照亮了。如果不是因为这样的背景是钱纳利最喜欢的图式，而且他很容易在最无关紧要的情况下使用这种背景的话，人们可能会认为，浩官花园外乌云密布的日落，是即将到来的战争的象征。

彩图55　茂官肖像。
油画。私人收藏

彩图56　一位广州艺术家所作的茂官肖像。
油画。汇丰银行藏

　　至于钱纳利所作的茂官肖像，一幅小型的纯灰色画初稿被保留了下来（彩图55），这是一个能够说明他对一幅肖像的光和影的初步规划的有趣例子。虽然在这个阶段没有任何细节被囊括在内，但在这上面建立的色调平衡在最终的画面中得以保留；即使是柱子右边天空中的一抹白色，显然在一开始就被构思为构成色调平衡的一个元素。

　　这种不甚自然的模仿在几个广州画家版本的茂官肖像（彩图56）中重现。更为正面的姿势再次被采用。官袍补子和官帽顶珠做了改动，瓷器、花格和月洞门都被省略了。艺术家无法表现透明的金鱼缸，所以谨慎地忽略了金鱼。遍及画面的笔触不甚清晰。就这两幅而言，仿制品的品质要明显低于原画——尽管在其他仿作中，这种差别还要明显得多。

　　当茂官很快就被遗忘时，世界的另一头却在纪念浩官。1843年他去世后，一艘美国飞剪船以他的名字命名；一位美国贸易伙伴为他创作了一首告别诗；退休的对华贸易商人内森·邓恩（Nathan Dunn）在费城创立的"中国博物馆"（Chinese Museum）展出了一尊真人大小的浩官泥塑雕像；多年来，他的塑像一直在伦敦杜莎夫人蜡像馆（Madame Tussaud's waxworks）展出。在1870年杜莎夫人蜡像馆的图录中，浩官被列于威灵顿公爵和乔治·华盛顿（George Washington）之间，并描述说，他因"极其开朗的性格和对英国深厚的感情，在行商中享有很高的声望"。[22]

　　然而，浩官最经久不衰的形象无疑是由钱纳利创造的，这个形象在广州的画室里以各种尺寸、版本和材质被广泛复制并出售到西方市场。于西方人而言，浩官的形象不仅代表着一位举止文雅、服饰别致、顶戴花翎的中国显贵，而且在他的身上，具体体现了欧洲人几个世纪以来所归结的中国人作为一个整体所拥有的品质：文化传统、商业智慧、彬彬有礼和外交手腕。西方对中国的这种观念包含了大量的幻想成分，在鸦片战争及其随之而来的鼓吹中，这种幻想很快就破灭了；但浩官的形象是一个令人欣慰的征兆，表明对乐善好施、见多识广的中国人的刻板印象并不是种全然的误解。

　　由钱纳利所作，并使许多版本和仿制品得以兴起的浩官肖像，很可能就是彩图53所示的这幅小型全身像。据说这似乎是受广州东印度公司委员会会长W.H.奇切利·普洛登（W.H. Chicheley Plowden）委托而绘制的。[23]当普洛登于1830年1月31日启程回国时，他应该就带着这幅肖像，毫无疑问，1831年在皇家艺术研究院展出的乔治·钱纳利的《浩官肖像》（'Portrait

177

插图104　抽烟斗的长须男子习作。铅笔，题文并落款"广州1826年5月4日"。纽约库珀·休伊特博物馆（Cooper-Hewitt Museum, New York）藏

插图105　船娘习作。铅笔。纽约库珀·休伊特博物馆藏

插图106　马礼逊的中国助手习作。
铅笔。私人收藏

插图107　戴眼镜的老人习作。
钢笔、墨水。维多利亚和阿尔伯特博物馆藏

插图108　老人习作。
钢笔、墨水（铅笔起稿）。私人收藏

插图109　中国剃头匠。
油画，落款于1826年。私人收藏

插图110 中国人物习作，包括剃头匠和他们的顾客。铅笔。P.J.汤普森夫妇藏

插图111 剃头匠和顾客。钢笔、墨水（铅笔起稿）。以速记法题文并落款"正确［18］32年9月8日／一家商店门前"。私人收藏

彩图57 马治兵像。油画。汇丰银行藏

彩图58 坐着的看门人。油画。汇丰银行藏

彩图59　在月洞门前持扇赏鸟的中国女子。油画。私人收藏

of Howqua'）就是这一幅。[24]（前一年的展览曾展出钱纳利所画的另一位行商的肖像，但并未注明是谁。）

钱纳利绘制的中国人肖像不仅限于行商（插图104—111，彩图57—60）。他画的一位老人，一手持扇子，一手拿着书和眼镜坐在那里（彩图57），画面右上角写着三个汉字"马治兵"，但这是否表明了人物的姓名或职务，尚不清楚。一个穿着带纽扣的外套的男人，坐在竹凳上，他的狗趴在旁边，可能是一个看守人或家仆（彩图58）。对比鲜明的面部类型，和风格迥异的绘画风格，可以从描绘两名年轻抄写员的栩栩如生的铅笔画（插图106）中看出，他们是罗伯特·马礼逊（Robert Morrison）的助手（对比插图150），以及对长须绅士有力的钢笔速写，其中一位戴着眼镜，用一圈绳子固定在耳朵上（插图107和108）。钱纳利的另两幅肖像画中，一幅是一个年轻的中国女人坐在月洞门旁（彩图59），另一幅是一个脚夫站在荫蔽的景色之中，停下来抽着他的细长烟斗（彩图60），这两幅画的庄重之感，丝毫不逊色于那些顶戴花翎、官袍加身的行商肖像。

钱纳利最迷人的油画肖像习作之一是中国剃头匠（插图109），描绘地点位于广州十三行对面广场的小巷里。在中国，流动剃头匠是常见的人物，他以一种音乐的方式拨动镊子来宣告自己的出场。他的主要工作是剃头刮面；因为头发和胡子都要刮，而中国男人不太可能自己来操作。剃头匠可能还会为顾客清洁耳朵、编辫子、按摩关节和肌肉。威廉·亚历山大（William Alexander）在1793年与英国首个访华使团来中国时，曾给遇到的剃头匠画过素描，用他的话来说，他们"挠鼻子，耍各种把戏来取悦和逗笑顾客"[25]。

180

在钱纳利1826年所画的这幅画中，剃头匠在他那标志性的金字塔形箱子上保持着平衡，他的工具环绕四周。他的右手搭在一个高高的用来放水的竹制三脚架上，而他的箱子（正如另一个目击者所描述的）"里面有剃头、刮胡子、挖耳朵、修剪脚趾甲和手指甲的工具，而且很容易就能变成一个座位，以接待顾客"[26]。钱纳利的素描（插图110和111）描绘了这些操作中的大部分，在画面中，当剃头匠忙着手中的活计时，顾客通常会帮忙拿着他的工具，并就着燃烧的驱赶蚊子的"月虎"（moon tiger）盘香，舒适地享受着。

彩图60　抽烟斗的中国脚夫。油画。私人收藏

第十三章　澳　门

　　澳门半岛位于广州以南约80英里处，16世纪50年代就允许人们在这里定居。早期的葡萄牙冒险家们与马六甲和日本妇女通婚，形成了一个由不同族裔组成的澳门族群；在钱纳利的时代，他们经常被称为马卡斯塔斯（Macaistas），或简单地称为葡萄牙人。他们被一堵横跨地峡的防洪堤隔绝在中国大陆之外，但他们的定居点日益繁荣起来，主要是通过与日本和马尼拉的贸易。他们在山上建造堡垒，并安装大炮，以抵御荷兰和英国的掠夺——到18世纪初，这两个国家已经取代了葡萄牙在东方的主要西方贸易商的地位。

　　澳门的堡垒出现在钱纳利的许多画作中，尤其是大炮台（Fort Monte），它占据了半岛的中心；小山顶上的烧灰炉炮台和东望洋炮台（forts of Bem parto and Guia），位于南湾（Praya Grande）或称大海湾（Great Bay）的两端；海岸附近的圣伯多禄（São Pedro）小炮台位于它们之间。钱纳利到达的时候，南湾（彩图61、62和63）的一侧是一排浅新月形的精致两层房屋，通常配有游廊和柱子或柱廊，其中许多都是外国贸易公司从葡萄牙所有者那里租来的，有几年，东印度公司占据了两座最壮观的带有壁柱和中央山形墙的建筑，就位于总督官邸的南面。钱纳利描绘的南湾建筑如今已不复存在，海湾本身的许多地方也已被改造。

　　另一方面，人们仍然可以看到一些由葡萄牙人和西班牙人在16世纪和17世纪建立的伟大教堂与神学院。它们也常常出现在钱纳利的绘画中（插图112—116，彩图64），无论是作为绘画的主题，还是街景的一个元素——从小巷里阴影下的角度看去，可以

彩图61　从西南方向看南湾。油画。私人收藏

彩图62　从东北方向看南湾。钢笔、墨水和水彩。私人收藏

彩图63　从东边看南湾。油画。汇丰银行藏

插图112　澳门圣若瑟神学院大门。
钢笔、墨水和水彩。
东京东洋文库（Toyo Bunko）藏

插图113　澳门圣多明我堂和街头摊贩。
钢笔、墨水（铅笔起稿）。以速记法题写"人物尺寸正确"。
维多利亚和阿尔伯特博物馆藏

插图114　从澳门仁慈堂向圣多明我堂和大炮台望去。
钢笔、墨水和水彩。
私人收藏

插图115　从澳门仁慈堂向圣多明我堂和
大炮台望去。钢笔、墨水和褐色薄涂层。
东京东洋文库藏

插图116　圣保禄教堂和台阶。
钢笔、墨水（铅笔起稿），落款为1834年10月18日（大火前不久）。
澳门贾梅士博物馆（Museum Luis de Camões, Macau）藏

彩图64　澳门圣多明我堂。
钢笔、墨水和水彩。马丁·格雷戈里画廊藏

瞥见一座装饰性的山墙或凸起的三角墙，或圣老楞佐堂（São Lourenço）的双子塔之一显现在屋顶之上。圣方济各堂（São Francisco）、圣多明我堂（São Domingos）、圣奥斯定堂（Santo Agostinho）、圣保禄（São Paulo）和圣若瑟神学院（São José）与众不同的轮廓，与之相关联的神学院和修道院建筑，矗立在钱纳利画中的城镇风景之上，是罗马天主教会权力的见证，更确切地说，是耶稣会教团权力的见证。

在城市的中心，紧邻参议院大楼的是仁慈堂（São Casa da Misericordia），这是一个值得注意的机构，它包括一家医院、一家麻风病医院和一家收留弃婴，并把他们抚养到7岁的孤儿院。巴洛克风格的门道顶端有一幅仁慈圣母的浮雕，旁边矗立着一座有雉堞的石塔，在澳门早期的景观中非常显眼。钱纳利在仁慈堂外的街道上画了很多画，展示了对面西班牙人建造的圣多明我堂，以及挡住了北面视野的大炮台的城垛（插图114和115）。

圣保禄教堂的正面是澳门的宏伟标志，也是其多元文化的象征。1602年完工时，[187] 它木雕的屋顶浓彩镀金，可能是亚洲当时最壮丽的教堂。1633年至1635年，受意大利北部建筑实例的启发，教堂又添加了四层石制立面，由当地工匠，包括来自长崎的日本基督教难民建造而成。他们创造了丰富多彩、各式各样的石头浮雕和青铜铸件：基督教符号和中国象形图画、圣徒、恶魔，以及葡萄牙船员。在第三层的中心，圣母玛利亚被代表中国的牡丹和代表日本的菊花簇拥着。教堂旁边建了一所耶稣会学院，正前方还建了一段宽阔的台阶，使这充满激情的场景再度升华。

当钱纳利第一次来到澳门时，圣保禄教堂仍然是葡属澳门的骄傲。然而，1835年，木结构的教堂在一场肆虐的台风中着火，大部分毁于一旦。钱纳利1834年10月18日的一幅钢笔画（插图116）描绘了火灾发生前不久的教堂；他后来绘制的教堂遗址的写生作品，现在保存在维多利亚和阿尔伯特博物馆（Victoria and Albert Museum）。[1] 今天，与台阶相邻的一排蜿蜒的房屋也消失了，只留下了正面鲜明的轮廓，一连串精心塑造的入口通向一无所有——象征着东方基督教的崇高抱负和他们最 [188] 终的挫败。

对短期拜访澳门的游客来说，主要景点之一是贾梅士石洞（Grotto of Camões，或写作Camoens），这是山顶上的一组花岗岩，可以俯瞰半岛西部的内港（彩图65）。根据一个根深蒂固的传说，在葡萄牙人定居的第一年，独眼流亡者路易斯·瓦

斯·德·贾梅士（Luis Vaz de Camões）
就在这里创作了史诗《路济塔尼亚人
之歌（葡国魂）》（*Os Lusiadas*）。"石洞"
是一座华美宅邸的数个花园的一部分，
通常被称为卡萨（Casa）（彩图66），它
被东印度公司的一些高级成员占据，直
到该公司的垄断地位于1834年瓦解。
这些花园里还包括一块1821年英国人
从葡萄牙人、参议员和金融家俾利喇
（Manuel Pereira）手中购买的土地，作
为新教徒的墓地。钱纳利，连同许多他
的朋友和有关联的人就埋葬在这里。

　　更壮观的一处岩层位于半岛的南
端，然而，现今已经不那么令人印象深
刻了。游客们会欣赏"巨大的岩石堆
叠在一起，好像是大自然令人畏惧的盘
旋抛掷而成的"，以及从裂缝中生长出
来的大树。[2] 它旁边是妈阁庙（A-Ma or
Ma-Kok temple），澳门的名字即来源于
此；妈阁庙建在早期福建定居者向妈祖
祈祷的地方，妈祖是一位女性先祖，也
是渔民的守护神。这个地方离钱纳利的
住所不远，是他一些最令人满意的绘画
作品的写生地。虽然有时会描绘寺庙本
身（插图117），但他更多是选择在拐角
处的位置（写生），因此，在最终的画
面（彩图67和68）上，寺庙的大门只是
隐约可见，或者根本看不见。大量的黑

190

彩图65　澳门贾梅士石洞。油画。私人收藏

彩图66　从卡萨花园看向澳门内港。
油画。私人收藏

插图117　澳门妈阁庙。铅笔，落款于1833年4月16日。
以速记法题文"优秀的比例可以信赖"，以及"修正"。私人收藏

彩图67　妈阁庙。油画。私人收藏

插图118　澳门的十六柱宅邸。
铅笔、钢笔和墨水，落款于1836年8月12日
（铅笔）和1836年7月29日（墨水）。
伯明翰博物馆与美术馆（City of Birmingham
Museum and Art Gallery）藏

彩图68　妈阁庙。
钢笔、墨水和水彩。R.J.F.布拉泽斯夫妇藏

色岩石从左边一直延伸到大海，而在右边，光线刚好照到寺庙前的码头，那里有两根桅杆标志着中国海关的所在地。

191　　　澳门最宏伟的建筑之一，是东印度公司特别委员会主席W.H.奇切利·普洛登和后来的美国商人吉迪恩·奈所住的房子。它的临街面与圣老楞佐堂相对，由一组八对科林斯式柱子的围屏组成，也因此得名十六柱宅邸（插图118）。另一座独具特色的宅子，如插图119和120所示，有一个从建筑主体延伸出来的半圆形游廊；它也可以从南湾的全视图中看到，就在靠近南湾南端的一堵矮墙后面。这所宅子的房客中，有两位

192　曾是钱纳利绘画的主题人物——亚历山大·格兰特上尉（Captain Alexander Grant）和罗伯特·贝内特·福布斯。[3]

　　　虽然澳门表面上是一个欧洲殖民城市，但大部分人口仍然是中国人，这个地方的基本经济依赖于他们。1841年，澳门的中国人口估计在2万到3万人之间，葡萄牙

插图119　澳门南湾带阳台的宅子。钢笔、墨水和水彩。私人收藏

插图120　南湾带阳台的宅子（从西边望去）。钢笔、墨水和水彩。私人收藏

人／土生葡人有4000多人，"其中四分之一以上是黑奴"⁴。同年，其他外国男性居民约有230人，其中只有21人被记录为有"家室"。这些人中超过一半是英国人，其次是帕西人（Parsees）①，再其次是美国人。⁵钱纳利街景中的人物大多是中国人，但也可以看到成双结对的土生葡人女性，身后有仆人撑着一把伞（彩图81）。按照马六甲的习俗，她们用披肩盖头，这样如果有男性走近，可以迅速以披肩遮脸。西方人很少出现在钱纳利的澳门风光中；一个罕见的例子是彩图63中，位于右边的轿子旁的戴着高顶礼帽的人物：一幅钢笔画描绘了同一个人物（插图121），落款为1848年5月，暗示了彩图63也是同时期所作的。

1826年，钱纳利在澳门短暂地租了一所房子；他不得不像所有的同胞一样租房，因为除了葡萄牙人以外，西方人不被允许在澳门拥有房产。房子靠近圣老楞佐堂，朝向半岛的岬角。澳门参议院档案记载，1826年6月17日，"另一个请求是丽塔·玛丽亚·德·卡瓦略（Rita Maria de Carvalho）提出的，她是曼纽尔·胡纳姆·德·卡瓦略（Manuel Honem de Carvalho）的妻子，要求许可出租她的房子，房子位于向下延伸至下环（面对内港的海湾，见插图122）的圣老楞佐街上，租给一位外国商人乔治·钱纳利，为期六个月"⁶。

这所房子将成为钱纳利往后余生的家。现存于大英图书馆的澳门"名址录"，列出了约六十处有中文名称的地点，其中有四处以"位于圣老楞佐堂背后（以中文译文）"的单独条目。分别是"马礼逊医生"（即传教士罗伯特·马礼逊，见彩图99）；"哈德斯顿先生"（东印度公司的罗伯特·伯兰·哈德斯顿［Robert Burland Hudleston］，见插图123）；"杰克逊先生"（约翰·杰克逊［John Jackson］，也来自东印度公司）；以及"钱纳利先生"。⁷这些住宅被归为一类，表明它们比单独列出的一流商人居住的房子要小，可能是他们共用一个大门入口。

钱纳利住处的确切地址，可见于澳门主教府邸关于出使北京的使团的葡萄牙文记录。房子是鹅眉街（Rua de Ignacia Baptista）8号。（这条街被保留了下来，尽管房子已经重建并重新编号；一条与之平行的街道被命名为千年利街［Rua de George Chinnery］。）1843年，它被天主教教团从原主曼纽尔·胡纳姆·德·卡瓦略那里接手，

---

① 帕西人，是主要生活在印度次大陆，信仰祆教的民族，祖先从波斯移居而来。

插图121　一位西方人物、一双手和部分南湾的素描。铅笔、钢笔和墨水，注有日期并用
速记法题写：（右上方）"正确，1847年12月6日"；（上方中间双手处）"1848年5月12日，
正确/两者都是在家/正确"；（左上方人物旁）"在家1848年5月12日/正确，已补充"。
澳门贾梅士博物馆藏

插图122　澳门下环。
钢笔、墨水和水彩，落款于1838年……月17日。大英博物馆藏

插图123　罗伯特·哈德斯顿。油画。私人收藏

直到胡纳姆欠下的债务由他本人或继承人偿还为止。然而该债务从未被偿还，所以教团保留了房子。1847年，房租从300元降至120元，这或许是澳门在面对香港日益繁荣时财富缩水的一个信号。无论如何，直到1852年钱纳利去世那一年，他这些年的房租才被付清，因为直到那时，教团团长华金·雷特神父（Fr. Joaquim Leite）才从艺术家的遗产中收回了这笔钱。[8] 因此，《中国邮报》（*China Mail*）在钱纳利的讣告里所声明的，他在自1827年以来所住的房子里去世的说法被证实了。

哈丽特·洛

　　非葡萄牙人的西方人大多独来独往，尽管在澳门也有那么一两个葡萄牙家庭，尤其是派瓦家（Paivas）和俾利喇家，也会出现在这些西方人的晚餐餐桌上。在澳门生活了四年，对钱纳利有了深入了解的哈丽特·洛在日记中生动地记录了他们的日常活动。洛氏家族是一个显赫的新英格兰家族；哈丽特的叔叔威廉·洛（William Low）是旗昌洋行的合伙人，该公司是美国在广州最主要的商行。1829年，他和妻子阿比盖尔（Abigail）（插图124和125）从塞勒姆（Salem）航行到中国，还带着时年20岁的哈丽特。她将在冬季陪伴阿比盖尔·洛，因为那时威廉·洛正在广州忙碌——而那里是禁止西方妇女进入的。当哈丽特抵达澳门时，她发现自己是西方侨居社会中唯一的未婚女性，也是男性关注的焦点。

　　洛氏一家于1829年9月30日抵达澳门。像其他大多数侨居国外的人一样，他们生活得相当舒适。他们住在大教堂附近的房子里，有一间灰泥粉饰的圆顶餐厅，还有一个漂亮的大理石壁炉，在哈丽特眼中是"一个你在美国会感到自豪的房间"。她发现

插图124　威廉·亨利·洛。
油画。马萨诸塞州塞勒姆皮博迪博物馆藏

插图125　威廉·亨利·洛夫人（原名阿比盖尔·纳普）。
油画。马萨诸塞州塞勒姆皮博迪博物馆藏

单身汉们也"样样都很时髦，还有很多仆人"。[9] 正式的晚宴由东印度公司举办。哈　　195
丽特·洛在澳门过第一个圣诞节时，有六十位客人参加公司的晚宴，每个人身后都站
着他们的中国仆人。"晚宴包括各种美味佳肴，并以最优雅的方式呈上……"只有葡
萄干布丁缺乏"家的味道"。[10]

　　音乐声充耳不绝，尤其是在公司特别委员会主席W.H.奇切利·普洛登的房子里。
钱纳利的近邻，约翰·杰克逊和罗伯特·哈德斯顿演奏小提琴和双簧管，罗伯特·英
格利斯（Robert Inglis）演奏长笛，到了1832年8月，哈丽特·洛在这里听到了手风琴，
"一种新乐器刚刚问世"[11]。第二年春天，一个意大利歌唱家巡回剧团来到澳门，受到
了热烈的欢迎；钱纳利当时就在洛家的"包厢"里，内有七把椅子排成一排。[12]

　　此外也有业余的戏剧演出，钱纳利享誉其中。在澳门的一出剧目上，他在《情
敌》（The Rivals）中扮演马拉普洛夫人（Mrs. Malaprop），凭借众所周知的双关语俏
皮话，他很有资格扮演这个角色[13]；他第一次引起哈丽特·洛的注意是在另一出戏
里，那是在她刚到两个月的时候。在她1829年10月17日的日记中，作为拜访洛家的

七位绅士之一，钱纳利的名字已经出现了（尽管拼写错了）。然而，在剧院里，他被称为"钱纳利先生，一位著名的肖像画家"，他被分配了一个女性角色，尽管（正如她所说）没有人比他更没女人味了。这个角色是小乔治·科尔曼（George Colman the younger）①的《可怜的绅士》（*The Poor Gentleman*）中的柳克丽霞·麦克塔布（Lucretia Mactab），选这部剧很可能就是为了让钱纳利扮演这个角色。柳克丽霞·麦克塔布是一位"严厉的未婚姑妈"，她对恭维很敏感——"这些斑猫多享受被拍马屁啊"——她有艺术上的自负：她批评侄女的刺绣作品，但是侄女抗议说她是临摹自然。最后，柳克丽霞在她债台高筑的哥哥死后陷入了赤贫。钱纳利的演出"制造了很多乐趣"，哈丽特·洛记载道，并补充说他还画了一些场景。[14]

196　　　这次演出后两个星期，哈丽特·洛第一次参观了钱纳利的"房间"（'room'），正如她通常所描述的那样。有一次，她提到他的"画室"（'studio'），但她的引号清楚地表明，这个地方不值得用这么高贵的字眼来形容。"他那儿有几幅很好看的肖像。他非常成功。我多么希望我能有点儿钱，交到那个人的手上，让他为我美丽的面孔画像……"[15] 她的愿望最终实现了。

在接下来的两年里，哈丽特见到了钱纳利许多次。她注意到他和美国商人詹姆斯·布莱特（James Blight）、罗伯特·威尔金森（Robert Wilkinson），英国商人托马斯·比尔（Thomas Beale）以及法国船长达兰（Durran）在一起；她在费伦太太（Mrs. Fearon）家、奥尔波特太太（Mrs. Allport）家和马礼逊太太（Mrs. Morrison）家遇到了他，注意到他在形形色色的社交场合混迹于玩牌者之中——"老姑娘""老光棍"和"投机分子"。她定期到访钱纳利的住处，接受他的素描指导，并临摹他的绘画。

她不喜欢艺术家的一些习惯——"吸鼻烟、抽烟、大声抽鼻子……如果他不是那么讨人喜欢，会让人无法忍受的"。（她对这个问题的看法很强烈："在有女士进入的房间吸烟是一种极大的冒犯。"）她的日记里没提到钱纳利抽水烟，钱纳利似乎已经放弃了他在加尔各答时非常喜欢的这个器具，因为她对她在澳门遇到的几个水烟烟民俾利喇、比尔和克利夫顿（Clifton，见第215页）做了一些详细的评论。[16] 但是钱纳利确

---

① 小乔治·科尔曼（1762—1836），英国剧作家、杂著作家，是剧作家、散文家老乔治·科尔曼（George Colman the Elder，1732—1794）之子。

实喜欢雪茄。在一封1827年的信中，他要求约翰·拉蒂默向一位即将抵达的船长安排"在全部卖光之前，让我拥有他的500支上等雪茄"[17]。

此外，哈丽特还抱怨钱纳利说："他吃早饭的时候特别令人讨厌，因为他是个**贪食者**（gourmand），进餐时也并不讲究礼仪。"然而，她显然很喜欢这个男人的陪伴，她认为他是一个"滑稽古怪的天才"，一个"极具判断力"的人，"非常有礼貌"，一个"优秀的人性观察者"。而她则是"他最喜欢的学生之一"[18]，而且，她似乎是一个聪明的学生，对自己或别人的作品都不轻易满意。当一幅她妹妹的微型肖像从美国运到这里时，她认为它没有捕捉到妹妹的神情，并认为画这幅肖像的画家并未和她妹妹交谈过；这是哈丽特的观点——肯定是受到了钱纳利的启发——对于一个肖像画家来说，要画出一幅成功的肖像，他或她必须引导被画者与自己交谈。[19]

1832年，钱纳利长时间住在广州，因而退出了哈丽特·洛的社交生活。在缺席的时候，他作为哈丽特绘画导师的角色被熟练的制图员和漫画家威廉·伍德（William Wood）所取代。在这一年里，伍德逐渐赢得了她的好感。他的素描课有时会上一整天。12月，他向哈丽特求婚，哈丽特接受了。但伍德是一个有争议的人物，在担任《华人差报》（Chinese Courier）编辑的短暂职业生涯中，他树敌不少；在求婚前几个月，他的竞争对手《广州纪录报》（Canton Register）的编辑向他提出了决斗的挑战。威廉·洛不允许他的侄女嫁给这样的男人，于是婚约被解除了。哈丽特很悲伤，但是——从她日记记录的语气来判断——并没有完全崩溃。[20]

这件事发生后不久，钱纳利回到澳门，重新加入了哈丽特的日常生活。婚约解除后不久，她去拜访这位艺术家的住所时，看到了"一个有巨大吸引力的事物——一张我朋友的画像，我被强烈引诱，想把它据为己有。这是一幅完美的肖像。我可能再也见不到它了，因为它要被送去美国。唉，我不知道我为什么要这么做，他对我来说什么都不是"[21]。这幅画大概是威廉·伍德的肖像。

但现在，还有其他让人分心的事。由于洛氏一家在澳门的居住期即将结束，便安排一家三口——叔叔、婶婶和侄女分别由钱纳利绘制肖像。哈丽特的肖像（彩图69）展示了许多钱纳利中国时期的女性肖像的特点。肩膀陡然倾斜，胸部被收紧在开得低而平缓的领口下。这件衣服最大的特点是鼓胀的袖子，这种式样曾使哈丽特三年前第一次看到它们时大吃一惊："他们给我们带来了加尔各答最新的时尚。我从来没有见

彩图69　哈丽特·洛。R.J.F.布拉泽斯夫妇藏（借展于马萨诸塞州塞勒姆皮博迪博物馆）

过这样的袖子——完完全全的惊吓！"[22] 画像的头部微转，嘴唇稍张，是一种有几分标新立异的样式："他要求我嘴巴张开，这在画作中是我最讨厌的，但他说嘴巴闭住是画不好的，因为通常我的嘴巴都会微微张开。"[23]

　　人们对这幅画像特别感兴趣，因为画中人记录了她在创作过程中不同阶段的反应。1833年4月10日，哈丽特第一次被画时坐了一个小时。

　　……看着世界上最丑的人之一，但他是那么讨人喜欢，以至于你都忘了他有多丑……好吧，我就坐在那儿，脑袋莫名其妙地扭来扭去，直到他画完第一张素描稿，我才开始看。哦，汝之能力呀，这都是个什么东西啊！然而，我想它一定和我有相似之处，因为我从它的眼神里看到了妈妈的神情……它的脑袋似乎要离开脖子了，嘴巴张着，好像我在打鼾；有一个小小的东西应该叫鼻子，还有一处应该是眼睛所在。我想我必须耐心地再坐几次，不过我想这倒能降低我的虚荣心，虽然在外貌方面我一向也并不太多。[24]

六天后，她回来进行第二次画像，这次是三个小时，她发现自己"对我的画像感觉更好了。我想，我的画像会非常棒，我担心，只要涂上一点颜料，它就会比我好看。你可以考虑开始上色了。钱纳利讲了一些好事，我们愉快地度过了一个上午"[25]。在接下来的几次绘制中，钱纳利把一本书放在他的绘画对象手里，以修改他的构图；这一改变使哈丽特感到高兴，也许是因为这本书在一定程度上掩盖了双手，而在钱纳利的肖像画中，手通常是概括式的。但是画这幅画花的时间比她预期的要长，她开始感到不耐烦和燥热。鉴于钱纳利在加尔各答的描绘对象们可能已经享受过布屏风扇（punkah）的凉爽，而他在澳门的房间却没有这样的奢侈品，哈丽特抱怨道："一丝室外的空气都进不来。"最后一次画像是在5月15日。她精疲力竭地走了出来，最终失望地说："说是肖像很完美，但我觉得这个人很丑。这丝毫没有提升我的虚荣心。"[26]

在那几个星期里，钱纳利也在为她的叔叔和婶婶画肖像，所以当他们三个在5月9日去画室时，哈丽特能够写下："我们都在那里画肖像。"[27] 1833年11月19日，他们终于乘坐公司的"滑铁卢号"（Waterloo）离开了澳门。他们的肖像也安全抵达美国。[28] 威廉·洛在归航途中死于开普敦。哈丽特于1836年与一位波士顿人结婚，育有八个孩子，68岁时在布鲁克林去世。

疍家船娘

"澳门是东方的避难所，对所有人敞开，无论他们是桎梏加身还是自由，因此有了一句谚语，澳门是负债者和疍民（Tan-Kas）的天堂。"[29] 在欠债的人当中，最有名的是钱纳利本人和托马斯·比尔，他是一个精美花园和鸟舍的看守人，最后被迫自杀。另一方面，"疍民"在钱纳利的艺术中占据着特殊的地位。对于一个以男性为主的侨民社会而言，疍家女的形象是中国沿海地区的女性的象征（插图126和127，以及彩图70和71）。来华商人经常抱怨或吹嘘他们与女性缺乏接触；当费城商人内森·邓

199

插图126 疍家船娘头像。铅笔。私人收藏　　　　插图127 疍家船娘立像。油画。私人收藏

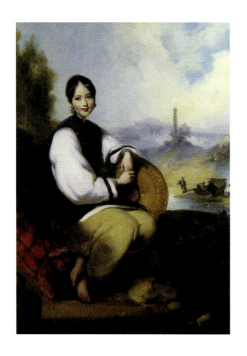

彩图70 一位疍家船娘的肖像，远景中有宝塔。　　彩图71 疍家船娘倚着她的居所。
　　油画。何安达（Anthony J. Hardy）珍藏　　　　　油画。汇丰银行藏

插图128　划船的疍家船娘习作。铅笔。私人收藏

插图129　海中的疍船素描。
钢笔、墨水，落款于1836年7月1日。私人收藏

恩拜访澳门的哈丽特·洛时，她记载道："邓恩……已经八年没见过一位淑女了。"[30] 对诸如邓恩这样的人来说，一张面带希望微笑的疍家女子的绘画，作为多愁善感的纪念品（钱纳利给另一位客户寄了一张"小疍民的绘画"带回家[31]），带着一种只可远观的浪漫氛围，也许类似于当代的"东方主义"绘画中的女性被隔绝在闺房之内，尽管实际上是端庄而非色情的。

201

疍民因他们的"蛋船"（egg-boats）（插图128和129）而得名，这是一种宽阔的圆形舢板，大约15英尺长[①]，船中部有一个或多个用藤条做成的弯曲屋顶。他们形成了一个独特的民族群体，不鼓励与中国大陆人通婚。疍民生活在澳门、黄埔和香港沿海地区。1841年至1842年，据估计，他们占当地人口的四分之一，住在停泊的船上。[32] 在澳门的海岸上，他们用石头或木桩把船架起来，搭建临时住所，并根据需要添加障碍和茅草；钱纳利为这些改装过的疍家船画过许多习作，通常有孩子和妇女坐在炉灶旁，衣服挂在外面晾干（彩图72和73），这相当于钱纳利在孟加拉所描绘的别具一格的乡村小屋，但是他们的建筑更富独创性。

当一艘西方船只抵达澳门近岸锚地时，会遇到十来艘这样的船：

---

① 约合4.6米。

彩图72　架在石块上的疍船民居。P.J.汤普森夫妇藏

彩图73　架在高脚架上的疍船民居。铅笔、水彩。私人收藏

　　……一群健美的女人，站在她们整洁小船的船头，会纠缠不休地请求带领（新来者）在浅水区航行，"只要一元钱"——但是在鸦片骚乱（bobbery）期间，这些可怜的女水手（nautilae）被禁止与洋鬼子（也就是西方人）会面，或者以任何方式帮助他们，因而遭受着无事可做和分文无收的痛苦。[33]

　　疍家妇女受到中国当局的密切监督，被要求晚上待在小沙滩上，就在官方的海关监督行台对面的海滩上。这一规定旨在防止疍家船携带违禁物品——范畴包括希望秘密前往广州的西方商人。[34]

　　钱纳利与疍家女有浪漫的联系，尤其是两个被称为阿洛（Alloy）和阿娑（Assor）的。（"女孩的名字柔和而美丽，与她们音乐般的嗓音一致。大多数都是以A开头的，因此，如果你发现阿洛、阿薮〔As-sou〕、阿赛〔As-say〕和阿莫〔A-moy〕都在同一条船上，也就不足为奇了。"[35]）他确实同时描绘了阿洛和阿娑：在一幅疍家女的素描上的速记，显示1842年7月18日他开始画阿洛[36]，而在1844年，阿娑的一幅肖像在皇家艺术研究院展出。但年老的钱纳利和疍家女之间的私情是一个最近才出现的传说。[37] 它可能是通过一个同时代的记述获得了可信度，来自乘坐两个疍家女划桨的疍家船之旅：

　　　　她们是温厚和善、标致的年轻女人，常常微笑，露出美丽的牙齿。其中一个似乎煞费苦心地打扮自己，还在头发上插了一些人造花。我紧挨着她坐着，想让她明白我的意思，却碰巧抓住了她的胳膊。这似乎使她非常不安，因为她立即缩回去，非常焦虑地把眼睛转向岸边，说道："不！不！官大人看见；他清扫（罚款）我！"（'Na! na! Mandarin see; he squeegee〔fine〕mee!'）……我问她，中国官吏是不是一向如此严格，她表情很严肃地回答："不，不！晚上再来，没人看到！"（'Na, na! nightee time come, no man see!'）[38]

　　疍民的船总是由女性划桨，这一事实更增添了神秘感——"那些男人住在哪里，怎么住的，我不知道"[39]。

　　钱纳利的疍家女绘画和素描（用他自己的话说[40]）从油画肖像画到近乎抽象的草

图一应俱全，后者由船体和屋顶的曲线、斗篷和兜帽的棱角形状以及桨的长直线组成。她们的脸往往看起来更像西方人而不是中国人，有些人被误认为是欧亚混血人或帕西人；这并不完全是由于艺术家的先入之见，而是因为疍家女似乎确实与广东人有明显的不同。她们的头发很长，在额前分开，在脑后编成辫子。在钱纳利的画中，她们的脚很显眼，没有裹脚。她们特有的衣服是蓝色的南京棉布制成，不是戴着兜帽，就是戴着有红色图案的头巾。在彩图70中，头巾被取下放在被画者所坐的岩石上。在许多情况下，她们被描绘成微笑着的（这在钱纳利的肖像中是不寻常的，但根据所有的描述，这完全是疍家妇女本身的典型特征），有时露出牙齿，这让来自西方的游客印象深刻。尽管她们可能很多愁善感，但钱纳利对疍家船娘的描绘接近于她们的文学形象，她们是"引人注目、牙齿洁白、粲然而笑、戴着头巾的美丽少女"[41]。

澳门街景

在与他同时代的吉迪恩·奈看来，钱纳利的天才并不在于肖像画，他也没有从自己的作品中获得太多乐趣。奈对钱纳利的艺术进行了敏锐的批评。相反，"他最大的乐趣是每天早上一大早就写生风景：澳门内外成群的中国人和动物……他的中国人群像来自各行各业，还有他画的各种动物，都是独一无二的"[42]。当你看到他不知疲倦地从各个角度写生中国人物、捕捉每一个姿势时，你无法否认，钱纳利的心就在这里，就像奈所描述的"生活的诗意"。除了在广州吸引他注意的剃头匠，钱纳利的绘画主题还包括渔民和捕虾人（插图130和131，彩图74），售卖蔬菜或甜食的小贩、算命先生、乞丐、货币兑换商，以及在小吃摊上吃喝的人物群像（插图132和133，彩图75、76和77）。当时和现在一样，番摊（fantan）、骰子、纸牌和踢毽子（插图134和135）这些靠运气与技巧的游戏随处可见。

如果说有一个人物主题是钱纳利艺术的缩影，那一定是正在劳作的铁匠（彩图78和79）。艺术家反复研究敲击的动作（铁匠的拇指压在锤子的把手上），铁砧和风箱的特征形状，尤其是火和烟（在油画和水彩画中）的效果。和剃头匠一样，流动铁匠也提着一个金字塔形的箱子；上面放置着木制风箱，正如素描所示，它可以是矩形的，也可以是圆柱形的。风箱里面有一个紧合的铁制活塞，铁匠把它反复抽动，使空

插图130 澳门海滩上的渔民。钢笔、墨水，落款于1843年1月13日。私人收藏

插图131 澳门南湾，以及鱼篓和建筑细节的素描。
铅笔、钢笔和墨水，以速记法题写并落款"所有细节〔18〕40年5月13日"；
此外（上方的人物旁）还有"正确。比例无误"。私人收藏

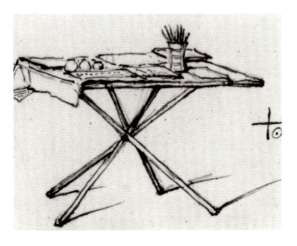

插图132　算命先生的桌子。
钢笔、墨水（铅笔起稿）。
P.J.汤普森夫妇藏

插图133　坐在长凳上的中国人习作。
钢笔、墨水（铅笔起稿）。
何安达藏

彩图74　拿着网的渔民。
钢笔、墨水和水彩。R.J.F.布拉泽斯夫妇藏

彩图75　街头小贩。
油画。汇丰银行藏

彩图76　澳门街头场景。油画。私人收藏

彩图77　圣多明我堂外的街头市集。
油画。私人收藏

插图134　一群玩牌的中国人。钢笔、墨水。私人收藏

插图135　小贩和顾客，以及远处踢毽子的人们。钢笔、墨水及褐色薄涂层，落款于
1841年2月14日。以速记法题有"DSS"（绘制简单的素描）和"极好"。私人收藏

彩图78　忙碌中的铁匠。
油画。汇丰银行藏

彩图79　忙碌中的铁匠。
钢笔、墨水和水彩。R.J.F.布拉泽斯夫妇藏

气从侧面的一个小洞里透出来，这个小洞就通到风箱旁边架子上升起的炭火上。边上的一个篮子里放着木炭，通常还有一把很大的竹伞为操作者和他的炭火提供遮蔽。"用这种方式，中国人通过肘部的轻微往复运动就能产生效果，而欧洲人则需要动用几乎全身的肌肉。"[43]

　　农民也出现在钱纳利的素描簿中，他们通常带着牛或正在照料牛，或给农作物浇水。有时，中国人雨天在田野里穿的衣服会被画出来（插图136）。托马斯和威廉·丹尼尔将其描述为"一件斗篷和背心，由鸽豆（cajam［cajan］）树的叶子制成，就像水鸟的羽毛一样，有不同寻常的防水特性"[44]。钱纳利画中的宽檐帽子①可以保护佩戴者免受雨水和阳光的伤害，这两种情况都可能很严重。哈丽特·洛经历过8月的滂沱大雨，澳门的街道让她想起了威尼斯，以及贡多拉（gondolas）②上的座椅（sedan chairs）。[45] 两百年前，这种形式的服装引起了彼得·芒迪（Peter Mundy）③的注意，他

206

①　应为斗笠。但蓑衣和斗笠在中国多为稻草、棕叶等材料制成。

②　贡多拉，威尼斯特有船型。

③　彼得·芒迪（1597—1667），17世纪英国商人、旅行家和作家，是第一位在游记中记载在中国品茶并广泛游历亚洲、俄国和欧洲的英国人。

插图136　穿戴蓑衣斗笠的中国人习作。
铅笔。私人收藏

插图137　水洼中的家牛。钢笔、墨水（铅笔起稿）。
艺术家以速记法题文"部分不真实，部分是构图。
灰色部分不正确"。落款于［18］34年4月7日。私人收藏

207　可能是第一个把关于中国和其人民的绘画带回英国的英国人；芒迪画了一个船夫的素
描，他穿着"一件树叶外套……让他们能够避雨"[46]。

　　奶牛（插图137）对澳门的外国居民来说意义重大，许多人从小就吃富含牛奶和
奶酪的餐食。牛从英国和北美被进口到中国海岸；到1844年5月，美国韦特莫尔公司
（Wetmore & Co.）已经饲养了"七八年的英国老品种奶牛"。[47]中国的牛比从西方进口
的牛要小。丽贝卡·金斯曼（Rebecca Kinsman）注意到，它们提供了大量的牛奶，但
寿命短，因为中国动物不习惯被挤奶。她的朋友里奇夫人（Mrs. Ritchie）花了100西
班牙元买了一头中国奶牛，但一个月后死了。[48]从牛的大小和瘦弱程度来判断，钱纳
209　利描绘的大多数牛是中国品种；它们通常有小牛相伴。

　　钱纳利还画了马和猫（插图138和139），以及托马斯·比尔鸟舍里的珍禽。[49]但
钱纳利最出色的动物创作无疑是令人印象深刻的猪（插图140和插图141），在他的澳
门风景中，它们频频出现。也许他对这些肥胖难看而又雄壮的物种产生了某种共情。
中国猪黑背、大肚子、短腿和短尾巴，比西方的更多肉，后来在欧洲被繁殖和食用并
广受欢迎。18世纪末，一位英国农学家写道："中国猪品种，或者叫黑猪品种，将永

插图138　马、马夫和一条狗的习作。以速记法题有
"史密斯先生的马／正确／1840年11月10日"。私人收藏

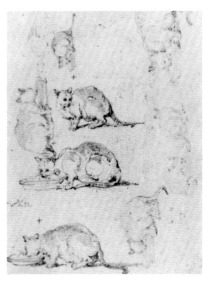

插图139　十幅猫的习作册页。
铅笔，落款于1833年3月6日。私人收藏

插图140　一头猪的习作。
钢笔、墨水（铅笔起稿）。私人收藏

插图141　一头猪的习作。
钢笔、墨水（铅笔起稿）。P.J.汤普森夫妇藏

远值钱。""它们增重的速度惊人，能产出最美味的培根；它在所有美食爱好者中都很
受偏爱。"[50] 猪肉受到西方船长们的好评，因为它比其他肉类更耐盐，中国人也这么
认为。哈丽特·洛惋惜地注意到，在澳门的婚礼队伍中，"为了这一场合，可怜的乳
猪被宰杀、烘烤、涂漆，然后被放置在马车上"[51]。

插图142　用洒水器浇灌的人及洒水器的写生。
钢笔、墨水（铅笔起稿），落款于1834年8月7日和8日。私人收藏

插图143　澳门圣老楞佐堂外景。
铅笔。里斯本地理学会（Geographical Society of Lisbon）藏

彩图80　乡村风景中的农民。油画。私人收藏

　　钱纳利卖掉了他的一些素描簿，并把其他的借给别人临摹，但这些素描簿的主要功能是作为成品水彩画和油画的素材。他素描旁边的速记往往表明他认为它们是否适合被纳入一幅画中。在许多情况下，这些习作可以与随后的绘画联系起来。挑着精巧的轭形扁担和两个水器的素描人物形象（插图142），再次出现在一幅风景油画中（彩图80）；在圣老楞佐堂（插图143）的矮墙旁，一群人正在用滑轮汲水，一幅油画中重现了这个场景，但是是从水井的另一头（彩图81）。彩图82和83，展现了从圣方济各堡（Franciscan Fort）上方的山上向南俯瞰澳门的场景，是以三个连续的阶段和材质来描绘的。彩图82上部用铅笔画出了远处房屋的轮廓，下部又用墨水和水彩重画了一遍；彩图83是从同样的角度绘制的，但采用了油画颜料。在后面一个版本中，视野向

210

211

彩图81　澳门圣老楞佐堂外景。油画。汇丰银行藏

彩图82　从东北方向俯瞰澳门。铅笔、钢笔、墨水和水彩。P.J.汤普森夫妇藏

彩图83　从东北方向俯瞰澳门。油画。何安达藏

彩图84　从西南方向看澳门。油画。何安达藏

彩图85　傍晚的澳门海滩，以及矮墙旁的人们。钢笔、墨水和水彩。私人收藏

西延伸，囊括了整个南湾，一直延伸到主教山（Penha Hill），在最左边，一艘东印度商船出现在石拱构成的框中。这幅油画和与之成组的另一幅油画（彩图84），也说明了钱纳利偏爱把大比例的前景安置在浓重的阴影中，这也是他在《论述》中（见附录一）提倡，并持续在他的许多绘画和水彩画中采用的方法（彩图85）。长而深的阴影自然而然地与夜晚的天空相伴——或者更确切地说，在南湾的景致中，清晨的阳光照亮了朝东的海滩上建筑物雅致的外立面。

第十四章　对华贸易商

中国沿海的外国社区规模非常小。1836年在广州进行的人口普查有307名成年非华人男性记录在案，其中包括62名帕西人；在所有这些人中，23人的妻子或家人居住在澳门。[1]这样一个小团体，即使加上广州的中国行商，也很难指望能赞助一个专业艺术家。事实上，钱纳利的生计在很大程度上依赖于威廉·渣甸和詹姆斯·马地臣（James Matheson）；作为一个伟大贸易帝国的创始人，这两个人充当了艺术家的赞助人、经纪人和财务顾问。直到他们离开中国海岸后，年近古稀的钱纳利才再次陷入困境。

渣甸和马地臣

威廉·渣甸的职业生涯是以一名助理外科医生为开端的，后来又成为外科医生，他换乘几艘东印度商船前往中国。在这些职位上，他有权享有"特权吨位"，也就是他可以把货物作为个人投机买卖带回到英国——这是一种比医药更有利可图的生意。1817年，渣甸离开东印度公司，购买了一艘商船的部分股份。在接下来的十五年里，他在广州和孟买参加了一系列的商业冒险。他成了著名的麦尼亚洋行（Magniac & Co.）的合伙人，同样来自苏格兰的詹姆斯·马地臣也成了合伙人。当最后一批麦尼亚洋行的雇员撤出后，怡和洋行（Jardine, Matheson & Co.）成立，并于1832年7月1日开始营业。作为船主，茶叶和鸦片等商品的代理商和贸易商，他们与竞争对手颠地洋行（Dent & Co.）一起主导着"中国贸易"。1834年东印度公司的垄断被废除之后，出现了一段混乱时期；但是渣甸租用了东印度公司的几艘船，巩固了公司的地位。同年，怡和洋行购买了第一艘蒸汽船，这是一个大胆的（而且，正如它被证实的，是草率的）尝试。19世纪30年代后期，当英中关系日益紧张时，马地臣和渣甸都有能力对英国政府及其在华代表的行动施加强有力的影响。

威廉·渣甸比钱纳利小10岁，詹姆斯·马地臣还要再小12岁。从公司档案中的信件和记录中可以清楚地看出，这两个人对这位年长的艺术家表现出了体谅和慷慨。他们以各种方式帮助他，其中之一是充当他的作品代理人。1832年，马地臣在给伦敦康希尔街出版商史密斯与埃尔德（Smith Elder & Co.）的信中写道："在公司10月或11月开航的轮船上，我有信心能寄给你一两幅钱纳利先生的素描，你也许会认为这些画值得登上你的年度出版物。"[2] 这可能指的是《友谊的奉献》（*Friendship's Offering*），这是一本每年出版的系列丛书，里面有像《蒲公英之诗》（'Lines on the Dandelion'）和《与美国人的冒险》（'An Adventure with an American'）这样的文学瑰宝，还配有小幅版画。但是，尽管马地臣做了很多努力，这本平淡无奇的出版物之后并没有出现任何钱纳利所作的插图。

当渣甸的一位船长乔治·帕金斯（George Parkyns）委托钱纳利作一幅画时，渣甸安排在画完成后将其运回国内并支付报酬。[3] 还有一次，马地臣寄回英国一幅他侄女哈丽雅特·莱尔（Harriet Lyall）和她丈夫查尔斯以及孩子们的画像，尽管他觉得这幅画总体上令人失望；"不管怎样，查尔斯的画像还不错，就这一点而论，无疑会使你们大家感到满意的。"[4]

威廉·渣甸的一些肖像留存了下来，其中至少有两幅出自钱纳利之手（彩图86和87），另一些则出自中国效仿者之手。马地臣家族的肖像很有可能也位列钱纳利所画的众多肖像中，而这些肖像中的人物已经无法准确辨析；一幅双手和胳膊搭在椅子上的铅笔习作，注有钱纳利的速记"家中的马地臣（亚历山大）先生"[5]。1838年11月13日，威廉·普林塞普拜访钱纳利的画室时，发现"渣甸正坐着让他画像"[6]，两星期后，钱纳利给詹姆斯·马地臣提供了一本素描簿，并附上最亲切的致辞：

 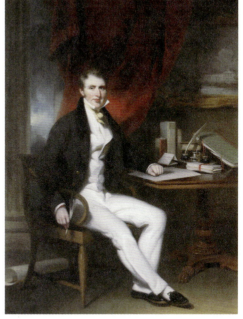

彩图86　威廉·渣甸立像。油画。私人收藏　　　　彩图87　威廉·渣甸坐像。油画。私人收藏

我亲爱的马地臣先生，

　　不用说，昨天回家时，我选了我的那一本素描簿，就是你赞赏有加并想要的那一本。你可以想象，我把它送给你是多么高兴啊！我相信你了解我，我希望如此。

　　但你知道我的素描簿是什么——满满当当的——但每一本里都有很多设计的雏形——还有很多只画了一部分——很多处于以钢笔和棕褐色墨水完成的形态。我很高兴地说，这本素描簿是我最好的作品之一；此外有很多都画得又充分又美妙，但在你拿到之前必须全部补充好，虽然我这么说不应该，但大约五十年后它将成为一位画家的素描簿，可能会很有趣——我会在这儿或那儿留下一个未完成的作品，这样G.C.就可以看得更清楚了，因为它可能会出现在一位同仁的眼皮底下。

　　今天或明天，请你来看我——我很高兴见到你，并且会更好地解释自己——我已经把你的名字写进了簿子里。星期一我就指望你了，在这种情况下，我会在8点半准时到——但不管怎样，明天我会找个时间来看你的。

　　　　在我们愉快的聚会上一直玩到1点半！但我7点就出去了，画了一些好画，但我担心今天的生意！我真心希望你一切都好。[7]

　　尽管钱纳利很高兴，但他的财务状况却令人担忧。他在印度的债主们并没有忘记他，他们不时地催债。1829年4月，"由于钱纳利对此很焦虑"，渣甸拆开了一封寄给马地臣的信[8]；这封信丢失了，但大概是关于画家的债务的。债主最终获得法院命令，要求钱纳利将"至1836年3月11日，五年总收入的一半"支付给指定的受托人。五年过去了，钱还没有还，钱纳利承受着失去他所有一切的风险。此时，马地臣（高级合伙人，因为渣甸最终回到了英国）写信给他在加尔各答的代理商乔治·詹姆斯·戈登（George James Gordon）：

　　亲爱的戈登：
　　　　我如期收到您的两封好心的来信，关于钱纳利先生的事务，主旨十分令人意外和沮丧，因而我未敢贸然告知于他，直到您给布朗夫人［钱纳利的女儿］的短笺使他知晓一切，我才全盘托出。这件事对他来说至关重要，我相信您会容忍我们，并帮助我们再一次努力拯救他。有鉴于此，我们现致函莱尔和马地臣公司（Lyall Matheson & Co.），以一万六千（16000）卢比重新向他们赊账，并要求他们将这笔款项支付给定期指定的接管人，该接管人将予以清偿债务，或者支付给您……[9]

　　马地臣认为，不可能指望钱纳利在五年期结束前偿还债务，因为他的收入甚至在五年期结束前都无法计算。在任何情况下，债权人都未能指定受托人来接收这笔钱；此外，许多债权人现在已经离开印度，也没有代理人。马地臣提到了他在1841年3月授权给钱纳利在加尔各答的债权人的16000卢比的贷款；他现在指示加尔各答的莱尔和马地臣（这里涉及的马地臣是他的侄子休）续借这笔贷款，"直到被我们取消为止"[10]。
　　因此，似乎钱纳利至少有一部分债务是由怡和洋行偿还的。钱纳利不太可能转而偿还该公司所要求的巨额钱款，也没有证据表明他曾试图这样做。他继续向詹姆斯·马地臣提供绘画，并从中获得报酬。马地臣在1840年至1842年的个人账簿中记录了三笔支付给钱纳利的未指明工作的款项：1840年10月31日，150元；1841年1月31日，250元；1842年3月

31日，100元。最后一个时间的记录中，还有18.5元付给了钱纳利的中国仿效者和竞争对手林呱，还有"找到一只小狗的费用20元"；人们只能猜测这三条是否有关联——可能这只狗将出现在一幅肖像中——或者支付的金额是否反映了两位艺术家的相对地位。[11]

一些与渣甸和马地臣有关的船长都被钱纳利画过肖像。其中一位是亨利·格里布尔船长（Captain Henry Gribble），他在鸦片危机期间被中国人短暂绑架（见第249页），后来成为英国驻厦门的第一任领事。另一位是约翰·海因船长（Captain John Hine），他曾就职于东印度公司"巴尔卡雷斯伯爵号"（Earl of Balcarres），后来成为威廉·渣甸的密友，并于1840年在伦敦酒吧组织了一场致敬他的宴会；这幅海因的肖像于1831年在皇家艺术研究院展出。四年后，钱纳利为渣甸的另一位亲密伙伴亚历山大·格兰特（Alexander Grant）所作的肖像也在研究院展出了。格兰特指挥"海格立斯号"（Hercules），这是渣甸在伶仃洋的鸦片收货船，并且在回到英国后继续为怡和洋行工作。当渣甸拜访巴麦尊（Palmerston）①，寻求政府对对华贸易商的支持时，陪同他的就是亚历山大·格兰特。[12]

这群人中的另一个是亨利·赖特（Henry Wright），被称为"老赖特"，以区别于他的儿子。在1826年加入渣甸的麦尼亚洋行前，他是"亨特利堡垒号"（Castle Huntly）的事务长，随后于1835年至1841年任怡和洋行的合伙人。钱纳利的赖特肖像（彩图88）被复制了好几个版本；尽管赖特坐在书桌前，但他随风飘动的头发和友好的表情似乎表明，比起管理怡和洋行这个商业帝国，他在船上更自在。

钱纳利还描绘了小赖特（一般被称作哈利）[13]，以及足智多谋的克利夫顿船长（Captain Clifton）（彩图89），他的进取心为19世纪30年代怡和洋行的繁荣做出了巨大贡献。克利夫顿于1825年从东印度公司辞职，以便尝试新的船舶设计和通往中国的航线。他起初并不成功；他的船"路易莎号"（Louisa）于1828年第23次尝试下水，一年后失事。克利夫顿并没有被吓住，他以美国著名的私掠船为原型，建造了一艘名为"红色流浪者号"（Red Rover）的新船。有了这艘快速的、专门建造的船，他提议每年把东印度公司的鸦片从印度运到中国三次；在那之前，每年都是一次。总督威廉·本

215

216

---

① 巴麦尊（Henry John Temple Palmerston，1784—1865），当时的英国外交大臣，后曾出任英国首相（1855—1858，1859—1865）。

彩图88　亨利·赖特。油画。私人收藏　　彩图89　"红色流浪者号"的克利夫顿船长。
　　　　　　　　　　　　　　　　　　　　　　　油画。私人收藏

廷克勋爵被说服预付必要的资金。1829年12月11日，本廷克夫人在豪拉（Howrah）[①]为
"红色流浪者号"命名，一连串"鸦片快船"（opium clippers）中的第一艘启程了，克
利夫顿是船长和主要股东。[14]

　　哈利·赖特接替克利夫顿成为"红色流浪者号"的船长，他带领这艘船沿着中国
海岸进行了一系列的航行，并出售鸦片；他退休后，在格洛斯特郡（Gloucestershire）[②]
当了牧师。

詹姆塞特吉·吉吉博伊爵士

　　怡和洋行最大的生意来源，是他们同著名的帕西人詹姆塞特吉·吉吉博伊爵士
（Sir Jamsetjee Jeejeebhoy）的洋行做的生意；在19世纪30年代，每年的收入超过100万
英镑。詹姆塞特吉的第一个雇主是孟买的空瓶子经销商弗拉姆吉·努瑟万吉·巴图瓦

---

① 豪拉，印度543个议会选区之一。
② 格洛斯特郡，英格兰西南部塞文河谷下游的一个郡。

拉（Framjee Nusserwanjee Bottlewalla）。从这个不起眼的开端，他建立了一个以棉花和鸦片为基础的巨大贸易帝国。他还成了一名涉猎范围颇广的公众慈善家。孟买的第一家慈善药房、第一家穷人医院、马西姆堤道（Mohim Causeway）、一所艺术学院和许多其他公共机构都是由詹姆塞特吉慷慨发起建造的。1842年，他成为第一个被授予爵士头衔的印度人，1857年，他获得了从男爵爵位。[15]

在这种情况下，许多中国海岸帕西人的画作被认为是钱纳利为詹姆塞特吉·吉吉博伊创作的肖像，也就不足为奇了。但钱纳利本人不可能认识这位著名的慈善家。在从孟买到广州的五次返航之后（其中一次他的船被法国人占领，他失去了所有的货物），詹姆塞特吉从1807年起一直待在孟买，直到1859年去世。他没有再去广州，钱纳利也没有去孟买。然而，詹姆塞特吉至少两次被一个叫约翰·斯马特（John Smart）的人——不要把他和两个同名的微型画家父子弄混了——画过；在其中一幅肖像的平版印刷品的基础上，由林呱或另一位广州艺术家制作了油画版本（彩图90）。[16]

詹姆塞特吉绝不是唯一一个与中国进行贸易的帕西商人。在澳门，帕西人组成了一个引人注目的团体，年轻的丽贝卡·金斯曼很欣赏他们："他们的穿着很奇怪，但很优雅——而且他们大多数都长得很英俊，外形像运动员。他们来自孟买，在这里没有家人，把妻子从自己的国家带来是违反他们的宗教信仰的。"作为贵格会（Quaker）①教徒的金斯曼女士，很赞同他们的简单衣着，夏天穿白色，冬天穿"褐色或棕色的长外套"，没有衣领，但"他们头上戴着你能想到的最难看的帽子，是用印花棉布做成的，极为光滑"。[17]插图144是一幅身份不明的帕西人和中国仆人的画像，显然是钱纳利在中国海岸画的。柱子左边挂着一幅画，画中两个帕西人向一个年老体弱的中国男子施舍，暗示这个人对慈善事业的贡献，可能是指郭雷枢医生的诊所（见第221页），几个帕西商人也对其做出了贡献。

钱纳利一定和帕西人社区的许多人都相熟。其中一位名叫赫吉霍伊·罗斯陀姆吉（Hurjeebhoy Rustomjee）的人被描述为这位艺术家的老朋友，在他生命的最后一晚一直陪伴着他。[18]一张帕西人头部的铅笔画（插图145）——可能是插图144的草图——

① 贵格会，兴起于17世纪的英国，反对任何形式的战争和暴力，主张和平主义与宗教自由。该教会坚决反对奴隶制，在美国南北战争前后的废奴运动中起过重要作用。

彩图90　詹姆塞特吉·吉吉博伊爵士，由未具名中国画家基于J.斯马特的平版印刷画所作。油画。私人收藏

插图144　一位帕西商人和他的中国秘书。
油画。汇丰银行藏

插图145　一位帕西商人的头部素描像。铅笔，
以速记法题有"H-R-J S-K-J先生〔18〕43年10月12日。
这幅极好。这样的多多益善"。马丁·格雷戈里画廊藏

带有一种略为晦涩的评论："这幅极好。这样的（作品）多多益善。"[19] 不过，一些现存的与中国贸易有关的帕西人肖像也应该被归结在内，因为根据其风格，当是中国的"外销"艺术家以钱纳利的风格所作。进一步的证据可以在两幅钱纳利式的帕西人肖像画中找到，他们是帕塔克家族（Patuck family）的成员，这两幅肖像画现藏于孟买的威尔士亲王博物馆（Prince of Wales Museum）。据说这些画分别是"中国广州的生活写照，1833年"和"……1835年"。钱纳利在这两年中都没有在广州的记录，这些肖像无疑是中国艺术家的作品。

家庭和阿妈

218

　　钱纳利对生活在中国沿海的西方人的描绘，给身份识别带来了进一步的问题。彩图91中再现的坐着的女人肖像就是典型的例子。在风格上，这幅画接近于他的加尔各

彩图91　坐在钢琴前的女子，据说是贝恩斯夫人。油画。汇丰银行藏

答肖像，而绘制位置是由后面墙上的一幅南湾和伯多禄炮台的画确定的。钢琴、她手中薄薄的小说和打开的针线盒，代表着在澳门的外籍女性有限的活动内容。

　　这位画像中的人物最初被认为是朱莉娅·贝恩斯（Julia Baynes），广州东印度公司一个反对派系领导者的妻子，该领导者一心一意追求改善贸易条件，迫使温和派的威廉·奇切利·普洛登辞去了特别委员会主席的职位。[20] 1830年，贝恩斯夫人不顾中国禁止西方妇女进入广州的规定，陪同丈夫来到广州；在广州当局的抗议和公司的反抗议之后，她被允许留下来，但这一插曲加剧了双方的紧张关系。[21] 贝恩斯一家回到澳门后不久，他们得知伦敦的东印度公司已经把贝恩斯从广州的委员会开除了。哈丽特·洛宣称："贝恩斯夫人是一位女英雄，她出色地应对着这一切。她是个富有魅力的女人，是所有妻子的榜样。"[22]

彩图92 哈丽雅特·玛丽·丹尼尔（后来的马斯特曼·威廉姆斯夫人）。油画。私人收藏

　　然而，钢琴弹奏者的身份远不能确定为贝恩斯夫人。钢琴在澳门是非常短缺的，所以画中也可能是丹尼尔夫人（Mrs. Daniell），（据哈丽特·洛记载）在她的家里有一架钢琴，并在1832年4月11日，洛氏一家举行聚会时借给了他们。那个时候在澳门有两位丹尼尔夫人。一位是简，詹姆斯·弗雷德里克·纽金特·丹尼尔（James Frederic Nugent Daniell）的妻子，他是贝恩斯在公司的资深同事。当普洛登被迫辞职时，丹尼尔仍然忠于他，当贝恩斯最终被降职时，丹尼尔被任命在他之上。另一位是哈丽雅特，詹姆斯的弟弟安东尼的妻子。两位丹尼尔夫人都在澳门有了孩子，其中一个叫哈丽雅特·玛丽（Harriet Mary）[①]，彩图92画的就是她，佩戴了一连串粉色丝带。

219

　　哈丽雅特·玛丽·丹尼尔（Harriet Mary Daniell）是澳门英国人社区的一小群孩子中的一个。根据东印度公司驻澳门牧师的登记，在1820年至1833年间，约有四十名儿童受洗。这些人中有一些是路过此地的船员的孩子，但其他许多人至少在澳门度过了他们的童年。在这几年里，亚历山大和玛丽亚·特蕾莎·格兰特（Alexander and Maria Teresa Grant）生了五个孩子，威廉和朱莉娅·贝恩斯有两个儿子和一个女儿，德庇时和埃米莉·德庇时（John Francis and Emily Davis）生了一个儿子和两个女儿，威廉和凯瑟琳·奇切利·普洛登（William and Catherine Chicheley Plowden）也生了一个儿子和两个女儿。[23]钱纳利在广州画过几个家庭的组画，但人们并不总是清楚哪幅画代表了哪个家庭，尤其是因为，他画的一些孩子可能出生在1833年之后记录不详的年代。

220

　　彩图93中的这个家庭包含了《钢琴演奏者》肖像中的许多元素：音乐和文学的象征，一条披肩和一瓶花，一块有图案的地毯和瞥见一隅的风景。在这个例子中，地点不是通过墙上的一幅画来表明，而是通过左边的中国阿妈（amah）显示的，她的身体向外倾斜，以便看着她照料的孩子们。阿妈倾斜的站姿也达到了使她与欧洲家庭成员区分开来的效果；他们抬起下巴，表情自信，展示出他们才是这幅画像的真正主角。三个孩子的眼睛都看向艺术家，而父母则向上或向外看，好像在全神贯注于更重要的事情。

　　这幅肖像画被命名为《查尔斯·马乔里班克斯和他的家人》（'Charles Marjoribanks and his family'）。1813年，马乔里班克斯于东印度公司在广州成立时加入，1830年秋，

① 原文为"Harriet May"，经查证该信息有误，此处与作者沟通后进行修改。

彩图93　家庭群像（可能是马乔里班克斯一家）。油画。汇丰银行藏

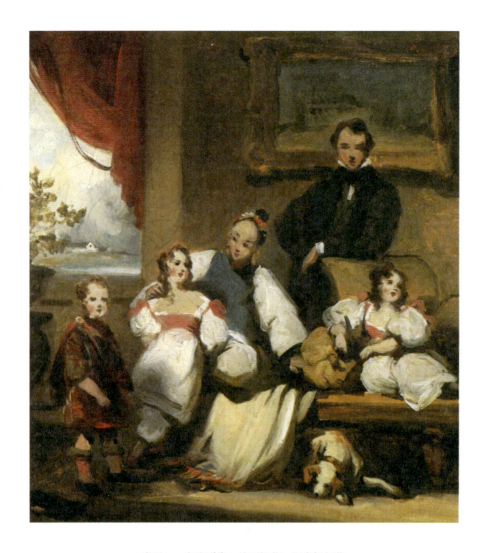

彩图94　家庭群像。油画初稿。汇丰银行藏

在威廉·贝恩斯被罢免后，他成为特别委员会的主席。可以确定的是，他的妻子也在他身边，因为哈丽特·洛记述了一次散步，是与"马乔里班克斯太太和先生［原文如此］，在看了绅士们打板球后……板球是一项著名的英国运动"[24]。1832年1月17日，在一次钱纳利也参加了的告别晚宴之后，马乔里班克斯因为生病乘坐"约克号"（York）回国。此外，很明显，他随身带了一幅钱纳利的绘画，因为钱纳利在一幅广州十三行的绘画（落款日期为1832年12月26日）上的速记题词是："马乔里班克斯先

生1832年1月在'约克号'上带回家的画。"[25] 但我找不到证据证明马乔里班克斯夫妇的孩子们也同在澳门。

这幅正式的肖像可以与构图处理更自由的彩图94相比较，后者可能是一幅试验性的画。在孩子们的母亲缺席的情况下，中国阿妈出现在画面中央，右手搭在大女儿的肩膀上——尽管再次地，阿妈与西方人物的区别在于她倾斜的头和照管（孩子）的目光。撇开这里采用的概括手法不论，画面的气氛更平易近人、轻松自在；一盆植物取代了古典的瓮，一条耷拉着耳朵的小猎犬出现在长椅下的阴影中，而不是与音乐和文学有关的东西。只有那个穿格子呢衣服的小男孩显得有点孤僻。由于对华贸易主要是由苏格兰人主导的，男孩的苏格兰裙对辨认这些人的帮助有限，但值得注意的是丽贝卡·金斯曼在1846年3月17日的一句话："麦奎因夫人（Mrs MacQueen）来访。她带着她的小儿子大卫——一个8岁的非常漂亮的男孩——穿着苏格兰高地服装——短褶裙和格子呢。"[26]

阿妈或者阿嬷（ayah）在侨民家庭生活中扮演着重要的角色。（虽然严格来说，"阿妈"指的是乳母，但在印度和中国沿海地区，这两个葡萄牙语术语被外国人互换使用，指的是负责照看雇主孩子的女仆。）丽贝卡·金斯曼对她家的中国阿妈评价非常高："她似乎非常喜爱婴儿，这些中国保姆以对孩子们的耐心和亲切而著称。"有时，雇主家也会另外聘请土生葡人阿妈，但她们的角色纯粹是监督，理由是"从性情和习惯上看，她们太懒了，不愿自己动手干活"[27]。

221

郭雷枢医生的医院

在哈丽特·洛和其他许多人的心目中，有一个人在中国沿海的西方人中脱颖而出。他们第一次见面两周后，她写道："周三，我们的好朋友郭雷枢医生（Dr. Colledge）来访。""他是我见过的最好的人。大家都喜欢他，对他交口称赞。"她假惺惺地补充说："他不应该是个单身汉。"[28] 三年后，也就是1833年1月6日，她的赞赏丝毫未减。"他不断地行善；他使每一个人都爱他，他总是那么善良和乐于助人，他竭尽全力使所有遇到他的人幸福。我们称他为'一束阳光'，因为当他走近时，所有事物都在微笑……"[29] 到2月1日，她的热情有所冷却："他是个完完全全的英国人（不是称赞），有点贵族气息，喜欢旧俗……
我们讨论了一点儿集权制。他和其他人
一样有偏见……"[30]也许她现在已经意
识到郭雷枢和她的朋友卡罗琳·希莱
伯（Caroline Shillaber）之间的默契，卡
罗琳·希莱伯是这个社区里仅有的另一
个未婚西方女性。五天后，她不得不
在日记中记录郭雷枢医生和卡罗琳·希
莱伯已经订婚了。婚礼在六周内举行。
钱纳利受托绘制新娘的肖像，人情练
达的是，他也被安排绘制哈丽特的肖
像。[31]根据家庭传统，彩图95描绘了郭
雷枢夫妇早期的婚姻生活。

郭雷枢曾在拉格比（Rugby）[①]接受
教育，并在伦敦的联合医院学习，师
从著名外科医生阿斯特利·库珀爵士
（Sir Astley Cooper）。1826年，在东印度
公司担任了六年的船上外科医生之后，
因广州商行的外科医生病故，由他继
任。1827年，他在澳门租了两间小房子，
开了一间诊所，向所有人开放，尤其是
为眼疾患者服务——眼病在中国很常见。
在诊所成立的六年中，郭雷枢治疗了
大约4000名中国患者。龙思泰爵士（Sir
Anders Ljungstedt）记录了这项事业，他认
为这是克服中国人对西方人偏见的重要

彩图95　郭雷枢医生和夫人。油画。汇丰银行藏

彩图96　郭雷枢医生在他的诊所中。油画。
私人收藏，借展于马萨诸塞州塞勒姆皮博迪博物馆

---

① 拉格比，英国中部城市。

一步；他暗示把钱花在这种事业上比花在宗教传教工作上更好。[32]这一观点显然得到了中国沿海许多主要居民的认同，捐款人包括浩官（每年捐献500元）、茂官、其他三位行商、几名帕西商人、渣甸、马地臣、福布斯、颠地家族，以及东印度公司（团体）。[33]

据龙思泰说，钱纳利所画的与病人在一起的郭雷枢医生肖像（彩图96）是应画家本人的要求而画的。这个主题将是"他实践人性的行为……同时将肖像与历史结合起来"[34]。钱纳利可能打算把这幅画作为他对这一（风险）事业的贡献（他的名字并未出现在捐款人名单中），甚至可能是当这幅画在英国展出和雕版时，作为筹集资金的一种手段。他在1833年3月30日前创作了这幅油画，一幅有日期的素描证明了这一点。[35]第二天，哈丽特同卡罗琳和其他几个人到钱纳利的画室去看这幅画。她仔细观察了一番：

这是最有趣的一样事物，一组五个人的群像，但首先，我很遗憾地说，它不像钱纳利的许多画那样引人注目，脸是侧面的，这也许是原因所在。人物是全身的，已经画得很完备。他一只手放在一名中国妇女的额头上，他已经将她从完全失明中恢复了视力。他把她的眼镜推上去，转向他的中国仆人阿方（Afun），让他向她解释未来该如何行事。阿方画得极像。这个女人的儿子跪在郭雷枢面前，为他的善举献上了一份信笺（或感谢信，通常写在红纸上）。第五个人物是一个可怜的老人，他坐在角落的地板上，眼睛缠着绷带，等待着被照料。这幅画非常有吸引力，打动人心。我希望能有幸带一幅它的版画回家。[36]

龙思泰也给出了类似的记述，他补充说，画中右边那幅模糊的画描绘的正是郭雷枢眼科医院。[37]墙上那幅画下面的人是阿方，郭雷枢的中国助手兼翻译，哈丽特·洛认识他。她问钱纳利，阿方坐在艺术家面前时，是否能保持不动。"女士，"他（回答）说，"直布罗陀的岩石对他来说就是牛蹄冻。"[38]第二年夏天，哈丽特在伦敦的威廉·丹尼尔画室里又看到了这幅画（还有卡罗琳的画像），正是他完成了这幅油画的铜版画。洛氏一家带着阿方的儿子阿约（Ayok），阿约"在看到郭雷枢先生的绘画上父亲的脸时，突然异常兴奋地大笑起来"[39]。这两幅画来得太晚，没有被纳入当年的皇家艺术研究院展览，但之后在1835年展出。

插图146　澳门眼科医院。钢笔、墨水和水彩。耶鲁大学惠特尼医学图书馆库欣中心医学史图书馆（Medical Historical Library, Cushing, Whitney Medical Library, Yale University）藏

　　比较郭雷枢在诊所的肖像和马礼逊翻译《圣经》的肖像（插图150），我们很难拒绝龙思泰的观点，即前者的事业更有价值。但西医并不总是能够治愈中国的疾病。在诊所里，水蛭是一项经常性的开支，而水蛭的供应又不可靠。郭雷枢的继任者之一，托马斯·博斯沃尔·沃森医生（Dr. Thomas Boswall Watson）记录到，水蛭的成本已经从每1000只1元上升到每100只1元，有些水蛭"难以吸住"。[40] 郭雷枢也无法处理大手术。1830年，一位名叫何鲁（Hoo Loo）的中国病人来找他，病人患有巨大的阴囊肿瘤，郭雷枢安排他去往英国治疗。手术在盖伊医院（Guy's Hospital）进行，由当时的顶尖内科医生和外科医生参加。尽管何鲁有巨大的忍耐力，他还是死在了手术台上。[41]

　　1832年，郭雷枢的外科医生同事退休了，他不得不关闭了医院。然而，在离开中国海岸之前，他获得并装修了一座全新的砖砌医院大楼[42]，钱纳利也为这栋建筑画过素描（插图146）。1838年7月，在新成立的医疗传教协会（Medical Missionary Society）的赞助下，医院开业了。该协会的第一任主席和主要赞助人是威廉·渣甸，他曾是一名外科医生，有时也会施展才能以协助工作。该医院的院长，实际上也是郭雷枢在广州和澳门的继任者，是美国医疗传教士彼得·伯驾（Peter Parker）。钱纳利与澳门和

广州的西方医疗事业之间的进一步联系，可见第266页。

226

插图147　龙思泰爵士。
油画。马萨诸塞州塞勒姆皮博迪博物馆藏

龙思泰爵士是郭雷枢眼科医院的编年史作者和赞助者，钱纳利曾两次为他画像。[43]龙思泰代表瑞典东印度公司来到中国，当公司停止贸易时，他留在澳门担任瑞典领事。他以早期葡萄牙文献为基础，第一次系统地（尽管是反葡萄牙地）研究澳门的历史，并于1834年在澳门出版。1836年，扩充后的版本在波士顿出版，但在此前的11月，他去世了，享年76岁，被安葬在澳门的新教徒公墓。钱纳利的肖像画（插图147）描绘了这位人物戴着瓦萨皇家勋章的绿色绶带走向生命尽头的庄严形象。

品茶师

1829年，当郭雷枢把解剖标本送回伦敦时——一位中国女性的脚在盖伊医院引起了特别的注意[44]——约翰·里夫斯（John Reeves）在自然历史领域提供类似的服务。里夫斯与钱纳利是完全同时代的人，他于1812年从英国离开，时年38岁。对于在中国沿海地区开始职业生涯来说，这个年龄已经相当大了，但里夫斯当时刚刚丧偶，此外，他作为茶叶经纪人的专长，使他从东印度公司获得了可观的薪水；到1829年，他作为茶叶检查员的年薪为2000英镑，相当于郭雷枢医生和罗伯特·马礼逊神父的收入之和。[45]哈丽特·洛认为他是"一个非常优秀的年轻人"[46]。评估出口茶叶质量的任务需要有精细的辨别能力和强健的胃。1848年，一位品茶师同行抱怨道："我一直在品尝和比较（茶叶），直到我都快吐了。"[47]

钱纳利的这幅里夫斯的肖像（插图148）一定是在里夫斯最后一次访华期间画的，

插图148　约翰·里夫斯。
油画。剑桥菲茨威廉博物馆藏

那是在1826年至1831年之间。1831年回国时，他带回了在澳门和广东地区收集的各种鱼类标本；一些标本被晾干并裱好，而另一些则被保存在酒精中。通过其他船只，他寄回了中国植物和花卉的种子与样品——杜鹃花、山茶花、菊花、牡丹和玫瑰。最引人注目的是里夫斯委托广东和澳门的中国艺术家创作的数千幅细致的水彩画。这些画不仅表现了植物、昆虫、鱼类和鸟类，还有（数量较少的）哺乳动物、爬行动物、甲壳纲动物和软体动物。这些图画中的许多张现在被保存在自然历史博物馆（Natural History Museum）、林德利图书馆（Lindley Library）和伦敦动物学会（Zoological Society of London）。大多数物种是用中文标明的，由马儒翰（J.R.Morrison）翻译。[48]

回到英国后，约翰·里夫斯通过他的儿子约翰·罗素·里夫斯（John Russell Reeves）与中国沿海保持联系——1827年，他的儿子追随父亲在广州当茶叶检查员。1829年，他担任新成立的艺术和自然博物馆的秘书，这个博物馆被隆重地命名为"广州大英博物馆"。[49]但小里夫斯也未能免受商业的吸引力。他很快以合伙人的身份加入了颠地洋行，因为他在被公司雇用期间公开从事私人业务，还招致了正式谴责。[50]

北美贸易商

早在钱纳利来到中国之前，一群来自美国东北沿海的商人就已经成为中国贸易的重要组成部分。费城商人本杰明·丘·威尔科克斯是艺术家在广州的第一批赞助人之一，他和钱纳利的年龄和脾气都差不多。威尔科克斯首先将土耳其鸦片进口到中国，他似乎也是第一个从印度进口鸦片的美国商人；19世纪20年代初，他与帕西鸦片运货商在孟买进行大规模交易。1813年至1822年期间，他担任美国领事，这为他在中国沿海的鸦片运输提供了便利。[51]

　　1827年，威尔科克斯退休回到美国，委托为他的中国贸易伙伴和恩人浩官[52]，还有他自己画肖像（彩图97）。两幅肖像大小相同，但美国商人站着——他是一个威严高大的男人，被中国人戏称为"高鬼"（'the High Devil'）。[53]钱纳利于威尔科克斯离开前两年到达广州。据亨特记载，"当时费城的B.C.威尔科克斯先生［原文如此］久居此地，就像钱纳利一样，总是戴着当时非常流行的白色高领领结和与之相配的衣领，他非常喜欢钱纳利，他们成

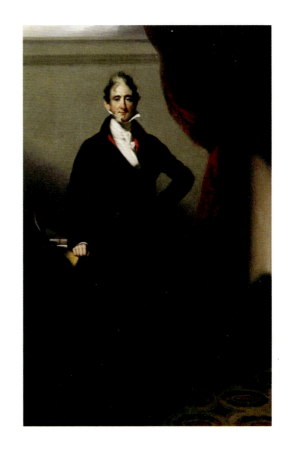

彩图97　本杰明·丘·威尔科克斯。油画，签名并落款于1828年。汇丰银行藏

了最好的朋友"[54]。这幅画展示了高高的白色领结（就像钱纳利的自画像［彩图102］一样），这幅画还展示了画家对朱红色的喜爱，朱红色不仅体现在人物的脸上，还体现在外套内衬、表带和桌上捆扎纸卷的丝带上。这幅画有签名和日期，这在钱纳利的油画和他后来的作品中都是不常见的。这幅画的日期为"1828年"，表明这幅画是在威尔科克斯离开后才完成的，并在他离开后被送到了美国。

　　威尔科克斯是在中国沿海的几个贵格会教徒出身的费城富商之一。与他不同的是，他们中的大多数人都坚决不从事鸦片贸易。内森·邓恩是其中的一位领头人，他的寡居母亲是费城一位著名的贵格会牧师。

　　这幅内森·邓恩高大结实的肖像是钱纳利在澳门所作的（插图149），哈丽　228

插图149　费城的内森·邓恩。油画。费城艺术博物馆（Philadelphia Museum of Art）藏（由约瑟芬·H.加斯基尔夫人［Mrs. Joseph H. Gaskill］捐赠）

特·洛在钱纳利的画室里注意到了这幅人像，并宣称它"极其肖似"。然而，邓恩并不是个清心寡欲的人，"他非常喜欢上流的生活方式，所有东西都要拥有最好的"，1831年1月，当邓恩在中国海岸生活了十二年半后离开中国时，她评论道。[55] 在中国同事的帮助下，他在广州收集并带回了大量的中国文物。1838年12月，他在新建的费城博物馆向公众开放了他的"中国博物馆"。

中国博物馆极其成功。在两年内卖出5万册的图录中，邓恩有力地表达了他对鸦片的看法：它是一种毒药，买卖它既不道德，也违反中国法律；他祝愿中国政府在镇压非法交易鸦片方面取得成功。[56] 博物馆里有真人大小的从事不同职业的中国男人和女人像，还有相称的服装和家具陈设。大家都说这是一场令人印象深刻的展览。钱纳利在加尔各答的朋友詹姆斯·西尔克·白金汉敦促邓恩在英国展出他的中国收藏品。1842年，这些收藏品被放在伦敦海德公园一角的宝塔式建筑里展出。这次展览再次吸引了大量的观众，但如果邓恩希望它能影响公众舆论，从而改变英国政府对中国的侵略政策，他就要失望了。这些中国藏品游历了英国各地，回到了纽约，最终于1851年12月在伦敦的佳士得拍卖行售出时，已所剩无几了。

波士顿商人在中国沿海也表现强劲。斯特吉斯（Sturgis）、珀金斯（Perkins）和福布斯家族是马萨诸塞州东部的一批家族的中心，这些家族通过合作关系和联姻联系在一起，他们的金融公司被称为"波士顿企业"（the Boston concern）。这些家族组成了一系列不同的公司和联合体，以保持美国对华贸易的控制。他们与伦敦的巴林兄弟银行（Baring Brothers）关系密切；在广州，他们与怡和洋行合作直到1834年，他们还有一个不可或缺的盟友——中国商人浩官。鸦片主要从土耳其进口，是他们生意的重要组成部分，尽管他们的交易规模小于英国人，而英国的鸦片是从印度进口的。但在19世纪20年代，以珀金斯公司（Perkins & Co.）为首的美国商人迅速扩大了他们的鸦片贸易，甚至比英国人还快，英国人对此的反应是扩大了在孟加拉的罂粟种植。[57]

詹姆斯·珀金斯·斯特吉斯（James Perkins Sturgis）在中国沿海生活了四十多年，在钱纳利去世的前一年离开了这里；直到1830年罗伯特·贝内特·福布斯到来之前，他一直在伶仃岛监管鸦片接收船。斯特吉斯随后从行业内退休。除了他在澳门的别墅外，他还在主教山拥有一间平房，就在钱纳利绘制鸟瞰屋顶那幅画（彩图84）的地点或附近。1967年，两幅斯特吉斯的肖像，在塞勒姆皮博迪博物馆钱纳利展览中展出。[58]他的两个侄子于1834年成立了罗素·斯特吉斯公司，并于1840年与旗昌洋行合并；1839年，当一群美国游客拜访钱纳利的工作室时，他们很高兴地看到"一幅真正出色的罗素·斯特吉斯先生的肖像"（以及"一幅同样令人称赞的艺术家本人的肖像"[59]）。

传教士

在中国沿海与钱纳利同时代的人当中，即使不是在商人圈子里，也是在英国公众中最著名的人物，是罗伯特·马礼逊，他是第一个来到中国的新教传教士。在体格上，马礼逊与钱纳利相似，但在气质上，他处于一个相反的极端，他是一个专注的人，"不快活也不幽默，没有多才多艺，也不熟悉文学，那些不关心最贴近他内心的事物的人，更尊重而不是爱戴他"[60]。马礼逊致力于让中国人皈依基督教新教这一不可能完成的任务。在他之前到中国的罗马天主教传教士面临着使人畏惧的障碍，但对马礼逊来说，澳门（天主教的）葡萄牙当局的敌意，以及东印度公司的漠不关心（这已经是最好的情况了），使这项任务变得更加绝望。当马礼逊在伦敦申请前往中国时，东印度公司拒绝了他，他不得不乘坐一艘美国船从纽约出发。

当钱纳利抵达澳门时，马礼逊已经在中国沿海待了十七年，暂时回到了英国。尽管没有使多少人信教，但马礼逊做了大量的工作，向中国读者提供他的宗教信仰，1818年，他在马六甲建立了英华书院，编写他的巨著《华英字典》（*Dictionary of*

230

231

插图150　马礼逊和他的中国助手。
以钱纳利作品为原版的版画

the Chinese Language，1815—1823年），并与威廉·米怜（William Milne）合作完成第一本《圣经》的中文译著，该书于1823年在马六甲出版，共二十一卷。在伦敦，他受到大批会众的欢迎，连国王都亲自给予鼓励。1826年9月，他回到澳门再接再厉，他认为那里的人"都被欺骗了"，"陷入了愚蠢之中，崇拜虚荣的偶像"。[61] 在澳门，他发现政治形势正在恶化，而且他的图书馆里已白蚁肆虐。

就东印度公司而言，马礼逊最大的价值是他精通中文。他接受了公司的薪水作为翻译和口译员，这有助于养活他的妻子和孩子，尽管他对自己越来越多地参与公司事务感到不安。

他被邀请为《广州纪录报》提供专业知识，这是中国第一份英文报纸，于1827年问世，由从亚历山大·马地臣那儿借来的手摇印刷机印制；马礼逊再次接受了，但私下里不赞成《广州纪录报》毫无羞耻地宣传当前的鸦片价格。[62]

马礼逊住在钱纳利住处附近（见第193—194页），但他很少离开他的住所，也不会是艺术家合适的伙伴。传教士把自己描述为一个"反对在人间积聚财富的人"[63]，他可能体会过一些与艺术家同样的感受，而后者长期缺乏"人间财富"。无论如何，马礼逊对钱纳利为他画的肖像（插图150）以及英国行对此的回应非常满意：

　　这里的艺术家钱纳利先生，为我和两个中国助手画了一幅肖像，画面还包括我的字典、《圣经》的翻译、祈祷书和书院。[英华书院的章程就在马礼逊的手中。] 它一直备受推崇；商馆的先生们把它送回国，并自费雕版，作为对一位老朋友尊重和敬佩的象征。[64]

马礼逊在另一封写给时任广州英国行秘书的约翰·杰克逊的信中，表达了他对钱纳利的感激之情：

> 由于钱纳利先生在画这幅画时煞费苦心，我相信，这幅画作为一件艺术品，对所有看过它的人来说都是令人悦目的；我不会接受更多的版画复制品，我会接受你建议的那些，交给钱纳利先生处理。[65]

彩图98 伊丽莎·马礼逊（原姓阿姆斯特朗）。油画。私人收藏

罗伯特·马礼逊的第二任妻子伊丽莎·阿姆斯特朗（Eliza Armstrong）在他回到英国的那段时间嫁给了这位传教士。伊丽莎来到澳门和他一起生活，在那她又为他生了几个孩子。在他去世后，她回到家乡，编辑他的信件，并准备出版。钱纳利为她画的四分之三小型肖像（彩图98）表现了一个生气勃勃的人，戴着比人们想象中的传教士妻子会戴的更华丽的缎带帽子。她穿着一件宽袖的蓝色连衣裙，当哈丽特·洛在1830年8月第一次看到这件衣服时，她感到很惊讶（见第198页和彩图69）。钱纳利典型的朱红色阴影被牢牢地涂抹在鼻子下面，以及沿着手的线条上。这幅肖像画一定是在1833年12月之前画的，当时她身体欠佳，带着六个孩子和继子女乘船前往英国。

232

她的丈夫，在她离开八个月后去世，相比之下，用黑色和白色（彩图99），以

彩图99 马礼逊肖像。油画。私人收藏

插图151　澳门新教徒公墓的马礼逊墓。钢笔、墨水和水彩，以速记法题有"1838年4月23日。以纪念那束光……"私人收藏

及最低程度的彩色的面部来表现（也许是合适的）。在画马礼逊的衣领，以及钱纳利此前在马德拉斯起所画的许多西方男性肖像中的衣领时，这位艺术家遵循了他对布朗夫人的建议："不要把衬衫的领子放下来，而是尽可能地把它竖起来——这会使人物看起来有种令人惊羡的机敏……" [66]

马礼逊的最后几年过得很不愉快。1833年，在葡萄牙人的压力下，东印度公司指示他不要再在澳门的家中发行任何出版物。第二年，巴麦尊从英国派来了第九代律劳卑男爵（the 9th Baron Napier），在中国人身上强制实行新的贸易制度；马礼逊被任命为这项考虑不周的事业的译员，并承诺每年给他1300英镑和"一件有国王纽扣的副领事外套"。[67]他的健康状况本来就很差，而在新任务的重压下，他的健康状况又恶化了，在接到任务两周后，他就去世了。

马礼逊被安葬在他曾帮助建立的澳门新教徒公墓，旁边是他的第一任妻子和一个襁褓中早夭的儿子。钱纳利描绘了他的墓（插图151）。[68]艺术家本人也将被葬在同一块墓地里，但他的遗体被葬在墓地的另一端，无论恰当与否，与马礼逊一家的墓地相对。

律劳卑勋爵两个月后也去世了。在珠江上的武力示威无效后，他被迫撤退到澳门，随后发起高烧，再也没有康复。他的失败策略被称为"律劳卑之败"（'the Napier fizzle'）。在短暂的澳门之行中，律劳卑不太可能有闲情逸致或意愿坐下来（让人）为自己画像，但似乎他确实委托了一幅在钱纳利的全部作品中独一无二的画作。这

插图152　塞尔柯克的瑟勒斯坦宅邸。油画。私人收藏

是律劳卑位于苏格兰的家，瑟勒斯坦宅邸（Thirlestane House），位于埃特里克山谷（Ettrick valley）的塞尔柯克（Selkirk）附近，是1820年为律劳卑的父亲建造的（插图152）。钱纳利从未去过苏格兰，他一定使用了律劳卑或陪同他去中国的妻女提供的印刷品或绘画。

　　鉴于律劳卑勋爵悲惨的结局，这幅画带有一种特别的辛酸，画中的人物穿戴着格子呢和苏格兰式便帽，沉思着，似乎反映了律劳卑对他的苏格兰故乡的怀念。（钱纳利对这个人物的描绘保存了下来［插图153］；这大概是钱纳利在原作中加入的。）滑铁卢之战后，律劳卑勋爵中断了他的海军生涯，在苏格兰结婚定居，在那里他写了一篇关于绵羊养殖的论文，并被认为有功于将白面切维厄特绵羊（white-faced Cheviot sheep）引入埃特里克地区。在钱纳利绘制的画面中，他可能会更喜欢出现绵羊而不是牛，但绵羊在这位艺术家于湿热地区所作的作品中并未被发现。

　　马礼逊的长子马儒翰（John Robert，马礼逊的第一任妻子所生）于1814年出生在澳门，并在英国接受教育。回到中国沿海后，他把时间分配给传教活动和商业翻译

插图153　一位苏格兰牧羊人。
钢笔、墨水（铅笔起稿）。私人收藏

插图154　马儒翰和一位同事。
油画。私人收藏

（当宗教活动较少时候）。在父亲去世之前，他被任命为"受雇于在华英国自由商人的中文翻译"。作为一个比他父亲更受欢迎的人，他接受了一个越来越世俗的角色，这反映在钱纳利为他所作的肖像上（插图154）的一个身份不明的人物——可能这是一个中国的皈依者，据同时代人观察，穿着"欧洲式的服装"（'a l'Européenne'）[69]。他的父亲在钱纳利的画像中穿着牧师的长袍，用地球仪表示他的传教使命，而马儒翰的画像中并没有提及宗教。画像左边那本厚重的书是马礼逊的中文字典，是他父亲的伟大成就；马儒翰的主要出版物是1833年的《中国商业指南》（*Chinese Commercial Guide*）。他以自己的语言技能予以英国政府在华代表协助，并在1839年至1842年的战争期间加入了英国军队；中国方面曾出50000元要他的人头。1841年，他在首届英国驻香港政府中担任要职，但两年后就死于疟疾，年仅20多岁。[70]

　　另一个两面效忠的例子是普鲁士传教士郭实腊（Charles Gutzlaff），他曾受马礼逊提携，于1831年乘一艘近海中国式帆船抵达澳门。他是一位极具天赋的语言学家；离开家乡波美拉尼亚（Pomerania）后，他学会了马来语、土耳其语和阿拉伯语，在中

235

国，他很快精通了官话、广东话和闽南话。他使人愉快又有说服力的个性，甚至在务实的哈丽特·洛身上也点燃了一丝热情。[71] 为了把福音带给中国民众，郭实腊同意在渣甸鸦片船的沿海行动中担任译员，这些船包括"风精灵号"（sylph）、"扬上校号"（Colonel Young）和"红色流浪者号"，它们都是全副武装的快船。（他也需要收入，因为资助他去泰国旅行的荷兰传教会［Netherlands Missionary Society］不愿资助他去中国。）正如马礼逊曾短暂做过的那样，郭实腊在旅行中穿了中国服装，而且他还有一个额外的优势，那就是拥有"与中国人有几分相似的外貌特征"，至少他的一位传教士同伴是这么说的。[72]

郭实腊知道他的处事原则会引起批评。他只能在"与他人进行了多次磋商，并在自己的脑海中做了一番思想斗争"之后，才踏上了"风精灵号"的旅程。他谴责鸦片，认为是一种可怕的恶习，它会导致精神错乱和过早的死亡；另一方面，他认为中国对西方贸易的开放将是让中国人接受基督教的宝贵一步。[73] 于是郭实腊以卧底的身份在中国沿海同时为渣甸和耶稣服务。

在鸦片战争中，他也曾为英国人做过口译。1843年，他接替马儒翰担任香港驻华商务总督秘书。作为宁波和镇江的民事法官，他实行即决裁判，建立了当地的警察部队，并组织了一个告密者网络。作为一名传教士，他仍然是一名精力充沛的宣讲者和传单的分发人，但很少得到欧洲传教团的支持，因为他们不信任他的非正统方式。他于1851年在香港去世，就在钱纳利去世的前一年。

传教士的肖像通常都是精心组织的事物，旨在用来雕刻，并激励偏远传教场所的辛勤工作者做出更大的努力。这幅画是钱纳利描绘的马礼逊和他的助手们（他们显然是皈依者）（插图150），所以不难发现，除了版画，还有一些复制品是用油画颜料绘制的。[74] 但是钱纳利对郭实腊的描绘属于另一个类别。这幅油画被送往伦敦，并于1835年在皇家艺术研究院展出，题名是《尊敬的中国传教士郭实腊牧师着福建水手服像，在此乔装下他于1831年到访了中华帝国的许多地方》。[75] 这幅画已难寻踪迹，但它显然是同一标题的平版印刷品（插图155）的来源，这幅版画的原稿"由G.钱纳利画于广东"，在伦敦印刷。

此外，一幅相关的绘画[76]上有这样的速记："郭实腊先生穿着福建水手的衣服。林赛先生所作。9月27日，32年。菲克斯。"1832年，郭实腊正是乘坐休·汉密尔

插图155　《尊敬的中国传教士郭实腊牧师着福建水手服像……》
由R.J.莱恩基于钱纳利原作雕刻版画

顿·林赛的鸦片快船出行，很可能是林赛委托画家将这幅肖像画绘制成油画。这无疑是郭实腊的最终形象：一位富于企业家精神的布道者，以拜伦风格的姿势出现在中国背景上。他的伪装加强了他流利的中国方言（的可信程度），尽管有人担心他浓密的胡子会暴露他西方人的身份。

第十五章　艺术家的形象

1839年，一群美国游客拜访了澳门的钱纳利，并看到了这位艺术家本人的一幅油画。[1] 其他时候的参观者可能也有一定概率在他的画室里找到或多或少一幅最近的自画像。钱纳利留存下来的自画像数量说明了他的自负，也表明这些自画像是有市场的。乔治·钱纳利那确定无疑的面孔所具有的功能，就像浩官和疍家船娘一样，是中国贸易的标志，也是一种适合以便携式肖像留作纪念，并被返回西方的商人带回国的典型图像。

他们带回家的画像不仅仅是一位技艺高超的艺术家的作品，更是一位传奇人物的肖像，一位著名的善于讲述奇闻逸事的人，一位逝去时代的幸存者。《中国邮报》上刊登的他的讣告称，他"在东方的名流中占有杰出的地位，不仅是因为他作为艺术家的成就，还因为他极擅言辞交谈"[2]，许多人赞扬他的机智风趣和能言善辩。不可避免的是，对钱纳利的具体逸事或连珠妙语的记载，对他独具一格的谈话和交流方式，并没有给予多少公正的评价，而根据大家的说法，他的表达是通过巧妙的时机把握和戏剧性的强调来实现的，利用了他"深陷的眼睛和浓重的眉毛，充满情感和善意的微笑"[3]。钱纳利的故事——其中有几则是由美国商人威廉·亨特转述的，他和这位艺术家一起在中国海岸生活了二十多年——对象往往是他自己，或者是不在场的玛丽安娜·钱纳利；东印度公司的那些卑躬屈膝的年轻军官也受到了嘲笑，他们承受着"脊柱弯曲"程度非常严重之苦，以至于有时"新来者是否还能恢复直立的姿势令人怀疑"[4]。

钱纳利对妻子的恐惧已经成为他传说中的一个重要元素，事实上，这似乎是他最喜欢谈论的话题。据亨特说，玛丽安娜可能会和丈夫一起去澳门，这促使艺术家搬到了广州，因为在那里，西方女性是不被允许进入的。

> "现在，"我听见他说，"我没事了；这个中国政府是多么深谋远虑，竟然禁止女人到这里来打扰我们。多么令人钦佩的安排，不是吗？"他问。"是的，钱纳利先生，"我回答，"确实是。"他转动眼睛，呼道："荣耀归于上帝（Laus Deo）。"[5]

这样的例子还有很多——声称他的妻子长得丑，或者说他总是把箱子收拾好，准备万一她突然来访就逃跑。钱纳利讲到，有一次，她准备从印度航行到澳门，但在最后一刻，分配给她的船舱被一个叫"吹牛大王布朗"（'Blow-hard Brown'）的人分走了；抵达澳门后，布朗开始为占去钱纳利妻子的行程而向钱纳利道歉，但钱纳利打断了他，热情地与他握手，并邀请他共进早餐："干杯！祝你好运。愿你长生不老，永葆青春！愿你的巴特那①给你带来百分之一千的收益。"[6]

然而这些都不能太当真。玛丽安娜和丈夫在印度就分居了，她没有理由离开加尔各答的大型英印社区，在那里她每年都能从钱纳利这儿收到钱。[7]钱纳利妻子的长篇传奇故事在很大程度上是艺术家的戏剧化作品；他关于婚姻的故事（用亨特的话来说）"丰富得像一出戏"，并形成了钱纳利经常开的一个玩笑，只是稍加改动，以飨宾客。他们习惯了打听钱纳利夫人的情况，以便引起一些夸张的厌女情绪的爆发。本着这种精神，贸易总管的妻子德庇时夫人（Mrs. Davis）鼓励钱纳利说：

> "真的，"德庇时夫人说，"你说钱纳利夫人是个丑八怪。至少，这可有失风度。现在告诉我们，关于你说的她的外表，是不是有一点夸张的成分？但说无妨。"他放下刀叉，坚定地看着她，回答道："德庇时夫人，钱纳利夫人的样子怎么说也不为过。三十年前她就是一个丑陋的女人；以美惠三女神之名，她现在该变成什么样子了？"[8]

---

① 巴特那，出产鸦片的印度城市，这里代指鸦片。

　　他认为他的妻子没有吸引力，这个主题与他意识到自己是一个异常丑陋的人有关。一个绘有年轻人的铅笔素描上用速记记录道："五十年前，我看起来像个绅士。"[9] 他的自画像总体上没有自我奉承的迹象；相反，在他的生活和艺术中，他都炫耀着他那厚厚的下巴和噘起的嘴唇。哈丽特·洛形容59岁的他"丑得令人着迷"，还提到"他有一种以最不符合基督教教义的方式扭曲容貌的习惯"。[10] 几年后，人们用更温和的字眼描述他："身材臃肿，穿着一件又长又薄的蓝色罩袍，带着几分法国腔调。他长着一张相当大的嘴，一双眼睛因微笑而陷入了红润的皮肤，还有令人愉快的幽默感……"[11] 他有时被比作美国的威廉·伍德，后者与威廉·亨特一起在旗昌洋行工作。伍德是《广州纪录报》的第一个编辑，一位有才干的绘图员，还是哈丽特·洛的未婚夫——直到哈丽特的叔叔干涉之前。然而，他脸上有严重的麻子痕，因此，钱纳利和伍德在争夺澳门最丑男人的头衔上进行了一场模拟竞争。[12]

　　钱纳利"曾经说过他在肖像画上追随了乔舒亚·雷诺兹爵士的脚步"[13]，而他可能也意识到他伟大的导师是一个外表粗糙的人，在雷诺兹的一生中，人们认为他的面部特征是气色红润，但有些其貌不扬。[14] 钱纳利的几幅自画像让人想起雷诺兹晚年的一幅自画像（现存于皇家收藏中），笨重的鼻子和脸颊，戴着他晚年必备的眼镜。钱纳利的视力在他职业生涯的早期阶段就开始衰退，他所有的自画像（除了少量的铅笔素描）都戴着一副眼镜，挂在耳朵上方两英寸的位置。

　　钱纳利在皇家艺术研究院的第一批展品之一是1793年展出的一幅自画像，但这幅画已不复存在。他最早保存下来的自画像可能是一幅椭圆形的小画（插图156），现在已被学院永久收藏[15]；从脸部相对年轻的外观判断，这幅画是钱纳利早年在孟加拉所画。与后来的自画像不同的是，它呈现的人物接近完全正面，眼睛上方有深深的阴影，眼睛下方有一层紫色。在彩图100中，画中人物已绘制完成的容貌被放置在明显未完成的背景前，也可以追溯到他在加尔各答的年代。突出的下嘴唇上衔着水烟吸嘴的头肩像铅笔习作（插图157）可能也是[16]；当钱纳利搬到中国后，他似乎放弃了水烟，尽管他仍然保持着"吸鼻烟、抽烟、大声抽鼻子"的令人讨厌的习惯，正如哈丽特·洛不满地指出的那样。大英博物馆收藏有一幅他位于画架前的铅笔自画像，落款日期是1824年7月23日，也就是他离开印度的前一年。[17]

　　一定是在到达中国海岸后不久，钱纳利创作了这幅现在陈列在纽约大都会博物馆

插图156　自画像，约1810年。
油画。皇家艺术研究院藏

彩图100　自画像。
油画。银川当代美术馆藏

（Metropolitan Museum）的小型油画自画像（插图158），这幅画于1827年由本杰明·威尔科克斯带回北美。[18]背景似乎又一次没有完成，也许是故意如此。属于这一组绘画的还有插图159，它的背面用速记法写着"这是给［?］马礼逊夫人的自画像"，这个决定性的名字模糊得令人着急。

　　他在中国的自画像往往遵循一种模式。它们一般都很小，9或10英寸[①]高，背景是深色的，这与《论述》中表达的意见一致："钱纳利说'我只在画老人的时候屈就浅色的环境——对他们来说深色［——］增加了年龄的持重感'。"[19]在大多数情况下，他以四分之三的右侧面出现，把头转向观众，好像片刻暂停了他的工作。画架或画板通常会被描绘出来，或通过身体的姿势暗示出来。例外的是彩图101，在这幅画中，从肩膀后面看到的脸是左侧面；这幅画可能是吉迪恩·奈回忆的"他自己的肖像，使用两面镜子画的"[20]。

241

---

① 约合22.8—25.4厘米。

插图157　叼着水烟的自画像。
R.J.F.布拉泽斯夫妇藏

插图158　自画像，约1826年。
油画。大都会博物馆罗杰斯基金会藏

插图159　自画像，约1830年。铅笔。私人收藏

彩图101　自画像。油画。汇丰银行藏

彩图102　自画像。19世纪40年代早期。油画。伦敦国家肖像美术馆藏

　　伦敦国家肖像美术馆（National Portrait Gallery）的自画像（彩图102）是其自画像系列中最著名、尺幅最大的（28×21½英寸[①]），文档记录也最为齐全。场景设定在艺术家的工作室里，两幅特色画作在那里展出。画架上是一幅风景画，描绘了一座杂草丛生的陵墓，前景是印度人的形象。在后面的墙上可以看到澳门的南湾。他的调色

————————
[①]　约合71×54.6厘米。

板上色彩罗列，最突出的是白色和朱红
色。一幅对开的画作靠在桌边，一对中
国瓷杯进一步暗示了艺术家所在的位
置。从整体上看，这幅画代表了钱纳利
的职业生涯，或者说他在印度和中国度
过的大部分人生。这幅画是在他生命的
最后几年画的；即使这幅画1846年在皇
家艺术研究院展出之前有几年的间隔，
他作画时也一定快70岁了。

　　在后期的油画自画像中，艺术家
的表情变得更加严肃。在皮博迪博物馆
的这幅画（插图160）中，嘴唇上的任
何愉悦的表现，都被眉毛的尖锐扭曲和
眼镜上方的黑眼睛所掩盖了。国家肖像
美术馆的这幅画则更进一步：在这幅画

插图160　自画像，约1840年。
油画。马萨诸塞州塞勒姆皮博迪博物馆藏

243

中，钱纳利把自己描绘成中国沿海传说中的脾气暴躁的人，他的嘴唇向前噘着，浓密
的眉毛好奇地向上翘着。没有尝试缓和蒜头鼻和厚厚的下巴。他的嘴角似露出一丝微
笑，但他那布满皱纹的额头又露出令人生畏的表情。

　　国家肖像美术馆的这幅画可以与为其做准备的铅笔习作相比较，后者已准备好转
绘油画（插图161）。就像其他自画像一样[21]，它的表现力不如相应的油画，因为年龄
和个性的许多标志——头发的精细纹理、下垂的脸颊、眼睛周围的皱纹——只能通过
油画颜料的涂抹来表达。但在这种情况下，我们也可以发现，在从素描到油画的过程
中，钱纳利将身体稍微转向了画架并偏离了观众，从而加强了观众已经触及画面，但
并不会被接纳太久的感觉。

　　这幅画被钱纳利的老朋友兰斯洛特·颠地（Lancelot Dent）带回了英国，他是中
国沿海的一位资深英国商人，据推测是他委托创作了这幅画。钱纳利在给颠地的临
别信中明确表示，他希望这幅肖像画能作为对他的纪念："我相信我曾向你提到过我
的特别愿望，那就是在我活着的时候不要把它雕刻成版画——但在我死后，我没有异

插图161   彩图102的预备素描，
以待转做油画。铅笔、褐色墨水。
爱尔兰国家肖像美术馆藏

插图162   自画像初稿。
钢笔、墨水（铅笔起稿），落款于1848年9月20日。
耶鲁大学英国艺术中心藏

议。"²² 这封信混合了一种典型的易怒性和伤感力。"如果你能信守诺言，在离开澳门之前见我一面，我将极为感激；不过我很能理解你离开前一定非常匆忙……"

这封信和绘画由钱纳利的朋友达兰如期带到了香港，颠地在那里已为返航准备就绪。随信和画还附有艺术家的作者证明（英国艺术家的作品不需缴纳关税），以及画作运抵英国时进行上光处理的说明。这幅肖像画第二年在皇家艺术研究院的展
244 览上展出。《艺术联盟月刊》（*Art-Union Monthly Journal*）希望"手足不要被如此忽视"²³——四十六年前，钱纳利在都柏林首次展出他的油画时也受到过同样的批评。

但这还不是他最后的自画像；1848年9月20日的一幅钢笔习作（插图162）描绘的这位74岁的艺术家，是一位显得愉快的人物，尽管他的脸已经变瘦了，架上的绘画现在成了小尺幅的；（从这幅画来看，他的）绘画技艺几乎没有衰败的迹象。但兰斯洛特·颠地带回家的这幅自画像是他一生中最后一幅公开展出的作品。它是由兰斯洛特的侄子约翰·颠地在1888年捐赠给国家的。

威廉·普林塞普回忆录

在澳门出版的有关钱纳利的报道中，不可避免地出现了一幅美化过的画面，描绘了一个古怪的天才和他可爱的小缺点。甚至哈丽特·洛的日记，也被她强烈的分寸感所限制，当她写到钱纳利"说起谁来都是赞誉之词"[24]，似乎她只是在艺术家言行举止最佳的时候碰到了他。但是，最近才曝光的一种说法在一定程度上平衡了这些令人尊敬的报道。这是一位愤愤不平的债主威廉·普林塞普所写的回忆录手稿，在加尔各答时，他曾与钱纳利关系密切，后来在钱纳利的中国避难所找到了他。[25]

根据这本回忆录，那是在1818年，普林塞普到达加尔各答后不久，他"和乔治·钱纳利变得非常亲密，他是那个时代我们唯一值得拥有的画家"[26]。和钱纳利一样，他也参与了加尔各答的业余戏剧演出（担任布景和服装设计师，有时还担任演员），还是定期在查尔斯·多伊利爵士家画素描的群体中的一员。当钱纳利为了躲避债主而逃到塞兰坡时，普林塞普和其他一些人一起帮他还清了债务，使他得以回到加尔各答。当钱纳利乘船去中国时，他欠普林塞普的债还没有还清。[27]

1830年，威廉·普林塞普自己也经历了经济危机，他入伙的帕尔默代理行破产了。他重整旗鼓，创办了一家新公司，1841年，他终于得以带着一份满意的收入退休回到英国。1838年，他带着急件前往中国海岸，交给他的贸易伙伴兰斯洛特·颠地，但他也打算去拜访钱纳利，因为他带来了一包钱纳利的密封遗嘱，那是艺术家多年前在印度拟定的。他乘坐鸦片快船"海上女巫号"（*Water Witch*）前往广州，于11月5日抵达澳门，并在颠地的合伙人罗伯特·英格利斯处落脚。

钱纳利并不急于见到普林塞普。除了未偿还的债务之外，钱纳利还认为普林塞普欺骗了他，把他留在加尔各答的一组素描簿占有并卖掉了。普林塞普对他如何见到钱纳利的描述揭露了双方长期以来的怨恨。他寄去了那包遗嘱，还附有一张纸条，上面写着：

我尽可能友好地表示希望我们能见面，所有过去的分歧都被遗忘了，并像往常一样渴望看到他的优秀作品——但我没有在这儿得到任何回应——英格利斯先生和其他人告诉我，自从钱纳利从加尔各答逃到中国后，他就一直污蔑我是可怜艺术家的强盗，是连他的工具都没收的勒索者！意思是说他的几本价值不菲的

245

素描簿被我发现了，他在欠我们这么多债的情况下，还是偷偷地把素描簿交给了一个法国商人。我当然扣押了它们，因为发现他不打算赎回，我就卖了它们作为我们的索赔。我发现没有一个居民相信哪怕一丁点他尖刻的指控，但我小心地让他们知道真相，并发觉钱纳利的品性在他去那里之前就已经众所周知了。他只是因为他的绘画而被容忍。[28]

然而对方毫无反应。普林塞普只有九天的时间，他将乘坐"阿里尔号"（*Ariel*）前往新加坡。一个星期过去了，还是杳无音讯。就在普林塞普离开的前一天，他正在进行告别访问，与普林塞普一起来到广州的渣甸的朋友休·汉密尔顿·林赛带来了艺术家的和解提议，确定了一些条件：

他将坐在英格利斯的一个房间里，背对着门。两位朋友将把我引至他面前，他会站起来，接受我伸出的手，而不再旧事重提。这是在所有在场的人的笑声中进行的，因为在他对我大肆吹嘘和谩骂之后，他们被这一幕逗乐了。事实上，他们已经告诉他，如果他不接受我提出的慷慨建议：忘掉一切对他不利的往昔恩怨，他们就会把他从他们的社群中除名。

后来我跟着他去了他的工作室，因为他邀请我去，我发现他周围有（如他所描述的）大量的素描，因为他声称他坚持着每天早上在现有量中添加七个新想法的固定原则。渣甸正坐着给他画像，可是我注意到，他的铅笔画画得和从前一样准确，他的油画却已经不中用了。他以前就有的夸张的光线和阴影的缺点比以往任何时候都更加突出，而这在他的油画风景中尤为如此。一边欣赏着他的一本中国纸本素描，一边观察着他永远不会停止的把戏："先生，你喜欢它吗？先生，把这本簿子当作乔治·钱纳利致歉之礼吧！"我现在还保留着这本簿子，它全部是中国主题的，这被艺术家们认为是最有价值的收藏。

他给了我一张1000元的支票，用来购买在加尔各答署名的素描簿。我告诉他，他债务的代理人已经将其变现，记入了他的账户。他宣称他留给勒依莫克先生12本素描簿，但只有11本被交了出来——就这样，我与这位才华非凡、令人惊奇之人的交谈到此为止，如果他诚实正直的话，可能早已在欧洲扬名立万了。[29]

第十六章　鸦片战争及之后

自19世纪初以来，鸦片一直是在华贸易的支柱——从西方进口的鸦片，一贯在中国找到现成的市场，从而抗衡不断增加的中国茶叶向西方的出口。中国政府意识到鸦片损害了中国经济，因此宣布鸦片进口违法，但腐败的地方官员确保了鸦片贸易继续繁荣。就东印度公司而言，它不允许用自己的船只运送鸦片，却纵容使用有执照的"区域船只"（'country ships'）从印度运送鸦片到中国。

有人说钱纳利自己也吸食鸦片[1]，但这是不大可能的，因为西方商人虽从中获利丰厚，但他们却鲜少抽鸦片。总的来说，他们认为鸦片本身并不比酒精更令人反感（也许没有那么令人反感），使用和滥用鸦片是个体消费者的责任。他们指出，鸦片 及其衍生物鸦片酊在西方已经被广泛用于医学目的。钱纳利本人在同哈丽特·洛谈话时也谈到鸦片酊和盐的有益作用，只要适量服用；"但是太多的话……你也知道后果，极其危险，非常令人难受"[2]。

在中国沿海，鸦片偶尔为西方游客提供了一种消遣。1830年，盲人旅行者詹姆斯·霍尔曼（James Holman）（插图163）在渣甸的房子里，和聚会上的其他一些人一起抽了两管，结果感到头痛[3]；邓肯·麦克弗森（Duncan Macpherson）在鸦片战争期间在马德拉斯本土步兵第37兵团担任外科医生，他说自己"很好奇，想试试抽几管（鸦片）的效果"[4]。对西方人来说，吸食鸦片是一种尝试和猎奇的行为，而不是一种习惯。鸦片烟枪（opium pipe）被认为是中国人特有的嗜好，它不像水烟在印度那样被侨民社区所接受。钱纳利惯于吸食鸦片的说法，很大程度上是基于美国商人罗伯

插图163　盲人旅者詹姆斯·霍尔曼。油画。伦敦皇家学会（The Royal Society）藏

特·贝内特·福布斯的一篇未发表的文章，他写到，在加尔各答，钱纳利的妻子"开始意识到他的某些过失，并因此上瘾"[5]。但很难相信，在加尔各答时抽水烟的钱纳利，也会定期吸食鸦片，或者即使他吸食了鸦片，这种异乎寻常的行为能够不被察觉。在他妻子的语境中，"小过失"更可能是与性有关，而不是毒品。

鸦片危机

然而，在中国，鸦片的消费仍在继续，北京政府越来越关注根除鸦片贸易以及由此导致的中国白银外流。1821年，政府曾试图在澳门实施反鸦片法，但西方商人的应对，是将他们的鸦片库存转移到珠江口的伶仃岛附近的船只上。澳门被剥夺了大部分的繁荣，但鸦片贸易仍在继续。

经过许多更进一步，但很大程度上还是失败了的努力之后，1838年底，皇帝又采取了一种新的策略，任命积极、清廉的林则徐为广州钦差大臣，命令他无论如何都要停止鸦片贸易。起初，钦差大人非常成功。通过封锁广州的西方商行，他迫使英国商人交出了2万多箱鸦片，在他的监督下，这些鸦片与石灰和盐混合，然后被冲入大海。到1839年5月中旬，林从中国人手上没收了4万支鸦片烟枪，6月，通过了一系列比以往任何鸦片法都更严格的法规，将死刑扩大到从事鸦片交易的外国人（中国人也一样）。

面对广州这个强大的对手，英国贸易总监查尔斯·义律上校（Charles Elliot）建议英国人通过澳门进行贸易活动。因此，林向葡萄牙总督施加压力，驱逐英国人离开澳门。1839年8月26日，英国居民——可能包括钱纳利——从南湾撤离，被带到停泊在香港港口的商船上。不久，他们中的一些人又回来了（到1840年2月，钱纳利确实回到了澳门），但局势仍然一触即发。

此时此刻，钱纳利个人卷入了这场战争。由于义律上校仍设法在澳门登陆货物，一位中国道台大人（taotai，中国高级官员）下令在街上张贴告示，宣布即将逮捕义律和另外五人，（称）"他们带着外国女子，一直在城里居住"⁶。由于某种无法解释的原因，钱纳利也是其中之一。詹姆斯·马地臣于1840年2月2日写信给马尼拉的安德鲁·渣甸（Andrew Jardine）：

> 两天前，一个名叫道台（Tow Tae）的鞑靼高级官员在鸣炮致敬中进入澳门……他发布了一则公告，命令几个英人，主要是义律和他的随员离开，（其中包括）汤姆［义律的秘书和翻译］，和（令所有人惊讶的是）可怜的正经历苦难的老钱纳利，他们说要乘下一艘船去印度。还好我没有被点名……⁷

钱纳利完全有理由感到紧张。几周前，亨利·格里布尔（渣甸的一名船长）被捕，并被带到广州接受审讯，直到英国人威胁海军行动后才被释放。作为对公告的回应，义律把他的妻子和儿子送到了新加坡，但对钱纳利来说，没有这样的选择。2月间，义律从英国的巴麦尊处获悉，一支海军和军事远征队正准备帮助身在东方的商人。然而，他未被允许把这封信公布于众，而且无论如何，英国海军还有四个月就要开战的消息也不会给钱纳利带来多少安慰。1840年2月23日，钱纳利惊恐地写信给詹姆斯·马地臣：

我亲爱的马地臣先生，

致以我全部和最诚挚的谢意！我不会为了收回R先生的信件而扣留您的仆人；我看到信很长，需要我集中精力地阅读（全神贯注）——您能不能帮我个大忙，在您方便的时候随时来看一看？见到您我将非常高兴——我现在站在我的楼梯顶上！我向您保证，我生活在巨大的痛苦中。离开对我来说意味着一切，在被杀死之前，我想画好一些画（至少试一试）——相信我，即使不是可怕的事情，也会有严重的事情发生——我觉得这是一定的，我的焦虑无法表达——我承认——

如果我敢出来，不用说我会多么高兴。但我不敢——上周日我在莱斯利先生家吃早餐，回家时被人搭讪道："钱先生（Mr. C.），你胆子真大，敢到处走！"对于义上校（Capt. E）来说，一切都很好——七名被通缉者的头领［原文如此］——他是安全的——可怜的生病的G……［字迹难以辨认］我被留下来，任何事都有可能发生——

我真诚祈祷您请一定来看看我。如果有一艘船要去孟加拉，我今天一定会锁上我的房子，我一定会离开！我满怀惊恐和不祥之感度过了一夜——昨晚我恐惧并颤抖着跑到安德森（Anderson）医生那里；在穿越海滩之前，我不要再出去。

永远
我亲爱的马地臣先生
衷心感谢您
乔·钱纳利
1840年2月23日 [8]

钱纳利在信的末尾期盼的"穿越海滩"，一定是指撤离的前景——尽管在他恐惧的状态下，他几乎是在生动地暗示自己的死亡。然而，他挺过了这场危机，1840年6月，英国海军开始在中国沿海集结。第一个到达的是明轮船"马达加斯加号"（*Madagascar*），它在海上历经困难后，于6月16日抵达澳门，船上载着远征军准将伯麦爵士（Sir Gordon Bremer）。钱纳利在一幅画上用速记的方式表达了他的宽

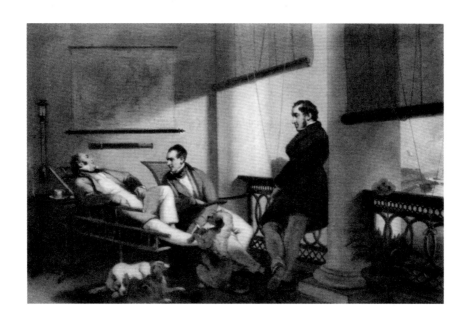

插图164　《在颠地的游廊上》。油画。私人收藏

慰："1840年6月16日。第一艘汽轮到达前半小时！！！这是英国人在中国经历的最重
要的一天。"[9]

在颠地的游廊上

　　在鸦片战争的背景下，钱纳利的画作《在颠地的游廊上》（插图164）具有特殊　251
的意义。乍一看，这是一种愉快的非贸易季节休闲的景象——这正印证了钱纳利的名
言：东印度公司的职员们"在澳门待了六个月，无事可做，在广州待了六个月，先
生，无所事事"[10]。游廊之外的远处，一面葡萄牙国旗在南湾北端圣方济各炮台的上
空飘扬。墙上的望远镜和晴雨表显示出三个画中人物对海洋的兴趣。柔和的阳光从卷
起的藤条下斜射进来，照亮了墙上地图一角的"中国"两个字。在画面最左边，一阵
微风足以搅动香炉冒出的螺旋状烟雾。这一场合的不拘礼节被其中一只小狗的滑稽动
作所强调，尽管它的表演没能转移绅士们对谈话的注意力。

　　然而，这幅画比我们不经意看到的内容要复杂得多。这些人物并不是东印度公司的职员，而是两名商人——法国人J.A.达兰和美国人威廉·亨特——以及一名英国海军军官威廉·霍尔。这三个人都以不同的方式卷入了1839年至1842年的战争。这幅画是在那场战争结束时描绘的，在那至关重要的三年里，中国与西方关系的基本假设被永远改变了。

这个游廊本身是颠地洋行的房产，它是怡和洋行的主要竞争对手。他们的房子坐落在南湾岸边，就在圣伯多禄炮台的北面。1838年11月，威廉·渣甸去世后，兰斯洛特·颠地被视为外国社群的资深成员，随着鸦片危机的加深，这一位置被证明任务艰巨。兰斯洛特·颠地似乎与钱纳利保持着良好的关系，委托他作画，并允许这位艺术家从他的账户上取钱。[11] 1845年，当兰斯洛特·颠地带着钱纳利的自画像（见第242页）回到英国时，这位艺术家写信给他，表示"我向你保证，我对你诸多应尽的义务，都负有充分的认知"[12]。

然而，在钱纳利描绘的场景中，颠地没有出现，取而代之的是外向的达兰（也拼作Duran，Durant或Durand）扮演了主人的角色，他采用了"东印度群岛"所喜欢的接近水平的姿势。[13] 达兰是一艘位于孟买的区域船的船长，这艘船定期从印度向中国运送鸦片和原棉。1832年1月，他与妻子在澳门上岸时，在南湾与中国海关官员发生争执，导致他受伤——这一事件表明西方商人与中国当局之间的关系日益紧张。[14] 钱纳利的达兰铅笔肖像（插图165）是在事故发生几个月后绘制的。船长的妻子可能是尤菲米娅·达兰夫人（Mrs Euphemia Durant），于1834年7月13日去世，安葬在澳门的新教徒墓地。[15]

关于达兰在颠地的阳台上闲逛的原因，在1836年至1837年法国船"博耐特号"（Bonité）环游世界的一篇报道中有

插图165　J.A.达兰素描肖像。
铅笔。题文并落款（非钱纳利亲笔）"G.钱（G. Chy）
1832年8月5日／广州"。P.J.汤普森夫妇藏

解释。1837年1月，法国旅行者在颠地的合伙人罗伯特·英格利斯的房子里受到款待，在这里他们很高兴见到他们的同胞达兰，"他来自加尔各答，专门从事鸦片贸易"[16]。他们了解到，有一次，达兰带着一船货物停靠在加尔各答，他似乎不得不亏本出售。但颠地救了他，除了达兰的信用，没有用任何其他担保，颠地就预付了他一大笔钱，以便达兰可以推迟出售，直到市场行情好转。

从那时起，达兰就一直和颠地在一起，他可能就住在南湾岸边颠地那座庄严的宅子里[17]，同时继续自己的投机生意。他是鸦片纵帆船"天琴号"（*Lyra*）的船主，这艘船是在1841年这个不吉利的年份开始做生意的。在那年晚些时候的一次沿海航行中，"天琴号"上的两名男子被谋杀。[18]战争结束后，达兰还在继续做生意，在澳门，他给当地居民的生活带来了一些戏剧性的东西。为了庆祝1845年7月4日的独立日，他在"风精灵号"的甲板上燃放了烟火，"风精灵号"是最早也是最快的鸦片快船之一。第二年，在一次聚会上，当客人们正难得享用美味的冰淇淋时，正是达兰忘了关上冰窖的门，结果珍贵的冰块都融化了。[19]

在游廊上坐在达兰旁边的是威廉·亨特，他是肯塔基州人，1825年12岁时第一次来到中国沿海，但1827年他的公司倒闭，回了美国。1829年3月，他回到广州，受到塞缪尔·罗素（Samuel Russell）的聘用。几个月后，旗昌洋行与先前占统治地位的珀金斯洋行（Perkins & Co.）合并，成为美国最大的鸦片经销商。亨特于1837年成为该公司的合伙人。从他描述自己经历的两本书（包括与钱纳利有关的一些逸事）来判断，亨特是一个精明能干的商人，也善于待人接物。他还是一名勉强过得去的业余水手，有一次在澳门锚地举行的比赛中，他驾驶着约翰·颠地34吨的接应船"吉卜赛号"（*Gypsy*）获得第二名。[20]作为"弥达斯号"（*Midas*）的部分所有者，他和霍尔上校一样对蒸汽推进感兴趣。1844年，"弥达斯号"成为第一艘在中国海域航行的美国蒸汽船。据说，钱纳利现存的几幅肖像画的就是亨特。[21]

威廉·亨特还有一点与众不同，那就是在好些年中，他是中国海岸仅有的三名能用中文交谈的外国人之一——剩下的两位是传教士马礼逊（他还是亨特1827年在马六甲英华书院的审查人）和外交官德庇时（John Francis Davis，因其调停的态度向着中国人，使他常常与英国商人产生争执）。亨特似乎也对与他同时代的许多人促成的一系列事件大失所望，他称其为"有史以来一个国家对另一个国家发动的最不公平的

253

战争之一"²²；1842年底，虽然只有30岁，他就放弃了旗昌洋行的职位。当亨特在颠地家的游廊上被描绘的时候，他正在中国海岸度过职业生涯的最后几个月，并终于在1844年2月回到了北美。

游廊上的第三个人物是英国皇家海军的威廉·哈琴·霍尔上校（Captain William Hutcheon Hall，后来成为海军少将），他靠在一根柱子上，与另外两人稍微隔开一点距离。霍尔是一位实干家、工程师和发明家，对西方社群的许多人来说，他是这场战争的英雄。1840年11月25日，霍尔率领轰动一时的"复仇女神号"（Nemesis）抵达澳门，这是在中国出现的第一艘铁船。这艘船是由蒸汽驱动的，它的平底（有可移动的龙骨）使其能够靠近海岸。船体装备了两门32磅枢轴式火炮和一架火箭筒；在一次行动中，一枚点燃的康格里夫火箭卡在了发射筒里，差点要炸毁"复仇女神号"，霍尔亲自把火箭推了出去，胳膊受了重伤。

事实证明，"复仇女神号"对中国人来说是毁灭性的，他们对这种多重功能和猛烈火力的致命组合毫无准备。在英国军队的军事胜利中发挥了重要作用后，霍尔上校被允许参加正式结束战争的《南京条约》的签署，"作为特殊优待的标志，尽管未达到规定的级别"。1842年12月23日，"复仇女神号"终于"向澳门告别"（'bid adieu to Macau'），正如一位英国编年史家所说，"所有人都感到遗憾"²³，想必中国人除外。

钱纳利不太可能在那个时候完成这幅油画，因为在画面左边晴雨表上部的一幅图样保存了下来，日期是1843年12月2日。²⁴的确，把霍尔纳入构图可能是后来才想起来的。他没有出现在钱纳利1842年10月29日的原始素描（插图166）中，因为当时他在舟山，"复仇女神号"正在那里进行修缮。在这幅素描中，达兰和亨特并排坐在椅子上，旁边写着这样一句话："柱子末端伸出来的部分，必须着手重画一遍……达兰先生白裤子……和淡黄色的外套……亨特先生灰色晨衣……和白色的马裤……正确……10月29日。[18]42年。"画面下方，椅子被完整地重画了一遍，并以速记写道"破损[？]……都是白色的"；在画面的底部，"正确"的标志之后，普通写法的题记为"达兰[？–无法识别]和亨特。竹椅"。

钱纳利在其他场合也给达兰画过素描，其中一幅（插图167）是在作《在颠地的游廊上》两周之前画的，尽管在这幅画中，达兰被捕捉到的是一个非常不体面的姿势，无法在油画中加以纪念；在其他的肖像画（插图168、169和彩图103）中，达

插图166　插图164的素描稿。
铅笔，落款于［18］42年10月29日（题文的其他内容见第253—254页）。私人收藏

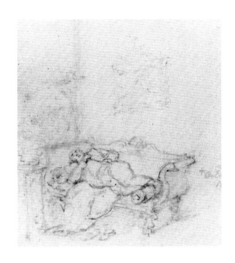

插图167　J.A.达兰躺在沙发上的素描。
铅笔，落款于1842年10月13日。私人收藏

插图168　吸烟的J.A.达兰。钢笔、墨水（铅笔起稿），
落款于1843年11月29日。私人收藏

插图169　J.A.达兰在画架前。
铅笔、钢笔和墨水，落款于1843年5月26日。
以速记法题有"达兰先生绘制T-st先生的肖像"。
私人收藏

彩图103　J.A.达兰。油画。汇丰银行藏

兰开始变秃的头顶被各种华丽的帽子保护着。达兰本人是一名业余艺术家，他在插图169中扮演了这个角色，速记题词是"达兰先生绘制T-st先生（Monsieur T-st）的肖像"——这可能是指英国商人查尔斯·忒斯特（Charles Twist）。八个月后，达兰本人在"晚餐"时为钱纳利画了素描。[25] 达兰的一些绘画和临摹钱纳利的作品，可以在1847年赠予托马斯·博斯沃尔·沃森（Thomas Boswall Watson）的一本画册中找到[26]；1848年2月20日和25日，钱纳利的两封信中都提到了达兰，代表他本人传递了说明和绘画。[27]

　　在钱纳利生命的最后十五年里，亨特和达兰也许是他最亲密的两个朋友。在他临终前，亨特一直陪伴着他，而达兰则成为他遗产的受托人。[28] 从这个意义上说，《在颠地的游廊上》这幅画，是钱纳利对他们相投的友谊和援助的致敬。但霍尔上校的出现，位于两个商人上方，离他们稍远一点的地方，为这幅画增添了额外的维度，因为这是在一场不仅威胁到他们自己的生命，而且威胁到整个中国贸易的激烈战争结束时画的。随着霍尔的加入，这幅画变成了一种宽慰，甚至是感激的表达，因为中国沿海西方社区的欢乐、传统的生活方式被保留了下来。这一印象因构图中的另一个元素而得到加强，而这个元素在现实中是绝不会出现在这种情况下的，但在这里纯粹是为了它的象征意义：在颠地的游廊上，一大丛罂粟——西方对中国贸易的经济基础——茂盛地生长着。

255

香　港

在鸦片战争之前，香港这个小岛在西方人眼里不过是一个水乡。更重要的是它的庇护港口，距离广州足够远——大约80英里——为鸦片储存船提供了一个安全的基地。根据查尔斯·义律上校谈判达成的《穿鼻草约》（Chuenpi Convention）条款，香港要割让给英国。1841年1月26日，英国军队依此占领了该岛。詹姆斯·马地臣通常认为义律与中国往来时态度太宽大，偏向于调解，他在伦敦对渣甸表示了自己的满意："义律说，他对我们的鸦片事业毫无异议，一旦新年假期结束，我将着手加强此事。"[29]

然而，该草约没有得到中国政府的批准，于是战争卷土重来；直到1842年8月29日签署《南京条约》后，和平才终于到来。这时，在岛（指香港）的北边已经形成了一个居住区，并有了一个忠诚的称呼：维多利亚。这里有许多商业建筑和私人平房，一条与海岸平行的4英里长的路（即皇后大道），还有一座监狱。1842年3月17日香港第一份报纸①《中国之友》（Friend of China）发行，形容这个地方"从今以后，它将成为辽阔的大英帝国的一部分。大英帝国是一个日不落的帝国，它的扩张与辽阔的中华帝国的社会和政治重建息息相关……"[30]

在殖民的最初几年，香港几乎没有什么东西能吸引一位年老的艺术家离开他在澳门的家。尽管自称为《中国之友》（的报纸在）虚张声势，但在这个阶段，香港是否会成为对华贸易的新中心还不明朗。获取香港并不是义律指示的一部分，巴麦尊在解除义律的职务时，讽刺地称它为"几乎连个房子也没有的荒岛"[31]。他此言并不算偏

---

① 此处存疑，因该报纸第一期在澳门发行。

离主题。1843年7月，植物猎人罗伯特·福琼（Robert Fortune）来到这里，他对山坡上花岗岩和红黏土的荒芜、动物的稀少、冷杉树变成矮小的灌木而感到惊讶。[32]

然而，很大程度上伦敦的官方指示被无视，发展仍在继续。西方人的人口迅速增长，中国人人口的增长速度更快，他们被就业的前景所吸引：到1845年，（香港）大约有600名欧洲人，近400名印度人，而中国人估计有22000名（包括船民）。但是，定居点以犯罪活动而闻名——殖民政府试图取缔三合会（Triad societies）①，但收效甚微——而且它是众所周知的危险。1843年夏天，五十五团有许多人在两个月内死于"香港热"（'Hony Kong fever'），人们开始议论说要从香港换去一个比较健康的地方。

通过检查卫生和排水系统的方案，热病终于被控制住了。到1844年，主要的商人已将他们的总部迁往香港。此外，中国放宽了将商人家庭限制在澳门的规定；其结果是，据当年11月去过澳门的一名游客说，"几乎所有英国和美国居民都搬走了；现在只有少数美国家庭留在澳门"[33]。这有些言过其实，但钱纳利的一些朋友和客户确实已经搬到了新殖民地，1845年，兰斯洛特·颠地的离开对这位艺术家来说肯定是一个沉重的打击。1845年至1846年的那个冬天，钱纳利乘坐汽轮航行40英里前往香港。

在之前的十年里，钱纳利很少离开澳门。一幅绘于1837年5月6日的伶仃岛的绘画显示，他曾造访过这个位于澳门东北20英里的鸦片仓库。[34]（这也许不过是一次假日旅行：五年前，哈丽特·洛在伶仃待了三个星期，满月时，她在"红色流浪者号"的甲板上跳了四对方舞。[35]）1839年，钱纳利可能和大多数澳门西方居民一起，在停泊于香港港口的船只上避难。但1846年的旅行是钱纳利对殖民地的唯一一次访问。1846年2月18日，海军外科医生爱德华·克里（Edward Cree）暂时驻扎在香港，他在约翰和威尔金森·颠地（John and Wilkinson Dent）的平房里"与艺术家老钱纳利愉快地聊天"，这两个人可能为钱纳利提供了落脚之处。[36]

不幸的是，钱纳利没有充分利用他的机会。"我只在那里待了六个月，当时身体非常不舒服，不是说生病了，但我有力气能去做的事情很少"，他后来写信给驻港指

---

① 三合会，历史上著名的反清秘密组织，始于清朝康熙、雍正年间。1845年殖民政府颁布法令《压制三合会及其他秘密结社》条例。

插图170　从港口看向香港。铅笔、钢笔和墨水，以速记法题文并落款"按需所绘的斯坦顿先生的宅邸……正确［18］46年4月15日／于［18］46年4月17日恰当补充内容"。东京东洋文库藏

挥官乔治·德己立（George D'Aguilar）将军的儿子兼副官德己立上尉时说道。似乎是钱纳利错误地把广东或澳门的一些画寄给了小德己立，而后者想把香港的景色带回家。这位艺术家抱歉地写道："我在那里画的那些风景，是受委托为一些特定的人画的，这些人的名字大部分是以他们自己的笔迹写在各自的几页素描上。"钱纳利提出复制"任何一幅我画的维多利亚的城中风景……除了其中的十五幅，我全都有——现在我将为您附上它们的清单。它们尺寸很大，而且细节详尽……"他建议，任何选定的绘画都可以由威尔金森·颠地转交给人在英国的德己立。[37]

　　钱纳利画笔下的香港（插图170—173和彩图104）描绘了一个居民点，那里的建筑功能性大于装饰性。怡和洋行在东角（East Point）建立了一排令人印象深刻的仓库，新殖民地的其他建筑也同样牢固而呈长方形：营房、军官宿舍、监狱、军事医院，以及重要官员、士兵和商人的住所。其中许多建筑都利用了当地的花岗岩，这提供了一种明确无误的永久的氛围。在钱纳利来访的时候，这里还没有教堂塔楼或中国寺庙来装点空中的建筑轮廓线，尽管这里有（令新教传教士沮丧的）一个很多人参与的罗马天主教小教堂和一座清真寺。在钱纳利的作品（插图172和彩图104）的前景

插图171　香港街景。铅笔、钢笔和墨水。东京东洋文库藏

插图172　香港美利兵房和老教堂。钢笔、墨水和水彩。马萨诸塞州塞勒姆皮博迪博物馆藏

插图173　香港春园。钢笔、墨水和水彩。马萨诸塞州塞勒姆皮博迪博物馆藏

彩图104　香港美利兵房和老教堂。油画。汇丰银行藏

258 中，出现了圣公会教徒举行礼拜的临时凉棚建筑，东端还可见其大钟。它建在美利兵房（Murray Barracks）的阅兵场上，如图左侧所示，后面是德己立将军的住所，被称为总部大楼（后称为旗杆楼 [Flagstaff House]）。

　　钱纳利所记录的香港与其说是一个社区，不如说是一个宏大的建筑工地。1846年，西方人的定居点是崎岖山坡上散布着的一座座雄伟建筑，彼此孤立。钱纳利画中的街道显然仍在建设中，路边有巨石，在一些情景中，中国的石匠正在用锤子或镐做工。"随便你到哪儿去，"一位旅行者说，"你的耳朵都能听到锤子和凿子的叮叮咣咣声，你的眼睛也会因为到处都是石头进出的火花而感到危险。"[38]

　　从一开始，贸易就是殖民地占统治地位的原则。传教士施美夫（George Smith）认识到他在香港面对的是一场艰苦斗争，对中国人和西方人都同样如此；施美夫抱怨说，他们对安息日的漠视如此之大，以至于临时教堂里的会众也不得不应对外面的锤子声。[39] 今天，香港希尔顿酒店（Hongkong Hilton Hotel）占据了钱纳利描绘的那个简朴的教堂的原址。

最后的时光

　　在生命的最后几年里，钱纳利大部分时间都很活跃，好于交际，这可以从他的朋友兼医生托马斯·博斯沃尔·沃森和他的妻子伊丽莎白一起写的日记中看出。沃森曾在他的家乡苏格兰行医，但面临着高昂的费用和激烈的竞争；1845年，在一位曾到过东方的大学老朋友的建议下，30岁的他乘船来到中国，第二年，他的妻子也来到了中国。[40]

　　他们的日记仍由沃森家族持有，从1847年10月到1851年2月断断续续地记录下来。钱纳利经常被提到是沃森家的客人，或者是米德尔顿家（Middletons）和斯图尔特家（Stewarts）等朋友的同桌用餐者。1847年11月3日，时值圣安德鲁节，沃森一家
259 去斯图尔特家吃饭，在那里遇到了钱纳利："后者兴致勃勃，晚饭后还唱了两首歌。"1848年1月5日，沃森拜访了钱纳利，祝贺他的74岁生日。同年12月4日，"钱纳利先生和斯图尔特先生与我们共进晚餐，吃的是海龟汤，用福布斯太太亲切地送给我们的海龟做的"。（另一个信息来源记录到，在之前的8月，福布斯夫人——马萨诸塞州商人

罗伯特·贝内特·福布斯的妻子——正在"让钱纳利先生给她画像"[41]。）至此，澳门的西方居民组成了一个虽小但国际性的团体；在钱纳利的同伴中还发现了法国人保罗·达兰（Paul Durran）[42]、葡萄牙总督亚马留（Amaral，他在1849年8月22日被刺杀的事也有记载）、派瓦先生和夫人（Mr. and Mrs. Paiva，也是葡萄牙人），以及帕西商人赫吉霍伊·罗斯陀姆吉。[43]

人们可以合理地假设，沃森医生为钱纳利提供的医疗服务，至少有一部分，是用绘画或者绘画指导支付的，但日记也记录了1848年9月11日沃森"付给钱纳利先生一本素描簿的钱"；七个星期后，素描簿到了。第二年，沃森的长子杰米（Jamie）去找钱纳利为他画像。还有一次，沃森在钱纳利家，浏览这位艺术家的旧素描："我让他为我画一幅其中一景（广州附近的一座旧桥）的油画——但我可能得到的是另一回事。"[44] 这个主题可能是河南郊区一条小溪上的马蹄形桥，与广州的西方洋行隔江相望；钱纳利所画的这座桥至少有两张保存了下来[45]，其中一幅画成方形，像是要转移到画布上（插图174），还有一幅油画，可能就是满足沃森委托的作品（彩图105）。

钱纳利有时间落款的绘画，表明他在生命的最后一年还在画素描。但他最终因病丧失了行动能力。他在去世前不久写道："我最想抱怨的就是脑子里的混乱和眩晕——我的视力稍微有所好转。""今天早上我摆好了调色盘，但我却没法儿使用！不过，我决不丧失信心——我很确信（我认为是的），只要天气有所改变，我就会好转的，差不多像一个快80岁的人能做到的那样！……在过去的三个月里，我遭受了怎样的痛苦（我唯一的生计来源被剥夺了），只有老天爷才知道！但是我要谨记于心——如果我康复了，我将无所畏惧——只要我恢复体力，就有足够的事可做，而且还绰绰有余。愿上帝保佑，一切都会好的！但愿如此！"[46]

在他生命的最后一晚，有三个老朋友陪着他：帕特里克·斯图尔特（Patrick Stewart）、赫吉霍伊·罗斯陀姆吉和美国人威廉·亨特。亨特记载到，钱纳利逝于1852年5月30日凌晨4点半。他的遗体由"他的仆人奥古斯丁和几个中国人"照管，直到亨特和斯图尔特10点钟带着沃森医生回来，医生在艺术家最后一次生病时照料过他。沃森随后进行了尸检。为什么认为有必要进行尸检，现在还不清楚，也许仅仅是钱纳利不同寻常的长寿引起了医生的好奇心。由于钱纳利一向以能吃著称，所以大家

插图174 河南的水道和拱桥。钢笔和墨水，以待转绘油画，落款于1832年7月30日，并以速记法题有“周一早晨”。维多利亚和阿尔伯特博物馆藏

彩图105 河南的水道和拱桥。油画。R.J.F布拉泽斯夫妇藏

猜测他的胃一定遭受了损害，可是沃森说他的胃很健康。他对大脑的检查显示，钱纳利死于"严重的中风"，用现代术语来说就是卒中。[47]

他被埋葬在新教徒墓地。为了纪念他，人们筹集了一笔资金以置办一座纪念碑，但是二十年后，这笔钱"都还没有从英国收到"[48]。在本世纪[①]末之前的某个时候，一座壮观的纪念碑在墓地顶部竖立起来，上面的饰带上刻着"乔治·钱纳利"。1974年，为了纪念他200周年诞辰，又增加了英文、中文和葡萄牙文的铭文。其上所表达的各种情感最后，有一条略显隐晦的信息："我们希望他能找到一个惬意的避难所，来抵御他年轻时的苦难和焦虑。"

在卡瓦略法官（Judge Carvalho）的要求下，沃森和亨特搜寻了艺术家的财物，但没有发现遗嘱。他们发现了几个樟木箱子，里面放满了素描和油画。在这些油画中，亨特描述了一幅精心完成的加尔各答堤岸的画，画中有一艘即将起航的船，还有"一个脊椎严重弯曲的欧洲人（见第238页），一只胳膊下夹着公文包，手里拿着一个遮阳帽（sola［原文如此］topee），向城市的方向鞠躬，而画的顶端是一条卷轴形装饰，上面写着'温度计200'，显然是说'对我来说太热了'"。亨特回想起这幅画被约翰·颠地买去，但是在当代没有关于它的记录。[49]

1852年7月28日，钱纳利的素描和油画在澳门拍卖，那些对钱纳利的财产拥有债权的人，被邀请向法院提出申请。[50]不知是偶然还是有意为之，这次拍卖与澳门的一场划船比赛同时举行，这场拍卖也可以说成了一次社交活动；7月27日，据报道，"澳门的一场划船比赛、一场舞会和已故的钱纳利先生的作品，在本周带走了香港社会的精英。留在这里的人在愁眉不展、无精打采中徘徊，羞于出现，因为不在澳门意味着他们寂寂无闻"[51]。

与此同时，印度和中国的英文报纸上刊登了几篇讣告。他们的主题是已故艺术家对财富和机会的肆意挥霍。《孟加拉赫克鲁报》（*Bengal Hurkaru*）上一篇明智的文章指出，如果钱纳利是一个稳重谨慎的人，他完全可以"撼动卢比之树"，在加尔各答积累一笔巨大的财富。他很像柯勒律治（Coleridge）[②]，"不仅懒惰和拖延，而且喜欢交

261

[①]　指20世纪。

[②]　塞缪尔·泰勒·柯勒律治（Samuel Taylor Coleridge，也译作柯尔律治，1772—1834），英国湖畔派诗人，文学评论家、哲学家和神学家，与华兹华斯同为英国浪漫主义运动的创始人。

谈而不是工作"。[52]《印度之友》（*Friend of India*）提出了一些有趣的看法：这位艺术家在加尔各答的时候一年赚了半拉克（lakh）①（即50000卢比）；然而他没有耐心完成画像中的织物，故而在他印度的画室里留下了五十到一百幅未完成的作品；"他对金钱的价值完全是漠不关心，这是天才艺术家常有的事"。该报认为，钱纳利是在"极度贫困的情况下"死去的，通过陈述在他去世时，正在采取措施为他提供"一些额外的慰藉"，以减轻他"对生存手段的焦虑"，《中国之友与香港公报》含蓄地证实了这一点。[53]

　　从钱纳利离开英国到这时，已经过去了五十年。他比皇家美术学院的大多数同辈，以及几乎所有他的近亲都活得更久。但在他的祖国，他并没有被完全遗忘。他的妻子玛丽安娜没有跟随丈夫去澳门，而是从印度乘船回到欧洲，一直活到1865年，在布莱顿去世，享年88岁。[54]他在印度和中国认识的许多人都带着他的画作回国。1830年至1846年间，他从中国寄回的十四幅画作在皇家艺术研究院展出。1826年8月的《加尔各答月刊》（*Calcutta Monthly Journal*）转载了英国的塞缪尔·普劳特（Samuel Prout，"著名的普劳特"，'the celebrated PROUT'）写给加尔各答一位身份不明的绅士的信：

　　　　今天R-J-先生借S-太太的纵容，让我有幸看了几幅钱纳利先生的画。
　　　　说心满意足，并不能表达我对它们的钦佩之情——它们是我见过的最好的极具感染力的素描样本，在色彩、构图和完成方面都是最棒的。

钱纳利以同样的态度回应道：

　　　　对您的好评，我的感激之情简直无法言喻。我相信，您用这样的激励来驱策我，是有充分的动机的。但是，当我想起您在艺术方面的才华和极高的素养时，我有些不知所措，不知道该说些什么。
　　　　R-J-先生特别优待我欣赏S.太太收藏的大批绘画，这使我很高兴——它们立

---

① 拉克，表示10万卢比。

刻把我可怜的作品对比得黯然失色，我因为不敢把自己的作品和它们相提并论而感到渺小。它们的色彩和活力在我看来十分完美。所以请允许我成为您真诚而热情的崇拜者之一。

请您行行好，为您的废弃作品集接受两幅微不足道的素描，当您有一只破船或一个摇摇欲坠的残片可以交给风儿带走的时候，请想起我，我会无比珍重。[55]

钱纳利去世后的若干年里，他的油画和素描在澳门与香港不断易手。沃森医生担任非官方代理人。1856年，他把自己的诊所卖给威廉·凯恩（William Kane）医生，成为香港大药房（Hong Kong Dispensary）的共有人。当一位抵达澳门的美国游客得知沃森有"一些很精美的钱纳利作品"时，凯恩医生把他介绍给了人在香港的沃森。[56] 沃森还收到了来自加尔各答的约翰·米德尔顿（John Middleton）的买画请求。

保罗·达兰（Paul Durant）收藏了一两件钱纳利的作品。他有许多精致的藏品，就像你说的，它们可能会很便宜，因为可怜的钱纳利的作品现在不像以前那样受人欣赏了。如果可以的话，请帮我安排这件事。我不想要任何常见的未完成的作品，我要那些精心完成的早期作品中的一两件……[57]

1858年，沃森患上了胸膜炎和香港热，他的许多同代人都死于这种病。1859年1月，他离开中国海岸回到苏格兰，并于几个月后去世。他的"钱纳利作品箱"在他离开中国之后也被送回国。[58]

1876年，香港举办了一场绘画和艺术品巡展，这或许是香港举办的第一次公开的艺术展览。一个由十四位有影响力的居民组成的委员会呼吁捐款。他们"惊讶地发现有二百五十多幅油画和素描在殖民地展出，它们都是出类拔萃的，而且很多极具价值"。展览在市政厅举行，并于7月18日由总督正式开幕。在接下来的两天里，欧洲人获准进入，再往后两天，中国参观者也被允许进入。

展览既有在本地绘制的中国沿海风光，也有从英国运来的当代绘画。在大厅的另一头，放置着一幅乔治四世的巨幅肖像，这幅画像以前挂在广州的英国行里。温特哈尔特（Winterhalter）的维多利亚女王肖像为这一活动更增庄严，这幅肖像画由总督官邸借出，"最近由一位当地绅士修复"。委员会原本打算把钱纳利的作品集合在一起，并使其成为展览的一个自成一家的特色。但据《日报》（*Daily Press*）报道，很明显，钱纳利的大量作品已不存于香港：

> 在他死后的二十五年里，这些画的大多数拥有者都回到了自己的家乡，并随身携带着他们能够获得的这些对于他的天资的记录。然而，仅存下来的几幅作品，也大概提供了信息，并充分证明了这个人的才能。[59]

第十七章 钱纳利和林呱

在钱纳利的中国效仿者中，有一个人格外引人注目：关乔昌，西方人称之为"林呱"（Lamqua）或"蓝阁"（Lamquoi）。美国人图古德·唐宁（Toogood Downing）这样描述他："他曾是澳门的钱纳利先生的学生，从他那里得到了充分的指导，使他能够模仿欧洲的绘画风格，画得还算过得去……蓝阁是他这一行的领军人物。"[1] 其他几个同时代的人肯定，林呱的职业生涯是从当钱纳利的学生开始的，或者他曾向钱纳利学习。[2] 另一方面，据1843年的一位旅行者说，钱纳利"坚决否认"林呱曾是他的学生。[3]

不管林呱是不是钱纳利的学生，他都很擅长用钱纳利的方式画肖像。他成了这位英国艺术家的劲敌，他降低自己的价格，在旅行者中赢得了相当大的知名度。其中一些人留下了他在广州同文街为西方客户提供服务的店铺的记载，而林呱正是在那里满足他的西方客户所需。一楼是商店，里面挂着已完成的画作以供出售。上面是作坊，有八到十名画家在里面工作，有些人复制西方的油画或水彩画，有些人在象牙上画微型画，还有人在通草纸（pith paper）上画色彩鲜艳的官员像、山水、船只或禽鸟，纸被误称为"米纸"（'rice paper'）。[4]

第三层在作坊上面，是林呱自己的工作室，一个由天窗照明的小房间（插图175）。有消息称，林呱为被画像者提供10英镑的"英式时兴式样"，或者8英镑的"中国时兴式样"供其选择[5]，但是他"中国式样"的肖像画今天已无从辨认。到他画室参观的人会发现许多不同完成状态的肖像：大多数是西方人，但有些画的是"聪明

插图175　林呱在他广州的画室里。以奥古斯特·博尔热（Auguste Borget）原作为蓝本制作的版画，刊登在1845年《开放的中华》（*La Chine Ouverte*）一书中

插图176　林呱自画像。油画。画框背面题有"林呱，时年52岁［原文如此］，1853年由其本人于广州绘制"。香港艺术馆藏

的帕西人"，还有一些画的是"谦逊的中国人头像"。[6]

　　据说这位艺术家本人是"一个矮胖、体格粗壮的人，大约中等身材，面容显得相当智慧和文雅"[7]，香港艺术馆收藏的他的自画像（插图176）印证了这一描述。在这幅自画像的画框背面有一段铭文，提供了关键的证据："林呱，时年52岁［原文如此］，1853年由其本人于广州绘制。"

　　由此可见，当钱纳利来到中国沿海时，林呱才二十出头。也许他已经是一名艺术家了。从18世纪中期开始，广州艺术家就开始"以西方的方式"绘画，并出口到欧洲和北美。在这些早期的艺术家中，最著名的是一位油画肖像画家史贝霖（Spoilum），他似乎和林呱来自同一个家族。[8]在钱纳利来到的五年之前的1820年，有一份广州的"外来商人"名单，其中包括同文街的"林呱"，他被描述成一个品行端正、"声望第二高"的人，同时还是一位绘制船舶和肖像的画家。[9]还有署名为"林呱"的肖像画的例子，其风格属于史贝霖传统的肖像画，缺乏戏剧性的明暗对比、朱红色的自由使用，以及林呱后来的画作上从钱纳利那里借鉴的其他风格。[10] 因此，除非在早年有其他的"林呱"在活动——这种可能性不能排除[11]——这么说的话，关乔昌在钱纳利来的时候已经是艺术家了，关乔昌是在钱纳利的监督下，从做男仆开始走上艺术道路的这种说法并不是事实。[12]

　　有文献证据表明，早期在中国沿海地区的钱纳利，和林呱之间存在着某种联系。1827年12月，钱纳利给商人约翰·拉蒂默写了两封信，要求付给林呱56元，以支付一批托运的画笔和象牙的货款（见第169页）。这表明林呱是钱纳利的代理人或中介，可以想象，作为一个历史悠久的广州"外销"画家家族的成员，他可以在许多实际问题上对这位新来乍到的英国艺术家提供相当大的帮助。

　　19世纪30年代早期，拉蒂默的账本上出现了林呱的名字："付给林呱复制肖像……26.50元"，以及"付给林呱——1本书、12幅油画（8元）——1幅神庙画（15元）[可能是澳门的妈阁庙]"。[13] 根据1835年的《广州纪录报》，15元是林呱头像肖像画的标准收费。[14] 从几份报道中可以清楚地看出，他的价格比钱纳利的要低得多，这是他们之间产生摩擦的根源，至少在后来的几年里是这样。怡和洋行的账簿似乎证实了这种收费上的差异：在1840年至1843年，林呱（因未详细说明的服务）分别被支付18.50元、34元和（亚历山大·马地臣支付的）138元的报酬，而钱纳利在同一时期收到了150元和250元的报酬。[15] 在19世纪30年代后期，据说林呱"总是很乐意以小小的报酬接受你的肖像委托，只要20元"，而且，尽管全职工作，收入却"每年不超过500英镑"[16]；这似乎是一笔可观的收入，但不清楚这是否包括他的工作室和他的许多助手的开销。

　　林呱本人在油画肖像画方面颇有专长——"我从未听说过他除了肖像画之外还尝试过其他绘画"，唐宁在1838年写道。[17] 但要找出一种独特的风格来作为林呱的特色并不容易。有几幅画上有洋文或中文的"林呱"字样；彩图106是安格尔的《大宫女》雕刻版的值得称赞的摹本，上面有两种文字的签名。但这些画与那些在风格上最接近钱纳利的画并不一致。此外，同署一名的绘画似乎并不都是同一个人的作品。"林呱"的签名似乎与"顺呱"（'Sunqua'）和"周呱"（'Chow Kwa'）等其他主要外销艺术家的签名一样，表明了这幅画是在哪个工作室创作的，但并不保证每个艺术家的作者身份。

彩图106　林呱临摹自安格尔《大宫女》。油画。以中文和洋文手写体署名。私人收藏

　　有时人们认为，钱纳利的绘画是写实的，而林呱只是一个模仿者，这也不一定就是准确的。因为钱纳利有时也会把别人提供给他的一幅画临摹出来（见第234页），而且也有很多关于林呱直接绘制肖像画的记录。根据所使用的颜料来明确区分钱纳利和林呱的作品甚至是不可能的。一位法国旅行者参观了林呱在广州的画室，他看到林呱为一位英国朋友画的素描（"英国人似乎生来就会坐着让人为自己画像"），并仔细记下了这位中国艺术家使用的画笔和颜料："中国的颜料不如欧洲的好。除了朱红、天蓝、从植物红花中提取的深红和雌黄之外，他们几乎不能成功地制造出任何颜色。最好的画家，尤其是肖像画家，都会另买英国的颜料。"[18]

　　有一幅画可以肯定是林呱的作品，画的是医疗传教士彼得·伯驾的肖像，以及他的一位中国助手正在照料一位病人（彩图107）。这位助手很可能就是关韬（关亚杜，Guan［Kwan］A-to），他在19世纪40年代早期成功地进行了多次白内障和肿瘤手术；他

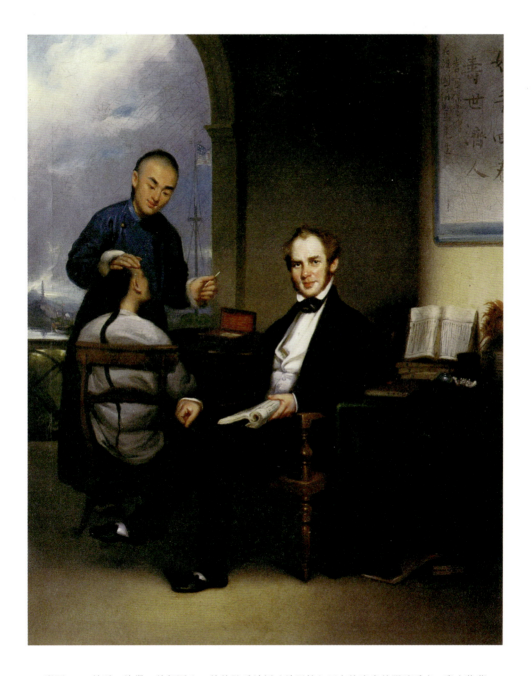

彩图107　林呱，彼得·伯驾医生，他的助手关韬（关亚杜）正在给病患的眼睛手术。私人收藏

插图177　林呱，面部长肿瘤的女子。
油画。盖伊医院戈登博物馆（Gordon Museum, Guy's Hospital）藏

也是林呱的侄子。林呱对伯驾的医疗活动非常感兴趣，为了表达对伯驾在广州所做工作的感谢，他主动提供了一系列肖像（插图177），图解了伯驾的独特的病人，以及他们的各种疾病状况。有一百一十幅这样的小型油画留存了下来（大约三十幅是复制品），其中大多数收藏在耶鲁大学医学图书馆（Yale Medical Library），而且许多都可以直接与彼得·伯驾的病例记录关联。[19]

　　林呱画室的成员可能参与了这个引人注目的项目，但很难质疑伯驾和关韬的形象是出自林呱本人之手。此外，林呱的绘画是一幅完全钱纳利式的构图；它的一些细节是以钱纳利所画的郭雷枢医生手术时的肖像（彩图96）为基础的，而伯驾医生被表现为跷腿而坐的姿势，也是钱纳利在表现浩官（彩图53）和他自己（彩图102）时的姿势。但与郭雷枢的情况明显不同的是，现在进行手术的是中国外科医生，而不是西方人。

267

虽然林呱本人并没有离开中国沿海地区，但他生前的画作曾在英国和北美展出。在伦敦的皇家艺术研究院，他展出了一幅《老人头像》（1835年）和一幅"复仇女神号"上校W.H.霍尔的肖像（1845年）。1841年3月，《茶商茂兴（Moushing）的肖像》在纽约阿波罗俱乐部（Apollo Club）展出，1851年，他的另外三幅画像在宾夕法尼亚美术学院（Rennsylvania Academy of Fine Arts）展出，分别是《绅士》《拿破仑和他的儿子》和《璞鼎查爵士》（'Sir Henry Pottinger'）。同年，林呱另外五幅描绘中国人物（包括浩官）的肖像画在波士顿图书馆（Boston Athenaeum）展出，它们是由马萨诸塞州伊普斯威奇的对华贸易商奥古斯丁·赫德（Augustine Heard）运来的。其中两幅由赫德交给联合社团（Union Club），分别被命名为"Ke Yaing"和"Lin Chong"：他们可能代表了《南京条约》的签署人耆英和鸦片贩子的灾难林则徐（也被称为林文忠①）。[20]

林大人（的形象）还出现在伦敦贝克街的杜莎夫人蜡像馆展览上。被宣传为"250万英镑英国财产的破坏者"，还有"他的小脚妻子"，这些身着长袍的塑像据说是"由广州驰名的林呱基于真人塑成"[21]。

林呱至少有一个儿子跟随他的父亲成了一名外销肖像画家。1844年，德已立少将（Major-General D'Aguilar，香港副总督）致信广州的中国官员赵长龄，询问"为您画像的艺术家……我听说他叫关严（Guan Yan）②，是关林呱的儿子。我想请他到香港来给我画一幅肖像画，我可以把它作为礼物送给您"[22]。

这封有趣的信表明，肖像画具有外交功能，充当中英两国政府代表之间的礼物。它还表明，在19世纪40年代早期，"关严"已经到了能负责任的年龄，使他的父亲能够离开广州画室很长一段时间。1843年，林呱在澳门待了几个月。这一年12月，丽贝卡·金斯曼写道："他来这里是为了给埃卡（Ecca，丽贝卡的女儿）作画，这是一个非常大的恩惠，因为我们这么多人去他的画室会很不方便。"她补充说，尽管林呱外

① "文忠"为林则徐谥号。
② 因未查询到其人其名，此处为音译。

表肥胖，但他"极富天才"，在中国人中很受尊敬；"他画过璞鼎查爵士、海军司令巴加（Admiral Parker）和其他各种杰出人物"。（随后丽贝卡·金斯曼拜访了钱纳利，她钦佩其作品，但并不欣赏艺术家本人："他是一位才能非凡的老人，但由于虚荣自负，他又是一个极不为人所喜的人。"[23]）

1845年，随着香港逐渐取代澳门成为对华贸易的中心，林呱在香港皇后大道奥斯瓦尔德大厦（Oswald Building）3号开设了一间画室。[24] 钱纳利这时已经70多岁了，虽然他在1846年到过香港，但大部分时间都在生病，没有取得什么成就。因此，林呱和他的家族在获得西方人的委托上有很大的优势，他们很可能是19世纪40年代和50年代大部分外销肖像画的作者。

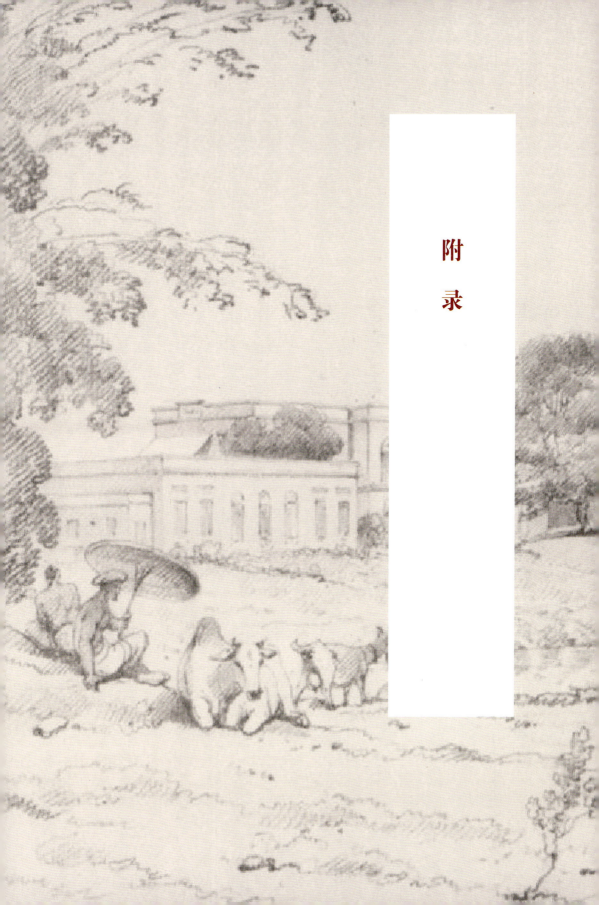

附 录

附录一　技法和理论:《论述》

　　尽管钱纳利的言行举止多幽默诙谐、荒唐嬉闹,但他郑重其事地把自己视为一位艺术家、教师和理论家。至少在加尔各答,他打算写一本关于绘画原理和实践的书。他在1814年12月的时候就想到了这一点:"我写这本书的时候,要把每一个理论都用实际的例子加以说明。"[1]这本书从未完成,但大英图书馆保存了一份初稿。[2]尽管这本初稿已被称为《论述》,但它不是一部连贯或系统的作品,而是一个杂乱无章的笔记和建议的集合,这些笔记和建议是在不同的时间写下的,一部分来自钱纳利,另一部分来自他的学生和通信者玛丽亚·布朗。(钱纳利仍然是唯一的作者;布朗夫人手上的章节通常以"钱纳利的评论"或"钱纳利说……"开头。)有三个日期——1814年、1816年、1821年——出现在手稿的不同节点上,该项目似乎在之后一年失败了,钱纳利去塞兰坡后不久,布朗夫人回到英国,并于1828年在那里去世。

　　该《论述》可与钱纳利写给玛丽亚·布朗的信一起考量,这些信涵盖了(与《论述》)大致相同的时期(1813年5月至1821年7月),其中包含了《论述》中阐述的许多原则的应用。玛丽亚·罗伯茨比钱纳利小12岁,19岁时来到印度,嫁给了孟加拉炮兵中尉(后来的中校)马默杜克·布朗(Marmaduke Browne)。据说,马默杜克·布朗通过不与玛丽亚说话(这种手段),对她的性格进行了初步测试[3];如果是这样的话,她从与热情奔放的钱纳利的友谊中得到了一些弥补。她是一位才华横溢的业余艺术家,完成了一百多幅微型画和色粉笔肖像画,以及许多其他艺术家的微型画复制品;

她绘制过的人中包括许多钱纳利的朋友和赞助人——埃利奥特、多伊利、阿特金森、康普顿、埃德蒙斯通、麦克纳布、朗博尔德、黑斯廷斯。[4]

这篇论述和这些信件的主题，从理论原理到材料和颜料的实际操作都有涉及。钱纳利的部分言论仅适用于象牙上的微型绘画，其他部分则更广泛地涉及油画和水彩画。这里有一些有趣的画室实践和配饰的使用：肖像画家被建议通过把他或她安置在凳子上来描绘一个坐着的对象的姿势——"除非描绘对象是一个你希望显得懒洋洋的老人[；]在这种情况下，要总是露出椅背或沙发靠背"。在绘制带褶皱的织物时，他建议将一块质地合适的布料放在手边，"因为褶皱会更自然"。当画一幅计划以天空为背景的微型画时，"把一块台布紧挨着放在被画者后面"会显示出头部的真实颜色。[5]

为了保存铅笔画，钱纳利阐明了被称为"固色"（fixing）或"打蛋"（egging）的过程（在他的画上，"固色"的指示经常出现在速记中）。他的"打蛋"方法如下：

> 鸡蛋（蛋清）要被打成厚厚的泡沫——要厚到当盘子或其他打泡的容器被翻过来，它都不会移动——然后把容器稍微倾斜一点，从中会流出一种釉状物，只有这部分是要使用的——上釉是用一个扁平的宽毛刷，涂满用木桁固定……[6]

当钱纳利搬到中国沿海时，他经常把粥（大米粥）作为替代固色剂；钱纳利在后期绘画里的几个速记中提到了粥。

当蛋清被用作保护剂时，蛋黄在这个被称为"遮蔽"（'stopping out'）的过程中可以起到另一个有用的功能。蛋黄应与发粉混合成糊状（该论述所建议的），然后将糊状物涂在纸上那些艺术家想要保持为白色的确切范围内。当糊干硬后，水彩画颜料就可以整体地画在纸上；之后，用一把锋利的刀去除硬化的糊状物区域，任何残留的痕迹都用一块干净的面包擦去，留下一块所需形状的白色区域。[7]

在钱纳利看来，面包是把铅笔擦干净的唯一方法。毫无疑问，他回忆说，他在皇家美术学院的那些年里，学生们曾被取消了面包（供应），因为"他们有一种习惯，把面包扔到对方身上，而这些面包是学院允许他们用来擦除（铅笔）的，因此浪费太多的钱，有时一周要花16先令买面包……"院长本杰明·韦斯特曾提议，如果没有面包，学生们就会"更加注意他们画的轮廓"[8]。作为一名教师，钱纳利采取了不那么严厉的态度，但他确实坚持要求面包必须像纸一样绝对干净。[9]

色调和色彩构成了这篇论述和致布朗夫人的信件的一个重要主题。在1813年6月5日的一封信中，钱纳利绘制了一个图表来说明他关于色彩辐射的理论，在这个理论中，当一个事物从黄色变为橙色、红色、紫罗兰色和紫色时，"它就相应变得更暗、更不鲜明、更偏冷色调、更微弱"。如果背景颜色的使用随着艺术家（的画笔）离开画像头部而逐渐变冷，则以暖色绘制的肖像头部会显得突出。[10]（在这里，钱纳利追随了雷诺兹的观点，后者以伟大的威尼斯艺术家为范本，建议使用暖色调的"红色和黄色"来绘制主要的、被照亮的主体，使之与冷色调的"蓝色、绿色和灰色"的背景相平衡。[11]）布朗不明白钱纳利的理论所派生的所有（众多复杂而又难以预料的）影响，从他给她的信中可以看出，这一点也不奇怪，因为他的指示往往是含糊不清的，好在，他提出了具体的建议："紫胶红和炭黑色——是漂亮的水彩画阴影颜色——而对象牙画或非常纤弱的纸画而言，靛蓝和熟褐更美丽。"[12]

钱纳利对朱红色有着强烈的喜爱，他的许多肖像画和风景画都证明了这一点。他可能意识到，雷诺兹在早期职业生涯的大部分时间里都使用胭脂红后，已经了解到其不稳定性，转而使用朱红色。[13]"朱红色有点奇怪，"他写信给布朗太太，"朱红色就是朱红色——但纽曼确实设法把他的颜料饼做成了和其他颜料饼完全不同的颜色——我现在仅有一块这么大点儿的口，但愿意为整块颜料付100卢比——它是唯一适合覆盖的颜色……"[14]该论述对其使用提供了具体的建议：对于水彩画中的肤色，在大多数儿童和妇女的肖像中使用朱红色来解决；对于其他人，以及白皙的男人，用朱红混合少许胭脂红；对于肤色更深的男人，用紫胶红和"熟褐色"（'Burnt Terra di Sienna'）。[15]

（这篇论述观察到）织物的着色带来了特殊的问题，白色的织物是最困难的，因为它的处理必须依据所描绘的特定（人物的）面部。"A夫人的白色服装与一张红彤彤的脸，与B夫人仅仅带着红润光泽的面部是极为不同的——依此类推，面色苍白和肤色蜡黄也是如此。"透明的织物在透过它看到皮肤的地方呈现出浅粉色。彩色丝绸或天鹅绒制成的织物和窗帘（在微型绘画中），需要用混合了树胶的颜料厚涂；然后，在干燥之前，"用干毛刷擦掉代表褶皱的浅色部分"。[16]

在理论层面上，钱纳利的原则遵循了乔舒亚·雷诺兹爵士《讲演集》（*Discourses*）[①]中的艺术风格。他建议肖像画家遵循某个阶级的"一般形式"特征，而不是个人的特质；对自然的深入研究不可避免，但这还并不足够，因为艺术家必须以"诗人的眼光"来看待这一主题。而且，艺术家还应该准备好脱离自然，以达到技艺精湛的效果。"照搬自然不是万全之法，但并不等于抛弃自然就行之有效——尤其是着色。"[17]

一个类似的主张是一心一意追求"相似"很可能会让一个有抱负的画家误入歧途。"是空气、天恩，和一些难以描述的东西在绘画。"[18]更具体地说，如果一个球被表现为完美的圆形，它将看着粗俗；一个人必须斟酌"绘画的感觉和构想，它控制着画家的眼睛……自然不全然等于绘画，尽管绘画源自自然"[19]。这又是一个《讲演集》中的主题，雷诺兹在其中坚持说，"一个简单的自然复制者永远不可能创造伟大的作品；不能升华和充实思想……"，一幅肖像画的优雅与相像更多地体现在"总体印象"中，而不是"每个特征的精确相似性"。[20]

在其他情况下，钱纳利的建议以明显相反的方向去引导。天赋当然是很好的，他告诫道，但方法和耐心的应用是最基本的要素——"我们的艺术十分里有九分都是机械的"[21]。这种重点的变化、闪烁其词和限定条件也让人想起雷诺兹，他清楚地知道"模仿""天才"和"自然"这三个术语内在的变化莫测和模棱两可。雷诺兹观察到，艺术涉及"风格各异的完美境界"（'perfections that are incompatible with each other'）和不可统一的"相对的优点"（'contrary excellences'）。[22]正如钱纳利对布朗夫人所说的那样，"乔舒亚爵士在他那令人钦佩的且怎么钦佩都不为过的演讲中指出，艺术充满了显而易见的矛盾——无论这是艺术本身的错，还是由于缺乏语言来正确地表达我们自己，我们都一言难尽……"[23]钱纳利敏锐地感受到了这一困难，因为他不得不将自己的理论观点与玛丽亚·布朗作品具体的优点和缺点联系起来。

钱纳利为自己的教学感到自豪。"没有比教学更伟大的艺术了"，他沾沾自喜地写信给布朗夫人，向她证明他轻松愉快的方法是正确的，并错误地引用了蒲伯（Pope）为他的方法辩护。[24]从他写给她的信和哈丽特·洛的澳门日记来看，至少可

---

① 《讲演集》，乔舒亚·雷诺兹爵士于1769年至1790年间在皇家美术学院陆续发表的十五次演讲，包含有其所有的艺术观点和理论。

以推断,他是那些他喜欢陪伴的人的一位令人振奋的导师。他不拘小节,方法灵活,词汇新颖,敦促玛丽亚·布朗在肖像画中达到"可感知的(状态)"('pulpiness'),将头发表现为"线状"('wirey')而不是"絮状"('cottonny'),去捕捉一个孩子坐在沙发上"温暖舒适的姿态",给一个女人的脸颊赋予"柔软的肉感"。[25]他对玛丽亚·布朗给予了很多鼓励,偶尔还夹杂着直率的责难,如果不是以一种幽默逗趣的精神来表达的话,可能会难以接受。钱纳利本人很容易受到阿谀奉承的影响,因此不愿意讨好其他艺术家。1819年1月,另一位专心致志的业余艺术家詹姆斯·贝利·弗雷泽(James Baillie Fraser)把他的油画带给了钱纳利,"当然也遭到了批评",他在日记中写道,带着一丝受伤的骄傲。[26]

为了教学和便于自己参考,钱纳利创制了一个方法,在该方法中,水彩画创作的各种过程被分为九个步骤。它们以方块排列成表,每列三个。玛丽亚写道:"他把他说的规则分成九个阶段,让学生们画九个正方形,并给它们编号……"她自己画了九个方块,开始填写规则,但显然发现它们不符合图表的要求,于是在"风景"标题下重新开始写,这一次没有使用方块。正如布朗夫人自己承认的那样,这些说明很长,有时很难理解。(更复杂的是,一个正方形可能包含两个或多个部分,因此划分为九个部分是武断的;在某些绘画上,钱纳利用八个正方形的图表来替代,分为两排,每排四个。)按照钱纳利的九个阶段,布朗夫人陈列了一个初步的总结[27],并根据钱纳利绘画随附的注释进行了一些调整。

1.用炭笔轻画草图,然后用中号铅笔画出一个坚实的轮廓,尽可能精确。

2.薄涂,天空和远景使用中性色调,前景使用紫胶红和炭黑色;当画家向前景进展时,每个阶段都应该更暗。然后添加相同颜色的较深色调。在这个步骤,风景中的所有事物都应该是白色的,就好像它们是用粉笔或象牙做成的一样。

3.根据布朗夫人的说法,这是最重要但最难理解的阶段。根据"钱纳利的空气和水汽理论",日光微粒在画面的中间(在一幅画的水平面上)被压缩,并在外缘稀疏地散射开去。此效果应用于陆地和天空的灰色色调(水不涉及在内)。然后在除光线外的所有区域添加"一般阴影",并使前景变暗以与远处的事物拉开距离。在此之后,"灰色阶段"的最后一步,景象将显现出来,仿佛"通过覆盖着黑纱的眼镜"在观看。

4.现在开始着色。除湖泊或大海外，用宽头扁刷子将土黄色（日落时比拂晓时更深）涂刷满整个构图，从较亮的部分开始，向较暗区域辐射。

5.这个步骤，被钱纳利描述为"大略的上色环节"，由若干与构图中详细的要素相关的说明组成。例如，将靛蓝涂满天空；用黄色轻轻勾勒云彩明亮部分，并用粉红色勾勒较暗的部分；用土黄色和深褐色给小山和枝叶上色。

6.用大号骆驼毛刷蘸清水涂满整个画面。必要时，用艾鼬毛皮去除多余的颜色，并用海绵刷修整未完善之处。然后"冲洗整张画，以使它有色粉笔画的效果"。

7.使用普鲁士蓝和靛蓝在天空中制造"形状"，并用铬黄和铅丹为云彩着色。在前景枝叶上以轻轻的笔触添加铬黄和土黄色的高光部分。许多更具体的建议如下，包括不同阴影区域所需的各种颜色，如"土地和建筑的阴影——紫胶红和炭黑色混合当地出产的颜色，主要是熟褐"。

8.在开阔的风景中用中性色表示有阴影的"空洞"①。借助深褐色混合树胶表示其他类型的空洞——在封闭的风景中，或茅屋的缝隙，或相邻岩石之间的空隙；对于前景较亮部分的空洞，使用棕粉色和熟褐的混合色。

9.大致修整全画。使用艾鼬毛皮融合所有需要融合的部分，并用海绵刷去除不需要的元素。为了在前景产生沙砾感或不规则的效果，用深褐色在蜡纸上涂抹形状，"然后在干燥前用手指将其平整地压在相应部分，画面效果会完美奏效"。

钱纳利在其后期的中国沿海职业生涯中继续使用该方法（或与之非常类似的方法）。虽然玛丽亚·布朗的说明只涉及风景，但也适用于肖像画，仅进行了一些轻微的修改。维多利亚和阿尔伯特博物馆收藏的一页素描肖像上，注有1847年3月12日和19日两个日期，题款以速记、数字和字母组合的方式书写。以下是杰弗里·邦索尔对速记的翻译，可解读为：

肖像画应该有三个不同的阶段。

1. DSS.OL—BOC. BOC.CS.黑色仅需突出轮廓，且要成精确、明白无误的方形。

---

① 指一个黑暗的阴影区域，就像一个洞穴，或一座建筑物的内部，或一片森林的黑暗地带。

2.34仅用大量黑色和白色（身体颜色）

2345671［最后一个数字不清楚］（AC.CP.SS.）

整合方块，用明亮醒目的颜色逐一上色，不要仓促。

3. R.&C.尽可能减少。

这些与头部有关的步骤适用于画面的每个部分。[28]

钱纳利的缩写并不总是可以破译的，也不总是一致的。数字序列清楚地表明了创作一幅画的连续阶段。"DSS.OL"似乎意味着"绘制简单的素描轮廓"（'Draw simple sketch outline'），而"BOC"可能意味着"基本的原始颜色"（'Basic original colour'）。"R.&C."常出现在钱纳利的绘画上，意思是"修补和完成"（'Repair and Completion'）。有时还可以找到其他缩写词"PO"（完美的轮廓［Perfert Outline］）、"FGS"（完整的一般阴影［Full General Shadow］）和"Cavs"（空洞［Cavities］）。论述中经常出现的单个颜料的缩写更为简单明了:"Y.O."表示土黄（Yellow Ochre），"B.U."表示烧棕土色（Burnt Umber），"B.T.S."表示熟褐色（Burnt Terra de Sienna），"B.P."表示棕粉色（Brown Pink），"N.T."表示中性色调（Neutral Tint），"M.T."表示中间色调（Middle Tint）。

以上说明均适用于水彩画;只适用于油画的主题——比如上光油——并没有被提及。但最后一层光油的问题，对于保存一幅油画至关重要，一定让钱纳利相当焦虑。在印度和中国沿海，他经常被要求供应即将返回欧洲或北美的个人的肖像;然而，如果一幅油画在涂抹颜料后很短时间内就上光油，那么天然树脂光油中的松脂成分会与新涂的颜料层相结合，导致变色，并使光油难以在之后被清除。通常建议绘制油画和上光油之间有六个月或一年的间隔。因此，似乎钱纳利的一些绘画在运回西方时仍然没有上光油。在一张《蛋家船娘》（彩图70）的油画背面，他的说明保留了下来，在木桁后面的一张纸上写着一句不大可能被实现的恳求（右边空白处年份被撕掉了）:"钱纳利先生恳请任何一位可能把这幅画交给他（处理）的艺术家，给它涂上一层坚固的乳香脂光油——中国澳门。12月6日……"

附录二　钱纳利的速记

在英国，速记法的使用可以追溯到伊丽莎白时代。查理一世用速记法书写信件，到18世纪中叶，有十几种不同的方式被人们使用，其中格尼的方法变得尤为突出。托马斯·格尼在17世纪20年代研制了他的符号系统，改编了五十年前由威廉·梅森（William Mason）提出的一种方式。托马斯·格尼的速记手册现存的最早版本题为《速记法：或简写，让……更容易》（*Brachygraphy: or Short Writing made Easy...*），时间为1753年。

此时，托马斯·格尼已被任命为英国中央刑事法庭（Old Bailey lawcourts）的速记员，他的速记方法作为议会、政府委员会、诉讼和军事法庭中使用的速记工具而获得官方认可。许多重大的司法和议会事件都用格尼速记法记录下来，包括对沃伦·黑斯廷斯（由托马斯的儿子约瑟夫·格尼［Joseph Gurney］记录）和卡罗琳王后的审判。托马斯·格尼的朋友，医生兼诗人伊拉斯谟·达尔文（Erasmus Darwin）用诗句（"……格尼的艺术——凝固了转瞬即逝的语言……"）来纪念这一方法，拜伦在《唐璜》中提到了它，并设法将"行旅"（journey）与"格尼"（Gurney）押韵。[1]

到钱纳利的晚年时，格尼速记法面临来自另外两种方法的强劲挑战，即塞缪尔·泰勒（Samuel Taylor）和艾萨克·皮特曼（Isaac Pitman）的方法，但格尼的速记手册在19世纪80年代仍在印刷，他的符号系统在远至维多利亚州和新南威尔士的立法机构中使用。有关印度叛乱（Indian munity）、詹姆森突袭（Jameson raid）和奥康奈尔审判（O'Conrell trial）的议会委员会都使用了格尼速记法记录。[2]

格尼速记法更多是基于拼写而非语音（尽管有语音元素），并且被认为比其竞争方法更易阅读，但更难学习。早期的格尼手册和拉丁语初级读物一样令人望而生畏，上面有人称、语气和时态表。除了基本词汇外，18世纪的学生还必须记住一长串任意符号，例如"神龛"和"没有尽头的世界"，以辅助速记员记下讲道和《圣经》经文。[3]艺术家的父亲和老师（据推测）威廉·钱纳利，用格尼速记法写出了《新约》和《诗篇》，某位乔赛亚·刘易斯（Josiah Lewis）也是如此，他在一百小时内完成了《新约》，在三十小时内完成了《诗篇》。[4]

格尼速记法通过省略更模糊的语气、时态和基督教会相关的引文而逐渐改进。一些速记员形成了自己的改正（方法），但乔治·钱纳利严格地遵守着格尼速记法的规定，他写得整洁、流利，且很少修改。在他早期的绘画中很少发现速记，直到他在印度的第二个十年，他才领会到了小时候学过的这门学科的全部潜力。

在孟加拉和中国沿海的岁月里，钱纳利的速记成为他绘画的一个重要特色。当他出售或赠出一幅画时，他并没有擦掉速记笔记；当他通过墨水勾勒来加强一幅铅笔素描时，他经常同时检查速记，有时还会用墨水加上进一步的注释。他很少在自己的画上签名，但速记本身就起着一种签名的作用，因为他的效仿者们没有使用它（尽管在一系列画在旧纸上以误导人们的现代赝品中发现了这样的速记）。

速记被认为是一幅画的一个组成部分，它通常比正统的字体少一些干扰；只有格尼速记法最熟练的读者——占他潜在观众的极小比例——才能一眼就读懂它的意思。钱纳利没有在任何特定的空间模式中安排他的速记笔记，但在一些完成的绘画中，他注意以某种方式部署符号，以尽量减少其引起混乱的作用。然而，我们不能断定速记的贡献是完全不带感情色彩的，对于茫然的观者来说，它就像古埃及方尖碑上的象形文字一样，增加了神秘感和异国情调。

附录三　钱纳利画室，如《狮鹫汤姆·劳》所述

由于本诗作于19世纪初，其中的部分语法、词汇和行文表达在今天已不再使用，且难以理解。应作者建议不予译出，仅保留原文及原注释。

对加尔各答钱纳利画室的一次拜访，来自查尔斯·多伊利爵士的插图诗《狮鹫汤姆·劳》（1828年），第五篇章，第113行及以后各行。

I

HAIL, graphic art! The prototype of Nature
In all her varied forms most exquisite,
That stamps a duplicate of face and feature,
As penna-polygraphs, now doubly write;
That death of its obliterating might
Plunders, and brings before us our proge-
    nitors—
It matters not how long obscured from
    sight, —
Adam and Eve, Augustus, or the senators
Of Rome; —though dead for centuries, once
    more rise up monitors.

II

E'en the snug parlour, twelve by ten,
    displays
Europe and Asia, Afric and America,
Their scenes, their clime, and customs to
    our gaze,
Or favourite towns and counties, —Ayr, or
    Kerrick, or
Whatever you most wish to contemplate,
But which ne'er fail to put you in a merry
    key
And in the reach of all, —at moderate rate,
For who can't buy a drawing, may secure a
    plate.

III

But chief to absent lovers dear, who gaze
Hours, days, and years, on imitative charms,

Press the cold iv'ry to their hearts, and raise
The image of their lost one to their arms.
Oh! how imagination the heart warms,
And how delightful is fond fancy's flight—
Yet after all—what is it thus disarms
Absence of pain?—Four inches—no, not
    quite
Of ivory—a little carmine,—red, and white!

IV

Touched by a tiny brush of camel's hair,
A little water, and—But oh! not these
Alone could seize the heart; —they have
    their share;
But 'tis the efforts of the mind that please,
And raised to eminence unrivalled Greece. —
'Hands paint not—'tis the working of the
    brains!'
As Opie said to such as came to tease
Him, —asking how he coloured eyes and
    veins?
Multum in parvo—much in little—for their
    pains?

V

'But what's the meaning of this declamation
'On art?' we think we hear the eager cry,
Why, gentle readers,' 'tis a proclamation
Before we usher in great Ch—n—y! [1]
Whom Tom knew not—(the greater sinner—
    he,)
That giant man in face and scenery,
Whose works have pleased alike in East and
    West,

Who looks at nature with an eye bold and
    free,
And steals her charms more keenly than the
    rest,
Who, with less real merit, better line their
    nest.

VI

'You have not been at Ch—n—y's, I think?'
Said Randy to his friend, one afternoon.
'No,' replied Tom, 'that is a wanting link
In my career, which I must add, and
    soon.'—
'Well then,' cried Randy, 'I will grant the
    boon
'Of shewing you to this most skilled of
    painters:
'You'll be delighted with him—if in tune;
'He's always in his shop, and will not stint
    us
'In hearty welcomes, as his lungs will soon
    acquaint us.'

VII

In Garston's Buildings, [2] opposite the
    church,
Formed of the overplus of Town Hall brick,
And just behind the houses of John B—ch, [3]
Up a vile lane whose odour makes one sick
Resides this famous limner—never stick
At vain preliminaries of rapping knockers,
To see if he's at home—go in, and kick
The peons, that, slumbering on the stair-
    case, look as

(But yet they are not) barriers in your way.

Odd zookers!

VIII

Laugh as you please, till in his atelier

You see the ablest limner in the land,

With mild and gentle look inviting near,

Palette on thumb and maplestick in hand,

And saying, 'Sirs — what may be your command?'

'We would not interrupt you!—Mr. Raw!'—.

'Your most obedient—Do I understand

'Your friend desires to sit?—Pray, does he draw?—

''Tis a great art—and always practised with a *claw*! [4] (*éclat*)

IX

'What! always at your punning?'—'Pon my honour,

'My good friend Randy, I delight in puns,

'I relish them as epicures a konnah,

'They *go off* just as sharp as *Mantons guns*.

'Talking of fire-arms, I remember once

'A friend informing me he could command

'Four of them always ready to advance.

'*I* said immediately, —You understand—

'Then, certainly, you always have *a stock in hand*!

X

'But did you ever hear the pun I let off

''Bout Wellington and the Green Man and Still?'—

'Phoo! Phoo!' said Randy; 'when you're fairly set off

'There's no controlling you till you've had your fill. —

'Come shew us all your portraits—Where's Miss Frill?—

'Raw's gazing on your half-done things like mad.'

'*Is he quite raw?*' the punster whispered, —'Will

'He *bear a dressing?* He's a comely lad,

'*Raw, dressing, —palate, —taste, eat up.* Faith, not so bad!'

XI

At every word an equivoque was wrought,

And conversation hobbled on in quirks,

Or grave or merry—still it mattered naught,

Bad puns ensued with nostril moving jerks,

With notes and annotations, snorts and smirks,

When conversaton failed their sense to take in.

He drew them, even, from his beauteous works

From which the friends were all the beauties raking,

And observations on his excellences making.

XII

Their ready recogniton of those faces

That nightly grace the course, or public ball,

Or mix, among the concourse at the races,

The conversazioni at the hall,

Or at the burrah konnahs—quite enthral

Th' enthusiastic artist—'Aye, sir, these

'Are likenesses that make observers call

'Out—such alone my greediness appease;

'But pray just look at this chef-d'oeuvre, if
you please.'

XIII

So saying, from the wall, turned right about,

A kit-cat of a lady he displayed,

'Now if this does not make you both cry out

'I'll burn my palette, and give up the
trade—

'What! —not one word nor observation
made?

'Perhaps you're not acquainted with the
lady?'—

'I—think—I've seen her,'—Randy cried, —
afraid

Of a wrong guess, —'it is not Miss—
Makeready,

'She's pale and thin—this like a country-
girl on May-day.'

XIV

'Delightful! —charming!'—with sarcastic
grin,

Uttered the man of paint—''tis *so* agreeable

'When praise unqualified one hopes to
win,

'To find folks sorely puzzled when they see
a belle,

'So much admired, and—all well knowing
me able

'To draw to life the hardest countenances,

'To hear my works—(reckoned inimitable),

'Hem'd at and haw'd at—Can't account for
fancies! —

'To satisfy the world—Oh, Lord! how great
the chance is!!!'

XV

'Nay! Nay! my friend—the fault no doubt is
ours—

'Tell us at once, who is it?'—'Why—Miss
Shuffle,'

'Miss Shuffle! —so it is—What monstrous
powers

'You have—but we must not your temper
ruffle,

'Nay—what a face you make—Come no
more scuffle,'—

'I *live by making faces*—that you know,

'So never mind—mine I will strive to
muffle—

'And now, in faith—as public pictures flow

'Like *bores*—(they're *bores* indeed!) I must
to painting go.'

XVI

And off he marched, with, 'Gentlemen,
good day,

'I'm sorry that my duty interferes

'With inclination—hast'ning me away,'—

And then he tuck'd his locks above his ears.

Did'st ever mark the monstrous comb he

wears,

A semi-circular of tortoiseshell?

Which, like Diana's crescent, tops his hairs

In inverse ratio—once it graced the swell

Of crinal horrors that adorned an Indian
belle!

XVII

Meanwhile, within our hero's breast arose

The wish to have his ruddy face portrayed,

With apprehensions how to pay for't—
Those

Who've pros and cons can judge the fuss it
made;

But, he to his friend, his wish no secret
made.

The crash of crock'ry ware, and knives and
forks,

Shewed that the artist at his tiffin played,

The fiz of ripe pale ale, and sound of corks,

That he was then employed on very *sparkling*
works.

XVIII

Just at that moment, a fine clear bass voice,

Warbling out, —'Huntsman rest,' was heard
to quaver,

The tones were deep, the execution choice,

Though much of the bassoon it seemed to
savour.

'Now,'—Randy said ''s the time to ask a
favour,'

And it was proffered in the very nick;

Such times are chosen by the groaning

slave, or

Appointment seeker—practised in the trick, 278

When, after meals—Great men their teeth,
contented, pick.

XIX

For there was never mortal, yet, succeeded

In any boon upon a stomach empty,

By peevish humours is a meal preceded,

And growling pshaws! and pishes! that
ne'er tempt ye

To make their suit—Reflection will exempt
ye

From this restraint, —when tired jaws have
taken

Their utmost, and the finish'd bowl's
redempt. —Ye

Then may gain it—or I am much mistaken;

They, who act otherwise, may never save
their bacon.

XX

'Talk not of price, dear Randy, —when a
friend

'Whispers a wish—We'll settle that at
leisure;

'Meanwhile, to time, I must, perforce,
attend.

'Where is my book? —I'm pressed beyond
all measure, —

'Days growing short—ships sailing—giving
pleasure

'To all—but—let-us-see. —Monday? —
that's full, —

'Tuesday, to finish Mrs Roundhead's
  treasure,

'A little ugly knave. —A young John Bull—

'Wednesday, —Miss Fribble—Thursday', —
  (reading), 'if it's cool.'

XXI

'Lady Hysteric—reasonable condition!

'when hours to me are just great heaps of
  gold! —

'Friday, at ten, Miss Frill, —elev'n Ram
  Kishen—

'We'll put the baboo off—*He* will not scold—

'Friday, at half-past ten, then, —hot or cold,

'I shall expect to see you—Mister Raw—

'At two I have another sitter—hold—

'The second sitting Thursday sennight—
  pshaw!

'That's full—well—Friday—Next month I
  have time to draw!'

XXII

The day and hour arrived, —Our hero went,

In full apparel, to be fairly typed,

The comb and brush had done their parts,
  and lent

Charms to the flowing locks—his face was
  wiped,

From every soorky stain[5] —his belt was
  piped,

And silver epaulet fresh scoured and
  polished,

A white silk handkerchief with yellow striped,

(The red, by constant friction, being

demolished.)

And stock aspiring—which was nothing of
  the smallest.

XXIII

On elevated floor, young Thomas sat,

Calling up animated look and smile;

The limner had his canvas, and all that,

Flourished his charcoal ends, and snuffed a
  while,

Then talked—Tom's *mauvaise honte* to reconcile,

The body more in front, —not—*so*—much—
  quite,'

And up he stept, —'just so—the very style, —

'Now look at me, I beg—more full the sight,

'The figure straighter—head turned sharply
  to the right!'[6]

XXIV

But, as the sitting to a painter's irksome,

We'd rather seize upon the opportunity

To roam about his room, and try to work
  some

More animating sport for our community,

For spice of former dulness some immunity;

It is an olio, certainly, of oddities,

And we ought, long ere now, to have shewn
  it t'ye,

Passing the furniture, and such commodities.

To have such useful things—the due of
  every body 'tis.

XXV

Imprimis, o'er the walls are charcoal dashings

Of sudden thoughts—or imitative keys, [7]

Hung on a nail—and various coloured
  splashings—

The shape of frames, of houses, horses, trees,

Prismatic circles [8] —five dot effigies; [9]

Notes of short hand—a card for five o'clock,

Lord M. desires the honour of Mr C.'s

'Company,' in conspicuous station stuck,

To shew the deference paid his talent—or
  his luck!

XXVI

Close to the window is a dressing table

Where, erst, in miniatures engaged, he
  toiled, [10]

And near a chair and hookah, when he's
  able

To contemplate the canvas he has oiled:

In this enjoyment were he ever foiled,

Adieu to talent—'Tis his next great pleasure

To painting, he has often said (and smiled),

The sitting over, to devote his leisure

In smoky meditation o'er his new wrought
  treasure.

XXVII

A teapoy groaning with odd tomes and
  scraps

Of undigested journals, stands behind,

Sketch books, surmounted by his flannel
  caps,

Loose prints, and notes—some very far
  from kind,

With pretty little chits from dames that wind

Him round their finger—lawyers' letters,
  dunning,

For clients, most solicitous to grind,

And drafts of letters, full of wit and punning,

And house accounts that still keep on forever
  running.

XXVIII

In one damp corner—stewed without
  reflection,

Because 'tis never wanted—pines a Vatican,

And, of the finest plates, a rare collection. —

(Can he so thoughtless be? —ay, can he? —
  that he can! —

And, when I tell you plainly—you'll see
  what he can

Neglect), —they're mostly borrowed from
  collectors,

And buried in this motley graphic catacom',

Eaten by rats and white ants—no respecters

Of Raphael, Titian, Rubens, —Ajaxes and
  Hectors.

XXIX

What lovely face is that which hangs among

Th' unfinished pictures—in a faded
  frame? —

Oh! we could gaze, nor think that gazing
  wrong,

Though rumour has been busy with her
  fame:

Romney portrayed those matchless charms—
  a name

That next to Reynolds sparkles in the art,

Whose sweetness merits that superior claim,
Which meretricious glare can ne'er impart,
Driving his matchless colour brush right
　　through the heart.

XXX

And we have seen Sir Joshua there—a gem
Or two, within this store room of bijoux,
The artist on his knees, adoring them,
And swallowing greedily his tints and hues—
Then starting back—then forward—loath to
　　lose
A moment in the ardent meditation,
Then fancying that he stood in his great
　　shoes,
Tracing between them great assimilation,
Except his knighthood merely, —and his
　　reputation.

附录四　印度和中国沿海
与钱纳利有关的艺术家和业余爱好者

亨丽埃塔·玛丽·阿尔科克（Henrietta Mary Alcock，卒于1853年）

　　亨丽埃塔是雕塑家约翰·培根（John Bacon）的女儿，1841年5月嫁给了阿礼国（John Rutherford Alcock，见下文），并陪同他来到中国。她的一组中国主题的素描和水彩画（连同她丈夫画的一小部分）也包含了源自钱纳利的风景画。[1] 她于1853年3月在上海去世。

亨丽埃塔·玛丽·阿尔科克，英国驻厦门鼓浪屿领事馆。
铅笔、水彩，缩写签名，题有标题和日期1844年。马丁·格雷戈里画廊藏

阿礼国爵士（Sir John Rutherford Alcock，1809—1897）

当阿礼国被医学院录取时，他还在雕塑家弗朗西斯·钱特雷爵士（Sir Francis Chantrey）的工作室里见习，他的蜡像获得了艺术协会颁发的两枚奖章。当疾病导致他的双手部分瘫痪时，他被迫放弃了外科手术医生的职业生涯；取而代之的是，在《南京条约》签订后，他成为第一批驻中国的英国领事之一。先后任福州（1844年）、上海（1846年）领事，1859年任驻日全权公使。他能够在旅途中绘制许多素描作品，尽管娴熟的程度不如他的妻子（见上文）。他的传记[2]配有几幅插图，由他们夫妇和钱纳利绘制，还有临摹自钱纳利的作品。

詹姆斯·阿特金森（James Atkinson，1780—1852）

阿特金森作为东印度公司的医务人员来到印度。1805年，他被任命为达卡南部贝克尔纲吉（Backergunge）的助理外科医生，他可能就是在那里第一次见到钱纳利的。阿特金森精通波斯语，这引起了明托勋爵的注意，后者于1813年邀请他去往加尔各答。在那里，他担任了加尔各答造币厂的助理鉴定师。作为诗人、翻译家和业余艺术家，他在印度创作了许多著名英国人物的小型水彩画头像。[3]他在国家肖像美术馆展出的明托勋爵肖像几乎可以肯定是临摹自钱纳利的原作。[4]

1815年，钱纳利的学生玛丽亚·布朗为他画了微型肖像。[5]1817年，他成为《加尔各答政府公报》的负责人，钱纳利的名字就经常出现在公报的版面上。阿特金森是多伊利圈子的一员（见下文的多伊利）。1818年12月26日，他和钱纳利一同见证了约翰·哈德利·多伊利的婚礼，并与查尔斯·多伊利爵士合作创作了《狮鹫汤姆·劳》（见附录三）。[6]阿特金森在第一次阿富汗战争中担任外科医生主管，1847年从印度退休；他在钱纳利死后两个月去世。

他的妻子简是钱纳利的学生，这一点从伦敦J.S.马斯公司（J.S. Maas & Co.）原先收藏的一本素描簿上可以看得出来。他们的儿子，孟加拉工兵部队（Bengal Engineers）的乔治·富兰克林·阿特金森（George Franklin Atkinson，1822—1859），也是一位艺术家，他是著名插画书《咖喱和米饭》（*Curry and Rice*，1860年）的作者。

马西亚诺·巴普蒂斯塔（Marciano Baptista，中文名毕仕达，1826—1896）

巴普蒂斯塔出生在澳门，在圣若瑟神学院（seminary of São José）接受教育，19世

马西亚诺·巴普蒂斯塔，福州的西方定居点。
铅笔、水彩，原衬纸上有缩写签名。R.J.F.布拉泽斯夫妇藏

纪40年代，他曾临摹钱纳利的绘画。1857年时他已经搬到了香港，在那儿他宣称自己
是钱纳利的学生，并创作了中国沿海地区的水彩地志画（见第285页①的彩图）；尤其
是在对天空和云彩的处理上，他始终以他的导师为模范。在香港，他还绘制布景并
摄影，偶尔也画油画。在他随后几代的后人中，也有一些成了艺术家。[7]

沃尔福德·托马斯·贝莱尔斯（Walford Thomas Bellairs，1794—1850）

1845年，贝莱尔斯中尉因在契约蒸汽邮轮上作为海军代理人而来到中国海
岸。他的地志画，以线条鲜明的风格记录了他经由埃及和印度前往中国的旅行（见
第285页的彩图）。1846年2月，他乘坐P. & O.公司的明轮船"玛丽·伍德女士号"
（Lady Mary Wood）到访香港，当时正值钱纳利在岛上居住。贝莱尔斯至少拥有一幅
钱纳利的画作。[8]

281

---

① 本书附录四与英文原版排版方式不同，将画作插图排版于对应作者文字介绍处，原书页码仅供参考。

皇家海军沃尔福德·托马斯·贝莱尔斯中尉，槟城的英国教堂（圣乔治教堂）。
钢笔、墨水和水彩，题记为标题，并落款1846年。拿督林苍吉藏

奥古斯特·博尔热（Auguste Borget，1809—1877）

　　出生于法国的奥古斯特·博尔热是让-安托万·居丹（Jean-Antoine Gudin）的学生，也是巴尔扎克（Honoré de Balzac）的密友。1838年8月，在环游世界的旅程中，奥古斯特·博尔热来到了中国海岸，并在那里待了将近一年。1838年秋，威廉·普林塞普（参见该条）与博尔热在澳门写生（见彩图288），他发现这位法国人的作品集里"有丰富的南美洲、桑威奇群岛（Sandwich Islands）和中国的风景，而且他还是个礼貌友善的人"[9]。次年，博尔热在加尔各答病倒了，并由玛丽·普林塞普照料。他画笔下的孟加拉，明显显示出了钱纳利的影响，而他的油画则表现为不同的风格。回到巴黎后，他展出了东方题材的绘画作品，他的绘画还在好几本书中出版发行（见参考书目；另见苏富比［香港］拍卖行1978年12月4日的拍卖，拍品1—15号）。

　　钱纳利所绘的一幅非正式的博尔热肖像[10]和吉迪恩·奈的收藏中一幅博尔热所作的澳门油画，表明了博尔热和钱纳利之间的友谊，后者曾是"送给钱纳利先生的互

奥古斯特·博尔热，疍家船民。铅笔，题文并落款"澳门，1838年"。私人收藏

奥古斯特·博尔热，澳门妈阁庙。油画。P.J.汤普森夫妇藏

赠礼物"[11]。博尔热也给年长于自己的艺术家提供了一些想法：钱纳利的两幅素描上都写有"由博尔热先生设计"的速记题词。

玛丽亚·布朗（Maria Browne，1786—1828）

1805年，玛丽亚·罗伯茨（Maria Roberts）和她的哥哥——一位东印度公司的代理人乘船前往印度，1806年3月14日，她在加尔各答嫁给了孟加拉炮兵部队的马默杜克·布朗（后来成为中校）。她是一位专注于微型和色粉笔肖像画的业余画家，并保留了一份从她到达那年至1821年的作品清单[12]；此后不久，她回到英国，饱受病痛的折磨，并于1828年在萨默塞特的家中去世。

在印度，她为之描绘肖像的人包括埃利奥特家族和多伊利家族的成员，以及英国社群的许多其他显要人物。钱纳利来到加尔各答后，玛丽亚·布朗接受了他的指导，他们也成为亲密的朋友。一组钱纳利从1813年至1821年写给她的信件，现在保存于大英图书馆，还有钱纳利和玛丽亚·布朗在不同时期共同撰写的关于微型画、水彩画和油画理论及实践的《论述》草稿。[13]（见附录一，关于钱纳利的理论和法则的详述，正如这些信件和《论述》所揭示的那般。）

詹姆斯·托马斯·考德威尔（James Thomas Caldwell，R.N.，皇家海军，卒于1849年）

1834年，考德威尔被任命为中尉，在参加第一次鸦片战争之前，他曾在西印度群岛和地中海地区服役；他成为海军少将科克伦（Cochrane）的副官，并于1844年晋升为海军中校。1846年，他与爱德华·克里（Edward Cree）在广州同游。有关考德威尔一幅用水彩画改编的钱纳利在澳门所作的作品，可见于香港艺术馆，1983年，编号50。

爱德华·霍奇斯·克里（Edward Hodges Cree, R.N.，皇家海军，1814—1901）

作为一名海军外科医生，克里的大部分职业生涯都是在外国驻地度过的，其中也包括远东地区，他在1840年至1846年，以及1848年至1850年被派驻那里。作为一名艺术家，他曾在朴茨茅斯和马耳他接受了一些专业培训，但他形成了一种高度个人化和富有感染力的风格，并以其生动地为自己的日记配图。克里于1846年2月在香港遇到

玛丽·达尔林普尔，澳门风景。
钢笔、墨水（铅笔起稿），题有"临摹自钱纳利"。私人收藏

了钱纳利（见第257页），对应这一时间，在克里的日记手稿中，有两幅钢笔画显然是临摹自钱纳利的作品。[14]

玛丽·达尔林普尔（Mary Dalrymple）

一本日期注为1834年的画册，内容现已散佚，里面包括玛丽·达尔林普尔临摹的钱纳利的一系列澳门画作，其中一些与原作非常接近，还有她以个人风格绘制的其他画作（包括马德拉斯的景观）。可见于马丁·格雷戈里画廊1985年图录41。

第七代从男爵查尔斯·多伊利爵士（Sir Charles D'Oyly, 7th Baronet，1781—1845）

多伊利于1797年抵达印度，可能是在1807年底在加尔各答遇到了钱纳利。1808年2月，他被任命为达卡的收税员，几个月后钱纳利也搬到了那儿，两人成了亲密的朋友（见第六章）。钱纳利在绘画方面指导并鼓励多伊利。"如果你看到了我的进步，"多伊利在1813年8月30日给沃伦·黑斯廷斯的信中写道，"你将会心悦诚服地发现在钱纳利先生富有才能的指导下，我取得了多大的长进。"[15] 1812年，多伊利和钱纳利都搬到了加尔各答，并继续来往。

查尔斯·多伊利爵士，有家牛的风景。水彩，背面题有"C.多伊利之败笔"。私人收藏

查尔斯·多伊利爵士，孟加拉风景。蚀刻版画。私人收藏

　　多伊利的一些绘画和水彩画可以辨认得出是钱纳利作品的临摹或模仿画。上面的插图是一幅钱纳利风格的作品，远处有一缕轻烟，画上的题词是遗憾的诚实："C.多伊利之败笔。"然而，他的大部分作品与钱纳利明显不同。他使用了各种各样的媒介，包括详细绘图、小幅水彩插图、地志油画、蚀刻版画和平版印刷画。[16] 尽管在钱纳利的指导下，他宣称自己反对"细枝末节的手法"[17]，但他的许多孟加拉绘画都是用密集的交叉影线块面，或挤满人物和动物来高度进行处理的；细节争夺注意力，往往以牺牲整体构图为代价。

283

　　从1821年至1832年，多伊利住在巴特那，最初是作为比哈尔省（Behar province）的鸦片代理商，最后成为巴特那本身的商业代表。在这里（就像在加尔各答一样），多伊利夫妇热情接纳业余艺术家，他创立了一个艺术协会，仿英雄体地命名为"巴特那和格雅①联合协会，以及雅典的贝哈尔学派"（'The United Patna and Gaya Society, and Behar School of Athens'）。[18] 1833年，他回到加尔各答，担任海关、盐和鸦片委员会的高级成员和海事委员会主席。他于1838年退休，并在返回英国的途中画了许多关于开普敦的画。

　　多伊利的许多素描簿留存了下来。1986年3月18日，苏富比拍卖行拍出了一组九十九幅家族纹章（拍品6号），每幅纹章都以一幅想象中的风景为背景，落款日期为1807年8月至10月。在同一次拍卖中，还有另外两本多伊利的印度风景的画册，日期分别为1820年（拍品4号）和1829—1832年（拍品5号）。印度事务部图书馆收藏了一系列八十二幅画作，其中包括他的出版物《从加尔各答到格雅旅途中的新道路的素描》（*Sketches of the new road in a journey from Calcutta to Gyah*，1830年）的原画，以及巴特那博物馆（Patna Museum）收藏的一本类似的素描簿。从他为托马斯·威廉森（Thomas Williamson）的《欧洲人在印度》（*The European in India*，1813年）和《狮鹫汤姆·劳》所绘的插图中可以看出，他对人物形象的诠释非常风趣。

　　多伊利家族的其他成员作为业余艺术家也很活跃，包括第九代从男爵查尔斯·沃尔特斯·多伊利爵士（Sir Charles Walters D'Oyly，1822—1900），人们有时会把他画的印度风景和第七代从男爵的作品混淆。

---

① 格雅，印度东北部一城市，位于比哈尔邦，在巴特那的南部。

约翰·埃德蒙·埃利奥特阁下，胡格利河上的时髦男子，以及威廉·博克在加尔各答花园河段的宅邸。
铅笔、水彩，缩写签名；背面有签名和日期1813年12月。马丁·格雷戈里画廊藏

伊丽莎白·简·多伊利夫人，原姓罗斯（Lady Elizabeth Jane D'Oyly, née Ross，活跃于1815—1840年）

查尔斯爵士（参见该条）的第二任妻子伊丽莎白·多伊利是劳登女伯爵（Countess of Loudun）的（堂）表亲，后者嫁给了总督黑斯廷斯勋爵。一位到多伊利在巴特那的家中做客的客人称赞她"胸怀大雅，品味高尚，感情细腻；让其他人似相形见绌"[19]。她的绘画经常和她丈夫的作品一起出现在画册里，而且她的一些作品曾在他的平版印刷机上重制。

J.A.达兰（J.A. Durran，活跃于1830—1855年）

法国商船船长和鸦片商人达兰（Durran，也拼写为Duran或Durand）在19世纪40年代是钱纳利的亲密朋友。钱纳利在画架上画达兰，达兰在晚餐时也为钱纳利画素描（见第254页）。1847年，朋友们赠送给沃森医生的一本画册（沃森家族收藏）中，收录了达兰临摹的钱纳利作品。

约翰·埃德蒙·埃利奥特阁下（Hon. John Edmund Elliot，1788—1862）

约翰·埃利奥特是第一代明托伯爵的第三子，在他父亲1807年至1813年间任印度总督期间，担任他父亲的私人秘书（见第288页的彩图）。存于印度事务部图书馆

西奥多-奥古斯特·菲什奎,澳门妈阁庙。
水彩及干擦法,签名并题文"澳门寺庙——自然风光",并在背面署有日期"1838年4月"。汇丰银行藏

的埃利奥特的素描簿,覆盖了1812年至1813年,包括钱纳利的大约十五幅画(见阿彻,1969年,第1卷,第48页);此时,钱纳利与埃利奥特家族的几位成员建立了友谊,其中包括约翰·埃利奥特的妻子,她也画水彩画(现存于印度事务部图书馆)。在澳门,钱纳利肯定还认识约翰的堂弟查尔斯·义律上校(后来的海军上将爵士),义律于1836年至1841年担任英国驻华全权代表,并在他的住所收藏了钱纳利的一组作品。[20]

玛丽·芬德尔(Mary Fendall,生于1794年)

1816年至1817年,玛丽·芬德尔绘制了一系列爪哇岛的详细绘图(现存于印度事务部图书馆),在那儿,她的父亲约翰·芬德尔(John Fendall)接替拉弗尔斯(Raffles)担任爪哇的副总督。回到加尔各答后,约翰·芬德尔成为最高委员会(Supreme Council)的成员,玛丽曾有功于查尔斯·多伊利爵士的平版印刷机设计。1830年1月,在多伊利爵士的兄弟约翰·哈德利·多伊利第一次婚姻解除后,玛丽与之结婚。

西奥多-奥古斯特·菲什奎(Theodore-Auguste Fisquet,1813—1890)

年轻时,菲什奎(后来成为法国海军上将)陪同奥古斯特·尼古拉斯·瓦扬(Auguste Nicolas Vaillant)环游世界;他的许多画被印在关于这次航行的出版物上。这本书还记录了1837年1月法国旅行者们在澳门与钱纳利的会面，并陪同他在一个荫蔽的海角上画了一座中国寺庙，画上还有一艘中式帆船驶过。[21] 第284页上的插图，日期为1838年4月，显然是这个素描聚会的成果。

詹姆斯·贝利·弗雷泽（James Baillie Fraser，1783—1856）

在印度工作的五兄弟中的长兄，在打理家族位于圭亚那的蔗糖种植生意数年后，詹姆斯·弗雷泽于1814年1月抵达加尔各答。他在印度一直待到1821年，从事着大体上不算成功的贸易事业，但作为艺术家，他的技艺却不断提高。他和他冲动的兄弟威廉（1785—1835）旅行至喜马拉雅山脉南部，后者曾在吉莱斯皮将军对卡兰加的军事行动（见第133页）中受伤，并最终在德里死于暗杀。他在旅行中绘制的水彩画被雕刻并出版，名为《喜马拉雅山脉风光》（*Views in the Himala Mountains*，1820年）。

在1818年和1819年，詹姆斯在加尔各答经常去钱纳利处上课，1818年也在威廉·哈弗尔的指导下学习。在一封1819年7月24日的信中，他提及钱纳利是"我的朋友，和我的导师之一"[22]。詹姆斯·弗雷泽以钱纳利风格所作的绘画留存了下来，但是弗雷泽细节详尽、轮廓清晰的城市风景画——在《加尔各答及其郊区风景》（*Views of Calcutta and its Environs*，1824—1826年）中以飞尘蚀刻版画形式出版——几乎难觅钱纳利的影响，而是沿袭了丹尼尔叔侄的《东方风景》（*Oriental Scenery*）的风格。詹姆斯和威廉·弗雷泽还委托印度艺术家绘制了一些精美的"（东印度）公司绘画"。

夏洛特·富拉顿（Charlotte Fullarton，生于1810年）

夏洛特·富拉顿生于加尔各答，父亲是助理外科医生约翰·富拉顿（John Fullarton），之后以旅行家和保守党经济政策的拥护者而出名。1834年，他可能是和女儿一起旅行到了中国，后者根据钱纳利的作品，精心绘制了一幅"澳门"的扉页（图见邦索尔，1985年，编号40）。

乔治·哈钦森（George Hutchinson，1793—1852）

孟加拉工兵部队的哈钦森于1818年被任命为中尉，并于1841年以中校军衔退役。钱纳利在印度的最后几年，哈钦森是威廉堡铸造厂的监管人和厂长。1989年5月25日，

皇家海军约翰·威尔斯·约翰逊上校，一艘帆船驶离中国海岸。
钢笔、墨水和水彩。私人收藏

佳士得（南肯辛顿）拍卖行拍出了一本以钱纳利风格绘制的包含九十五幅孟加拉主题的钢笔画画册（131号）。

约翰·威尔斯·约翰逊（John Willes Johnson, R.N.，皇家海军，生于1793年）

在地中海时期任珀柳将军的副官后，威尔斯·约翰逊以海军中校和上校（1846年起）职衔，乘坐"狼獾号"（*Wolverine*）被派往中国。他以素描风格绘制了中国海岸的水彩画，但他也收藏了钱纳利的水彩画，并尝试复制；他偶尔也绘制油画。[23]

286

威廉·温·洛德（William Wynne Lodder）

1834年，洛德受命在第59步兵团于中国海岸服役；1865年，他以荣誉少将的职衔从军队退役。香港艺术馆收藏了他的一本素描画册，里面包括一些受钱纳利启发的绘画，其中一幅明确无误是临摹自钱纳利的作品（见邦索尔，1985年，编号47—48）。

哈丽特·洛（Harriet Low, 1809—1877）

1829年，哈丽特·洛从她的故乡马萨诸塞州塞勒姆起航前往中国，同行的有她的叔叔商人威廉·亨利·洛（William Henry Low）和她的婶婶。洛氏一家于1834年返

小罗伯特·马礼逊，一头睡觉的猪的习作，澳门。特制纸面油画。私人收藏

乡。1836年，哈丽特嫁给了波士顿的约翰·希拉德（John Hillard），之后在英国和北美生活。

　　哈丽特·洛生动的日记（见第194页和305页）是获取钱纳利和他中国沿海的同时代人资料的丰富来源。日记也记述了她自己在钱纳利的指导下努力学画，以及临摹钱纳利作品的情况；她一度（1830年7月6日）接受提议，绘制"十二幅适于寄回美国并称之为临摹自钱纳利先生的作品"，但即使这个计划曾经实现，成果似乎也已经遗失了。

威廉·梅尔罗斯（William Melrose，1817—1863）

　　梅尔罗斯生活在中国海岸的时间为1842年至1847年（最初他是占美臣洋行［Jamieson How & Co.］的品茶师和采购员），以及1848年至1853年，在钱纳利的晚年，梅尔罗斯曾受到他的一些指导："我从他那里得到一两张画用来临摹，（我自己）给头部着了色，并把它们寄回给他指正，他非常和善。"[24]

小罗伯特·马礼逊（Robert Morrison, Junior，1825年6月—1862年后）

　　传教士马礼逊医生（见第230—233页）的次子，也是马礼逊医生继室最大的儿子，于英国和马六甲英华书院接受教育。他所临摹的钱纳利的作品，以及以钱纳利风格所作的绘画，看起来是在艺术家去世后所画的：以画作的落款日期为证，最早的时间为1852年8月1日。1857年至1859年，他任额尔金（Elgin）出使中国的第四公使，并图绘记载了他的旅程。[25]

爱德华·帕里斯（Edouard Paris，1806—1893）

1826年至1829年，帕里斯作为海军中尉跟随迪蒙·迪维尔（Dumont D'Urville）登上了"星盘号"（*Astrolabe*），开启了环游世界的旅程。之后，他成为卢浮宫海事博物馆（Musée de Marine at the Louvre）的馆长。帕里斯所绘的中国海岸的绘画由私人收藏，而且，1858年吉迪恩·奈的拍卖中包括一幅"望厦寺庙旁的道路，距澳门不远，法国海军上将帕里斯所作——作为与钱纳利先生交换的礼物，1834年"。

特雷弗·奇切利·普洛登（Trevor Chicheley Plowden，1783—1836）

奇切利·普洛登家族在东印度公司的机构中占有重要地位：特雷弗的父亲（理查德）和弟弟（威廉·亨利）都成了公司的董事[26]，而且后者还在广州委托钱纳利绘制了一幅浩官肖像（彩图53）。特雷弗的母亲（伊丽莎白）于1788年被沙阿兰君主授予荣誉，并于1797年和她子女们中的三个一起被约翰·罗素（John Russell）绘制身着印度服饰的肖像。[27]特雷弗·普洛登1801年进入孟加拉军队服役，1816年任贸易委员会的秘书，1823年又出任二十四帕尔加纳区的收税员。1836年，他死于"爱尔兰人号"（*Hibernian*）前往好望角的途中。钱纳利为他和他的妻子弗朗西丝·莉娜·厄斯金（Frances Lena Erskine）都绘制过肖像（插图69和彩图36）。

特雷弗·普洛登曾是加尔各答艺术圈子的一员。1815年12月8日，在钱纳利和多伊利都有参加的滑铁卢战役庆典上，他位于花园河段宅邸的装饰彩灯受到了高度称赞："据说是他自己绘制的，品味极佳，一幅半透明画表现了两位元帅——威灵顿和布吕歇尔的会晤。"[28]特雷弗·普洛登所作的一组小型印度风景水彩画传到了他的后代邓肯·格兰特（Duncan Grant）手上，现存于东萨塞克斯的查尔斯顿农舍（Charleston Farmhouse）。近年来，一批未署名的以钱纳利风格绘制的水彩画，被推测性地归为普洛登所作。[29]

287

詹姆斯·普林塞普，威廉·普林塞普加尔各答的画室。钢笔、墨水（铅笔起稿），
题有"詹姆斯叔叔送给威利·哈尔德·普林塞普的一幅老素描"。斯文·加林先生藏

约翰·普伦德加斯特（John Prendergast）

　　普伦德加斯特19世纪40年代生活在中国沿海地区，在香港最初的殖民政府的地政署担任"制图员"。1848年，他旅行到了马尼拉、火奴鲁鲁和旧金山。他的一些中国主题的绘画和飞尘蚀刻版画留存了下来，有一幅钱纳利所作的画素描的年轻男子，根据速记题款（页面空白处被切断），画中人被确认为"普伦德……先生"（图见邦索尔，1985年，编号25，又见编号53）。两幅基于普伦德加斯特所绘的香港的飞尘蚀刻版画，图见奥林奇，1924年，第384—385页。

詹姆斯·普林塞普（James Prinsep，1799—1840）

　　普林塞普七兄弟，靛蓝种植园主约翰·普林塞普之子，跟随他们的父亲前往印度。他们中至少有三位都与钱纳利相熟（见下文的托马斯和威廉）。詹姆斯排行第七，1819年抵达印度，在担任贝拿勒斯（瓦拉纳西）造币厂鉴定师之前，曾在加尔各答短暂居住。1830年，他返回加尔各答，任造币厂鉴定师直到1838年，同时也是孟加拉亚洲协会（Asiatic Society of Bengal）的秘书。作为一位天资聪颖、多才多艺的学者，他以钱币奖章收藏家、工程师、化学家和矿物学家，特别是古代铭文的破译者而知名。他对语言学的痴迷导致了"对大脑的痛苦折磨"，因而回到英国后不久就去世了。[30]

在他第一次去往加尔各答时，詹姆斯和威廉·普林塞普任职"装饰委员会"，旨在庆祝黑斯廷斯夫人从英国返回的舞会。[31]詹姆斯还在他哥哥亨利·索比（Henry Thoby，1792—1878）的房子里做"化学讲座"，有时还通过一根绳子在手中的传递而让仆人通电。威廉讲述道："我们的艺术家乔治·钱纳利画了一幅他（詹姆斯）最令人满意的粉笔素描，（画中）他正在为我们演示氧气的威力。"这幅画的一幅复制品，可以在插图中的书柜之间看到。[32]

詹姆斯的绘画作品包括测绘图纸（他重新设计了贝拿勒斯的下水道）、地志画、装饰画和漫画。[33]第287页的插图是他描绘的威廉和玛丽·普林塞普加尔各答宅邸的画室。他还是《系列绘画图解贝拿勒斯》（*Benares Illustrated, in a Series of Drawings*，1831年）的作者。

289

托马斯·普林塞普（Thomas Prinsep，1800—1830）

托马斯·普林塞普可能是普林塞普兄弟中最有艺术天分的一个，曾在位于阿迪斯康比（Addiscombe）的东印度公司学院受教于西奥多·菲尔丁（Theodore Fielding）。他的兄长威廉承认："在他身边工作让我受益匪浅，因为在水彩画方面，尽管钱纳利以光与影和独特性著称，但他的开放式风景画总是要差一些……"[34]托马斯也临摹了一些钱纳利的绘画，但经常会添加自己的光影效果。

托马斯·普林塞普1821年去往加尔各答，不久后就被任命为桑德班斯（Sunderbans）的测量员。作为孟加拉工兵部队的上尉，他在搬到吉大港担任运河测量员前，于1824年去过槟城。他绘制的加尔各答和恒河风景（如下）表明他曾是一位观察细微、一丝不苟的水彩画家。[35]29岁时，他在加尔各答死于一场骑马事故。

托马斯·普林塞普，加尔各答的花园路。铅笔、钢笔、墨水和水彩，
由威廉·普林塞普题写"汤姆未完成的环形路素描"（还有其他题文）。私人收藏

威廉·普林塞普〔William Prinsep，1794—1874〕

　　作为一位艺术家，长寿的威廉是普林塞普兄弟中作品最丰富多产的一位，而且出自他手的众多作品，都存于公共艺术收藏或私人收藏中。他于1817年到达印度，并在两年后成为获利颇丰的一流银行帕尔默公司的合伙人，直到该公司于1830年破产。威廉·普林塞普与兄弟乔治东山再起，最后于1842年经红海回到了英国。

　　在加尔各答，他参与了乔林基剧院的诸多活动，还是以查尔斯·多伊利爵士家为聚集地的艺术家圈子的一员。在塞兰坡，钱纳利绘制了威廉·普林塞普和他的妻子玛丽的肖像（卷首画）；普林塞普借钱给钱纳利，并促成艺术家重返加尔各答（见第160—161页）。钱纳利欠债未还就离开了印度，但当普林塞普1838年到访澳门时，两人最终和解（见第244—245页）。威廉·普林塞普的"回忆录"，虽然写于1870年，但其实是基于他19世纪20年代以来保留的日记而完成的，是一本涉及钱纳利和他同时代人的非常珍贵的资料来源。

　　普林塞普本人关于孟加拉乡村生活的绘画，经常以钱纳利的作品为基础，他还将钱纳利的印度和中国主题的素描转制成版画。但是，他的加尔各答水彩画在风格上

威廉·普林塞普，从巴里耶·若斯的宅子望去。钢笔、墨水（铅笔起稿），
墨水题文为标题，并以铅笔注明日期"1838年11月12日"。私人收藏

与他的兄弟托马斯非常相近。他的艺术热情在詹姆斯·普林塞普所画的威廉·普林塞普加尔各答的画室（见第287页）中得到了体现———一间被画布和画夹、胸像和雕塑，以及数个手部和一条腿的石膏模型填满的房间，就连布屏风扇都以印度滨海风景画加以装饰。后来，他形成了一种更宽泛的风格，而且他生动的中国沿海和前往欧洲的"陆路线"风光画，越来越背离钱纳利的影响。[36]

290

约翰·斯卡斯医生（Dr. John Scarth）

苏格兰医生约翰·斯卡斯1847年至1859年间生活在中国，他沿海旅行并深入广东省内。马萨诸塞州塞勒姆皮博迪博物馆现存的确定为他的绘画，明显是受到了钱纳利的启发。其他的一些则是他的著作《在华十二年》（*Twelve Years in China*，1860年）的插图。

罗伯特·史密斯（Robert Smith，1787—1873）

1805年到达印度后不久，史密斯从步兵团调到了孟加拉工兵部队。1812年，他成为驻印度总司令、将军乔治·纽金特爵士（General Sir George Nugent）的工兵副官；同年，纽金特夫人聘请钱纳利为她丈夫画肖像，她也从史密斯那里获得了一些画作，并表达了赞赏之意。

1814年至1819年间，罗伯特·史密斯两次长期到访槟城（担任顾问工程师），在那里他负责圣乔治教堂的竣工。他所作的槟城周遭的绘画由威廉·丹尼尔在伦敦雕刻，并于1821年出版，名为《威尔士亲王岛风景》（Views of Prince of Wales Island）。[37]

史密斯的一些马来人主题油画，显示出了钱纳利的影响。他槟城作品中的一幅绘画的雕刻作品题献给了钱纳利，另一幅题献给了查尔斯·多伊利爵士，这表明罗伯特·史密斯派驻加尔各答期间也是他们圈子的一员。1822年，他于短暂休假后回到了印度，并最终于1833年以中校职衔离开印度。他退休后安顿在德文郡的佩恩顿（Paignton），并给自己建了一所印欧风格的宅邸。

沃纳·沃恩汉姆（Warner Varnham）

作为一名英国茶叶检查员，他在1837年至1841年的多事之秋里，以澳门、广州、舟山群岛和菲律宾为主题绘制了大量图画和水彩画。1842年，他经由新加坡返回英国。他的绘画主题有时看上去源自钱纳利，但他的绘画特点是粗糙的轮廓和明暗对比的缺乏。可以确定为他的一些素描作品，被托马斯·阿罗姆（Thomas Allom）重新绘制，并刊印在G.N.赖特（G.N. Wright）的四卷本出版物《帝国旧影：雕版画里的晚清中国》（China...In a Series of Views）中。[38]

托马斯·博斯沃尔·沃森（Dr. Thomas Boswall Watson，1815—1860）

1845年，沃森医生离开家乡苏格兰，继亚历山大·安德森医生之后在澳门开设诊所；他和家人住在南湾2号。在这里，他成为钱纳利晚年的医生、赞助人和学生（见第258—260页）。1856年，他将诊所迁至香港，1859年返回英国。

沃森本就是位热忱的素描画家，他在钱纳利的指导下进一步发挥了才能，有时给钱纳利的轮廓图着色（见第288页彩图）。他的妻子伊丽莎白1846年来到中国沿海，1858年回国，也作画并临摹钱纳利的作品。[39]

托马斯·博斯沃尔·沃森（着色）和乔治·钱纳利（轮廓）。澳门圣方济各炮台。
铅笔、钢笔、墨水和水彩，以钱纳利的速记注有日期［18］35年4月27日。P.J.汤普森夫妇藏

托马斯·博斯沃尔·沃森，我们在澳门的阳台。
铅笔、钢笔、墨水和水彩，蓝纸；原衬纸上题有标题，背面题有"我们的家和爸爸的爱，
致索菲亚和珍妮特"。澳门贾梅士博物馆藏

威廉·怀特曼·伍德（William Wightman Wood，生于1805年）

伍德是一位费城演员的儿子，为旗昌洋行工作而来到中国沿海，并在19世纪30年代早期成为钱纳利的密友。他以幽默风趣知名，还是一位颇有争议的新闻工作者、娴熟的业余艺术家和漫画家。1832年春天，他曾教授哈丽特·洛素描课。在他们短暂的婚约后，伍德搬去了马尼拉，并在那儿度过了余生的大部分时间。[40] 他的一组附有文本的绘画以《中国素描》（*Sketches in China*，费城，1830年）为名出版。在纽约库珀-休伊特博物馆（Cooper-Hewitt Museum），他被错误地认为画了一幅卷首画（实际上是钱纳利画的）。[41] 有一幅出自中国艺术家之手的肖像画，据说画的是伍德，于1981年5月25日在苏富比（香港）拍卖行售出（拍品109号）。

注释和引用

引　言

1　这些误导性论断的主要来源是R.R.M.塞（R.R.M. Sée），"乔治·钱纳利1748—1847"（George Chinnery 1748-1847），《古代和现代艺术评论》（*Revue de l'art ancien et moderne*），第三十期，1911年，第255—268页。其他来源有：奈（Nye），1873年；希基（Hickey）；《国家人物传记辞典》（*Dictionary of National Biography*，1885年等）；《葡萄牙大百科全书》（*Grande Enciclopedia Portuguesa e Brasiliera*），里斯本，1935—1960年；贝里-希尔（Berry-Hill），1963年；哈琴（Hutcheon），1975年。

2　奈，1873年，第30—31页。

第一章　书法家和盗用公款者：钱纳利家族

1　《简明徽章设计者，又或，书写和绘画，使其简易、有趣和富有教益》（*The Compendious Emblematist, or, Writing and Drawing, made Easy, Amusing and Instructive*），前言（未标注页码），日期不详。

2　钱纳利家族早期几代人的家谱见韦尔普利（Welply），1932年，第11—31页，和1933年，第1—15页。补充信息来自钱纳利家族的后代R.蒂格夫人（Mrs. R. Teague）提供的家谱：其早期阶段由安妮·凯瑟琳·麦克弗森夫人（Anne Catherine Macpherson），原姓邓肯（Duncan，卒于1904年）整理，她是艺术家的妹妹弗朗西丝·钱纳利的孙女。

3　梅西（Massey），第二部，第43—45页。

4　原稿是41张未标注页码的对开文稿，皮革封面；R.蒂格夫人收藏。

5　伦敦市政厅图书和档案馆（Guildhall Library and Records, London）的房屋税簿。

6　在每份参考资料中，都主要提到威廉·巴塞特·钱纳利（乔治的哥哥），据说他的父亲是一位书法名师；参见法灵顿（Farington）1812年3月27日的记载和格伦博韦（Glenbervie）1811年9月13日第143页的记录。法灵顿和格伦博韦仍然有可能混淆了两代威廉·钱纳利。

7　格尼（Gurney），第6版，第47页；《启示录》（Book of Revelations）的一段摘录出现在第35页，署名为

"大法官法庭街的小威廉·钱纳利"；另见于杰弗里·邦萨尔（Geoffrey Bonsall），"乔治·钱纳利的速记法"（George Chinnery's Shorthand），哈琴，1975年，第149页和171页，注释20。我很感激杰弗里·邦萨尔有办法获得这个版本的《速记法……》（Brachygraphy...）。

8　根据韦尔普利（1932年，第17页），1764年的展品是画家父亲的肖像，但他的证据并不明确；1764年和1766年展出的两幅绘画被误认为是1907年格雷夫斯的乔治·钱纳利（George Chinnery in Graves）的作品。这使其他人误以为乔治·钱纳利活到了令人惊奇的年龄。

9　小威廉·钱纳利的画像（插图4）附有一张纸条，上面有安妮·麦克弗森（Anne Macpherson）的签名（见上文注释2），上面写道："我父亲说这是他的祖父威廉·钱纳利，在马德拉斯东印度公司（East India Company）工作。住宅和工厂在古德洛尔（Cudalore）。据说也是他儿子乔治画的……"，英国艺术委员会（Arts Council of Great Britain），编号1；这个故事在J.J.科顿（Cotton, J.J.），第113页中被重复，其中乔治·钱纳利被描述为"……圣大卫堡的威廉·钱纳利的儿子，他拥有古德洛尔的钱纳利工厂，还有他儿子用铅笔和棕褐色画的素描，标题是《我们在古德洛尔的工厂》（"Our Factory in Cuddalore"）和《钱纳利工厂》（"the Chinnery Factory"），每一幅上面工厂的建筑都是一样的"。科顿继续将威廉·钱纳利与马德拉斯代理行蔡斯、钱纳利和麦道维尔（Chase, Chinnery & Macdowell）联系在一起。

10　弗利特街圣布莱德教堂（St. Bride）的房屋税簿，伦敦市政厅图书和档案馆。

11　多德韦尔（Dodwell）和迈尔斯（Miles，马德拉斯），第52页和180页；在上文注释第9条中，科顿提到蔡斯、钱纳利和休厄尔代理行（the agency of Chase, Chinnery & Sewell）是蔡斯、钱纳利和麦道维尔代理行的继承者，该代理行并未出现在《东印度登记簿》（East India Registers）或《马德拉斯年鉴》（Madras Almanacs）所记录的代理行名单中。然而，在18世纪90年代，有一家蔡斯、休厄尔和蔡斯公司（Chase, Sewell & Chase）实际存在，合伙人是托马斯·蔡斯（Thomas Chase）、自由商人理查德·蔡斯（Richard Chase）和亨利·休厄尔（Henry Sewell），后者在1790年娶了丽贝卡·蔡斯（Rebecca Chase）。亨利·休厄尔于1800年死于马德拉斯：见洛夫（Love），第4卷，第420页，注释4，第476页，注释1。另一个亨利·休厄尔第一次被记录是于1806年在马德拉斯任东印度公司职员。科顿写到，亨利·休厄尔是他的母系祖先；关于休厄尔与钱纳利家的关系，有可能在科顿家族中流传着一种不充分的说法。
另一个钱纳利在18世纪的印度有记载：理查德·钱纳利（Richard Chinnery），海军少尉，1770年在马尔伯勒堡（Fort Marlborough），1773年在本库伦（Bencoolen），但他和威廉·钱纳利家族之间没有任何联系。

12　格伦博韦，第143—144页。

13　出处同上，第144页；格伦博韦很清楚，威廉·巴塞特·钱纳利不过是"一位书法家的儿子（我相信是婚生子），前者教授了经常光顾他家的半数贵族和夫人的子女"，第143页。在第147页的其他地方，他称他为"小钱纳利"（'little Chinnery'）。也许格伦博韦的势利来自他自己作为一名医学院学生的朴素出身的清醒，谢里丹（Sheridan）在诗中回忆道："格伦博韦，格伦博韦，什么对坏血病有好处？你的老本行永远不会被遗忘"，参见摩尔（Moore），第442页。

14　凡·德司特拉顿（Van der Straeten），第153页。

15　法灵顿，1797年3月27日、1798年4月4日和1806年5月21日的记录；大英图书馆（British Library）收藏了威廉·钱纳利1797年至1804年在财政部时期写的几封信，主要是关于外交部长应享有的葡萄酒和白兰地的"特权"津贴，编号Add. MSS 46836，第85、87、103—105、117、122页；和46837，第100、102页。

16　斯特里克兰（Strickland），第1卷，第174—175页。

17 勒布伦，第2卷，第148页；作者错误地把卡罗琳·钱纳利的年龄写成了14岁。

18 赫尔姆（Helm），第192页。

19 皇家艺术研究院（Royal Academy），1802年；斯特里克兰，第1卷，第125页，陈述到乔治·钱纳利为威廉·钱纳利夫人画的一幅肖像，是J.希思（J. Heath），用点刻法雕刻的，被作为"私人印版"。

20 1905年，格雷夫斯（Graves）列出了"J.特萨雷利"（'J. Trossarelli'）在1793年至1825年间展出的四十幅作品，尽管现存的作品署名为"G.特罗萨雷利"；这也许可以简单地解释为"乔凡尼"（Giovanni）的英国化名字"约翰"（John），但有一个叫加斯帕雷·特罗萨雷利（Gaspare Trossarelli）的人，在18世纪80年代就读于都灵，据说也在同一年在皇家艺术研究院参展过，见福斯克特（Foskett），第665页。看起来，至少在英格兰，只有一个特罗萨雷利是活跃的。 292

21 关于1791年2月18日"特罗帕雷利"（Troparelli）的注册，见哈钦森（Hutchinson），第152页。

22 范德施特雷滕（Van der Straeten），第160页，参见第158—159页特罗萨雷利的钱纳利肖像。

23 勒布伦，第2卷，第148页。

24 这首诗发表在1810年7月的《绅士杂志》（*Gentleman's Magazine*）第61—62页。它的开篇是这样的：

> Will then no pitying sword its succour lend
>
> The Gladiator's mortal throes to end
>
> To free th' unconquered mind, whose gen'rous pow'r
>
> Triumphs oe'r Nature in her saddest hour?

25 罗斯（Rose），第2卷，第485—490页。

26 出处同上，第492页，1812年3月16日珀西瓦尔致罗斯。

27 《绅士杂志》1812年3月，第286页；1812年5月，第469页；1812年6月，第657页。1812年6月3日至4日，佳士得拍卖目录上有古董大理石、青铜器、仿金铜和瓷器，从中可以看出威廉·钱纳利利用职务侵吞的程度：其中三件古典雕像被大英博物馆（British Museum）买下；其他物品则归塞缪尔·罗杰斯（Samuel Rogers）和约瑟夫·诺勒肯斯（Joseph Nollekens）所有，《抵抗之作》（*pièce de résistance*）——一个表现希腊人和特洛伊人为普特洛克勒斯的遗体而战斗的花纹花瓶——被富有的鉴赏家亨利·霍普（Henry Hope）买下。

28 法灵顿，1812年3月27日的记录。

29 出处同上，1812年7月18日的记录。

30 乔治·罗伯特·钱纳利的遗嘱于1826年3月22日在伦敦被证实。他写给罗伯特·皮尔爵士（Sir Robert Peel）的三封信保存在大英图书馆；其中一封写于1815年12月11日，开头写道："亲爱的皮尔。那位巴伐利亚部长，我碰巧跟他很熟……"编号Add. MS 40250，第71页。大英图书馆还收藏着一本旅行日记，编号Add. MS 64093，几乎可以肯定是乔治·罗伯特·钱纳利描述了作者在1819年至1820年间与坎宁在欧洲大陆的旅行。

31 法灵顿，1812年7月18日的记录。

32 格伦博韦，第174—175页。

33 范德施特雷滕，第155—160页。

34 道格拉斯（Douglas），第2卷，第319页。

35 乔治·钱纳利致明托伯爵的信，1814年7月12日，苏格兰国家图书馆（National Library of Scotland），编号MS 11325，第149页；明托可能是通过格伦博韦夫妇认识威廉·钱纳利的，明托与格伦博韦夫妇相熟，见明托（Minto），第3卷，第373、381页。

36　埃勒斯（Elers），第47页。

37　出处同上，第272—274页；埃勒斯还把他的纽芬兰犬送给韦尔斯利，但也被拒绝了。

第二章　"绘画的新风格"：伦敦和皇家美术学院

1　见圣布莱德教堂登记簿，以及高夫广场的房屋税簿，市政厅图书馆，伦敦。

2　斯特里克兰，第1卷，第170—175页；作为一幅微型画，这个展品不可能是在英国艺术委员会编号1中图解，并于1972年11月24日在佳士得拍卖的威廉·钱纳利的"kitkat"肖像。

3　这些鉴定见于格雷夫斯，1905年，第58页；展品的地点在皇家艺术研究院的图录中予以标出。

4　见哈钦森，第129页。

5　圣布莱德教堂葬礼登记簿，编号MS 6543/1，1803年3月22日的记录，市政厅图书馆，伦敦。

6　大英博物馆，编号Add. MS 49355，第49—51页，被抄录于奥蒙德（Ormond），1974年，第137页；钱纳利写给布朗夫人的信，以及他的《论述》（'Treatise'），都刊登在同一期的《沃波尔学会期刊》（*Journal of the Walpole Society*）上，本条在之后的注释和引用中简写为"奥蒙德，1974年"。

7　多伊利（D'Oyly），1828年，第30篇，见附录三。

8　见吉迪恩·奈（Gideon Nye），"外国艺术在中国"（'Foreign Art in China'），《皇家亚洲学会华北分会会刊》（*Journal of the North China Branch of the Royal Asiatic Society*），第20期，1878年，第180页。

9　"安东尼·帕斯昆"（'Anthony Pasquin'，即约翰·威廉斯［John Williams］），《皇家艺术研究院1796年展览评论指南》（*A Critical Guide to the exhibition of the Royal Academy for 1796*），第125页。

10　"安东尼·帕斯昆"，《……自由评述》（*A Liberal Critique...*），1794年，第36页。

11　格雷夫斯，1905年，第58页。

第三章　爱尔兰

1　爱德华兹（Edwards），第124—125页。

2　玛丽·韦伯斯特（Mary Webster），《弗朗西斯·惠特利》（*Francis Wheatley*），1790年，第29—30页，以及法灵顿，1797年5月21日的记录。

3　汇丰银行（the Hongkong and Shanghai Banking Corporation）收藏的钱纳利的素描簿第1册第34页中有一个简短的注释，上面写着"1838年12月22日。36年前的今天抵达印度马德拉斯。42年前抵达都柏林"。韦尔普利，1932年，第17页，把钱纳利到达爱尔兰的时间定为1795年；斯特里克兰，第1卷，第175页，把日期定在1797年。

4　斯特里克兰，出处同上。

5　"钱纳利"一姓氏，见于《伯克的贵族和准男爵》（*Burke's Peerage and Baronetage*）。

6　见韦尔普利，1932年，第19页，以及福斯克特（Foskett），第191—192页。

7　斯特里克兰，第1卷，第172页。

8　巴里（Berry），第117—118页。

9　斯特里克兰，第1卷，第177页，同见于巴里，出处同上，以及怀特（White），第70页。在1800年的展览上，阿什福德和卡明的画也被购买。

10　该名单由斯特里克兰（爱尔兰国家美术馆［National Gallery of Ireland］前馆长）汇编，第1卷，第170—177页。

11　斯特里克兰，第1卷，第175页，确认1800年3月在《爱尔兰人杂志》（Hibernian Magazine）上刊登的第二代查利蒙特伯爵（the 2nd Earl of Charlemont）肖像是钱纳利的微型画作品。

12　见第19页。1816年在印度，钱纳利讲述了一个关于伯爵或他的一位祖先的故事；见奥蒙德，1974年，第153页。

13　斯特里克兰，第1卷，第171、177页。据斯特里克兰德记载，这两幅肖像后来在马恩岛首府道格拉斯的维多利亚厅展出；在世纪之交，它们"连同一家旅游公司的布景一起被带到利物浦，随后被出售，无迹可寻"。

14　《国家传记词典》。一幅被认为属于钱纳利（私人收藏）的微型画上有一个早期的手绘标签，表明画中的人物是第二代克朗梅尔伯爵托马斯（Thomas, 2nd Earl of Clonmel）；然而，画面的主人公是位老人，而托马斯在钱纳利离开爱尔兰时才20岁。这幅微型画的背景是一种普通的橙棕色，这于钱纳利并不常见，但与第一代伯爵的绰号相称。

15　《第一届年度爱尔兰艺术家绘画、素描、雕塑作品展览评论，都柏林女爵大道32号，1800年6月》（Critical Review of the First Annual Exhibition of Paintings, Drawings Sculptures, the works of the Irish Artists, at No. 32, Dame-Street, Dublin, June 1800），都柏林，第5页。

16　见斯特里克兰，第1卷，第171页。

17　《批评评论……》（Critical Review...），第9—13页。见斯特里克兰，第1卷，第175页，似乎把克莱尔伯爵夫人的这幅肖像和一幅她坐在纺车旁的肖像混淆了，后者是由H. 布罗卡斯（H. Brocas）为《爱尔兰人杂志》雕刻的，1794年3月，第193页对页。

18　《批评评论……》，第18—19页。

19　怀特，第49页；钱纳利为瓦兰西画的肖像在《批评评论……》上收到了一份大体上不以为然的评论，第11—12页。

20　爱尔兰皇家学院（Royal Irish Academy），编号MS 24.K.14，第251页，1801年7月6日的记录："……去年展出的瓦因小姐的画像……"尤斯塔斯夫人肖像（插图20）衣袖上的苍蝇不是钱纳利画的，但似乎是在拍摄中闯入的。

21　见巴拉·博伊德尔（Barra Boydell），"爱尔兰国家美术馆的音乐和绘画"（Music and Paintings in the National Gallery of Ireland），爱尔兰国家美术馆，都柏林，1985年，第73—74页。

22　希基，第2卷，第297页。

23　出处同上，第190页，第216—217页，及第3卷，第377页。拉金斯，"一个值得尊敬的人，一个令人钦佩的水手"，是希基的一个老同学。威廉·格里尔在"拿骚号"上的行为并没有阻止他在1788年至1791年间成为"贝尔韦代雷号"（Belvedere）的船长。1921年12月16日，在第十一代从男爵黑斯廷斯·哈德利·多伊利爵士（Sir Hastings Hadley D'Oyly）的指示下，罗姆尼（Romney）为威廉·格里尔绘制的肖像，以及钱纳利为夏洛特·科宁厄姆绘制的肖像和其他家庭肖像在佳士得拍卖。

24　佚名（约翰·佩斯特［John Pester］），《1802至1806年间的印度战争和运动，一位军官的日记》（War and Sport in India, 1802-1806. An Officer's Diary [1913]），第26—27、121—123、128、130、315—316页。

25　爱尔兰皇家学院，编号MS 24K.14，第207、230页。

26　出处同上，1801年7月6日的记录，第250页，同见第244页。这段话中提到的休·道格拉斯·汉密尔顿

293

（Hugh Douglas Hamilton）在第246页上被描述为"无疑是今年最好的参展者"。

27　出处同上，第252—253页。

28　斯特里克兰，第1卷，第176—177页。

29　《自由人日记》（The *Freeman's Journal*），引用于斯特里克兰，第1卷，第176页。这可能是由爱尔兰皇家学院获得的肖像，并在沃尔特·G.斯特里克兰（Walter G. Strickland）的书中重现，"休·道格拉斯·汉密尔顿，肖像画家"，《沃波尔学会期刊》1913年第二期，插图52（a）。这可能也是钱纳利在1798年从都柏林寄给皇家艺术研究院的"艺术家肖像"。然而，也有人说这件展品是汉密尔顿的一幅微型肖像，正面，穿着靛蓝色外套和马甲，签名和落款日期为1796年，见G.C.威廉森（G.C. Williamson）的《微型作品目录……F.和M.韦尔斯利》（*Catalogue of the Miniatures...of F. and M. Wellesley*），日期不详（公元1918年）。

30　"人们可能会说富塞利，就像每个天才的风格主义者一样，他模仿自己"：1800年5月2日歌德的日记记载，引用于泰特美术馆（Tate Gallery）图录，"亨利·富塞利1741—1825"，1975年，第43页。

31　爱尔兰皇家学院，编号MS 24K.14，第251—252页。

32　出处同上，1801年10月15日的记录，19—20页。

33　奈，1873年，第30—31页。

34　见P.萨默维尔−拉齐（P. Somerville-Large），都柏林，1969年，第209页。

35　该调色板曾在英国艺术委员会展出，编号109；图录上记载，正如标志所示，它是由理查德·惠特福德（Richard Whitford）于1801年在都柏林制作。该调色板在贝里−希尔，1963年，插图1中有图解。

36　艺术家文森特·沃尔德里（Vincent Waldré）的肖像；参见克鲁克香克（Crookshank）和格林爵士（Knight of Glin），第174—176页。

37　斯特里克兰，第1卷，第195页。

38　这组图片的描述和插图见塞，1911年，第291页，以及塞，1919年，第141—151页。

39　鲁克为1783年版的菲尔丁作品集绘制的水彩画现藏于伦敦维多利亚和阿尔伯特博物馆（Victoria and Albert Museum）；参见孔佩特《迈克尔·安杰洛·鲁克，1746—1801》（*Michael Angelo Rooker 1746-1801*），1984年，第117—118、166—170页。

40　由于钱纳利的名字没有记录在下布鲁克街的房屋税簿上，他大概是在那里租房子。特雷瑟姆（Tresham）是一位出生于都柏林的历史画家，把这里用作画廊，出售"早期大师"的画作。钱纳利画了特雷瑟姆的肖像，同由道森·特纳夫人（Mrs. Dawson Turner）雕刻，斯特里克兰，第2卷，第457页。威廉·钱纳利的一些古董花瓶可能是由特雷瑟姆提供的，后者于18世纪80年代在意大利获得了一批藏品，集艺术家和商人的职业于一身。

41　信件手稿手抄本，K.斯塔宾斯（K. Stubbings）藏有。我非常感谢这封信的持有者和伦道夫·瓦因先生（Mr. Randolph Vigne）让我注意到这封信。

42　斯特里克兰，第1卷，第171页；在都柏林展出的画作的主题没有明确说明。

43　《马德拉斯通讯报》（*Madras Courier*），1802年12月22日，第2页。

第四章　马德拉斯

1　萨克雷兄弟中的老七留在英国，在赫特福德郡担任助理牧师，活到49岁。在印度的兄弟中，最长寿的是排行老小的查尔斯，他"成了恶魔饮料的牺牲品，当时在印度很流行"，普林和贝恩（Prynne and Bayne），第501页。

2　写给埃米莉·普林塞普的信件原稿，第66页，1828年6月5日。

3　见帕维尔（Pavière），第105页；1800年6月，德维斯被宣布破产，尽管一位慷慨的赞助人救了他，但他的财务状况一直不稳定，直到他去世。

4　威廉森，1810年，第1卷，第162页。

5　阿彻（Archer），1979年，第270—272页。

6　出处同上，第270页。

7　出处同上，第177页。

8　东印度公司董事法庭会议记录，印度事务部图书档案馆（India Office Library and Records），第111卷，第79页。

9　出处同上，第111卷，第106页。

10　法灵顿得到保证，"董事们不反对艺术家去［印度］，但必须防范那些以艺术家的名义却另做他想的人"，1811年6月26日的记录。

11　阿彻，1979年，第218页；人们对希基的妻子一无所知。

12　威廉森，1810年，第1卷，第453页。

13　出处同上，第451—453页；1820年，在贝拿勒斯的晚宴上，女士们的人数远远少于男士，以至于男士们会提前一个月约定与她们共舞，1820年12月10日詹姆斯·普林塞普写给埃米莉·普林塞普的信件原稿，第43页。

14　希基，第3卷，第159页。

15　格雷厄姆（Graham），第139页。

16　阿诺德（Arnold），第1卷，第93—94页；同见于珀西瓦尔·斯皮尔（Percival Spear）《富豪》（*The Nabobs*），修订版，1963年，第57页。

17　写给埃米莉·普林塞普的信件原稿，第43页，1820年12月18日；以及第83页，1832年8月28日。

18　奥蒙德，1974年，致布朗夫人的信，1816年5月17日。

19　劳埃德1802年的"红色"登记簿附录。

20　《马德拉斯通讯报》，1802年12月18日，第2页。

21　《为联合东印度公司服务的船舶招标的相关正式记录，1806年7月2日至1809年9月27日》（*Proceedings Relating to Ships Tendered for the Service of the United East-India Company, from the 2nd July 1806 to the 27th September 1809*），1809年，引用于麦格雷戈（Macgregor），第206页，以及第26页。

22　《马德拉斯通讯报》，1802年12月22日，第2页。

23　《印度杂志与欧洲杂录》（*Indian Magazine and European Miscellany*）中"Masoolah船"的文字介绍，1807年。

24　出处同上，以及威廉森，1810年，第1卷，第127页。

25　威廉森，1810年，第1卷，第137页。

26　关于此任命和下列任命（科伦坡收税员除外），请参阅多德韦尔和迈尔斯（马德拉斯），第52—53页。

27　佚名（罗贝多），第141页。

28　与约翰·钱纳利一样，麦道维尔（Macdowell，也拼写为McDouall，M'douall等）在"失业"多年后回到东印度公司服务，于1809年成为民事审计员，于1810年成为政府的荷兰语翻译；他于1814年死于马德拉斯。托马斯·蔡斯在18世纪80年代担任大法官书记员和法语翻译；他的计划之一是在1788年建立一个新的印刷厂，印刷"波斯和其他东方人物"（'Persian and other Oriental Characters'），在他们的帮助下，他提议出版"印度学习的隐藏宝藏"（'the hidden Treasures of Indian Learning'）：见洛夫，第4卷，第361—362页。他的兄弟理查德·蔡斯买下了托马斯·丹尼尔的几幅画。1797年1月19日，托马斯·蔡斯与亨利·休厄尔和亨利·布朗（Henry Brown）一起见证了约翰·钱纳利的婚姻；他死于1808年。

29　《马德拉斯年鉴》，1806年，1807年；这一信息并没有出现在当时的《东印度登记簿》中。

30　见佩里（Perry），第2卷，第112页。

31　霍奇森（Hodgson），第39页。

32　孩子们指的是伊丽莎白和玛丽·钱纳利（Elizabeth and Mary Chinnery），威廉和弗朗西斯·邓肯（William and Frances Duncan）。邓肯家孩子们的母亲弗朗西丝·邓肯（钱纳利）留在了印度；她有一个四个月大的孩子，还有三个月的身孕。玛丽·钱纳利（佩顿）陪同孩子们航行时，肯定也怀孕了，因为孩子威廉·查尔斯（William Charles）是在英国出生的。这些家族的家谱见韦尔普利，1932年，第15页。

33　怡和洋行档案（Jardine, Matheson Archive），印度书信簿，1804年12月25日。

34　印度事务部，编号MS EUR 0/5/30，第4卷，第109页左方。钱纳利在马德拉斯居住期间，还有两位艺术家出现在马德拉斯的名单上。"微型画画家"W. P. 罗特迈尔（W. P. Rothmeyer）于1782年从汉诺威来到这里，住在黑镇："他已于1808年12月5日宣誓效忠，是一个有家庭的男人"（0/5/30，第4卷，第二部，第207页左方，221页）；"肖像画家"J. P. 休伯（J.P. Huber，又名乔治·休伯［George Huber］）上一次出现在名单上是在1807年12月。

35　《东印度登记簿》，1805年和1806年，第246页。1808年，罗伯特·舍尔森被一位过分热心的总督下令起诉，罪名是管理公共大米储备时犯有欺诈罪；他被判无罪，并得到了丰厚的赔偿。他的法官之一是弗朗西斯·麦克诺滕爵士（Sir Francis Macnaghten，见第114页）。见米尔和威尔逊（Mill and Wilson），第1卷，第236—237页。

36　从查尔斯·谢里夫（Charles Shirreff）在马德拉斯画的同一个人的另一幅微型肖像来判定，图见约翰·默多克（John Murdoch）等人的《英国微型画》（The English Miniature），第192页。

37　见附录三，第三节。

38　图见佳士得拍卖图录，1980年4月11日（拍品167号）。

39　见肯尼思·加利克（Kenneth Garlick），《托马斯·劳伦斯爵士》（Sir Thomas Lawrence），1989年，插图8—30，各处。洛德夫人的肖像可能是为了纪念1806年3月10日洛德夫妇在马德拉斯的婚礼。

40　再现于福斯克特，彩色插图18A，注为约翰·科默福德（John Comerford）所作；随后人们发现，这幅微型画的背面有钱纳利的签名和日期。

41　1974年5月5日佳士得拍卖了一幅描绘爱德华·珀柳的肖像画（拍品78号），但这幅画描绘的可能是他的长子。见沃克（Walker），第1卷，第178页。

42　佩里，第1卷，第346页。

43　《马德拉斯年鉴》，1803年，第136页。

44　出处同上，第684页。

45　出处同上，第431—452页、541、681—685页；《东印度登记簿》。

46　芒斯图尔特·埃尔芬斯通（Mountstuart Elphinstone）的日记，引用于科尔布鲁克（Colebrooke），第1卷，第34—36页。一幅据说是钱纳利描绘柯克帕特里克的画像，可见于（例如）阿彻，1979年，第361页；画中人没有"八字胡"，或剪得短短的头发。

47　埃勒斯，第179—180页。

48　出处同上，第188页。

49　托马斯·卡莱尔（Thomas Carlyle），《回忆录》（*Reminiscences*），C.E.诺顿（C.E. Norton）编，1932年，第2卷，第117—118页。

50　托马斯·卡莱尔，《拼凑的裁缝》（*Sartor Resartus*），1834年，收录于《托马斯·卡莱尔作品集》（*The Works of Thomas Carlyle*），H.D.特雷尔（H.D. Traill）编，三十卷，1896—1898年，第113、116页；关于描述凯蒂（Kitty）为"布鲁敏"，见乔治·斯特雷奇（George Strachey），"卡莱尔和'玫瑰女神'"（Carlyle and the "Rose-Goddes"），《十九世纪》（*Nineteenth Century*），1892年7—12月，第470页及其后。

51　托马斯·卡莱尔，《回忆录》，C.E.诺顿编，1932年，第2卷，第175页。

52　见康斯坦丝·拉塞尔女士（Lady Constance Russell），《玫瑰女神》（*The Rose Goddess*），1910年，第1页及其后。

53　出处同上。

54　霍奇斯（Hodges），第20页。

55　见戴维斯（Davies），第25—27页。

56　见尤尔和伯内尔（Yule and Burnell），1903年，第313页。

57　出处同上，第660、661页。

58　多伊利，1828年，第256页。

59　普林和贝恩，第318页。

60　佚名（罗贝多），第126页。

61　出处同上，第113页。

62　《加尔各答政府公报》（*Calcutta Government Gazette*），1807年12月24日。

63　佚名（罗贝多），第117页。

64　威廉森，1810年，第1卷，第195页及其后。即使是初级司法人员乘坐轿子外出时，也会有八到十个chuprasses（戴着官方徽章的仆役）追赶他们：参见佚名（罗贝多），第138页。在威廉森，1813年，插图6和文本中，招摇过市的soontahburdar，戴着银或黄铜的胸甲，拿着用松香制成、实银包裹的警棍，"装饰着老虎的脸，或一些类似的图案"。

65　尤尔和伯内尔，第659页。

66　威廉森，1810年，第2卷，第34—38页；同见于A.D.金（King, A.D.），我很感激他对平房起源的精彩讨论。

67　佚名（罗贝多），第134—135页。

68　格雷厄姆，第127页；1885年的《帝国地名词典》（*Imperial Gazetteer*）第354页指出，恩诺尔有"直到最近，孟加拉最古老的俱乐部"；这一卷还包括一张关于恩诺尔湖和海角的照片，显示了可能与钱纳利所画的相同的平房。

69　W.C.亨特（Hunter, W.C.），1885年，第265页。

70　引用于A.D.金，第二页；金还提到，在勒克瑙，"平房式"发型意味着"英国军官的风格"。

71　米尔德丽德·阿彻（Mildred Archer），《早期印度风景。托马斯和威廉·丹尼尔的如画之旅，1886—1794》（*Early Views of India. The Picturesque Journeys of Thomas and William Daniell 1786-1794*），1980年，第224页。

72　见萨顿（Sutton），第92页。

73　《马德拉斯通讯报》，1807年11月26日。

74　马德拉斯蚀刻版画的草图保存在马萨诸塞州塞勒姆的皮博迪博物馆（Peabody Museum）和伦敦的印度事务部图书馆。

75　格雷厄姆，第130页，1810年8月18日的记录。在建造万神殿之前，马德拉斯就有一个共济会会堂，见洛夫，第3卷，第404页注释，第452页。

76　《马德拉斯年鉴》，1803年，第138页。

77　见洛夫，第3卷，第419—421页。

78　图示见罗宾·麦克拉克伦（Robin McLachlan），"令人钦佩的安排"（'An Admirable Arrangement'），《半球》（Hemisphere）第22期，1978年3月第三篇，第5页。

79　邓达斯和董事之间的关系见菲利普斯（Philips），各处。

80　《马德拉斯通讯报》，1807年1月28日。

81　霍奇森，第180页及其后。钱纳利为帕里画的肖像画，创作于1805年，收录在英国艺术委员会，编号71。

82　霍奇森，第38页，第112页及其后，第219—238页。

83　见阿彻，1979年，第219—221页。

84　图示见萨顿，第84页和第56页对页的插图。

85　见阿彻，1979年，第417—418页。

86　《马德拉斯政府公报》，1805年2月21日，第2页。

第五章　罗素的委托

1　见《马德拉斯公报》（Madras Gazette），1807年7月23日。

2　希基，第4卷，第384页；H.E.A.科顿（Cotton, H.E.A.）给出了这幅肖像画的捐款人名单（1925年，第182页）。

3　希基，第4卷，第386页。

4　出处同上；同见于《孟加拉的前世与今生》（Bengal Past and Present）二十五，1922年，第93页。

5　《加尔各答政府公报》，1807年11月5日，第1页；广告日期为1807年10月26日。

6　希基，第4卷，第387页。

7　出处同上，第360—361、385页。

8　在加尔各答高等法院的原画，图示见哈琴，1975年，第12页。

9　佐法尼所绘的英庇肖像，图示见阿彻，1979年，插图86。

10　出处同上，第227页及彩图九；托马斯·希基对取自欧洲神话的象征手法的运用，或许不仅表明了一种不偏不倚的感觉——普尼亚确实为此受到尊重——而且表明了普尼亚在蒂普死后接受英国霸权的态度，普尼亚曾是蒂普的大臣。

11　《国家人物传记辞典》。

12　希基，第4卷，第388—391页。

13　出处同上，第385页。

14　出处同上，第387页。

15　马德拉斯公共诉讼，印度事务部图书档案馆，编号MS vol. P/244/53，第2181—2189页。

16 希基，第4卷，第387—388页；这封信是从希基《回忆录》（*Memoirs*）的打字稿中复制出来的，该回忆 295
录和手稿一起由印度事务部图书档案馆保存。参考书目中列出的斯宾塞（Spencer）版本经常偏离原文。

第六章 达卡和多伊利家族

1 《募股章程》装订在大英图书馆的多伊利册子中，1814—1827年。

2 见阿彻，1979年，第288、318页。

3 斯托奎列尔（Stocquelier），第488页；斯托奎列尔指出，达卡的主要制造业产品是小手镯、雕像和
（引人注目的）小提琴，每把卖2卢比。

4 希伯（Heber），第1卷，第90页。

5 出处同上，第2卷，第207页；致查尔斯·沃特金斯·温（Charles Watkins Williams Wynn）的信，1824年
7月13日。

6 孟加拉非官方欧洲居民名单手稿，印度事务部档案，0/5/27，1808年（第643号）。

7 出处同上，1809年（第381号）和1811年（第194号）；前者记载钱纳利抵达达卡的日期为7月11日，
后者记载为7月14日。在1808年的名单（第643号）中指出，1808年6月，"乔治·奇纳利"（'George
Chinarry'［原文如此］）获得了在该地区居住的权利；他的名字被列在"达卡"一栏，时间是1808、
1809、1810和1811年共四年。

8 沃伦·黑斯廷斯书信，查尔斯·多伊利致沃伦·黑斯廷斯的信，1808年11月15日，大英图书馆，编号
Add.MS 29184，第52页。

9 希基，第4卷，第354页。

10 出处同上，第476—478页；在希基的"加尔各答号"伤亡名单上，被列为"罗伯特·科宁厄姆"（'Robert
Conyngham'）和"C.D.科宁厄姆"（'C.D. Conyngham'）的孩子可能是已故的夏洛特·科宁厄姆的孩子，
当时他们正和姨妈一起回英国。

11 沃伦·黑斯廷斯书信，1808年11月15日的信件，大英图书馆，编号 Add. MS 29184，第52页。

12 出处同上，第51—52页。

13 1976年11月23日，钱纳利所绘的一组时间为1808年10月25日至1809年3月4日的达卡（包括此处所示插
图）绘画在苏富比（香港）拍卖行拍卖。另外两幅，日期分别为1808年10月27日和29日，列于维多利
亚和阿尔伯特博物馆的奥林奇遗赠中。

14 约翰·艾金（John Aikin），《父亲给儿子……的信》（*Letters from a Father to his Son...*），1793年，第266页。

15 多伊利，1814—1827年，系列丛书二，第1页和（正文）第8页；系列丛书三，第8—9页；系列丛书
四，第15页。

16 1974年7月15日，苏富比拍卖了C.L.V.多伊利夫人（Mrs. C.L.V. D'Oyly）收藏的一些多伊利家族成员的
小型肖像和微型画（拍品41—51号）；其中包括两幅由钱纳利创作的第六代准男爵约翰·哈德利·多
伊利爵士的微型肖像画；四幅由查尔斯爵士的第二任妻子伊丽莎白·（罗斯）多伊利创作的特殊
装束肖像，她在目录中被错误地描述为夏洛特·汤普森（Charlotte Thompson）；钱纳利的学生玛丽
亚·布朗画的三幅微型画，分别是查尔斯爵士、他的第一任妻子玛丽安和第二任妻子伊丽莎白；还
有钱纳利为查尔斯爵士、玛丽安、伊丽莎白和其他身份不明的人画的一组非正式的小型水彩画。

17 见1822年7月3日《加尔各答政府公报》副刊第2页。克里滕登被描绘为身着孟加拉陆军少校的制服。

他是威廉·希基的密友鲍勃·波特（Bob Pott）的表亲；波特遗赠给他几幅画。参见希基，第4卷，第491页。这幅肖像（以查尔斯·波特［Charles Pote］雕刻版本为基础）为纳撒尼尔·沃利奇（Nathaniel Wallich）所有，纳撒尼尔·沃利奇是加尔各答植物园的主管，见《加尔各答政府公报》，1822年12月12日，第3页。

18 希尔曼·伯德和他妻子的微型肖像也由钱纳利的学生玛丽亚·布朗完成。伯德家族和多伊利家族之间的联系可以从一个精心制作的画框上看出来，画框上有两对夫妇的微雕，1988年11月在佳士得拍卖（拍品92号）；这个画框里的另一幅微型画是伯德夫妇的小女儿玛丽安·多伊利·伯德（Marian D'Oyly Bird）的肖像。

19 东印度公司董事会会议记录，1818年1月8日，印度事务部图书档案馆。休·林赛阁下（The Hon. Hugh Lindsay）曾是"罗金厄姆号"的船长，1796年，这艘船把钱纳利的妹妹弗朗西丝和她未来的嫂子玛丽·佩顿带到印度；1838年，是他的儿子休·汉密尔顿·林赛（Hugh Hamilton Lindsay）安排了钱纳利和威廉·普林塞普在澳门和解，见第245页。

20 沃伦·黑斯廷斯书信，1809年8月1日，大英图书馆，编号Add.MS 29188，第281页左页。

21 希伯，第1卷，第96页。

22 图见奥蒙德，1974年，插图6。

23 见附录三，注释10。

24 威廉·普林塞普回忆录，印度事务部图书档案馆。第1卷，第283页。钱纳利在一幅女性头肩雕塑（原属于斯坦诺普·谢尔顿电影有限公司［Stanhope Shelton Pictures Ltd.］）的素描上题字为"查尔斯·多伊利先生收藏的半身像"。

25 见奥蒙德，1974年，第139页，1814年8月1日的信，以及第160页，1817年11月15日的信。

26 1990年6月21日至22日，此前由亚历山大·林德（Alexander Lind）家族持有，比哈尔（业余）平版印刷厂制作的三册作品在苏富比拍卖（拍品22—24号）。1827年至1828年，另一个平版印刷项目《业余爱好者的印度素描素材库》（The Amateur's Repository of Indian Sketches），包含了继钱纳利和几位业余艺术家之后的图画，包括多伊利、威廉·普林塞普和詹姆斯·普林塞普。

27 威廉·普林塞普回忆录，印度事务部图书档案馆。第2卷，第85页。

28 凯瑟琳·斯诺（Catherine Snow）的说明原文和注释附在画作上。

29 沃伦·黑斯廷斯书信，大英图书馆，编号Add.MS 29188，第291页。

第七章　加尔各答的肖像画

1 大约在1820年，钱纳利画了一幅印度王公普罗塔普·昌德（Raja Protap Chand）的肖像，这幅肖像的可能的图示见贝里-希尔，1963年，插图13，左侧。1838年，在胡格利法院大楼，一个人因冒充别人而受审，他声称自己是那位王公；画像从布德万的宫殿被带到法庭，这样事情就可以解决了。见J.J.科顿，第122页；同见《狮鹫汤姆·劳》第二十一节（见附录三），提及了钱纳利与一位印度被画像者之间的委托。

2 图示见阿彻，1979年，第282页。

3 印度事务部档案，1828年孟加拉遗嘱，编号L/AG/34/29/43，第261—284页，引用于阿彻，1979年，第377页。

4　图示见阿彻，1979年，第153页；同见于托马斯·希基，"查尔斯·布鲁克和穆尔西达巴德的纳瓦布玩耍"（'Charles Brooke playing with the Nawab of Murshidabad'），约1790年，画中的印度人物被描绘为跪姿，图见阿彻，1979年，第217页。

5　印度事务部档案，编号MS EUR O/5/27，1812年（第436号）；同见于《公元1813年的原始加尔各答年度名址录和日历》（The Original Calcutta Annual Directory and Calendar for A.D.1813），附录，第71页。

6　纽金特，第361页；这幅画的现存地未知。

7　钱纳利致第二代明托伯爵（the 2nd Earl of Minto）的信，1814年7月12日，苏格兰国家图书馆，编号MS 11325，第150页。钱纳利提到了明托勋爵的儿子乔治（海军上尉）和约翰·埃利奥特，以及他们的妻子。

8　威廉·霍瑟姆（William Hotham），《昔日的书页和画像》（Pages and Portraits from the Past），1919年，第1卷，第165页，引用于H.E.A.科顿，"一幅遗失的绘画的故事"（'The Story of a Lost Picture'），《孟加拉的前世与今生》二十九，1925年1月至6月，第109页。

9　钱纳利致第二代明托伯爵的信，1814年7月12日，苏格兰国家图书馆，编号MS 11325，第149页。

10　玛丽安娜·钱纳利致第二代明托伯爵的信，1814年5月31日从都柏林寄往伦敦，苏格兰国家图书馆，编号MS 11154，第95—96页。

11　见H.E.A.科顿，"一幅遗失的绘画的故事"，《孟加拉的前世与今生》二十九，1925年1月至6月，第105页。

12　德林克沃特上校（Col. Drinkwater）致第二代明托伯爵的信，1815年7月8日，苏格兰国家图书馆，编号MS 11803，第56页；1815年10月27日，查尔斯·特纳写信给德林克沃特，说他已经把版画寄给了明托勋爵，但没有收到任何回复，第60页。

13　见阿彻，1979年，第369页。

14　见伍兹伯格（Wurtzburg），第143页；这幅马六甲肖像后来被搬到了新加坡殖民大臣的宅邸，图示可见第96页对页。

15　钱纳利致J.A.范布拉姆（J.A. van Braam）的信件，1813年12月27日，苏格兰国家图书馆，编号MS 11334，第70页，以及信件副本，第117页。

16　钱纳利致巴达维亚的J.A.范布拉姆的信件副本，日期不详（1814年1月初），苏格兰国家图书馆，编号MS 11334，第118—119页。

17　见钱纳利致第一代明托伯爵（1st Earl of Minto）的信，1814年7月12日，苏格兰国家图书馆，编号MS 11325，第148页；肖像的图示可见阿彻，1979年，第370页。

18　奥蒙德，第143页，致玛丽亚·布朗的未具日期的信，约1814年。

19　引于H.E.A.科顿，1925年，第183页。

20　《泰晤士报》（The Times）讣告，1892年5月3日，第10页。

21　梅特卡夫的小型全身像，图示可见于佳士得1990年7月20日的拍卖目录中（拍品330号），肯定不是钱纳利所绘，一方面是出于风格上的考虑，另一方面是因为这幅画的人物被描绘为穿着总督制服，而梅特卡夫直到钱纳利离开印度十年后才有资格穿总督制服。

22　图见阿彻，1979年，插图285。

23　见凯（Kaye），各处；同见马克·本斯-琼斯（Mark Bence-Jones），《英统印度时期的官邸》，1973年，第99—100页。

24　"约翰·佩斯特中尉的日记"（'Journal of Lieutenant John Pester'），第5卷，第130页，1815年6月27日的记录，印度事务部档案，编号MSS Eur.D.438.。

296

25　见英国艺术委员会，第78号及图示；另一幅钱纳利的绘画，落款为1803年，不太可靠地声称是"西登斯夫人和孩子"，这幅画的插图见贝里-希尔，1963年，插图8。

26　这幅肖像由G.B.布莱克（G.B. Black）雕刻，托马斯·柯林斯（Thomas Collins）出版。

27　1852年7月8日，《中国之友》（Friend of China）杂志认为，弗格森、麦克诺滕和约书亚·马什曼医生的肖像是钱纳利在加尔各答晚期最成功的肖像。钱纳利为弗格森夫人画的一幅铅笔肖像，墙上有一张他们在加尔各答的房子的绘画（大概是），这幅画在马丁·格雷戈里1986年的图录43中重现，第47号。

28　维克多·雅克蒙（Victor Jacquemont）致维克多·德特拉西（Victor de Tracy）的信，1829年9月1日，载于《维克多·雅克蒙书信》（Correspondance de Victor Jacquemont），1869年版，第1卷，第87页。

29　见H.E.A.科顿，1925年，第15卷，第181—186页；钱纳利所绘的霍格肖像可见于佳士得1989年2月23日拍卖图录（拍品141号）。

30　印度事务部档案，编号N/1/9，第264页；其他签名者还有詹姆斯·阿特金森，加尔各答造币厂的外科医生和鉴定师，他的妻子是钱纳利和"G.阿博特"（G. Abbott）的学生，也许就是钱纳利在1817年3月写信给布朗太太时提到的那个人，"星期六我会在阿博特家，或者说很乐意去……"，奥蒙德，1974年，第156页。

31　奥蒙德，1974年，1816年12月2日致玛丽亚·布朗的信，第153页。

32　引于阿彻和福尔克（Falk），第49页。

33　希基，第4卷，第110—111页。

34　《加尔各答政府公报》，1822年11月28日，副刊1，第3页；麦克诺滕的油画肖像以损坏的状态重现于哈琴，1975年，第48页。这幅肖像的点刻法版本，由查尔斯·波特雕刻，于1825年出版；见1825年9月1日《加尔各答政府公报》。

35　见拉尔夫·E.特纳（Ralph E. Turner），《詹姆斯·西尔克·白金汉，1786—1855，一本社会传记》（James Silk Buckingham 1786—1855, A Social Biography），1934年，第193页。

36　人们认为，萨维尼亚克的这幅版画巧妙地结合了网线铜板雕刻法和凹版腐蚀制版法，比十个月前出版的钱纳利所绘的黑斯廷斯勋爵坐像要高明得多；见《加尔各答政府公报》，1824年1月26日增刊第3页和1824年2月26日第3页。

37　《议会史》（Parliamentary History），第29卷，引于《国家人物传记辞典》。

38　图示见彭尼（Penny），第327页。

39　《加尔各答政府公报》，1822年10月4日和1823年7月31日；同见于H.E.A.科顿，1936年，第4页，坐像图示见阿彻，1979年，第371页。

40　《加尔各答政府公报》，1816年6月27日，另见古尔德（Gould），1951年，第4卷，第60—62页。另一幅黑斯廷斯勋爵身穿共济会服饰的肖像，显然是基于钱纳利所绘的坐姿肖像，可见于《孟加拉的前生与今世》，第1卷，第67页。

41　这幅画收录在威廉·普林塞普的一本画册里。上面写着"钱纳利为公众肖像绘制的第一幅理想素描，正值黑斯廷斯勋爵被投票离开印度"。同一画册中还包括一幅为静态马术肖像或雕像设计的棕褐色素描，题字为"乔·钱纳利"（Geo. Chinnery），可能也和黑斯廷斯的项目有关。

42　《加尔各答月刊》（Calcutta Monthly Journal），1827年7月27日，第67页。看来，钱纳利确实为加尔各答农业和园艺学会完成了一幅黑斯廷斯侯爵夫人的肖像，她是该学会的赞助人；钱纳利于1823年12月4日宣布，这幅肖像将在"年底前"完成，《马德拉斯政府公报》，1823年12月18日，附录；这幅肖像九年后在加尔各答画笔俱乐部的巡展中展出，《加尔各答政府公报》，1832年1月30日。

43　钱纳利致明托勋爵的信，1814年7月12日，苏格兰国家图书馆，编号MS 11325，第148页左页。与黑斯廷斯有关的一个人委托钱纳利为1822年担任总督私人秘书的詹姆斯·芒罗·麦克纳布（James Munro Macnabb，1790—1860）画肖像（私人收藏）。麦克纳布还拥有查尔斯·多伊利爵士的一些画作。

44　印度事务部档案，编号MS B/174，第537页，1821年10月24日，以及第550页，1821年10月31日。

45　《加尔各答政府公报》，1823年8月14日和1824年1月22日，副刊1，第1页。

46　出处同上，1828年6月16日。劳伦斯的亚当画像由查尔斯·特纳雕刻，并于1829年出版；多年来，它一直挂在加尔各答的政府大楼里。

47　罗伯茨（Roberts），第1卷，第56页。

48　奥蒙德，1974年，第129页，1813年5月29日的信；信件手稿中的词语"拉紧"（'drawn'）并不清晰；奥蒙德认为是"假冒的"。

49　出处同上，第162页，1820年11月26日的信。

50　出处同上，第140页，1814年8月1日的信。

51　出处同上，第162页，1820年11月26日的信。

52　出处同上，第133页，未具日期的信，约1813年6月。

53　《英国编年史》（English Chronicle），引于惠特利（Whitley），1928年，《艺术家……》（Artists...），第2卷，第131页。

54　威廉·普林塞普回忆录，第1卷，印度事务部图书档案馆，第354页。

55　克劳福德（Crawford），第76页。

56　在钱纳利时代来到印度的萨克雷六兄弟中，这位艺术家肯定认识马德拉斯的公务员威廉（1778—1823）。他们的妹妹埃米莉（1790—1824）嫁给了另一位公务员约翰·塔尔博特·莎士比亚（John Talbot Shakespear，卒于1825年），钱纳利为他画过肖像（参见普林和贝恩，第310页）；约翰和埃米莉·莎士比亚是莫伊拉一家的密友，他们同莫伊拉一家一起乘政府的驳船到内陆地区旅行。

57　W.W.亨特（Hunter,W.W.），第171页。

58　见雷（Ray），第52页。

59　普林和贝恩，第320页。

60　出处同上。

61　见雷，第61—65页。

62　《萨克雷作品集》（The Works of W.M. Thackeray），乔治·圣茨伯里编，1908年，第14卷，第130—134页。

63　普林和贝恩，第320页。

64　W.W.亨特，第176页。

65　《萨克雷作品集》，见前文引，第14卷，第302页。

66　《萨克雷作品集》，见前文引，第11卷，第761—762页。

67　英国艺术委员会，第73号，插图74、76。

68　《东方先驱与殖民评论》（Oriental Herald and Colonial Review）第1卷，1824年2月第2期，第355页，提及1823年8月11日举行的一次会议。委员会的成员是霍格先生、阿特金森先生、帕尔默先生和亨利·莎士比亚（Henry Shakespear）先生。钱纳利为后者画过肖像，他接替他的兄弟约翰（见上文第56条注释），成为加尔各答的警司和总治安官，在1839年10月8日的《加尔各答政府公报》有所提及。

69　奥蒙德，1970年，第136页，未具日期的信件，约1813年。

70　简·科明1831年1月30日死于坎普尔，享年40岁。

297

71　赖德·哈格德，《艾伦·夸特梅因》，1887年，第277页；尽管出生在非洲，"白女王"尼莱普塔明显比她橄榄肤色的双胞胎姐妹更白皙，第139页。

72　佩吉特，第30页。

73　出处同上，第143—144、144、146—147、149、150页。

74　出处同上，第176页，1825年5月17日的信。

75　耶鲁大学英国艺术中心（佩吉特）图录，"英国肖像画和微型画"，第94号。

76　印度事务部档案，编号WD.3385，第1—50页。

77　见彭尼，第259—260页；这幅肖像在1791年也被雕刻了（名为"科妮莉亚"［'Cornelia'］），但服装做了稍许修改。

第八章　共济会和戏剧

1　詹姆斯·普林塞普信件原件，1824年4月20日的信，私人收藏。

2　威廉·普林塞普回忆录，印度事务部档案，编号MSS Eur. D.1160，第1卷，第307、344页；第二卷，第225—228页。

3　《印度公报》（India Gazette），1807年9月12日。

4　刘易斯的肖像是为1798年11月的《镜报月刊》（Monthly Mirror）雕刻的。第260页对页；肯布尔的画像是詹姆斯·希思在1799年为同一期刊雕刻的。

5　见凯里，第1卷，第131—133页。据说罗伯特·霍姆1814年在乔林基剧院展示了"一幅精美的可升降布景幕布"，《加尔各答政府公报》，1814年6月2日；威廉·普林塞普1818年在同一剧院绘制场景和设计服装，威廉·普林塞普回忆录，印度事务部档案，第1卷，第287页。

6　《加尔各答政府公报》，1815年11月30日，第5页。

7　选自《加尔各答公报选集》，H.D.桑德曼（H.D. Sandeman）编，第4卷，第408页。

8　希基最终与一个敌对的分会发生了争吵，被指控为违反共济会的行为，并因此辞职；见希基，第3卷，第313—314、348页和第4卷，第23页。

9　古尔德，1899年，第165—167页。乌姆达特·乌尔·乌马拉（Umdat-ul-umara），卡纳蒂克的最后一位统治者，也在1775年被任命为一名共济会成员，尽管后来他"似乎在共济会中失宠了"。他被省级总会长特伦斯·加哈根医生（Dr. Terence Gahagan）引荐加入共济会，钱纳利后来为后者的女儿露西（·洛德）画过像（彩图9）。见古尔德，1951年，第4卷，第67—68页，以及朱利叶斯·詹姆斯·科顿（Julius James Cotton），《马德拉斯墓葬铭文表》（List of Inscriptions on Tombs or Monuments in Madras, Madras），马德拉斯，1905年，第129页，第680号。

10　《印度公报》，1813年12月13日；转载于《加尔各答公报选集》，H.D.桑德曼编，第4卷，第340页。

11　《加尔各答政府公报》，1816年6月27日，同见于古尔德，1951年，第4卷，第60—62页。

12　见菲尔明杰（Firminger），1911年，第3页。

13　见菲尔明杰，1906年，第143、148、138—139页。在加尔各答，康普顿成了"莫伊拉自由和忠贞分会"的会长。

14　《马德拉斯年鉴》，1803年，第138页。

15　菲尔明杰，1906年，第148页；《孟加拉的前世与今生》三十，1925年，第132页，注释4。

16　这幅肖像被雕刻为《少将R.R.吉莱斯皮爵士回忆录》(*A Memoir of Major-General Sir R.R. Gillespie*)的卷首画，1816年；这幅画据说是"钱纳利先生1814年在加尔各答画的"；另见亨利·贝弗里奇(Henry Beveridge)，《印度通史》(*A Comprehensive History of India*)，1856年，第3卷，第12页。

17　菲尔明杰，1906年，第167页。

18　古尔德，1906年，第187—189页。

19　《印度公报》，引于《加尔各答公报选集》，H.D.桑德曼编，第5卷，第517页。

20　出处同上，第5卷，第518—519页。其他装饰包括"用帷幔和花环装饰的盾牌"和房间尽头的一幅大型风景画，很可能也是钱纳利设计的。

21　威廉·普林塞普回忆录，印度事务部档案，第2卷，第225—229页，1836年2月29日。

第九章　孟加拉的乡村生活

1　奥蒙德，1974年，1814年12月5日的信，第142页。

2　该绘画落款日期为1816年5月15日：马丁·格雷戈里画廊图录28，1982年，第44页（未图示）。

3　马萨诸塞州塞勒姆皮博迪博物馆的绘画，落款为1824年9月30日，以及印度事务部图书档案馆，编号WD3385。

4　奥蒙德，1974年，第182页："一般阴影"与"自然阴影"是有区别的，"自然阴影"是"仅仅由物体的形状引起的"；"人造阴影"是由"画中的物体"投射出来的；以及"空洞阴影"，这是由任何空的空间引起的，空间只有一端是开口的——就像喇叭一样……"在"一般阴影"的情况下，钱纳利补充说，"必须遵守一个重要的规则，即中心是最暗的，边缘是最亮的——即使它投射在一个平坦的物体上"，第181—182页。

5　示例取自上述注释2和3中给出的来源中的绘画。

6　奥蒙德，1974年，第183页。

7　分别见马丁·格雷戈里画廊图录38，1984年，第59号，以及维多利亚和阿尔伯特博物馆，图见哈琴，1975年，第24页。

8　印度事务部图书档案馆，编号WD 3385。

9　见马丁·格雷戈里画廊图录18，1977年，第81号。

10　见格兰特(Grant)，第7页；其他船只的说明和插图见第4—11页。格兰特于1832年来到孟加拉，在那里从事绘画和写作职业近五十年；作为一名长期居住的艺术家，他是钱纳利在印度为数不多的接班人之一。钱纳利对船只的习作见于印度事务部图书档案馆，编号WD 3385。

第十章　儿子和对手

1　"当这些大人物中的一位举行宴会的时候，可不是一个有所节制的表现：桌子上放着盘子，供30—65位客人就座，痛饮每打价格40卢比的红酒和80卢比的香槟。还必须要给客人供上70卢比的英国火腿，20卢比的奶酪；在这种炎热的气候下，还要有冰镇的水和英国树莓酱……幸运的是，单身汉们没有义务招待客人，但两年后我将被邀请参加一个舞会暨晚餐"，詹姆斯·普林塞普写给G.哈尔迪曼德

（G. Haldimand）的信件原件，1821年3月29日，第14页。

2　1808年2月25日的信，引于雷丁博物馆和美术馆（Reading Museum & Art Gallery），第10页。

3　1815年4月10日的信，第302页；雷丁博物馆和美术馆摹本，第43页。

4　雷德格雷夫，第1卷，第520页。

5　引于阿彻和福克，第48页，1818年4月29日的信。

298　6　奥蒙德，1974年，第157页，致布朗夫人的信，日期为"1817年3月"和"1817年4月1日"。

7　雷德格雷夫，第1卷，第520页。

8　见福斯特，第34页；同见于雷德格雷夫，第1卷，第520页，以及雷丁博物馆和美术馆，第15、33页。

9　东印度公司董事会会议记录B/164，第860页，1817年1月7日；《加尔各答政府公报》，"特别版"，1817年7月28日。

10　在马萨诸塞州塞勒姆皮博迪博物馆的绘画中，钱纳利在后面的日期中添加了更多的题款："1835年10月22日。她现在36岁了"，以及"1848年1月21日。她现在48岁了"。

11　多伊利，1828年，第五篇章，第十九节，见附录三。

12　引于阿彻和福克，第48页，1819年7月7日的日记。

13　印度事务部档案，编号MS N/1/11，第38页，玛蒂尔达·钱纳利的婚姻；以及编号MS N/1/10，第508页，约翰·哈德利·多伊利与夏洛特·汤普森（Charlotte Thompson）的婚姻，1818年12月26日。

14　见白金汉；以及拉尔夫·E.特纳，《1818年至1836年詹姆斯·西尔克·白金汉与东印度公司的关系》，匹兹堡，1930年。

15　东印度公司董事会会议记录，编号B/166，第1124页，3月3日；以及第1176页，1818年3月13日。

16　引于奥蒙德，1974年，第157页。

17　引于霍奇森，第180页，1807年10月22日的信。

18　出处同上，第233—235页。这时帕里已经没有存世的孩子了；他的另一个孙子与他同一天去世，第246页。遗嘱还为"伊丽莎白·钱纳利小姐、玛丽·钱纳利小姐和查尔斯·钱纳利夫人［原文如此］"各提供了1000卢比——他们是乔治·钱纳利的哥哥约翰的三个未婚子女。查尔斯没有结婚，所以"夫人"可能是"先生"的笔误。

19　奥蒙德，1974年，第161页。

20　《加尔各答政府公报》，1822年6月20日，副刊2，第2页。

21　威尔逊，第182页，注释698。

22　1841年1月，"爱德华·查尔斯·钱纳利"被安葬在加尔各答，"卒时27岁3个月零4天"；1841年9月，"亨利·柯林斯·钱纳利"随他而去，"卒时28岁"。印度事务部档案，编号MS N/1/62，第8、104页。

23　印度事务部档案，编号MS N/1/11，第352页。

24　1835年《加尔各答年度名址录》（Calcutta Annual Directory）；名单第5页。

25　引于肯尼思·博哈切特（Kenneth Ballhatchet），《英统印度下的种族、性别和阶级》（Race, Sex and class under the Raj），1980年，第100页。

26　引于《加尔各答信使报》（Calcutta Courier），1836年3月12日，第4页。

27　《东印度杂志》（East India Magazine），1837年7月，第376页；另见1835年，第563页。

28　见哈里·埃文·A.科顿爵士（Sir Harry Evan A. Cotton），"编辑笔记"（'The Editor's Note Book'），《孟加拉的前世与今生》三十五，1928年1月至6月，第101—102页。

29　《加尔各答政府公报》，1839年6月12日，第2页；亨利·钱纳利的释放令见《加尔各答政府公报》，

1839年4月10日，第2页。

30 见上文注释22。

31 1835年《加尔各答年度名址录》，名单第5页。

32 印度事务部档案，编号MS N/1/44，第69页。在父母不在的情况下，登记簿由某位J.H.布瓦洛（J.H. Boileau）代表爱德华·钱纳利签字。爱德华死后，他的遗孀于1844年9月26日与20岁的作家约翰·理查德·耶沃德（John Richard Yeoward）结婚，印度事务部档案，编号MS N/1/66，第71页。

33 《加尔各答月刊》，1837年8月，第569—570页。

34 印度事务部档案，编号MS N/1/62，第8页。

35 玛丽安娜·钱纳利的去世在1865年12月30日出版的《布莱顿先驱报》（Brighton Herald）第2页中有所提及，另见于1865年的布莱顿名址录。关于玛蒂尔达的去世，见韦尔普利，1932年，第18页，作者还记录了她的丈夫詹姆斯·考利·布朗1852年1月15日在加尔各答的死讯。

第十一章 逃 债

1 见阿彻，1979年，第242、271、312、323页及各处；同见彭尼，第58页。

2 图见奥蒙德，1970年，第250页。

3 乔治·帕金斯（George Parkyns）写给威廉·渣甸的信，1830年12月17日，怡和洋行档案，澳门信件，收件。

4 乔治·钱纳利写给R.J.吉尔曼（R.J. Gilman）的信，1848年2月25日，汇丰银行；在同一封信中，钱纳利提到他的"小蜑民的绘画"50元的费用。

5 见阿彻，1979年，第260、152页。

6 凯里，第2卷，第200页；凯里还说，"他的［钱纳利的］挥霍无度之大，在很大程度上超过了自己的收入"；《印度之友》（Friend of India），1852年7月8日。

7 乔治·钱纳利致明托勋爵的信，1814年7月12日，苏格兰国家图书馆，编号MS 11325，第149页。

8 多伊利，1828年，第五篇章，第27节，见附录三。

9 威廉，1813年，前言，第4页；威廉森，1810年，第175页，给出了最低150英镑的房租和同样的最低工资标准；以及1823年5月1日"克劳迪奥"（'Claudio'）的来信，《加尔各答公报选集》，休·D.桑德曼编，第5卷，1869年，第535页。

10 奥蒙德，1974年，第151—152页，1816年11月25日的信。

11 奥蒙德，1974年，第158页，1817年11月15日的信。

12 奥蒙德，1974年，第164页，未注明日期的信，约1821年。

13 W.C.亨特，1885年，第273页。

14 里德（Read），第2卷，第215页。

15 惠特利，《……的艺术》，第155—156页。

16 法灵顿，1809年9月6日的记录。

17 奥蒙德，1974年，第139页，1814年8月1日的信。

18 沃伦·黑斯廷斯书信，大英图书馆，编号Add. MS 29184，第280页左页，1809年8月1日查尔斯·多利致沃伦·黑斯廷斯的信。

19　沃伦·黑斯廷斯书信，大英图书馆，编号 Add. MS 29183，第242页，约翰·哈德利·多伊利爵士致沃伦·黑斯廷斯的信，1808年4月16日；约翰爵士也身负债务，部分原因如他儿子所写的，"多亏他在我困难时提供的帮助"，编号 Add. MS 29184，第280页左页，1810年1月13日。

20　见曼诺尼（Mannoni），第97页及其后。

21　佚名（罗贝多），第146页。

22　雅克蒙，第30页，1829年10月的信。另见佚名（罗贝多），第120页："所有那些陷入破产处境的人，都要逃往这个地方，因为他们完全不受债权人的威胁。这一类男性中有许多好赌的人，他们在周日（法律失效时）成群前往加尔各答及其附近地区，成为赛马狂热的一分子。"然而，没有迹象表明钱纳利是一个"赌徒"。

23　见奥贝尔（Auber），第107页及其后。

24　凯里，第2卷，第200页。

25　威廉·普林塞普回忆录，第1卷，印度事务部档案，第350页。

26　希伯，第1卷，第44页。

27　威廉·普林塞普回忆录，第1卷，印度事务部档案。

28　斯文·加林（Sven Gahlin）收藏的普林塞普画册；在画作下方，威廉·普林塞普在画册页面上写道："钱纳利为他为 WP、MP 画的肖像所作的原创设计。"

29　詹姆斯·扬（1782—1848）曾于1817年任政府军事部的秘书，以及总督阁下的荣誉侍从武官。次年，他辞去了自己的职务，加入了亚历山大公司在加尔各答的银行。1832年，他成为加尔各答主要的自由派报纸《孟加拉赫克鲁报》（Bengal Hurkaru）的编辑。查尔斯·多伊利爵士出版制作的一些石版画是以扬的画作为基础的。

30　威廉·普林塞普回忆录，第1卷，印度事务部档案，第352页。

31　出处同上，第353页。

299　　第十二章　广州和中国人

1　《加尔各答月刊》，1826年8月。

2　这幅画的图示见1989年3月8日苏富比拍卖目录（拍品63号）；在这里，林赛（1798—1853）被记述曾与钱纳利的女婿詹姆斯·考利·布朗同在孟加拉行政部门工作。这幅画描绘的是年轻时的林赛，风格类似于钱纳利的孟加拉时期肖像画。

3　"海斯号"1825—1826年航行日志，印度事务部图书档案馆，末页。

4　W.C.亨特，1885年，第268页，叙述说钱纳利在广州待了两年，这可能是估久了；这里讨论的时间区间中，亨特大部分时候都在美国。

5　拉蒂默文献，国会图书馆，区域12，文件夹104，账单原件，1827年12月12日。

6　出处同上，1827年12月12日致拉蒂默的信件原件。

7　马萨诸塞州塞勒姆皮博迪博物馆信件原件；部分引于哈琴，1975年，第105—106页。这幅林哌所作的肖像可能与罗伯特·贝内特·福布斯的一副肖像（9½×8英寸）相符，该肖像由一位中国艺术家以钱纳利的风格创作，已传至福布斯家族后裔手中，图示见于皮博迪博物馆，插图22。

8　W.C.亨特，1882年，第104页。

9　贾梅士博物馆（Museu Luis de Camões），1985年，东洋文库（Toyo Bunko），第146—152号。

10　奈，1886年，第180页。

11　前一名浩官从1784年到1788年担任行商，在四年混乱动荡后逃匿。H.B.莫尔斯（H.B. Morse）和许多拥护他观点的人都认为，这名浩官是伍秉鉴的父亲，或至少是近亲，因此后者被称为浩官二世，伍秉鉴的两个行商儿子被称为浩官三世和四世。但最近对中国文献的研究表明，18世纪80年代的浩官有中国姓氏林（Lin），因此，这个人可能与造就了19世纪伍氏世家的伍氏家族无关：见陈国栋（Kuo-Tung Anthony Ch'en），第115—117页。陈氏更愿意把伍秉鉴称为浩官一世，把他的儿子称为浩官二世和浩官三世。另一个令人困惑的原因是，伍秉鉴在其早年事业生涯中也被称为沛官（Puiqua）。

12　托马斯·B.沃德（Thomas B. Ward）船长评注，出版于怀特希尔，第307页。

13　见唐斯（Downs），第426、441页。

14　S.H.福布斯（Forbes, S.H.），第1卷，第62—63页。

15　W.C.亨特，1882年，第48、43—44页，另见唐斯，第434—435页注释。

16　格林伯格（Greenberg），第199页。

17　见陈国栋，第113—116页。

18　出处同上，第252页及其后，另见W.C.亨特，1882年，第45页。

19　出处同上，第118页；另见《联合服务杂志》（United Service Journal），1841年，第二部分，第245页："老浩官是一个非常好的老人，现在已经将近75岁了，头发和胡子像雪一样白。其他人都是肥胖、快乐的家伙，表现得颇懂美食，特别是老浩官。"哈丽特·洛将茂官描述为"一位大人物……我向你保证，他非常有风度"，洛伊内斯（Loines），第115页：1829年11月1日的记录；然而"他（英语）说得很差，几乎不可能听懂他的话"，日记原件，1830年2月4日。后来，茂官送给哈丽特的姊姊"一个华丽的日本漆器针线盒"作为礼物，日记原件，1831年4月22日。这个茂官常被描述为"老茂官"，以区别于其他以相同商业称号命名的家庭成员。

20　格林伯格，第86页。

21　埃利斯，第417页：埃利斯和阿美士德勋爵使团的其他成员于1817年1月12日拜访了浩官的宅邸。

22　就邓恩见李（Lee），第15页；杜莎夫人蜡像馆图录被引于加德纳（Gardner），第311页。

23　见奥林奇（Orange），1920年，第91页；及奥林奇，1924年，第233、265页。

24　普洛登于1832年返回中国沿海，并于1834年1月最终离开：见莫尔斯，1926—1929年，第4卷，第219、368页。

25　威廉·亚历山大（William Alexander），《中国……图解》（Picturesque Representations...of the Chinese），1814年，插图22的文本。（这条文献在参考文献里没有出现，全书名是 Picturesque Representations of the Dress and Manners of the Chinese，《中国服饰风俗图解》。）

26　丹尼尔（Daniell），"中国剃头匠"的文本。

第十三章　澳　门

1　维多利亚和阿尔伯特博物馆，编号E1633—1928。

2　R.K.门罗（Monroe, R.K.），第86卷，1950年，第24页。

3　见格雷戈里，第32页；沃森为这座建筑所作的一幅画由艺术家题写道："澳门——福布斯先生的宅邸——南湾。"

4　德庇时（John Francis Davis），《中国概述》（*Sketches of China*），1841年，第2卷，第18页。

5　《1841年英华时间表》（*The Anglo-Chinese Kalendar for 1841*），第58—60页。

6　引用于文德泉（Teixeira），第29页。1827年3月，钱纳利的名字首次出现在非葡萄牙居民的年度人口普查中：见莫尔斯，1826年，第4卷，第148页。

7　1830年澳门名址录（*Directory for Macau in 1830*），共4页，大英图书馆，编号PP 2571.d.。

8　见文德泉神父，"钱纳利的住宅"（'The House of Chinnery'），《香港星期日邮政先驱报》（*Hong Kong Sunday Post-Herald*），1974年3月21日。作者认为，对钱纳利所谓的鹅眉街的住所是基于一种误解；他还指出，根据现代编号，钱纳利当时在鹅眉街的住所是12号。有人声称，钱纳利至少在其早年在澳门时，居住在商人克里斯多夫·费伦（Christopher Fearon）及其妻子伊丽莎白的家中：见J.R.琼斯（J.R. Jones）的香港市政厅美术馆（Hong Kong City Hall Art Gallery）图录，"乔治·钱纳利1774—1852"（'George Chinnery 1774-1852'），1965年，第18页，第35号，但不清楚提出这一观点的依据是什么。费伦一家在医院街——现在的伯多禄局长街，一直生活到1836年，随后居住在大堂前地：见文德泉神父，"老澳门的住房问题"（'Housing Problems in old Macau'），《香港星期日邮政先驱报》，1974年4月21日。

9　洛伊内斯，第125页，摘选自一封信，第126页：1830年4月5日。（有关哈丽特·洛的日记原件和印刷版本的说明，请参见参考书目。）

10　出处同上，第118页：1829年12月25日。日记原件中未出现该日期的记录；印刷版本中位于这一时间点的文本可能是哈丽特·洛的一封家信的摘录。

11　出处同上，第160页：1832年8月28日。

12　出处同上，第183页：1833年4月26日。

13　奈，1873年，第32页。

14　洛伊内斯，第118页：1829年11月23日。

15　出处同上，第118页：1829年12月8日。

16　出处同上，第181页：1833年4月2日；1830年2月11日、1831年6月20日、1831年8月1日、1832年5月16日的日记原件记录。

17　拉蒂默文献（Latimer papers），国会图书馆（Library of Congress），乔治·钱纳利致拉蒂默的信，1827年12月12日。

18　洛伊内斯，第181页：1833年4月2日；1833年5月16日的日记原件记录，及1829年12月至1830年9月，各处。

19　出处同上，第152页：1832年5月6日。

20　伍德的求婚载于哈丽特·洛的日记原件1832年12月11日的记录中。

21　洛伊内斯，第170页：1833年1月8日。

22　出处同上，第129页：1830年8月18日。

23　出处同上，第181—182页：1833年4月9日和10日的日记原件的记录，在印刷版本的4月9日合并了。

24　出处同上，第182—185页：1833年4月15日、5月4日、5月10日和5月15日，以及1833年4月25日的日记原件的记录（将书本添加到肖像中，见第198页和彩图69）。

25　出处同上，第182页：1833年4月15日。

26　出处同上，第184页：1833年5月10日和第185页：1833年5月15日。

27　1833年5月9日的日记原件记录。

28 威廉和阿比盖尔·洛的肖像重现于洛伊内斯，第10页后。

29 W.C.亨特，1885年，第272页。

30 洛伊内斯，第127页：1830年6月22日；哈丽特·洛对淑女的定义无疑是高度排他性的。

31 乔治·钱纳利致吉尔曼的信，1848年2月23日，汇丰银行；见第十一章，注释4。

32 见费伊（Fay），第322页。

33 里德（Read），第2卷，第196页。

34 龙思泰（Ljungstedt），第212页。

35 唐宁（Downing），第2卷，第246页。

36 塞勒姆皮博迪博物馆，编号M3810-61A；另见同一收藏系列中的编号M9765-23，一幅1839年的蛋家船娘的铅笔画，其中有一行不完整的速记，上面写着"……阿洛第二次坐下来当模特，这个方法已经接替……"

37 见贝里-希尔，1963年，以及（详细阐述的版本）詹姆斯·克拉维尔，《大班》，1966年。

38 唐宁，第1卷，第28—29页。

39 伍德，第290页。

40 里斯本100号上的速记，落款为1833年7月14日，贾梅士博物馆，1985年。

41 伍德，第289—290页；另见唐宁，第1卷，第28页。

42 奈，1886年，第179—180页。

43 乔治·亨利·梅森（George Henry Mason），《中国服饰——以六十幅版画图解》（*The Costume of China, Illustrated by sixty engravings*），1800年，插图37的文本，"一个修补匠"；另见插图19，"一个铁匠"。

44 丹尼尔，"中国农夫"的文本。

45 洛伊内斯，第191页。

46 见《彼得·芒迪欧亚游记，1608—1667》（*The Travels of Peter Mundy in Europe and Asia, 1608-1667*），第3卷，第一部分，哈克卢特学会（Hakluyt Society），1919年。

47 R.K.门罗，第86卷，1950年，第268页。

48 出处同上，第87卷，1951年，第127—128页。

49 塞勒姆皮博迪博物馆藏素描，编号M9760-15；一幅素描上的速记写着"孔雀/比尔先生的鸟舍"。哈丽特·洛于1829年10月26日参观了比尔的鸟舍，她注意到天堂鸟（"迄今为止最美丽的"）和金银雉：见洛伊内斯，第114页。

50 乔治·卡利（George Culley），《家畜观察》（*Observations on Live Stock*），1794年，第174页；另见约翰·克劳迪厄斯·劳登（John Claudius Loudon），《农业百科全书》（*An Encyclopaedia of Agriculture*），第5版，1844年，第106—108页。

51 洛伊内斯，第129页：1830年8月6日。

第十四章　对华贸易商

1 见莫尔斯，1910—1918年，第1卷，第72页。

2 1832年4月26日来自广州的信件，詹姆斯·马地臣私人书信集，编号C5/1，第95页，怡和洋行档案。

3 乔治·帕金斯于1830年12月17日的信件，澳门信件，来信，怡和洋行档案。

4　从澳门致加尔各答威廉·莱尔的信，1839年6月19日，詹姆斯·马地臣私人书信集，怡和洋行档案。

5　1990年11月19日在伦敦佳士得拍卖行拍卖（拍品66号，附有图示）。

6　威廉·普林塞普回忆录，第3卷，印度事务部档案，第117页。

7　1838年12月1日的信件副本；见奥蒙德，1970年，第245页。

8　詹姆斯·渣甸从澳门的来信，第257号；怡和洋行档案。

9　澳门来信，1841年8月14日，载于詹姆斯·马地臣的私人书信集，第7卷，怡和洋行档案。

10　怡和洋行档案，澳门来信，1841年8月17日；印度信件簿。据推测，这些债务与钱纳利欠威廉·普林塞普及其同伙的钱是不相关的，普林塞普说，这些钱到1838年已经还清，见第245页。

11　往来账目A4/19，第88—89页和A4/20，第180页。支付给林呱的其他款项有1840年7月31日的34银元；1841年10月31日为詹姆斯·马地臣的合伙人亨利·赖特（Henry Wright）所下订单支付60银元；1843年8月29日，为他的侄子亚历山大·马地臣的订单支付了138银元。

12　钱纳利的亨利·格里布尔肖像现藏于香港艺术馆；海因船长的肖像（显然不是钱纳利的原作）图示见凯瑟克（Keswick），第136页；1976年11月23日，苏富比（香港）拍卖行拍出的钱纳利的肖像素描（拍品126号）上用速写题写"格兰特先生和家人，1837年2月1日"。

13　图见凯瑟克，1982年，第136页。

14　见卢伯克（Lubbock），第71—72页。

15　见纳齐尔（Nazir）；以及R.P.马萨尼（R.P. Massani），"詹姆塞特吉·吉吉博伊爵士"（'Sir Jamsetjee Jeejeebhoy'），《印度评论》（Indian Review）第15卷，1929年9月，第600—606页。关于詹姆塞特吉与怡和洋行的交易，见格林伯格，各处。

16　参见马丁·格雷戈里画廊1986年图录43，101号。约翰·斯马特的另一幅詹姆塞特吉肖像画，图见孔佩特，1986年，第58页。

17　R.K.门罗，第86卷，第22—23、259页。

18　W.C.亨特，1885年，第273页。

19　速记法还将被画肖像者身份确定为H-R-J S-K-J。

20　1977年3月18日，在伦敦佳士得拍卖行出售的这幅画被编目为"一位女士的画像，据说是贝恩斯夫人"（拍品129号）。

21　见莫尔斯，1926—1929年，第4卷，第234页及其后。哈丽特和阿比盖尔·洛跟随贝恩斯夫人到了广州，但在十八天后被迫返回。

22　洛伊内斯，第134页，1834年1月8日。

23　"1820年至1833年间澳门及黄埔洗礼、婚姻及死亡登记册"（'Register of baptisms, marriages and deaths at Macao and Whampoa 1820–1833'），印度事务部图书档案馆。

24　哈丽特·洛日记原件，1831年3月29日的记录；1831年1月8日，她将查尔斯·马乔里班克斯形容为"精明的苏格兰人"，洛伊内斯，第134页。钱纳利所绘的一个小女孩站在沙发上的油画，图见邦索尔，1985年，第12号，通过打印标签识别为"布希的马乔里班克斯小姐"；图中的沙发与马乔里班克斯家庭肖像（彩图93）中的沙发相似。

25　皮博迪博物馆，编号M3810-21，图见皮博迪博物馆，插图21；随后，杰弗里·邦索尔对本图录（第55号）中给出的速记翻译进行了校正。

26　R.K.门罗，第86卷，第391页。

27　出处同上，第317—318页。

28 洛伊内斯，第113页：1829年10月18日；在印刷版本中，在"单身汉"之后添加了感叹号。

29 出处同上，第170页：1833年1月6日。

30 出处同上，第171页：1833年2月1日。

31 出处同上，第172—181页各处。钱纳利为哈丽特·洛所作的画像见第198—199页。

32 佚名（龙思泰），1834年，第24—25页。该记录也发表在1834年12月的《中国丛报》（*Chinese Repository*）第三期上。

33 出处同上，第40—46页。

34 出处同上，第25—26页。

35 贾梅士博物馆，1985年，里斯本33号（左页）；这里讨论的绘画带有一个柱子，在最终的构图中没有采用。

36 洛伊内斯，第180页：1833年3月31日。

37 佚名（龙思泰），1834年，第26页。

38 洛伊内斯，第181页：1833年4月2日；日记原件继续写道："他（阿方）认为，能被放在这幅画中是莫大的好运。"

39 出处同上，第225页：1834年7月19日。

40 佚名（龙思泰），1834年，第42—46页；1856年沃森医生致巴尼特医生的信，引于格雷戈里，第43页。

41 见西蒙·S.布鲁克（Simon S. Brook），"中国奇观：19世纪东西方滴定法的例子"（'Chinese curiosi: 19th century examples of the east-west titration'），《皇家医学会杂志》（*Journal of the Royal Society of Medicine*），第78卷，1985年11月，第945—948页。

42 见佚名（郭雷枢），第14、40—41页。

43 这里未给出图示的龙思泰的肖像，现存斯德哥尔摩国家博物馆的瑞典肖像档案（Swenska Portrattarkwet, Nationalmuseum, Stockholm）。

44 参见西蒙·S.布鲁克，"盖伊和圣托马斯医院对西医传入中国的贡献"（'The Contribution of Guy's and St. Thomas's Hospitals to the Introduction of Western Medicine to China'），第一部分，《盖伊医院公报》（*Guy's Hospital Gazette*），1985年12月7日，第424—425页。

45 见莫尔斯，1926—1929年，第4卷，第187页；1829年，约翰·罗素·里夫斯担任副检查员时收入500英镑，但1833年，他代替父亲担任检查员，获得了2000英镑，出处同上，第346页。   301

46 哈丽特·洛日记原件，1830年6月1日的记录。

47 梅（Mui），第21页。

48 见怀特海德（Whitehead），第193—233页。

49 佚名（马礼逊），1839年，第2卷，第424页。

50 见张，第244—245页。钱纳利于1838年绘制的约翰·罗素·里夫斯的画保存于伦敦自然历史博物馆（Natural History Museum, London）。

51 见唐斯，第425、434页；同见于莫尔斯，1926—1929年，第3卷，第327页。

52 这幅肖像以彩图重现于李，第37页；这幅肖像画的水彩画版本，带有庭呱的签名，保存在纽约大都会艺术博物馆（Metropolitan Museum of Art, New York）；另见柯律格（Clunas），第54—55、62页。浩官最令人印象深刻的中国画家所绘的油画肖像通常被认为是庭呱的兄长林呱所作。

53 W.C.亨特，1882年，第269页。

54 出处同上，第267页。

55　洛伊内斯，第135页：1831年1月25日，另见恒慕义（Arthur W. Hummel），"内森·邓恩"，《贵格会历史》（Quaker History）第59卷，1970年春，第36页；哈丽特·洛还将邓恩描述为"一头老熊"，而且"太胖了以至不能与他同行"，日记原件1830年7月2日和4日的记录。

56　邓恩，第118—119页，见李，第15页。

57　见唐斯，第432—433页。

58　皮博迪博物馆，8号（附有插图）和10号。

59　里德，第2卷，第213页；以及唐斯，第436页。一幅用于肖像画的钱纳利铅笔习作，1990年11月19日在佳士得拍卖行（拍品65号）出售，以速记法题写道："斯特吉斯先生1835年12月3日。"

60　卫廉士（Samuel Wells Williams），引用于卫斐列（Frederick Wells William），《卫廉士的生平与书信》（The Life and Letters of Samuel Wells Williams），纽约，1889年。

61　佚名（马礼逊），1839年，第2卷，第406页，1828年9月2日的信。

62　出处同上，第2卷，第383页。

63　出处同上，第2卷，第424—425页，1829年2月24日的信。

64　出处同上，第2卷，第427页，1829年2月10日的信。

65　出处同上，第2卷，第390页。

66　奥蒙德，1974年，第136页，1813年致玛丽亚·布朗的信。

67　佚名（马礼逊），1839年，第2卷，第524页。

68　这幅画的另一个版本，其中罗伯特·马礼逊的坟墓单独出现，图示见佚名（马礼逊），1839年，第2卷卷首画。

69　龙思泰，1836年，第27页。

70　见《国家人物传记辞典》；《绅士杂志》，1844年，第一部分，第210页；莫尔斯，1926—1929年，第4卷，第342页。

71　洛伊内斯，第48页，哈丽特·洛给她兄弟阿博特·洛（Abbot Low）的信，1831年12月18日。

72　麦都思（Medhurst），第364页。

73　郭实腊，1834年，第413页；以及郭实腊，1838年，第1卷，第508—509页。郭实腊的同事麦都思对鸦片贸易也持类似的矛盾态度，麦都思，第25、56—57页，但拒绝乘坐鸦片船旅行，而是自己租用船只在海岸上分发传单。

74　见贝里-希尔，1963年，插图31，以及马丁·格雷戈里画廊图录，1977年，第127号。

75　格雷夫斯的钱纳利条目，1905年。

76　皮博迪博物馆，图见插图18。

第十五章　艺术家的形象

1　里德，第2卷，第213页。

2　《中国邮报》（China Mail），1852年6月3日，另见1852年6月10日。

3　W.C.亨特，1885年，第264页。

4　出处同上，第265—266页。

5　出处同上，第267页。

6 出处同上，第269页。

7 出处同上，第268页：钱纳利先生在帝国行（广州）居住期间，他向妻子汇款（他会说"又寄了1000 卢比"），并安排一笔年金"让她保持安静"，"两年后"，他在澳门定居……

8 出处同上，第269—270页。

9 塞勒姆皮博迪博物馆，编号M13693；同一幅画上的另一个注释是"这张素描是1840年左右画的"。

10 洛伊内斯，第181页：1833年4月2日的记录。

11 里德，第2卷，第214页。

12 亨特，1885年，第273页。

13 奈，1886年，第180页。

14 见彭尼，第149号。

15 皇家艺术研究院，第2240号，由珀西·摩尔·特纳（Percy Moore Turner）于1948年赠送。

16 这幅画是尼古拉斯·伯纳德·艾伦（Nicholas Bernard Allen）从C.M.V.多伊利夫人的遗产中获得的；它 于1974年7月18日在伦敦苏富比拍卖行出售（拍品50号）。哈丽特·洛1833年4月2日的日记记录被引于 洛伊内斯，第181。哈丽特·洛唯一提到的水烟是克利夫顿船长的水烟，"……吸华丽水烟的习俗 来自加尔各答"，出处同上，第128页，1830年8月2日的记录。克利夫顿可以在他定期航行前往印度 时补充他昂贵的设备。如果钱纳利在澳门保持着吸水烟的习惯，哈丽特·洛肯定会提到这一点。

17 图见奥蒙德，1968年，第90页。

18 这幅画是大都会艺术博物馆于1943年从伍德豪斯医生/博士（Dr. Woodhouse）手中买来的，伍德豪 斯是从本杰明·威尔科克斯的孙女，费城的珀西·马迪拉（Percy Madeira）夫人那里买来的。玛格 丽特·杰弗里（Margaret Jeffery）简要讨论了这幅画，"中国贸易的纪念品"（'A Memento of the China Trade'），《大都会艺术博物馆简报》（Metropolitan Museum of Art Bulletin）第4卷，第2期，1945年10月，第55—57页。

19 奥蒙德，1974年，第179页。

20 奈，1886年，第179页。

21 除了文中所示或提及的作品外，还有一些钱纳利的铅笔自画像习作留存了下来，包括以下注明日 期的例子：国家肖像美术馆的素描，有题款和日期广州1832年，纸上有更多的速记，但不涉及肖 像，图见奥蒙德，1968年，第91页；以及维多利亚和阿尔伯特博物馆的一幅小尺寸素描，编号E1324- 1928，落款为1847年12月22日；1990年11月13日在伦敦佳士得拍卖行（拍品58号）出售的另一幅小尺 寸素描来自1834年至1837年的一组素描。

22 1845年8月29日致兰斯洛特·颠地的信，第三页，现存于国家肖像美术馆档案（National Portrait Gallery archiv）。

23 《艺术联盟月刊》，1846年，第180页。

24 洛伊内斯，1953年，第181页：1833年4月2日。

25 本回忆录来自印度事务图书档案馆，编号MS Eur. D.1160，经其同意摘录于此。关于威廉·普林塞普 中国沿海之旅的更全面的描述，见孔佩特，1990年，第312—316页。

26 威廉·普林塞普回忆录，第1卷，第282页。

27 出处同上，第282—287、350—354页。

28 出处同上，第3卷，第111—113页。

29 出处同上，第115—118页。

第十六章　鸦片战争及之后

1　贝里-希尔，1963年，第28页，以及哈琴，1975年，第22页；更不可信的观点是，多伊利提到钱纳利的"烟雾冥想"（见附录三，第二十六节）是暗示鸦片。

2　希拉德（Hillard），第197页，1833年4月15日的记录。

3　霍尔曼（Holman），第3卷，第93页。

4　麦克弗森（Mcpherson），1842年，第245页。

5　R.B.福布斯，"肖像史"（'History of a portrait'），1838年，原稿由福布斯家族收藏，借存于马萨诸塞州塞勒姆皮博迪博物馆。

6　见莫尔斯，1910—1918年，第1卷，第258页。

7　怡和洋行档案，澳门信件，来函。

8　凯瑟克家族剪贴簿，第1卷，第63页；在第一页的顶部加上了"只有祈祷能够感召"。这封信在莫里斯·科利斯（Maurice Collis）的《洋土》（Foreign Mud）中被部分引用，1946，第244—245页，但被错误地放在1839年的语境中；在奥蒙德，1970年，第247页中，这封信被更准确地引用，但日期是1841年。科利斯书中引用的版本，副本见于贝里-希尔，1963年，第52页，以及哈琴，1975，第118页；不过，后者给出了1840年的正确日期。

　　"安德森医生"，全名亚历山大·安德森（Alexander Anderson），钱纳利曾和他一起避难，他在澳门的医疗机构于1845年被T.B.沃森医生接管。斯特克兰，第174页，列出了钱纳利为安德森医生和他妻子绘制的肖像；塞勒姆皮博迪博物馆的一幅编号为M9760-9的钱纳利绘画上，用速记写着"安德森夫人的竖琴，1832年11月21日"。

9　贾梅士博物馆，1985年，里斯本159号。

10　坎宁安（Cunynghame），第2卷，第238页。

11　塞勒姆皮博迪博物馆的一幅大炮台绘画被题写为"颠地堡垒"，参见该博物馆的展览图录"乔治·钱纳利"，1967年，第48页；编号为M13695的绘画上题有"从颠地先生公司取出30银元"。兰斯洛特·颠地以钱纳利的风格绘制的肖像，图示见卢伯克，第158页对页。

12　1845年8月29日致兰斯洛特·颠地的信，第3页，国家肖像美术馆档案。

13　"每一个印度的老居民都会最强烈地感觉到，缺乏一个moorah或其他替代物来将腿和脚抬高到水平位置"，威廉森，1813，插图10，第3页；"水平姿势"也在轿内采用，它不仅代表舒适，还代表悠闲、地位和资历。

14　莫尔斯，1926—1929年，第4卷，第337页。

15　见文德泉，第115页。

16　瓦扬，第3卷，第181页；达兰还陪同法方从澳门前往广州——这段旅程似乎因他的幽默而变得活跃起来，他还在澳门款待了他们，见第206、212页。

17　钱纳利的绘画于1876年在香港的巡展中展出，其所有者为克锡（William Keswick）；吉迪恩·奈（自1834年以来一直居住在中国沿海，与所有参与者都相识）在他的展览笔记中描述这幅画表现了"已故杜兰德先生住宅的前游廊，南湾"；他补充说，亨特是正在表演用后腿坐着的狗的主人。见奈，1886年，第179页。

18　卢伯克，附录和第227页。

19　R.K.门罗，第87卷，1951年，第140页，1845年7月10日的信和第88卷，1952年，第52页，1846年9月28日的信。

20　W.C.亨特，1885年，第276页；亨特，1882年，第143页；作者批评了商人挑起战争的举动："我们都受到同样的牵连"。

21　其中包括在耶鲁大学英国艺术中心（Yale Center for British Art）所藏的椭圆形画布半身油画习作；一幅大半身油画坐像，远景是澳门，汇丰银行收藏，图见蒂洛森（Tillotson），插图14；在塞勒姆皮博迪博物馆有一幅大半身水彩坐像，签名并注明日期为1838年。

22　W.C.亨特，1882年，第154页。

23　伯纳德（Bernard），第2卷，第446、483页。

24　贾梅士博物馆，1985年，里斯本73号。

25　图示见皮博迪博物馆，插图14。

26　沃森家族所藏画册；同批藏品中，在托马斯·沃森和他的妻子伊丽莎白共同撰写的日记中，1848年10月31日的记录里达兰被提到是一群绅士中的一员，他们于早上4点出发游览泉眼。
　　达兰也认识其他艺术家；1838年，威廉·普林塞普来到中国沿海时，是达兰陪同着他，并将他介绍给奥古斯特·博尔热（Auguste Borget）：见威廉·普林塞普回忆录，印度事务部图书档案馆，第3卷，1838年10月20日，第67页，以及1838年11月6日，第114页。普林塞普将达兰描述为"一个令人愉快的法国人，在某种程度上与颠地的宅子有关"。

27　分别致德己立上尉和R.J.吉尔曼的信，重印于哈琴，1975年，第161—162页。

28　W.C.亨特，1885年，第273页；对钱纳利的私人财产委托原件（葡萄牙语），交付T.B.沃森：沃森家族文献。

29　怡和洋行档案，私人书信集，第6卷，1841年1月22日。

30　《中国之友》，第1卷，1842年3月17日，第1期，第1页，"地址"；从第二期开始，该报以《中国之友与香港公报》（Friend of China and Hongkong Gazette）出版。

31　巴麦尊勋爵致义律上校的信，1841年4月21日，见莫尔斯，1910年，第1卷，第642页。

32　罗伯特·福琼（Robert Fortune），《中国北方的三年游历》（Three Years' Wanderings in the Northern Provinces of China），1847年，第12—13页。

33　史密斯（Smith），第58页。

34　图见1990年11月13日佳士得（伦敦）拍卖图录（拍品57号）。

35　洛伊内斯，第163页：1832年10月29日；哈丽特·洛在访问伶仃期间没有提到鸦片，尽管11月9日她注意到"发生了许多我没有写在日记中的事情，部分原因是懒惰，部分原因是谨慎"，第164页。

36　菜维恩（Levien），第178页；颠地的"宝塔宅邸"图见第141页。

37　钱纳利从澳门致信德己立上尉，1848年2月20日，汇丰银行收藏；这封信全文载于哈琴，第162页，其中提到一个之前的委托："我已移去了你希望去掉的人物，并增加了其他人物代替。"

38　蒂法尼（Tiffany），第249页。

39　史密斯，第452页；圣约翰座堂（St. John's Cathedral）始建于1847年。

40　"沃森家族回忆录"（'Memoir of the family of Watson'），家族财产所有的打字稿；作者是托马斯·博斯沃尔·沃森（Thomas Boswall Watson，1850—1941），钱纳利的医生的儿子。

41　1847年8月5日，时年15岁的威廉·阿什（William Ash）的来信，藏于索德家族（Sword Family）文献，费城宾夕法尼亚州历史学会（Historical Society of Pennsylvania, Philadelphia）。

42　保罗·达兰大概是J.A.达兰的亲戚，也许是儿子：丽贝卡·金斯曼提及1845年7月达兰"父子"在澳门，R.K.门罗，第87卷，1951年，第140页；然而，1844年、1845年、1846年的《英华时间表》将J.A达兰与"A."或"阿德马尔"（Adhemar）达兰列在一起。

43　沃森家族收藏，未标注页码的日记原件，各处。

44　出处同上，1848年9月11日、1848年10月28日、1849年10月17日和1847年11月6日的记录。

45　这两幅绘画藏于维多利亚和阿尔伯特博物馆，编号为E.1765-1928和1767-1928；另一个版本见蒂洛森，插图117。

46　该信于钱纳利去世后刊登于1852年6月2日的《中国之友与香港公报》。

47　W.C.亨特，1885年，第273—274页。

48　奈，1873年，第32页。

49　W.C.亨特，1885年，第273—274页；同一幅画，或可能是它的素描，在奈，1886年，第178—179页中有所描述；钱纳利提到他从加尔各答出发时，"画的是他自己站在船尾，手里拿着帽子，用'太热了！'这句意味深长的话向'宫殿之城'（'City of Palaces'）告别"。

50　该项出售已在1852年7月13日的《香港纪录报》（Hong Kong Register）及1852年7月24日的《中国之友与香港公报》公布；对遗产的索赔通知刊登于1852年8月31日的《香港纪录报》。

51　《香港纪录报》，1852年7月27日。

52　《孟加拉赫克鲁报》，1852年7月3日，重印于1852年8月17日的《香港纪录报》。

53　《中国之友》，1852年7月8日；《中国之友与香港公报》，1852年6月2日；另一篇讣告见《中国邮报》，1852年6月3日和10日。

303　54　《布莱顿先驱报》，1865年12月30日，第2页，一则讣告记录了乔治·钱纳利夫人于12月23日在布莱顿夏洛特街13号去世，享年89岁；如果这是准确的，玛丽安娜在1799年4月19日结婚时是21岁或22岁。

55　《加尔各答月刊》第382期，1826年8月，第30—31页。塞缪尔·普劳特在钱纳利去世前三个月去世；他生于1783年，在伦敦时可能还太小，所以不认识钱纳利。

56　凯恩致沃森的信，1858年7月16日，藏于沃森家族文献，引于格雷戈里，第70页；来访者是"约翰斯顿先生……一位美国绅士，是罗利太太的堂亲"。

57　米德尔顿致沃森的信，1857年4月24日，引于格雷戈里，第10页。

58　其侄子亚历山大·沃森于1859年1月19日在香港致T.B.沃森的信，信中表示亚历山大没有时间将其叔叔的"钱纳利作品箱"寄往迦太基，但将"通过下一次邮寄"寄出；沃森家族文献，第71页。

59　《香港日报》（Hong Kong Daily Press），1876年7月19日。

第十七章　钱纳利和林呱

1　唐宁，第2卷，第90—91页。

2　见奈，1886年，第179页；《广州纪录报》（Canton Register），1835年12月8日；里德，1840年，第2卷，第215页；以及威廉·普林塞普回忆录，印度事务部图书档案馆，第3卷，第72页。

3　坎宁安，第237页。

4　唐宁，第2卷，第90—112页。

5　威廉·费恩·德萨利斯（William Fane de Salis），《1848年中国和印度旅行回顾》（Reminiscences of Travel *in China and India in 1848*），第12页。

6　唐宁，第2卷，第112页。

7　出处同上，第114页。

8　关于史贝霖和林呱之间的关系，见孔佩特，1986年，第50—51页，以及克罗斯曼（Crossman），1991
　　年，第55页。

9　备忘录3，1819年9月至1820年1月，罗伯特·沃恩文献（Robert Waln papers），费城宾夕法尼亚州历史
　　学会；该名单被引用于克罗斯曼，1991年，第54页。

10　示例见孔佩特，1986年，注释65；克罗斯曼，1991年，第14页和第16页；以及李，第169号后者，一幅
　　亨利·曼德维尔（Henry Mandeville）的肖像，日期是1822年。

11　克罗斯曼在1991年的著作中认为在"钱纳利（同时期的）林呱"之前确实存在另一个"林呱"；他提
　　出，这第一个"林呱"是一系列现世很早的肖像的绘制者，因而不可能是"钱纳利（同时期的）林
　　呱"。另一方面，可以注意到，在西方游客提及（钱纳利）林呱的许多情况中，没有提到任何之前的
　　艺术家用过这个名字；而在19世纪50年代和19世纪60年代，有许多间接提到"年长的"和"年轻的"
　　林呱们的情况，指的是"钱纳利林呱"和他的儿子。

12　见克罗斯曼，1972年，第26页和1991年，第72页。

13　拉蒂默文献，国会图书馆，12，第13箱，1832年6月4日的记录；分类账簿6，第15箱，1833年9月28日
　　的记录。

14　《广州纪录报》，1835年12月8日。

15　怡和洋行档案，往来账目A4/19，第88页：1840年7月31日的记录，和A4/20，第180页：1842年3月31
　　日，以及现金账簿A3/33：1843年8月29日（以上均为林呱）；A4/19，第88页：1840年10月31日，以及
　　第89页：1841年1月31日（均为钱纳利）。

16　唐宁，第1卷，第38页，以及第2卷，第114页。

17　出处同上，第2卷，第114页。

18　M.拉沃莱（M.La Vollée），首次发表于《艺术家：巴黎评论》（*L'Artiste: Revue de Paris*），1849年，译
　　作刊登于《美国艺术联盟简报》（*Bulletin of the American Art Union*），1850年，译作转载于加德纳，第
　　316—318页。

19　耶鲁大学医学图书馆（Yale Medical Library）藏有八十六幅油画，伦敦盖伊医院戈登博物馆（Gordon
　　Museum of Guy's Hospital）藏有二十三幅油画，波士顿康特威图书馆（Countway Library, Boston）藏有一
　　幅油画。见久利克（Gulick），第72—73、114、153、244—245页；关于林呱和关韬，见乔治·B.史蒂
　　文斯（George B. Stevens），《医学博士彼得·伯驾的生活、书信……（1896）》（*The Life, Letters...of Peter
　　Parker, M.D., 1896*），第133页。

20　见克罗斯曼，1991年，第82页和插图25、26；以及《新中国丛报》（*New Chinese Repository*），合订本
　　第3卷，第2期，1989年12月，第2页。

21　未具日期的杜莎夫人蜡像馆海报，重见于帕特·巴尔（Pat Barr），《洋鬼子》（*Foreign Devils*），1970
　　年，第49页。

22　邱区公共档案馆（Public Record Office, Kew）：外交事务记录1844年233/185，第27号；关于这条引用，
　　我很感谢香港历史博物馆的丁新豹（Joseph Ting）。两幅落款为1864年的肖像画的题款（在画框的横
　　档上）表明艺术家是"关世聪（Guan Shicun，又名）林呱"，见孔佩特，1986年，第56—57页。

23　R.K.门罗，第86卷，1950年，1843年12月16日和1844年5月16日的信件。

24 《中国丛报》（*Chinese Repository*），1845年9月1日。

附录一　技法和理论：《论述》

1   奥蒙德，1974年，第141页。

2   该手稿于1969年3月3日至4日在伦敦苏富比拍卖行售出（拍品363号），出售者是玛丽亚·布朗的后代埃斯梅·布朗（Esmé Browne）小姐。它被保罗·梅隆（Paul Mellon）买下，他还买下了一组钱纳利写给布朗夫人的信件，但他慷慨地把这些信件捐给了大英博物馆（大英博物馆的书籍和手稿部分现在被划分至大英图书馆），因为大英博物馆已经收藏了这批信件的另一部分。

3   见奥蒙德，1974年，第124页。

4   出处同上，第209—213页。钱纳利曾为詹姆斯·芒罗·麦克纳布画过像（私人收藏），他是多伊利圈子的成员。麦克纳布在加尔各答及其周边地区度过了1812年至1823年（除了1816年至1819年的休假）。1820年，他娶了黑斯廷斯夫人的表妹简·玛丽·坎贝尔（Jane Mary Campbell），1822年，他成为黑斯廷斯勋爵的私人秘书。

5   出处同上，第174、179、175页。

6   出处同上，第193页。

7   出处同上，第195页。

8   法灵顿，1795年12月31日的记录。

9   奥蒙德，1974年，第196页。

10 出处同上，第130—132页。

11 雷诺兹，第143页（第八次演讲）。

12 奥蒙德，1974年，第174—175页。

13 见彭尼的小M.柯比·塔利（M. Kirby Talley Jr.），第65页。

14 奥蒙德，1974年，第139页。

15 出处同上，第173页。

16 出处同上，第178—179页。

17 出处同上，第135、151页。

18 出处同上，第162页。

19 出处同上，第184—185页。

20 雷诺兹，第27、42页（第三次和第四次演讲）。

21 奥蒙德，1974年，第168页，以及见第150页。

22 雷诺兹，第60、14页（第五次和第二次演讲）。

23 奥蒙德，1974年，第137页，以及见第182页。

24 出处同上，第130页。

25 出处同上，第135、145、162、164页。

26 引于阿彻和福克，第49页，1819年1月17日的记录。

27 奥蒙德，1974年，第197—209页。

28 同一页上的速记被解读为："无论一幅肖像画一次还是二十九次，我每次都会给头部着色。罗姆尼，1798年。"

附录二　钱纳利的速记

1　《唐璜》第一篇章189节提到的是威廉·布罗迪·格尼（William Brodie Gurney），托马斯的孙子。

2　见马蒂亚斯·利维（Matthias Levy），《速记书写的历史》（*The History of Short-Hand Writing*），1862年；托马斯·安德森（Thomas Anderson），《速记的历史》（*History of Shorthand*），1882年；W.H.格尼·索尔特（W.H. Gurney Salter），《格尼速记法的历史》（*A History of the Gurney System of Shorthand*），1924年。

3　格尼。

4　出处同上，第47、48页。

附录三　钱纳利画室，如《狮鹫汤姆·劳》所述

附录三的注释均为1828年随诗出版的原注释。

1　A celebrated portrait painter, who, in Europe, would rank high among the best alive of the present day.

2　Two ranges of buildings erected to the north of the church by the late chief engineer, in each of which there are six houses adjoining each other.

304

3　A gentleman of considerable weight in Calcutta.

4　We must beg our readers to excuse the string of bad puns which we have been obliged to introduce in this canto, as there would be no chance of portraying the character of the eminent painter without them; and the worse they are, the more faithful will be the likeness.

5　The red brick dust from the Calcutta roads, being the only material used in their repair.

6　All these expressions will be recollected by those who have the pleasure of knowing Mr C.

7　By a few touches of charcoal we have seen ably represented a key hanging on a nail, shadow and all.

8　The artist is very fond of the prismatic system.

9　Five dots being indiscriminately put down on paper (by any one), it behoves the artist to represent a human figure-the five points forming the head, legs, and arms.

10　Mr C. originally practised in miniature; but nature, alarmed at his prototypic progress, and fearing he would come up to her, robbed him of one of his visual organs, and rendered the other too weak to admit of his following this branch of the art.

附录四　印度和中国沿海与钱纳利有关的艺术家和业余爱好者

1　1992年见于马丁·格雷戈里画廊。

2　亚历山大·米基（Alexander Michie），《英国人在中国……阿礼国爵士的职业生涯》（*The Englishman in China...the career of Sir Rutherford Alcock*），两卷，1900年。

3　见沃克，第25号、203号、586号、824号、826号和930号；阿特金森所作的阿富汗系列画作，在阿彻的著作中被编目，1969年，第1卷，第96—99页。

4　沃克，第836号，第39页和插图820。

5　奥蒙德，1974年，第210页和插图23c。

6　印度事务部档案，编号N/1/10，第508页。

7　见塞萨尔·吉伦-努涅斯（César Guillen-Nuñez）编，《马西亚诺·巴普蒂斯塔和他的艺术》（*Marciano Baptista e A Sua Arte*），澳门，1990年；以及孔佩特，《马西亚诺·巴普蒂斯塔，1826—1896》（*Marciano Baptista 1826-1896*），马丁·格雷戈里画廊，1990年。

8　见马丁·格雷戈里画廊图录，"皇家海军沃尔福德·托马斯·贝莱尔斯中尉"（'Lieutenant Walford Thomas Bellairs R.N.'），1982年，第6页。

9　威廉·普林塞普回忆录，印度事务部档案，第3卷，第67、111页。

10　图见邦索尔，1985年，第24号。

11　德雷珀拍卖行（Draper's），纽约，1858年4月28日拍卖图录，第15号。

12　布朗夫人的"原创作品""侧面像作品"和"微型画临摹作品"清单，再现于奥蒙德，1974年，第209—213页。

13　这些书信和《论述》都刊印于奥蒙德，1974年，第123—209页，包括布朗夫人的几幅微型画和一幅钱纳利绘制的她的肖像的图示。

14　克里日记，国家海事博物馆（National Maritime Museum），第10卷，1846年，第22页对页和第23页；已出版的克里插图日记的节选，见莱维恩（Levien）。

15　沃伦·黑斯廷斯书信，大英图书馆，编号Add.MS 29188，第237页。

16　多伊利的油画作品，见M.H.格兰特上校（Col. M.H. Grant），《昔日的英国风景画家》（*The Old English Landscape Painters*），1960年，第6卷，第439页。部分多伊利的平版印刷作品集留存到了现在，其中有一些被命名为"业余爱好者所作的印度素描素材库"（'Amateur's Repository of Indian Sketches'）。

17　沃伦·黑斯廷斯书信，大英图书馆，编号Add. MS 29188，第238页左页。

18　见阿彻，1969年，第1卷，第163页，以及1970年，第173—181页。

19　《芬顿夫人的日记》（*Journal of Mrs. Fenton*），1901年，第63、174页。

20　见瓦扬，第157—158页。

21　出处同上，第159—165页。

22　引于阿彻和福尔克，第47页；这本书中再现了以詹姆斯·弗雷泽作品为基础的飞尘蚀刻版画，以及他们收集的许多东印度公司绘画。

23　见马丁·格雷戈里画廊图录18（1977年），图录38（1984年）和图录56（1990年）；以及邦索尔，1985年，第41号。

24　梅尔罗斯1852年5月20日的信，引于梅，第209页。

25　见马丁·格雷戈里画廊图录41，1985年，第96—104号。

26　见沃尔特·F.C.奇切利·普洛登，《奇切利·普洛登家族档案，1590—1913》（Records of the Chicheley Plowdens A.D. 1590-1913），1914年，第163—165页。

27　图见阿彻，1979年，插图328。

28　《加尔各答政府公报》，1815年12月14日。

29　然而，一幅孟加拉人物的水彩画，在哈特诺尔和艾尔（Hartnoll & Eyre），"印度的英国艺术家"（'British Artists in India'）中被记载为画的背面有普洛登的签名，第23号，1970年。

30　詹姆斯·普林塞普的印度文字系统研究，见约翰·凯伊（John Keay），《发现印度》（*India Discovered*），1988年版，第46—63页。

31　威廉·普林塞普回忆录，印度事务部图书档案馆，第1卷，第307—308页。

32　出处同上，第306页；威廉·普林塞普说，这幅素描成了詹姆斯·普林塞普的女儿威尔逊（Wilson）夫人的财产，而威廉则保留了"一幅糟糕的油画临摹"——也许就是第287页上看到的那幅。一张用铅笔和水彩所临摹的（大概是）同一幅素描，描绘了詹姆斯·普林塞普在他的化学仪器旁边，这幅画保存在威廉·普林塞普编纂的一本画册中（斯文·加林藏），上面写着"詹姆斯·普林塞普，临摹自钱纳利"。第287页所示的素描就包含在这本画册中，由威廉·普林塞普在内页题写道"我在加尔各答的画室——孟加拉银行后面的宅子。1827年"。这幅画上的题文表明，这幅画是詹姆斯送给威廉和玛丽的小儿子威廉·哈尔迪曼德（William Haldimand，1824年生）的。

33　詹姆斯·普林塞普的作品示例，见阿彻，1969年，第1卷，第288页，以及艾尔和霍布豪斯出版公司（Eyre & Hobhouse Ltd.），"游廊彼端"（'The Other Side of the Verandah'），1981年，第8—10号。

34　威廉·普林塞普回忆录，印度事务部图书档案馆，第2卷，第23—24页。

35　见"托马斯·普林塞普（1800—1830）：来自印度的绘画"，科尔纳吉／马丁·格雷戈里画廊图录，1988年。

36　印度事务部图书馆藏有一本威廉·普林塞普在19世纪20年代完成的画册，其中还包括钱纳利、多伊利和其他人的作品。1982年4月，斯宾克拍卖行展出了威廉和托马斯·普林塞普创作的一系列精美的印度风景水彩画。威廉于1842年旅行至亚丁和埃及并绘制水彩画，图见孔佩特，1984年。1977年11月28日，他的一组广州和中国沿海水彩画在苏富比（香港）拍卖行拍卖（拍品57—90号）。

37　有人提出，罗伯特·史密斯也是一组精美的槟城风景油画的作者，这与丹尼尔的飞尘蚀刻版画相一致；或者，它们可能是由丹尼尔本人在史密斯提供的初稿基础上完成的，见林苍吉（Lim Chong Keat），第103—110页。

38　见孔佩特，1986年，第36—37页，以及马萨诸塞州米尔顿美中贸易博物馆（Museum of the American China Trade, Milton, Massachusetts）图录，"沃纳·沃恩汉姆。中国和菲律宾的图像日记"（'Warner Varnham. A visual diary of China and the Philippines'），1973年。

39　托马斯和伊丽莎白·沃森的作品图示，见格雷戈里。

40　W.C.亨特，1885年，第270—272页。

41　埃德娜·奥唐奈尔（Edna O'Donnell），"钱纳利作品集"（'An Album of Chinnery Drawings'），库珀联合博物馆（Cooper Union Museum）编年史，纽约，1949年10月，第14—23页。

参考文献

手稿来源

更多具体的参考文献引用在注释中。

大英图书馆：乔治·钱纳利和玛丽亚·布朗夫人的通信；乔治·钱纳利和玛丽亚·布朗夫人的"论述"草稿；W.B.钱纳利的信；G.R.钱纳利的信（罗伯特·皮尔书信）；查尔斯·多伊利爵士的信（沃伦·黑斯廷斯书信）。

剑桥大学图书馆：怡和洋行档案。

福布斯家族收藏，马萨诸塞州塞勒姆皮博迪博物馆：R.B.福布斯，"一幅肖像的历史"。

宾夕法尼亚历史学会，费城：索德和沃恩文献。

香港汇丰银行：钱纳利致德己立上尉和R.J.吉尔曼的信。

印度事务部图书档案馆：马德拉斯和加尔各答居民名单；"海斯号" 1825年航海日志；马德拉斯公共诉讼；威廉·普林塞普回忆录；东印度公司董事法庭会议记录；威廉·希基日记的原件和打字稿。

凯瑟克家族收藏。

国会图书馆，华盛顿特区：拉蒂默文献，和洛-米尔斯通信，包括哈丽特·洛的日记（见右侧）。

马地臣公司，伦敦：钱纳利致詹姆斯·马地臣的信。

苏格兰国家图书馆：明托文献。

国家海事博物馆，格林威治：爱德华·克里的日记。

国家肖像博物馆，伦敦：乔治·钱纳利的肖像及他的信件。

私人收藏，伦敦：詹姆斯·普林塞普日记。

爱尔兰皇家学会，都柏林：1801年佚名的日记。

沃森家族收藏。

关于哈丽特·洛日记的说明

哈丽特·洛在1829年至1833年间所写的日记，是这期间钱纳利在澳门活动的事实的主要信息来源。这
批日记从澳门分批寄到她在塞勒姆的姐姐手上。1943年，日记作者的孙女埃尔玛·洛伊内斯将日记
原稿捐赠给了国会图书馆，除了1830年9月2日到1831年3月1日之间已经遗失的内容。一本日记的节
选本于1900年在波士顿出版，由哈丽特·洛的女儿之一凯瑟琳·希拉德编辑。1953年，埃尔玛·洛
伊内斯编辑了更为详实的版本（但仍然是不完整的），详见出版物类目。

两位编者都采用了改编哈丽特·洛的措辞和标点的原则，以使文本易于识读并叙述流畅，但这附带导
致了一些原意的改变。比方说，哈丽特·洛不赞成钱纳利把她的肖像画成"一个非常丑陋的人"；
而在出版的两个版本中，这句话变成了"一张非常丑陋的脸"（1833年5月15日）。有一次评价钱纳
利的性格时（1833年4月2日），哈丽特写到艺术家"全力以赴"（buckles to）——大概是说艺术家努
力工作；而在出版的书籍中，变成了她说他"对我让步"（buckles to me）——二者截然不同。此外，
出版的版本中包含了一系列关于"亨特"的有趣的参考文献（1832年3月19日至5月4日），而这个人
通常理所当然地被认为是威廉·亨特，一位对华贸易的美国商人和作家。但是原稿中，在对应的情
况下清楚地写着"赫德尔斯顿"——指的是钱纳利的邻居，东印度公司的罗伯特·哈德斯顿。

不过，在很大程度上，这些改动对理解原文没有显著的影响，在本书的注释中，只要是合乎事实的引
文，都是引用自1953年的洛伊内斯版本。日记原稿只有在意义明显不同时才会被引用，当然，当该
记载没有出现在印刷版本中时也是如此。

306 出版物

如无另外说明，出版地均为伦敦

Abeel, David, *Journal of a Residence in China*, New York, 1836.

Anon., *A Critical Review of the First Annual Exhibition of Paintings, Drawings & Sculptures, the works of the Irish Artists, at No.32, Dame-Street, Dublin, June 1800*, Dublin.

Archer, Mildred, *British Drawings in the India Office Library*, 2 vols., 1969.

Archer, Mildred, '"The talented baronet": Sir Charles D'Oyly and his drawings of India', *Connoisseur* vol. 175, no.705, November 1970, pp.173–81.

Archer, Mildred, *India and British Portraiture 1770–1825*, 1979.

Archer, Mildred, and Toby Falk, *India Revealed: the art and adventures of James and William Fraser 1801–35*, 1989.

Arnold, William Delafield, *Oakfield*, 2nd ed., 2 vols., 1854.

Arts Council of Great Britain, 'George Chinnery 1774–1852', introd. Allan Carr, London and Edinburgh, 1957.

Auber, Peter, *Supplement to an Analysis of the Constitution of the East India Company*, 1828.

Bernard, W.D. (ed.), *Narrative of the Voyages and Services of the Nemesis, from 1840 to 1843...*, 2nd (enlarged) ed., 2 vols., 1844.

Berry, Henry F., *A History of the Royal Dublin Society*, 1915.

Berry-Hill, Henry and Sidney, *George Chinnery 1774–1852, Artist ofthe China Coast*, Leigh-on-Sea, 1963.

Berry-Hill, Henry and Sidney, *Chinnery and China Coast Paintings*, Leigh-on-Sea, 1970.

Bonsall, Geoffrey, 'George Chinnery's Views of Macau', *Arts of Asia* vol. 16, no. 1, January-February 1986, pp.78–92.

Bonsall, Geoffrey (ed.), *George Chinnery: His Pupils and Influence*, Hong Kong Museum of Art, 1985.

Borget, Auguste, *Le Chine et les Chinois*, Paris, 1842, published in London in 1842 as *Sketches of China and the Chinese*; see also Forgues, and Hutcheon, 1979.

Bovill, E.W., 'George Chinnery (1774–1852)', *Notes and Queries* n.s. vol. 1, May 1954, pp.212–16, and June 1954, pp.266–9.

Bradford, Alan, 'The Chinnery Restoration', *The Hongkong Bank Group Magazine* no. 14, 1979, pp.2–8.

Buckingham, James Silk, Autobiography, 2 vols., 1855.

Buckland, C.E., *Dictionary of Indian Biography*, 1926.

Cameron, Nigel, *Barbarians and Mandarins. Thirteen Centuries of Western Travellers in China*, New York, 1970.

Cameron, Nigel, *An Illustrated History of Hong Kong*, Hong Kong, 1991.

Canton Press and Price Current, Canton and Macau, 1835–44.

Canton Register, Canton, 1827–43.

Carey, W.H., *The Good Old Days of Honorable John Company*, 2nd ed., 2 vols., Calcutta, 1906.

Chang Hsin-pao, *Commissioner Lin and the Opium War*, Cambridge, Massachusetts, 1964.

Cheong Weng Eang, *Mandarins and Merchants: Jardine Matheson and Co.*, Scandinavian Institute of Asian Studies Monograph no.26, 1979.

China Mail, Hong Kong, 1845–1911.

Chinese Repository, Canton and Hong Kong, 1832–51.

Chinnery, William [Snr.], *The Compendious Emblematist, or, Writing and Drawing, made Easy, Amusing and Instructive*, n.d. [c. 1760].

Christman, Margaret, 'Adventurous Pursuits: Americans and the China Trade 1784–1844', National Portrait Gallery, Washington, D.C., 1984.

Clunas, Craig, *Chinese Export Watercolours*, 1984.

Coates, Austin, *A Macao Narrative*, Hong Kong, 1978.

Colebrooke, Sir T.E., *Life of Mountstuart Elphinstone*, 2 vols., 1884.

[Colledge, Thomas R., et al.], *The Medical Missionary Sociely in China*, n.d.

Conner, Patrick, 'The Overland Route of William Prinsep (1794–1874)', Martyn Gregory catalogue 37, 1984.

Conner, Patrick (ed.), 'The China Trade 1600–1860', Brighton Museums, 1986.

Conner, Patrick, 'In pursuit of Chinnery', *Apollo*, November 1990, pp.312–16.

Cotton, Sir Harry Evan A., 'Memoirs of the Supreme Court 1774–1862', *Bengal Past and Present*, vol. XXX, 1925.

Cotton, Sir Harry Evan A., *A Descriptive List of the pictures in the Viceroy's residences at New Delhi, Simla and Calcutta*, Calcutta, revised ed., 1936.

Cotton, Julian James, 'George Chinnery, Artist (1774–1852)', *Bengal Past and Present* vol. XXVIII, January-June 1924, pp.113–26.

Crawford, D.G., *Roll of the Indian Medical Service 1615–1930*, 1930.

Crookshank, Anne, and the Knight of Glin, *The Painters of Ireland*, 1978.

307   Crossman, Carl, *The China Trade*, Princeton, 1972; enlarged ed., *The Decorative Arts of the China Trade*, Woodbridge, 1991

Cunynghame, Capt. Arthur, *An Aide-de-Camp's Recollections of Service in China*, 2 vols., 1844.

Daniell, Thomas and William, *A Picturesque Voyage to India by the Way of China*, 1810.

Davies, Philip, *Splendours of the Raj. British Architecture in India, 1660 to 1947*, 1985.

Dodwell, Henry H. and W. Miles, *An Alphabetical List of the Hon. East India Company's Bengal Civil Servants 1780–1839*, 1839.

Dodwell, Henry H. and W. Miles, *An Alphabetical List of the Hon. East India Company's Madras Civil Servants 1780–1839*, 1839.

Douglas, Sylvester, *The Diaries of Sylvester Douglas (Lord Glenbervie)*, ed. Francis Bickley, 2 vols., 1928; see also Glenbervie.

Downing, C. Toogood, *The Fan-Qui in China in 1836–7*, 3 vols., 1838.

Downs, Jacques M., 'American Merchants and the China Opium Trade, 1800–1840', *Business History Review* XLII, no.4, winter 1968, pp.418–42.

D'Oyly, Sir Charles, *Antiquities of Dacca*, 1814–27.

D'Oyly, Sir Charles, *Tom Raw, the Griffin. A Burlesque Poem in Twelve Cantos*, 1828, see Appendix iii.

Dunn, Nathan, Ten Thousand Chinese Things': A Descriptive Catalogue of the Chinese Collection, Philadelphia, 1839.

Edwards, Edward, *Anecdotes of Painters*, 1808.

Elers, George, *Memoirs of George Elers*, ed. Lord Monson and G.L. Gower, 1903.

Ellis, Henry, *Journal of the Proceedings of the late Embassy to China*, 1817.

Elphinstone, Mountstuart, see Colebrooke, Sir T.E.

Farington, Joseph, *The Diary of Joseph Farington*, ed. K. Garlick and A. Macintyre, Yale, 1978, &c.

Fay, Peter Ward, *The Opium War 1840–1842*, 1976.

Firminger, Walter K., *The Early History of Freemasonry in Bengal and the Punjab*, Calcutta, 1906.

Firminger, Walter K., *The Second Lodge of Bengal in Olden Times*, Calcutta, 1911.

Forbes, Robert Bennet, *Personal Reminiscences*, Boston, 1876.

Forbes, Sarah Hughes (ed.), *Letters and Recollections of John Murray Forbes*, 2 vols., Boston, 1899.

[Forgues, Emile], 'Old Nick', *La Chine Ouverte*, Paris, 1845.

Foskett, Daphne, *Miniatures: Dictionary and Guide*, Woodbridge, 1987

Foster, Sir William, 'British Artists in India, 1760–1820', *Journal of the Walpole Society* vol. XIX, 1930–31.

Friend of China and Hongkong Gazette, Hong Kong, 1842–59.

Gardner, Albert Ten Eyck, 'Cantonese Chinnerys: Portraits of Howqua and other China Trade paintings', *Arts Quarterly*, Detroit Institute of Arts vol. 16, winter 1953, pp.304–23.

Glenbervie, Lord, *The Glenbervie Journals*, ed. Walter Sichel, 1910; see also Douglas, Sylvester.

Gomes, Luis G., 'No Bicentenario de George Chinnery', *Noticias de Macau*, 5 January 1973.

Gould, Robert F., *Military Lodges. The Apron and the Sword, or, Freemasonry under Arms*, 1899.

Gould, Robert F., *Gould's History of Freemasonry*, ed. H. Poole, 4 vols., 1951.

Graham, Maria, *Journal of a Residence in India*, 1809–1811, 1812.

Grant, Colesworthy, *Rural Life in Bengal*, 1860.

Graves, Algernon, *The Royal Academy of Arts: A Complete Dictionary of Contributors*, 1905.

Graves, Algernon, *The Society of Great Britain. The Free Society of Artists 1761–1783: A Complete Dictionary of Contributors...*, 1907, reprinted Bath 1969.

Greenberg, Michael, *British Trade and the Opening of China 1800–1842*, Cambridge, 1951.

Gregory, Martyn, 'Dr. Thomas Boswall Watson (1815–1860): physician and amateur artist in China', catalogue 40, 1985.

Guillen-Nuñez, César, *Macau*, Hong Kong, 1984.

Guillen-Nuñez, César, 'Buildings from Macau's past', *Arts of Asia* vol. 16, no. 1, January-February 1986 pp.66–71.

Gulick, Edward V., *Peter Parker and the Opening of China*, Cambridge, Massachusetts, 1973.

Gurney, Thomas, *Brachygraphy: or Short Writing, made Easy to the Meanest Capacity*, first published 1753, 6th ed., 1767.

Gutzlaff, Charles, *Journal of Three Voyages along the coast of China in 1831, 1832 and 1833*, 1834.

Gutzlaff, Charles, *China Opened*, revised by Andrew Reed, 2 vols., 1838.

Heber, Reginald, *Narrative of a Journey through the Upper Provinces of India*, 2nd ed., 2 vols., 1844.

Helm, W.H., *Vigée-Lebrun 1755–1842. Her Life, Works and Friendships*, n.d.

Hickey, William, *Memoirs of William Hickey, 1745–1809*, ed. Alfred Spencer, 4 vols., 1913–25.

Hillard, Katherine (ed.), *My Mother's Journal 1829–1834*, Boston, 1900.

Hobson-Jobson, see Yule, Col. Henry.

Hodges, William, *Travels in India during the years 1780, 1781, 1782 and 1783*, 1793.

Hodgson, G.H., *Thomas Pary, Free Merchant, 1768–1824*, Madras, 1938.

Hoe, Susanna, *The Private Life of Old Hong Kong: Western Women in the British Colony, 1841−1941*, Hong Kong, 1991.

Holman, James, *Memoirs of the Blind Traveller*, 3 vols., 1834.

Hongkong Daily Press [known as *Daily Press* 1857−60], Hong Kong, 1857−1911.

Hongkong Register, Hong Kong, 1843−63.

Hummel, Arthur W., *Eminent Chinese of the Ch'ing Period*, Washington, D.C., 1943−4.

Hunter, William C., *The 'Fan Kwae'at Canton before Treaty Days, 1825−1849*, 1882, reprinted Taipei 1970.

Hunter, William C., *Bits of Old China*, 1885.

Hunter, Sir William W., *The Thackerays in India*, 1897.

Hutcheon, Robin, *Chinnery: the man and the legend*, Hong Kong, 1975.

Hutcheon, Robin, *Souvenirs of Auguste Borget*, Hong Kong, 1979.

Hutchinson, Sidney, 'The R.A. Schools...', *Walpole Society* vol.XXXVIII, 1960−2.

Itier, Jules, *Journal d'un Voyage en Chine en 1843, 1844, 1845, 1846*, 3 vols., 1848−53.

Jacquemont, Victor, *Letters from India 1829−1832*, tr. Catherine Phillips, 1936.

Jones, Mark Bence-, *Palaces of the Raj*, 1973.

Kaye, John W., *The Life and Corespondence of Charles, Lord Metcalfe*, 2nd ed., 1858.

Kee Ⅱ Choi (ed.), *The China Trade: Romance and Reality*, De Cordova Museum, Lincoln, Massachusetts, 1979.

Keswick, Maggie (ed.), *The Thistle and the Jade: a celebration of 150 years of Jardine, Matheson & Co.*, 1982.

King, Anthony D., *The Bungalou: the production of a global culture*, 1984.

King, Frank H.H. and Prescott Clarke, *A Research Guide to China-Coast Newspapers 1822−1911*, East Asian Research Center, Harvard University, 1965.

Kinsman, see Monroe.

Kuo-Tung Anthony Ch'en, *The Insolvency of the Chinese Hong Merchants 1760−1843*, Academia Sinica Institute of Economics Monograph Series no.45, Taipei, 1990.

Lebrun, Vigée, *Souvenirs de Madame Vigée Le Brun*, n.d., 2 vols.

Lee, Jean Gordon, *Philadelphians and the China Trade 1784−1844*, Philadelphia Museum of Art, 1984.

Levien, Michael (ed.), *The Cree Journals*, Exeter, 1981.

Lim Chong Keat, *Penang Views 1770−1860*, Singapore, 1986.

[Ljungstedt, Sir Anders (Andrew)], *A Brief Account of an Ophthalmic Institution, during the years 1827, 1828, 1829, 1830, 1831, and 1832, by a Philanthropist*, Canton, 1834.

Ljungstedt, Sir Anders (Andrew), *An Historical Sketch of the Portuguese Setlements in China*, Boston, 1836.

Loines, Elma (ed.), *The China Trade Post-Bag of the Seth Low Family*, Manchester, Maine, 1953.

Love, Henry D., *Vestiges of Old Madras 1640-1800*, 4 vols., 1913.

Lubbock, Basil, *The Opium Clippers*, 1933.

Macgregor, David, *Merchant Sailing Ships 1776-1815*, 1985.

Mcpherson, Duncan, *Two Years in China. Narrative of the Chinese Expedition*, 1842.

Mannoni, D.O., *Prospero and Caliban*, tr. Pamela Powersland, 1956.

Massey, William (of Wandsworth), *The Origin and Progress of Letters*, 1763.

Medhurst, Walter H., *China: Its State and Prospects*, 1838.

Metcalfe, Lord, see Kaye.

Metropolitan Museum of Art, *The China Trade and is Influences*, New York, 1941.

Mill, James, and Horace H. Wilson, *History of British India from 1805 to 1835*, 9 vols., 1840 &c.

Minto, Ist Earl, *The Life and Letters of Sir Gilbert Eliot, First Earl of Minto*, ed. Emma E.E.E.M. Kynynmound (Countess of Minto), 3 vols., 1874.

Monroe, Mary Kinsman, 'Nathaniel Kinsman, Merchant of Salem, in the China Trade', *Essex Institute Historical Collections* vol.85, Salem, Massachusetts, April 1949, pp.101-42.

Monroe, Rebecca Kinsman, 'Letters of Rebecca Chase Kinsman to her Family in Salem', *Essex Institute Historical Collections* vols. 86-8, Salem, Massachusetts, 1950-1.

Montalto de Jesus, C.A., 'George Chinnery', *China Journal* vol.8, no.6, June 1928, pp.294-7.   309

Moore, Thomas, *Memoirs of the Life of the Rt. Hon. R.B. Sheridan*, 1825.

[Morrison, Mrs. Eliza (ed.)], *Memoirs of the Life and Labours of Robert Morrison*, D.D., compiled by his widow, 2 vols., 1839.

Morrison, John Robert, *A Chinese Commercial Guide*, Canton, 1848.

Morse, Hosea B., *The International Relations of the Chinese Empire*, 3 vols., Oxford, 1910-18.

Morse, Hosea B., *The Chronicles of the East India Company trading to China 1635-1834*, 5 vols., Oxford, 1926-9.

Mui, H. and L.H. (eds.), *William Melrose in China 1845-1855*, Edinburgh, 1973.

Museu Luis de Camões, *George Chinnery*, introd. Luis G. Gomes, 1974.

Museu Luis de Camões, *George Chinnery: Macau*, introd. César Guillen-Nuñez, Macau, 1985.

Nazir, Kuvarji Sohrabji, *The First Parsee Baronet*, Bombay, 1866.

Nugent, Maria, *Lady Nugent's Journal*, ed. Frank Cundall, 1934.

Nye, Gideon, *The Morning of my life in China*, Canton, 1873.

Nye, Gideon, 'Notes and Queries', *Journal of the China Branch of the Royal Asiatic Society for the year 1885*, vol.20, 1886.

'Old Nick', see [Forgues].

Orange, James, 'The Life and Works of George Chinnery in China', *Studio* vol.80, 1920.

Orange, James, *The Chater Collection: pictures relating to China, Hongkong, Macao 1655–1860*, 1924.

Orange, James, 'George Chinnery, Pictures of Macao and Canton', *Studio* vol.94, 1927.

Ormond, Richard, 'George Chinnery's Image of Himself', *Connoisseur* vol. 167, February and March 1968, pp.89–93 and 160–64.

Ormond, Richard, 'George Chinnery and the Keswick family', *Connoisseur* vol. 175, December 1970, pp.245–55.

Ormond, Richard, 'Chinnery and his pupil, Mrs Browne', *Journal of the Walpole Society* vol.XLIV, 1974, pp.123–214.

Paget, Edward, *Letters and Memorials of General the Hon. Sir Edward Paget, G.C.B.*, ed. Eden Paget, 1898.

Pavière, Sidney H., *The Devis family of painters*, 1950.

Peabody Museum, Salem, Massachusetts, 'George Chinnery 1774–1852 and other artists of the Chinese scene', text by Francis Lothrop, Salem, 1967.

Penny, Nicholas (ed.), *Reynolds*, Royal Academy, 1986.

Perry, Rev. Frank, *The Church in Madras*, 3 vols., 1904.

Philips, C.H., *The East India Company 1784–1834*, 1940.

Prynne, Jane Townley, and Alicia Bayne, *Memorials of the Thackeray Family*, 1879.

Qu Zhi-ren, 'George Chinnery, Painter', *Arts of Asia* vol.4, no.2, March-April 1971.

Ray, Gordon, *Thackeray: the Uses of Adversity*, 1955.

Read, George C., *Around the Word: A narative of a voyage in the East India Squadron under Commander George C. Read*, 2 vols., New York, 1840.

Reading Museum and Art Gallery, 'William Havell 1782–1857', 1981.

Redgrave, Richard and Samuel, *A Century of Painters in England*, 2 vols., 1866.

Reynolds, Sir Joshua, *Fifteen Discourses delivered to the Royal Academy*, Everyman ed., n.d.

[Roberdeau, Henry], 'A Young Civilian in Bengal in 1805', *Bengal Past and Present* vol.XXIX, January- June 1925.

Roberts, Emma, *Scenes and Characteristics of Hindostan*, 2 vols., 1837.

Rose, George, *Diaries and Correspondence of the Rt. Hon. George Rose*, ed. Rev. L. V. Harcourt, 2 vols., 1860.

Scarth, John, *Twelve Years in China*, Edinburgh, 1860.

Sée, Robert R.M., *English Pastels 1750–1830*, 1911.

Sée, Robert R.M., 'Gouaches by George Chinnery', *Connoisseur* vol.54, 1919, pp.141–51.

Smith, Rev. George, *A Narrative of an Exploratory Visit to each of the Consular Cities of China and to the Islands of Hong Kong and Chusan*, New York, 1847.

Stocqueler, J.H., *The Hand-Book of India*, 1844.

Strickland, Walter G., *A Dictionary of Irish Artists*, 2 vols., Dublin, 1913.

Sullivan, Michael, 'Chinnery the Portrait Painter', *Orientations* vol.11 no.4, April 1980, pp.27–35.

Sutton, Thomas, *The Daniells. Artists and Travellers*, 1954.

Tate Gallery, London, 'Loan Exhibition of Works by George Chinnery, R.H.A. 1774–1852', 1932.

Teixeira, Fr. Manuel, *A History of the old Protestant Cemetery in Macau*, Macau, n.d.

Tiffany, Osmond jun., *The Canton Chinese, or the American's sojourn in the Celestial Empire,* Boston, 1849.　　　310

Tillotson, Giles, *Fan Kwae Pictures*, 1987.

Vaillant, *Voyage autour du monde executé pendant les années 1836 et 1837 sur la corvette LA BONITE, commandée par M. Vaillant*, Paris, 1852, tome 3.

Van der Straeten, 'Viottiana', *Connoisseur* vol. XXXI, 1911.

Vigne, Randolph, 'The Eustaces and Hardys: a Carlow background to two Chinnery Portraits', *Carloviana. The Journal of the Old Carlow Society* n.s. vol.2 no.25, 1976, pp.32–3.

Waley, Arthur, *The Opium War through Chinese Eyes*, 1958.

Walker, Richard, *Regency Portraits*, 2 vols., 1985.

Welply, W.H., 'George Chinnery, 1774–1852, with some account of his family and genealogy', *Notes and Queries* vol. 152, nos.2–5, January 1927, pp.21–4, 39–43, 58–61, 75–8; a revised version of the above was published in the *Journal of the Cork Historical and Archaeological Society* vol.37, 1932, pp.11–31, and vol.38, 1933, pp.1–15.

White, Terence de Vere, *The Story of the Royal Dublin Society*, Tralee, 1955.

Whitehead, Peter J.P., 'The Reeves Collection of Chinese Fish Drawings', *Bulletin of the British Museum (Natural History)*, Historical Series vol.3, no.7, 1970.

Whitehill, Walter Muir (ed.), '*Remarks on the China Trade and the Manner of Transacting Business*', Essex Institute Historical Collections 73, no.4.

Whitley, W.T., *Artists and their Friends in England 1700–1799*, 2 vols., 1928.

Whitley, W.T., *Art in England 1800–1820*, Cambridge, 1928.

Williamson, Captain Thomas, *The East India Vade Mecum*, 2 vols., 1810.

Williamson, Captain Thomas, *The European in India*, 1813.

Wilson, C.R. (ed.), *List of Inscriptions on Tombs or Monuments in Bengal*, Calcutta, 1896.

Wood, William Maxwell, *Fankwei; or the San Jacinto in the Seas of India, China and Japan*, New York, 1859.

Wurtzburg, Charles E., *Raffles of the Eastern Isles*, 1954.

Yule, Col. Henry, and A.C.Burnell (eds.), *Hobson-Jobson. A Glossary of Colloquial Anglo-Indian Words and Phrases...*, 2nd ed., 1903, reissued 1985.

钱纳利家谱

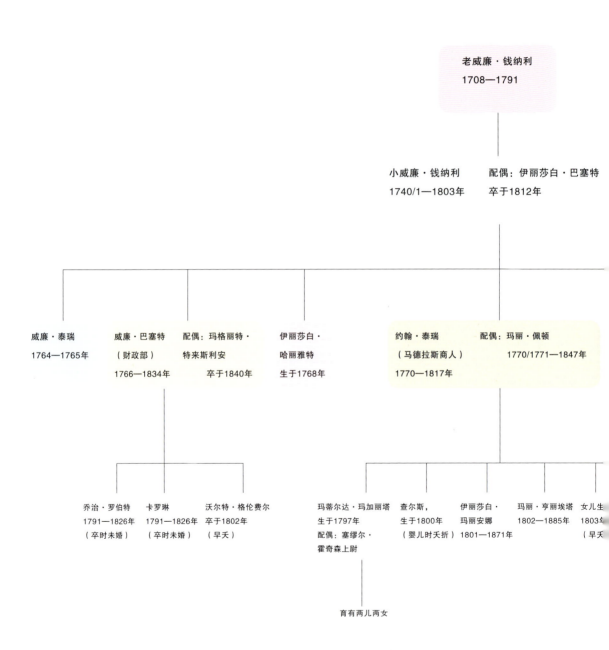

老威廉·钱纳利
1708—1791

小威廉·钱纳利　　　配偶：伊丽莎白·巴塞特
1740/1—1803年　　　卒于1812年

威廉·泰瑞
1764—1765年

威廉·巴塞特
（财政部）
1766—1834年

配偶：玛格丽特·
特来斯利安
卒于1840年

伊丽莎白·
哈丽雅特
生于1768年

约翰·泰瑞
（马德拉斯商人）
1770—1817年

配偶：玛丽·佩顿
1770/1771—1847年

乔治·罗伯特
1791—1826年
（卒时未婚）

卡罗琳
1791—1826年
（卒时未婚）

沃尔特·格伦费尔
卒于1802年
（早夭）

玛蒂尔达·玛加丽塔
生于1797年
配偶：塞缪尔·
霍奇森上尉

查尔斯，
生于1800年
（婴儿时夭折）

伊丽莎白·
玛丽安娜
1801—1871年

玛丽·亨丽埃塔
1802—1885年

女儿生
1803年
（早夭

育有两儿两女

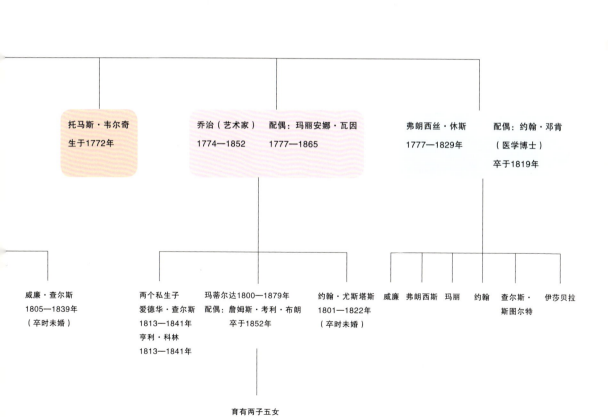

托马斯·韦尔奇
生于1772年

乔治（艺术家）
1774—1852

配偶：玛丽安娜·瓦因
1777—1865

弗朗西丝·休斯
1777—1829年

配偶：约翰·邓肯
（医学博士）
卒于1819年

威廉·查尔斯
1805—1839年
（卒时未婚）

两个私生子
爱德华·查尔斯
1813—1841年
亨利·科林
1813—1841年

玛蒂尔达1800—1879年
配偶：詹姆斯·考利·布朗
卒于1852年

约翰·尤斯塔斯
1801—1822年
（卒时未婚）

威廉　弗朗西斯　玛丽　约翰　查尔斯·
斯图尔特
伊莎贝拉

育有两子五女
（均婚嫁）

术语表

西方人在印度和中国沿海地区使用的术语。

阿妈、阿嬷（Amah, ayah）：本地的保姆或其他家庭女佣。

英印的（Anglo-Indian）：与在印英国人有关的（相较于"欧亚［混血儿］的"［'Eurasian'］，后来更常用）。

Bangla：用泥巴和茅草制成的孟加拉住宅；可能是平房（bungalow）的起源。

Bibi, beebee：西方侨民的印度情妇或事实婚姻的女方，旧时用于特定的印度公主的称谓。

双体船（Catamaran）：两根或两根以上原木捆绑在一起制成的船，在印度南部沿海的激浪中使用。

Charpoy：一种轻型的床架。

Chattar：伞。

Chobdar：执权杖者，通常走在一顶轿子前。

Choppar：茅草屋顶；在一艘小船上是上层甲板的组成部分。

看守人（Chowkidar）：村庄里的看守者。

地万（Diwan）：指君主的法庭或议会，或国务大臣。

正式接见（Durbar, darbar）：王室集会或觐见。

商馆（或"行"）（Factory）：贸易机构，尤其是指西方公司在东方的总部。

（东亚）和（印度）的堆栈（Godown）：仓库。

塔门（Gopuram）：指在印度南部，一种位于一座寺庙入口处的金字塔形的门道。

Guldasta：装饰性的尖顶，通常上面放置着花卉植物的装饰图形。

行（Hong）：一种营业场所，或进行商业交易的建筑物；通常与Factory（参见该条）同义。

行商（Hong merchants）：中国趸售贸易商，被共同称为"公行"，负责在广州执行与西方人的贸易。

Hookah, huqqa：一种水烟筒，也称"hubble-bubble"，由水烟壶（*hookahburdar*）支撑。

Jhaump, jhanp：用来当门或者百叶窗的围栏。

Masula, mussoola：科罗曼德尔海岸使用的一种用木板缝制在一起的轻型船。

Moorah：一种用来支撑斜倚着的人的脚的搁脚凳。

Munshi, moonshee：印度语教师；也可表示秘书、译员。

宝座（Musnud）：印度统治者使用的用于礼仪场合的坐垫，或代指它所象征的权力。

Nargila：一种简单的水烟筒，配有一个通常用椰子壳制成的碗。

Nautch：一种舞台娱乐表演，尤指由舞女所表演的。

Palanquin, palankeen, palkee, palki：有顶的轿子。

Praya：支撑滨海道路的海堤或堤防。

Pukka：结实的、牢固的、耐用的；用于房屋表示用砖建造的。

Pulwar：一种河船，有时表示舰队中的炊事船。

布屏风扇（Punkah）：悬挂在天花板上的大幅长方形布风扇，用绳子操纵。

Putelee：行李船。

印度兵（Sepoy）：为英国人服务的印度本土士兵。

Snow：欧洲双桅商船。

Soontahburdar：轿子的侍从，持有一根礼仪性的权杖。

Syce：马夫、马倌。

疍船（Tanka boat）：即"蛋船"（'Egg-boat'），中国海岸由疍家船娘驾驶的一种有顶的舢板。

Tatty：用草编成的席子，挂在门窗上并频繁浇水，作为一种降温的手段。

Thannah, tana：警察局；看守人使用的小屋。

彩图列表

插图列表

221　插图122　澳门下环。钢笔、墨水和水彩，落款于1838年……月17日。大英博物馆藏

222　插图123　罗伯特·哈德斯顿。油画。私人收藏

223　插图124　威廉·亨利·洛。油画。马萨诸塞州塞勒姆皮博迪博物馆藏

223　插图125　威廉·亨利·洛夫人（原名阿比盖尔·纳普）。油画。马萨诸塞州塞勒姆皮博迪博物
馆藏

228　插图126　疍家船娘头像。铅笔。私人收藏

228　插图127　疍家船娘立像。油画。私人收藏

229　插图128　划船的疍家船娘习作。铅笔。私人收藏

229　插图129　海中的疍船素描。钢笔、墨水，落款于1836年7月1日。私人收藏

233　插图130　澳门海滩上的渔民。钢笔、墨水，落款于1843年1月13日。私人收藏

233　插图131　澳门南湾，以及鱼篓和建筑细节的素描。铅笔、钢笔和墨水，以速记法题写并落款
“所有细节［18］40年5月13日”；此外（上方的人物旁）还有“正确。比例无误”。私人收藏

234　插图132　算命先生的桌子。钢笔、墨水（铅笔起稿）。P.J.汤普森夫妇藏

234　插图133　坐在长凳上的中国人习作。钢笔、墨水（铅笔起稿）。何安达藏

236　插图134　一群玩牌的中国人。钢笔、墨水。私人收藏

236　插图135　小贩和顾客，以及远处踢毽子的人们。钢笔、墨水及褐色薄涂层，落款于1841年2月14日。
以速记法题有“DSS”（绘制简单的素描）和“极好”。私人收藏

238　插图136　穿戴蓑衣斗笠的中国人习作。铅笔。私人收藏

238　插图137　水洼中的家牛。钢笔、墨水（铅笔起稿）。艺术家以速记法题文“部分不真实，部分是
构图。灰色部分不正确”。落款于［18］34年4月7日。私人收藏

239　插图138　马、马夫和一条狗的习作。以速记法题有“史密斯先生的马/正确/1840年11月10日”。
私人收藏

239　插图139　十幅猫的习作册页。铅笔，落款于1833年3月6日。私人收藏

239　插图140　一头猪的习作。钢笔、墨水（铅笔起稿）。私人收藏

239　插图141　一头猪的习作。钢笔、墨水（铅笔起稿）。P.J.汤普森夫妇藏

240　插图142　用洒水器浇灌的人及洒水器的写生。钢笔、墨水（铅笔起稿），落款于1834年8月7日
和8日。私人收藏

240　插图143　澳门圣老楞佐堂外景。铅笔。里斯本地理学会（Geographical Society of Lisbon）藏

253　插图144　一位帕西商人和他的中国秘书。油画。汇丰银行藏

253　插图145　一位帕西商人的头部素描像。铅笔，以速记法题有“H–R–J S–K–J先生［18］43年10月12日。
这幅极好。这样的多多益善”。马丁·格雷戈里画廊藏

262　插图146　澳门眼科医院。钢笔、墨水和水彩。耶鲁大学惠特尼医学图书馆库欣中心医学史图书
馆（Medical Historical Library, Cushing, Whitney Medical Library, Yale University）藏

263　插图147　龙思泰爵士。油画。马萨诸塞州塞勒姆皮博迪博物馆藏

264　插图148　约翰·里夫斯。油画。剑桥菲茨威廉博物馆藏

266　插图149　费城的内森·邓恩。油画。费城艺术博物馆（Philadelphia Museum of Art）藏（由约

308　插图176　林呱自画像。油画。画框背面题有"林呱，时年52岁［原文如此］，1853年由其本人于
　　　　广州绘制"。香港艺术馆藏

312　插图177　林呱，面部长肿瘤的女子。油画。盖伊医院戈登博物馆（Gordon Museum, Guy's
　　　　Hospital）藏

335　亨丽埃塔·玛丽·阿尔科克，英国驻厦门鼓浪屿领事馆。铅笔、水彩，缩写签名，题有标题和日
　　　　期1844年。马丁·格雷戈里画廊藏

337　马西亚诺·巴普蒂斯塔，福州的西方定居点。铅笔、水彩，原衬纸上有缩写签名。R.J.F.布拉泽
　　　　斯夫妇藏

338　皇家海军沃尔福德·托马斯·贝莱尔斯中尉，槟城的英国教堂（圣乔治教堂）。钢笔、墨水和水
　　　　彩，题记为标题，并落款1846年。拿督林苍吉藏

339　奥古斯特·博尔热，疍家船民。铅笔，题文并落款"澳门，1838年"。私人收藏

339　奥古斯特·博尔热，澳门妈阁庙。油画。P.J.汤普森夫妇藏

341　玛丽·达尔林普尔，澳门风景。钢笔、墨水（铅笔起稿），题有"临摹自钱纳利"。私人收藏

342　查尔斯·多伊利爵士，有家牛的风景。水彩，背面题有"C.多伊利之败笔"。私人收藏

342　查尔斯·多伊利爵士，孟加拉风景。蚀刻版画。私人收藏

344　约翰·埃德蒙·埃利奥特阁下，胡格利河上的时髦男子，以及威廉·博克在加尔各答花园河段的
　　　　宅邸。铅笔、水彩，缩写签名；背面有签名和日期1813年12月。马丁·格雷戈里画廊藏

345　西奥多-奥古斯特·菲什奎，澳门妈阁庙。水彩及干擦法，签名并题文"澳门寺庙——自然风
　　　　光"，并在背面署有日期"1838年4月"。汇丰银行藏

347　皇家海军约翰·威尔斯·约翰逊上校，一艘帆船驶离中国海岸。钢笔、墨水和水彩。私人收藏

348　小罗伯特·马礼逊，一头睡觉的猪的习作，澳门。特制纸面油画。私人收藏

350　詹姆斯·普林塞普，威廉·普林塞普加尔各答的画室。钢笔、墨水（铅笔起稿），题有"詹姆斯
　　　　叔叔送给威利·哈尔德·普林塞普的一幅老素描"。斯文·加林先生藏

352　托马斯·普林塞普，加尔各答的花园路。铅笔、钢笔、墨水和水彩，由威廉·普林塞普题写"汤
　　　　姆未完成的环形路素描"（还有其他题文）。私人收藏

353　威廉·普林塞普，从巴里耶·若斯的宅子望去。钢笔、墨水（铅笔起稿），墨水题文为标题，并
　　　　以铅笔注明日期"1838年11月12日"。私人收藏

355　托马斯·博斯沃尔·沃森（着色）和乔治·钱纳利（轮廓）。澳门圣方济各炮台。铅笔、钢笔、
　　　　墨水和水彩，以钱纳利的速记注有日期［18］35年4月27日。P.J.汤普森夫妇藏

355　托马斯·博斯沃尔·沃森，我们在澳门的阳台。铅笔、钢笔、墨水和水彩，蓝纸；原衬纸上题有
　　　　标题，背面题有"我们的家和爸爸的爱，致索菲亚和珍妮特"。澳门贾梅士博物馆藏

图片致谢

图片由物主惠允使用，以下情况除外，提供者如下所列：

托马斯·阿格纽和儿子们（画廊），插图27、114。

亚洲收藏家有限公司，彩图87。

奥尔巴尼画廊的比尔·汤姆森，彩图32、插图38。

艾伦·布拉德福德，彩图1、69。

佳士得拍卖行，彩图41、55、80；插图14、40、103、119、120、130、154、162；282页（多伊利的孟加拉风景）

考陶尔德艺术学院，插图41、151。

贾尔斯·艾尔和查尔斯·格雷格，插图65。

理查德·格林，彩图35、92。

马丁·格雷戈里画廊，彩图6、20、21、37、39、40、42、43、45、49、50、60、72、74、81、85、90、100；288页（沃森）；插图16、39、43、53、70、75、82、84、86、91、92、94、99、110、111、126、129、132、134、137、138、139、141、142、153、166；281、282页（达尔林普尔和多伊利的有家牛的风景）

本诺·格罗斯联合有限公司，彩图4、14、15。

安杰洛·霍纳克，彩图88。

马尔科姆和厄休拉·霍斯曼，彩图10、16、67；插图37。

莱杰画廊，插图63、76、117、127、144、159、167、169。

马斯画廊，插图79、106、164。

约翰·米切尔和儿子，彩图76、94。

国家肖像美术馆，伦敦，插图32。

国家肖像美术馆，华盛顿，彩图107。

菲利普斯，伦敦，插图98。

马克·塞克斯顿，插图147、160、172、173。

苏富比拍卖行，彩图26；插图35、46、47、48、49、50、52、54、61、109、168。

斯宾克拍卖行，彩图62、77、104；插图11、12、13、23、71、90、131、152。

索　引

（索引页码为原书页码，即本书边码；斜体数字指原书插图及图注页码）

图书在版编目（CIP）数据

乔治·钱纳利：1774—1852：一位印度和中国沿海
的艺术家 /（英）孔佩特著；刘艺译. — 北京：商务
印书馆，2024
ISBN 978 - 7 - 100 - 23320 - 0

Ⅰ.①乔… Ⅱ.①孔…②刘… Ⅲ.①乔治·钱纳利
—生平事迹 Ⅳ.①K835.615.72

中国国家版本馆 CIP 数据核字（2024）第009691号

乔治·钱纳利（1774—1852）
——一位印度和中国沿海的艺术家
〔英〕孔佩特 著
刘 艺 译

商 务 印 书 馆 出 版
（北京王府井大街36号 邮政编码 100710）
商 务 印 书 馆 发 行
北京雅昌艺术印刷有限公司印刷
ISBN 978 - 7 - 100 - 23320 - 0

2024年3月第1版 开本 720×1000 1/16
2024年3月第1次印刷 印张 28.5
定价：198.00元